3-

Eccoci!

Eccoci!

BEGINNING ITALIAN

Euro Edition

Paola Blelloch
The College of New Jersey

Rosetta D'Angelo
Ramapo College

John Wiley & Sons, Inc.

ACQUISITIONS EDITOR	Helene Greenwood
EDITORIAL ASSISTANT	Christine Cordek
MARKETING MANAGER	Gritti Lindner
PRODUCTION EDITOR	Edward Winkleman
ILLUSTRATION COORDINATOR	Anna Melhorn

Cover Photos (*top left*): Italian Government Tourist Board; (*top center*) Stefano Micozzi/Gamma Liaison; (*top right*): Italian Government Tourist Board; (*bottom left*): M. Mastrorillo/The Stock Market; (*bottom center*): Caeser Gerolimetto/The Stock Market; (*bottom right*): Ian Murphy/Tony Stone Images; (*back cover*) Courtesy of the Italian Government Tourist Board.

This book was set in Palatino by UG / GGS Information Services, Inc. and printed and bound by Donnelley/Willard. The cover was printed by Phoenix Color Corp.

ISBN 0-471-64717-9
Printed in the United States of America
10 9 8 7 6 5 4 3 2 1

Dedication

To my mother, who, in her late eighties, helped me obtain
permissions and materials from Italy; to my husband, whose moral
and practical support made this project possible.

Paola Blelloch

To my parents, Michele and Adalgisa, who were my best teachers;
to my husband, Guido; and to my children, Massimo and Luca.

Rosetta D'Angelo

Overview

Eccoci! (*Here we are!*) is a comprehensive beginning Italian program that features innovative student-oriented materials and learning goals. Grounded in what we believe is the most effective methodology, *Eccoci!* has been conceived and developed to provide *sound language learning*, *dynamic interaction*, and *flexibility*. As veteran teachers of the Italian language and Italian culture, we asked ourselves these two critical questions: 1) How do our students learn best? and 2) What weaknesses impair the effectiveness of current textbooks? Consulting with numerous colleagues and drawing on our own experiences, we arrived at answers to these questions, which guided us throughout in shaping the *Eccoci!* program.

Although a textbook can never replace the instructor, it should be a powerful, useful tool both inside and outside the classroom. At the most fundamental level, a textbook needs to promote relevant communication. The methodology at the heart of *Eccoci!* is functional, allowing for the immediate integration of newly learned vocabulary into real-life role-plays. Convinced of the soundness of the ACTFL oral proficiency guidelines and of the necessity to tailor our curricula to achieve the goals they set forth, we emphasize the *use* of language rather than an abstract knowledge of it. For this reason, we have built each chapter around specific functions to be performed, with grammar and vocabulary in support. At the same time, *Eccoci!* provides students with a panorama of Italian culture, from its classical roots to its most contemporary expressions.

Because students learn best from materials that are fun, interesting, and relevant, the activities, readings, and authentic documents in *Eccoci!* foster creativity and encourage the use of Italian in meaningful, everyday situations while promoting cultural awareness and appreciation. Student learning, in fact, is supported throughout the book. Besides its creative activities, *Eccoci!* offers a number of valuable learning aids, including helpful descriptions of the various textbook sections (shaded in green) as the students encounter them. Most importantly, the reality-based communication skills that students acquire in *Eccoci!* will help prepare them to enter the world of the twenty-first century.

Finally, *Eccoci!* is the first Italian textbook structured for manageable teaching and learning at different institutions. Its innovative presentation of grammar—in separate sections called **Grammatica** and **Espansione grammaticale**—offers both fundamental structures and optional, expanded grammatical explanations. This unique feature aims to remedy frustration with the often unrealistic coverage of grammar in current textbooks. Instructors can choose a circular approach, teaching **Espansione grammaticale** at the end of a two-semester course, or postpone study of the more complex structures until a third semester.

Organization of the Text

Eccoci! comprises a preliminary chapter plus 18 regular chapters. Each chapter features a region of Italy or the Vatican, the lakes of northern Italy, and the Little Italies of the United States. A writing section, **Ora scriviamo!**, follows every third chapter. A reference section at the back of the book contains verb paradigms, Italian-English and English-Italian vocabularies, and an index. The organization of each chapter is the same, except for the preliminary chapter, and includes the following easy-to-teach sections:

◆ **Presentation.** A pair of striking photos announce the chapter region and theme. A geographical photo is accompanied by basic information about the region while a thematic photo introduces the communication goals, the grammatical structures, and the cultural topic. The photos may be used as a warm-up or as an end-of-chapter activity.

◆ **Per cominciare** presents the thematic vocabulary and grammatical structures, which become the active material for the chapter, in two meaningful contexts: via an illustrated text or authentic document and via a dialogue (or dialogues), called **Incontri**. New active vocabulary and structures are underlined in the texts and dialogue(s), and words and phrases are glossed if their meaning is not apparent or cannot be easily guessed from the context. Because of this section's focus on lexical development and its integration with the theme and function of the chapter, the vocabulary is carefully controlled. (When needed, additional vocabulary is presented in thematic boxes throughout the chapter.)

The activities in **Per cominciare**, which follow both the presentation and the **Incontri**, develop receptive skills without requiring grammatical manipulation. They range from simple matching or categorizing exercises to more open-ended, creative activities for which students produce complete sentences or short exchanges based on models.

Finally, **Per cominciare** includes marginal notes, which provide students with valuable cultural information.

◆ **Nota culturale** presents topics related to the chapter theme. Specific terms are explained or pertinent statistics are provided at the outset, preparing students to understand and to discuss the text. Each **Nota culturale** is followed by a set of comprehension questions or discussion points. To encourage students to appreciate Italian culture and to express their opinions as they begin to master the language, **Nota culturale** is in English for the first five chapters, and the comprehension questions are in English for the first seven chapters.

◆ **Grammatica** is divided into several manageable sections, each built around the specific function the grammar serves. The structure itself is introduced in context via a set of sample sentences. Each grammar explanation is followed by a set of **Attività**, which progress from controlled manipulation of the structure to open-ended communication, with ample opportunity for student interaction in pairs and groups. Marginal notes offer cultural explanations, if needed. Whenever possible, the examples and the activities integrate grammar, function, and chapter theme. New lexical elements introduced in **Grammatica** become active and are included both in the activities of the chapter under study and in subsequent ones.

◆ **Tocca a voi** enables students to creatively apply the vocabulary and structures in specific situations. Interviews, role-plays, discussions of personal problems, and similar communicative activities enable students to gauge their proficiency in getting along in Italian.

◆ **Espansione grammaticale** offers a flexible approach to grammar. This special feature of *Eccoci!* presents material that some instructors may want to cover but others may consider inappropriate or unnecessary in a beginning course. Not essential for communication, these structures should be considered optional. Because the structures and the vocabulary introduced in **Espansione grammaticale** are not active, they never appear in the other sections of the chapter or in subsequent chapters.

◆ **Lettura** features an authentic Italian text or texts. The readings range from a passport, a wedding announcement, a recipe, a nursery rhyme, and a short play to a magazine article, a leaflet, and an advertisement. This variety offers students a wealth of cultural discoveries. New vocabulary is introduced for recognition only. Prereading activities and strategies—cognate recognition, guessing from context, scanning, anticipating content—help students to focus their attention and to build their reading skills. Comprehension questions follow each text.

◆ **Eccoci**, the culminating section, offers a variety of communicative activities that synthesize function, grammar, vocabulary, and chapter theme. Here students can express themselves freely and creatively, experiencing a sense of achievement as, in real-life situations, they apply what they have learned.

◆ **Vocabolario attivo**, which comes at the end of the chapter, contains the words and expressions that students are responsible for and are expected to use in the activities of the chapter and in subsequent chapters. The list reflects the theme and the grammatical structures of the chapter and is essential for achieving the chapter goals. Since all the items in this list are active vocabulary, no glossed items (unless underlined in **Per cominciare**) are included. A lexical item is glossed at its first appearance only; if necessary, students can review the meaning of the term in the end-of-book **Vocabolario**.

◆ **Ora scriviamo!** helps students develop their writing skills within a controlled context. Coming after Chapters 3, 6, 9, 12, 15, and 18, each **Ora scriviamo!** reflects the lexical and grammatical content of the three preceding chapters and calls on students to perform some of the functions described in these chapters. To produce their written document, students are guided step by step and are given models to follow. The steps include brainstorming, gathering information, writing a first draft, revising the draft, and consulting with peers.

◆ **Reference section.** The end of the book provides the following reference tools: verb charts and lists (regular verbs, irregular verbs, the auxiliary verbs **avere** and **essere**, verbs conjugated with **essere** in the compound tenses, verbs with irregular past participles), vocabularies (Italian-English, English-Italian), and an index.

Supplementary Materials

The *Eccoci!* Student Text is supported by an integrated package, which includes

◆ A **Student Cassette**, shrinkwrapped with every book, consisting of pronunciation explanations and exercises, student text dialogues, and literary selections.

◆ A **Workbook and Laboratory Manual**, written by Ugo Skubikowski of Middlebury College. The Workbook portion is designed to practice vocabulary, grammar, reading, and writing skills, while reinforcing classroom activity. The Laboratory Manual coordinates with the audio program and provides practice and reinforcement of the vocabulary and grammar for each chapter, as well as practice in listening comprehension.

◆ An **Audio Program**, consisting of approximately 30 minutes of material per chapter, designed for use in the language laboratory.

◆ A **Tapescript**, written by Ugo Skubikowski of Middlebury College, which provides a transcript of the laboratory and audio program.

◆ A **Test Bank**, written by Theresa Johansson-Santini of The College of William and Mary, which tests chapter structures, vocabulary, and cultural information.

◆ Approximately 60 acetate **Transparencies**, providing key text art and realia for classroom demonstration and in-class activities.

Acknowledgments

We would like to thank our Italian students at Ramapo College and The College of New Jersey for their useful comments and their patience during the class testing of the materials. Thanks as well to our colleagues and friends at Ramapo and The College of New Jersey for their support and encouragement over the long haul a project like this requires.

We are grateful to many people for their invaluable assistance in helping us produce a text that contains the best of our classroom experience acquired over the years. These people include

Giovanni Cecchetti (UCLA); Giuseppe Franzé (Presidente dell'Accademia di Belle Arti di Urbino) and Maria Teresa Franzé (insegnante di lettere); Mario Fratti (Hunter College); Daniela Lorenzi, Roberta De Santis, Fabio Costantini, and Marisa Piacesi (postgraduate students at Urbino university); and Giovanni Messori (scrittore e regista), all of whom contributed many excellent suggestions.

Mary Jane Peluso, for giving us the opportunity to work with John Wiley & Sons, Carlos Davis and Nancy Perry, for their continuous support, encouragement, and suggestions throughout; Julianna Nielsen, for her great help at the initial stage of the book; Giovanna Miceli Jeffries (University of Colorado-Boulder), for her useful advice; Lawrence Lipson, for his intensive and thoughtful editing of the entire manuscript; Ann Marie Renzi, for her beautiful, clear design; Mary Ann Price, Jennifer Atkins, Lisa Passmore, Elaine Paoloni, and Anna Melhorn, for their engaging photos and art work; Ed Winkleman, for his skill in producing the book; Mary Taucher, for her insightful copyediting of the manuscript; Jennifer Williams, for attending to all the details with thoughtfulness and great care; Andrea Bryant, for her careful development and coordination of the supplements; and Leslie Hines, for her superb marketing of the book.

Ugo Skubikowski (Middlebury College) and Theresa Johansson-Santini (The College of William and Mary), for their writing of the ancillaries; and Garry Parton, for his constant support and his cultural and technical assistance.

Stefano Saletti (editor-in-chief of *Gli Italiani*, Rome) and Carl Spector for their invaluable help in obtaining permissions.

Finally, we wish to thank the many instructors of Italian who took the time to answer our questions and to review our materials:

Survey Respondents

Fabian Alfie
University of Wisconsin

Albert Ascoli
Northwestern University

Luigi Bonaffini
CUNY-Brooklyn

Fiora Bassanese
University of Massachusetts-Boston

Brunella Bigi
University of Arizona

Santa Casciani
University of Missouri-Columbia

Anthony Cervone
University of Central Florida

Patrick De Cicco
Jersey City State College

David Del Principe
Wellesley College

Armando DiCarlo
University of California-Berkeley

Piero Garofalo
University of California-Berkeley

Joseph Laurenti
Illinois State University

Rosemarie LaValva
SUNY-Binghamton

Flavia Laviosa
Wellesley College

Donald Maddox
University of Massachusetts-Amherst

Cecilia Mameli
Penn State University

Frank Nuessel
University of Louisville

Graziella Parati
Dartmouth College

Peter Pedroni
Miami University

Giovanni Puppo
Carnegie-Mellon University

Thomas Simpson
Northwestern University

Maria Swenson
Cornell University

Alfred Triola
Pennsylvania State University

Justin Vitiello
Temple University

Simona Wright
The College of New Jersey

Manuscript Reviewers

Mario Aste
Lowell University

Fiora Bassanese
University of Massachusetts-Boston

Walter Blue
Hamline University

Santa Casciani
University of Missouri-Columbia

Tommasina Gabriele
Wheaton College

Cinzia Graig
University of Michigan

Geri Guercio Hoff
University of Missouri-St. Louis

Christine Hoppe
University of New Hampshire

Theresa Johannson-Santini
The College of William and Mary

Bruno Magliocchetti
University of Toronto

Cecilia Mameli
Pennsylvania State University

Antonio Masullo
Virginia Commonwealth University

Diane Musumeci
University of Illinois at Urbana-
Champaign

Cinzia Noble
Brigham Young University

Antonella Olson
University of Texas-Austin

Domenico Sottile
College of the Desert

Giacomo Striuli
Providence College

Fiorenza Weinapple
Princeton University

Elio Zappulla
Dowling College

Paola Blelloch
Rosetta D'Angelo

Contents

	OBIETTIVI COMUNICATIVI	GRAMMATICA

Ora scriviamo! (Let's write!) **84**
Writing Strategy: **GATHERING AND ORGANIZING INFORMATION**
Writing Activity: **WRITING A LETTER TO A PEN-PAL DESCRIBING YOURSELF AND YOUR FAMILY**

CULTURA	APPLICAZIONI	LETTURE (Readings)

	OBIETTIVI COMUNICATIVI	GRAMMATICA

Ora scriviamo! (Let's write!) **153**
Writing Strategy: WORKING FROM AN OUTLINE AND EDITING WITH A PARTNER
Writing Activity: WRITING A STORY ABOUT A VACATION

CULTURA	APPLICAZIONI	LETTURE (Readings)

	OBIETTIVI COMUNICATIVI	GRAMMATICA

CULTURA	APPLICAZIONI	LETTURE (Readings)

	OBIETTIVI COMUNICATIVI	GRAMMATICA

Ora scriviamo! (Let's write!) **287**
Writing Strategy: SUMMARIZING, GIVING YOUR OPINION, AND JUSTIFYING IT
WRITING ACTIVITY: WRITING A MOVIE REVIEW

CULTURA	APPLICAZIONI	LETTURE (Readings)

	OBIETTIVI COMUNICATIVI	GRAMMATICA

	OBIETTIVI COMUNICATIVI	**GRAMMATICA**

Key to symbols that appear in *Eccoci!*

Headphones: the section of the chapter indicated is
featured in the student tape that accompanies each text

Paired or Group Conversational Activity

Readings

Ciao!

I'm an Italian student with a major in psychology. Truthfully, I took an Italian class to fill a requirement to graduate, but after using the *Eccoci!* materials, I found myself truly enjoying the language. *Eccoci!* opened me up to the diversity of a culture that is different from my own and made me realize how important it is to learn another language.

After visiting Italy for the first time, I realized how much I had learned from this text. I found myself conversing with the native people in a language that I had not known a word of only one year earlier. The book not only provided me with the language and grammar that I needed to know, it also gave me insight into the Italian community and its lifestyles. The photographs and maps made learning more relaxing and enjoyable. It was like reading a fiction book filled with vivid images and descriptions of exciting new places.

There are a few tips I feel are important for you to know before you begin the book. If you plan on doing well in this course, you must do the homework. This is crucial. I also suggest that upon completing each lesson, you review the vocabulary that is located at the end of each chapter. These points can help you reinforce the newly learned information as well as help you develop a clear-cut, more focused comprehension of the material.

Good luck! I hope you enjoy *Eccoci!* as much as I did.

Jennifer Mallet

Jennifer Mallet
Ramapo College of New Jersey

L'ITALIA

L'EUROPA

IL MONDO

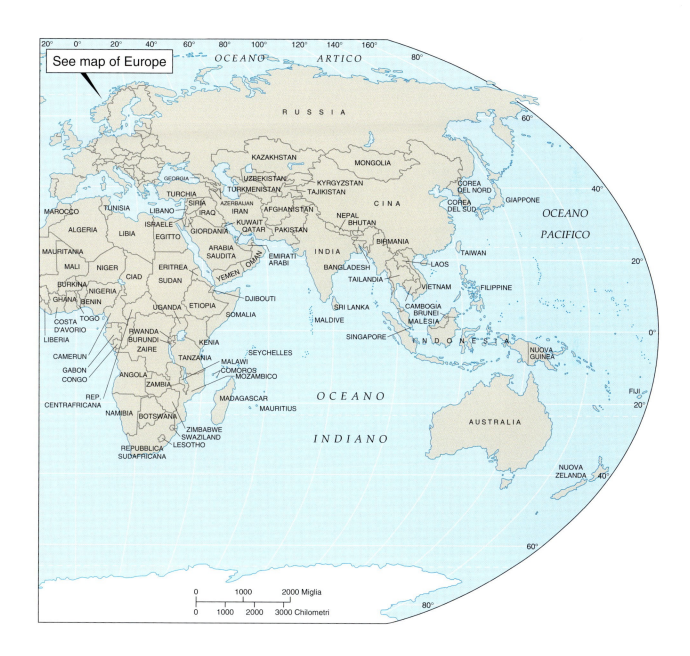

See map of Europe

OCEANO   ARTICO   80°

RUSSIA   60°

KAZAKHSTAN   MONGOLIA

GEORGIA   UZBEKISTAN   KYRGYZSTAN   COREA
                TURKMENISTAN   TAJIKISTAN   DEL NORD   40°
TURCHIA   COREA   GIAPPONE
        SIRIA   AZERBAIJAN   CINA   DEL SUD
MAROCCO TUNISIA LIBANO   IRAN   OCEANO
                        IRAQ   AFGHANISTAN   PACIFICO
ALGERIA LIBIA ISRAELE GIORDANIA KUWAIT   NEPAL
                EGITTO   QATAR PAKISTAN   BHUTAN
MAURITANIA   ARABIA   INDIA   TAIWAN   20°
                        SAUDITA EMIRATI   BANGLADESH
MALI   NIGER   ERITREA   ARABI   LAOS
        CIAD   SUDAN   YEMEN OMAN   TAILANDIA
BURKINA NIGERIA   VIETNAM   FILIPPINE
GHANA   BENIN   DJIBOUTI   CAMBOGIA
COSTA TOGO   UGANDA ETIOPIA   SRI LANKA   BRUNEI
D'AVORIO   MALESIA
LIBERIA   SOMALIA   MALDIVE   0°
CAMERUN RWANDA   SINGAPORE INDONESIA
        BURUNDI   NUOVA
GABON   ZAIRE   KENIA   GUINEA
CONGO   TANZANIA SEYCHELLES
        ANGOLA   MALAWI   FIJI
        ZAMBIA COMOROS   20°
REP.   MOZAMBICO
CENTRAFRICANA   MADAGASCAR   OCEANO
NAMIBIA BOTSWANA   MAURITIUS   AUSTRALIA
        ZIMBABWE
        SWAZILAND   INDIANO
REPUBBLICA LESOTHO
SUDAFRICANA   NUOVA
                                                                    ZELANDA   40°

                                                        60°

0   1000   2000 Miglia
0   1000   2000   3000 Chilometri   80°

xxxi

ITALIA

Capitolo preliminare

Un bar all'aperto, alcuni amici prendono una bibita.

OBIETTIVI

PRONOUNCING ITALIAN
The alphabet and the sounds
Vowels, consonants and blends, single and double consonants, stress and syllabication, rhythm and intonation

RECOGNIZING COGNATES

UNDERSTANDING AND USING THE NUMBERS 0 TO 100

GETTING ALONG IN THE CLASSROOM
Voi-form imperatives
Colors
Seasons, months, days of the week
Italian names

GETTING INFORMATION
Interrogatives

PRONOUNCING ITALIAN

I.   PRONUNCIA *(Pronunciation)*

ALFABETO E SUONI *(The alphabet and the sounds)*

◆ Italian is a phonetic language, which means that, with few exceptions, each letter corresponds to a single sound and each sound is represented by a single letter. The sounds corresponding to the letters of the alphabet are often different in Italian and in English. Generally, every letter in Italian is pronounced, except **h**.

The Italian alphabet has twenty-one letters, plus five additional letters that occur only in words of foreign origin. To spell a word, learn to pronounce the letters of the alphabet. Listen to your instructor or tape and repeat the letters.

a (a)	**h** (acca)	**q** (cu)	**z** (zeta)
b (bi)	**i** (i)	**r** (erre)	**j** (i lunga)
c (ci)	**l** (elle)	**s** (esse)	**k** (cappa)
d (di)	**m** (emme)	**t** (ti)	**w** (doppia vu)
e (e)	**n** (enne)	**u** (u)	**x** (ics)
f (effe)	**o** (o)	**v** (vu)	**y** (ipsilon)
g (gi)	**p** (pi)		

Attività

A. In pairs, take turns spelling and writing down the following names. When you have finished, check whether the names are spelled correctly.

Carlo, Giovanna, Maurizio, Paola, Rosetta, Rodolfo Valentino, Luisa, Elena, Napoli, Palermo, Venezia, hotel La Principessa

VOCALI *(Vowels)*

◆ There are five basic vowel sounds that correspond to the five letters **a**, **e**, **i**, **o**, and **u**. While **a**, **i**, and **u** are pronounced much the same way throughout Italy, the sounds of **e** and **o** can be *closed* or *open* (as to the position of the mouth), depending on the word in which they occur and on regional variations. Italian vowels are pronounced clearly; they are never slurred or glided, as they may be in English. In the following chart the pronunciation of each Italian vowel is similar to that of the boldfaced vowel in the English word in parentheses.

a (f**a**ther)	banana	mamma	casa	cara
e *closed* (w**ai**t)	bere	neve	sete	pere
e *open* (w**e**t)	letto	bello	sette	ecco
i (gr**ee**n)	Italia	diti	ziti	vini
o *closed* (c**o**zy)	nome	cognome	dove	solo
o *open* (str**o**ng)	porta	oggi	posta	porto
u (r**u**le)	luna	musica	punto	tutto

CONSONANTI *(Consonants)*

◆ Italian consonants have a distinct, clear sound, never an aspirated or nasal inflection. The consonants **b**, **f**, **m**, **n**, and **v** are pronounced in Italian just as in English. Some consonants, however, are pronounced differently in the two languages.

- The letter **h** is always silent.

ho   hanno   hotel

Sometimes it is used to distinguish two words with different meanings.

ho *(I have)*	**o** *(or)*	**ha** *(he/she has)* **a** *(at)*
hanno *(they have)*	**anno** *(year)*	

- The letters **d** and **t** have a sharp sound.

dente   **d**ado   **d**ormire
tempo   stu**d**en**t**e   **t**e**d**esco

- The letter **q** is always followed by **u** and is pronounced like **qu** in *question*.

qui   **qu**esto   **qu**ando   **qu**adro

- The letter **r** is trilled.

Roma   guardare
treno   pronto

- The letters **c** and **g** have a *soft* sound before **e** or **i**, as in *chest* and *gentle*.

cinema   centro   ciao   bacio
Gigi   giorno   gelato

When **gi** is followed by **a**, **o**, or **u**, the **i** is virtually silent.

giardino   **Gi**orgio   **gi**ovane   **gi**usto

The letters **c** and **g** have a *hard* sound before **a**, **o**, and **u**, as in *cat* and *go*.

caro   amico   conto   colore
gara   guida   lungo   lago

The combinations **ch** and **gh** before **e** and **i** have a *hard* sound, as in *cat* and *go*.

Chianti   per**ch**è   zuc**ch**ini
la**gh**i   lun**gh**e   pa**gh**iamo   spa**gh**etti

◆ To help you remember these words, you can categorize them as follows: words with **ce**/**ci** sounds are **cello** and **ciao** words; words with **ge**/**gi** are **geografia** and **Gigi** words; words with the **gh** sound are **spaghetti** words; words with the **ch** sound are **Pinocchio** words; and words with the **gn** sound are **lasagne** words. When your instructor asks you to say some **Pinocchio** words, you may think of **Chianti**, **perchè**, etc. You do not need to memorize these words since they are not active vocabulary.

- The combination **gl** before **e** or **i** forms one blended sound and is pronounced approximately like the **ll** in *million*.

gli   fo**gl**io   fi**gl**ia   fami**gl**ia

- The combination **gn** before **e** or **i** forms a blended sound that is pronounced like the **n** in *onion*.

o**gn**i   lava**gn**a   si**gn**ore   so**gn**o   lasa**gn**e

- The combination **sc** can be hard (before **a**, **o**, or **u**) or soft (before **e** or **i**).

scuola (hard sound)   **sc**i (soft sound)

CONSONANTI DOPPIE *(Double consonants)*

◆ All Italian consonants except **q** and **h** can be doubled. Double consonants are pronounced more distinctly and are longer than single consonants. The vowels **e** and **o** before a double consonant have an *open* sound, whereas the same vowels before a single consonant have a *closed* sound. This difference in pronunciation is crucial for communication, since a single or a double consonant can change the meaning of a word. Compare the following:

sete/sette (*thirst/seven*)   caro/carro (*dear/cart*)
camino/cammino (*chimney/walk*)   moto/motto (*motorcycle/saying*)

Attività

B. Listen to your instructor or tape and repeat the following words, paying particular attention to the vowel sounds.

ciao, grazie, aranciata, bene, libri, gialli, verdi, lungo, suono, sicuro, barba, signore, signorina, giornale, per piacere

C. Repeat the following words and phrases after your instructor or tape, paying particular attention to the consonant and consonant blend sounds.

acqua minerale, caffè macchiato, espresso, cappuccino, arrivederci, attenzione, giallo, ragno, famiglia, quadro, che, chi, perchè, amici tedeschi, gonna lunga

ACCENTO TONICO E SILLABAZIONE *(Stress and syllabication)*

◆ Most Italian syllables begin with a consonant and end with a vowel. Words are usually stressed on the next-to-last syllable.

si**gn**ora   stu**den**te   ra**ga**zzo   par**la**re   spa**ghe**tti

◆ A written accent mark is used when the stress falls on the last syllable. An accent can be **grave** (`) or **acuto** (´). There are no strict rules governing whether to use the **grave** as opposed to the **acuto** accent. In *Eccoci!* the grave accent is used in all cases.

città   università   così   perchè   è

Note that a few monosyllabic words have an accent to distinguish them from others with the same spelling but a different meaning.

e (*and*)	**è** (*is*)
da (*from*)	**dà** (*gives*)
te (*you*)	**tè** (*tea*)
si (*oneself*)	**sì** (*yes*)
se (*if*)	**sè** (*self*)
la (*the*)	**là** (*there*)

◆ Remember to include accents on the last vowel when writing and to stress an accented syllable when speaking. Forgetting to stress a syllable can result in misunderstanding, since it changes the meaning of a word: **Sara** (*name*)/ **sarà** (*will be*); **Papa** (*Pope*)/ **papà** (*dad*).

Attività

D. Listen carefully to the pronunciation of the following words. Place a dot under the stressed syllable and add the accent mark if the stress falls on the last syllable.

citta	provincia	Perugia
universita	e	Venezia
italiano	arrivederci	Torino
catena	percio	preferiscono
regione	facile	perche

RITMO E INTONAZIONE *(Rhythm and intonation)*

◆ In English, the first part of a word is usually emphasized and the rest slurred; in Italian, each syllable in a word is enunciated clearly, and each word in a phrase or sentence is pronounced distinctly. Most syllables in Italian start with a consonant and end with a vowel. This smooth, even rhythm gives the Italian language its special musicality. A group of words that express the same idea should be pronounced without any break between words.

Sono   Giovanna   Ranieri   So-no-Gio-van-na-Ra-nie-ri
                                         1 - 2 - 3 - 4 -5- 6- 7 - 8

◆ In Italian, the voice drops toward the end of a declarative sentence when the meaning is completed but rises on the last syllable in a question.

—Come ti chiami?   (a question: the voice rises)

—Mi chiamo Paola.   (a declarative sentence: the voice falls)

◆ A sentence can change from declarative to interrogative, if the inflection of the voice changes.

Il professore è di Milano.   (declarative sentence)

Il professore è di Milano?   (interrogative sentence)

Attività

E. Read the following sentences with the appropriate intonation. Draw a line to show the rising or falling of your voice at the end of the sentence.

1. Mario guarda la televisione.
2. Mario guarda la televisione?
3. Questo è il capitolo preliminare.
4. Qual è il capitolo preliminare?
5. Guardo poco la televisione, perchè non sono mai a casa.

RECOGNIZING COGNATES

II.   PAROLE AFFINI *(Cognates)*

◆ Since Italian is derived from Latin, and English also contains words of Latin origin, you will be able to recognize many Italian words. These words, called **cognates**, have the same root and a similar meaning, although their spellings may differ. A few tips should help you to recognize and use cognates.

- Many nouns ending in **-tà** in Italian often end in *-ty* in English.

città	*city*	**pubblicità**	*publicity*
identità	*identity*	**società**	*society*
libertà	*liberty*	**università**	*university*

- Many nouns ending in **-zione** in Italian end in *-tion* in English. Many nouns ending in **-sione** in Italian end in *-sion* in English.

attenzione	*attention*	**stazione**	*station*
conversazione	*conversation*	**conclusione**	*conclusion*
informazione	*information*	**televisione**	*television*

- Many adjectives ending in **-oso** in Italian end in *-ous* in English.

coraggioso	*courageous*	**geloso**	*jealous*
famoso	*famous*	**nervoso**	*nervous*

- Nouns ending in **-ia** in Italian end in *-y* in English.

biologia	*biology*	**sociologia**	*sociology*
filosofia	*philosophy*	**storia**	*history*

- Nouns ending in -**ica** in Italian end in -*ic(s)* in English.

matematica	*mathematics*
musica	*music*
politica	*politics*

- Nouns or adjectives ending in -**ente** in Italian end in -*ent* in English.

continente	*continent*
intelligente	*intelligent*
studente	*student*

- Nouns ending in -**anza** and -**enza** in Italian end in -*ance* and -*ence* in English.

costanza	*constance*
importanza	*importance*
violenza	*violence*

- Adjectives ending in -**ibile** or -**abile** in Italian end in -*ible* or -*able* in English.

incredibile	*incredible*	**probabile**	*probable*
possibile	*possible*	**terribile**	*terrible*

- Nouns ending in -**ista** in Italian end in -*ist* in English.

artista	*artist*	**pianista**	*pianist*
dentista	*dentist*	**specialista**	*specialist*

Attività

F. Write the Italian equivalents of the following cognates. Then read the Italian words aloud.

1. president
2. profession
3. probable
4. numerous
5. preparation
6. virtuous
7. discussion
8. expression
9. inflation
10. violinist
11. traditionalist
12. anatomy
13. republic
14. education
15. influence
16. severity
17. gravity
18. similarity

— Guarda, cara, un piccione!

———

—Look, dear, a pigeon!

UNDERSTANDING AND USING NUMBERS

III. I NUMERI DA 0 A 100 (*Numbers from 0 to 100*)

0	zero	21	ventuno
1	uno	22	ventidue
2	due	23	ventitrè
3	tre	24	ventiquattro
4	quattro	25	venticinque
5	cinque	26	ventisei
6	sei	27	ventisette
7	sette	28	ventotto
8	otto	29	ventinove
9	nove	30	trenta
10	dieci	31	trentuno
11	undici	32	trentadue
12	dodici	33	trentatrè
13	tredici	40	quaranta
14	quattordici	50	cinquanta
15	quindici	60	sessanta
16	sedici	70	settanta
17	diciassette	80	ottanta
18	diciotto	90	novanta
19	diciannove	100	cento
20	venti		

◆ When **-tre** is added to another number it has a written accent: **ventitrè**, **settantatrè**.

◆ The numbers **venti**, **trenta**, **quaranta**, and so on, drop the final vowel when combined with **uno** and **otto**: **ventuno**, **trentotto**, **quarantuno**, etc.

Attività

G. Quanti? (*How many?*) Give the totals.

1. IIII IIII III
2. II
3. IIII II
4. IIII III II
5. IIII IIII IIIII II
6. IIII IIII
7. IIII IIII IIII IIII
8. IIII
9. IIII IIII
10. IIII IIII IIII

H. I numeri di telefono. Look at Giovanna's address book and read aloud some of her most frequently called numbers.

Cognomi	Nomi	Indirizzi	Numeri di Telefono	
				A
Piacesi	Marco	Via Santa Margherita, 25	32 96 3 2	B
Cusano	Fabrizio	Via Fabio Massimo, 8	41 4 6 6 0	C
Volkoff	Anne	Via Beccaria, 12	24 25	D
Valdevit	Piero	Via Cicerone, 59	80 4 7 4	
Striuli	Antonella	Via Cosmi, 1	31 8 7 09	E
Università	Bocconi —	Milano	28 70 6 5	F

GETTING ALONG IN THE CLASSROOM

IV. VOCABOLARIO PER LA CLASSE *(Classroom vocabulary)*

Un'aula

1. una lavagna
2. un quaderno
3. una finestra
4. un gesso
5. una porta
6. una sedia
7. una scrivania
8. un libro
9. una penna
10. un banco
11. una matita

Attività

I. Cos'è? (*What is it?*) In pairs, identify the objects in the classroom illustration.

> MODELLO: S1: **L'oggetto numero uno, che cos'è?**
> S2: **È un/una...** (*It's a . . .*)

◆ **Explanation.** These commands are expressed by the *imperative* form of the verb. Since you will hear the commands often in the classroom, learn them now. In later chapters you will learn the forms and uses of the imperative.

In classe

Aprite la finestra!
  Open the window!
Chiudete la finestra!
  Close the window!
Leggete! *Read!*
Scrivete! *Write!*

Ascoltate! *Listen!*
Rispondete in italiano.
  Answer in Italian.
Andate alla lavagna.
  Go to the board.

Prendete il gesso.
  Pick up the chalk.
Ripetete insieme.
  Repeat together.

Attività

J. In classe. Tell two classmates to do the following things. They should respond to your commands.

1. to close the door
2. to open the door
3. to repeat **"scrivania"**
4. to write **"ciao"**

5. to go to the window
6. to pick up the chalk and write an Italian word on the board

I COLORI

◆ As colors are adjectives refer to *Nota bene*, p. 20

K. L'aula e i colori. Look at the drawing of the classroom and give the color of each object.

> MODELLO: La porta è verde.

1. La sedia è _____.
2. La scrivania è _____.
3. Il gesso è _____.

4. Il quaderno è _____.
5. La matita è _____.
6. La finestra è _____.

LE STAGIONI *(The seasons)*

primavera

estate

autunno

inverno

LE STAGIONI°

Primavera è una giovinetta
con in bocca la prima violetta.
Poi vien l'estate, nel giro eterno...
ma per i poveri è sempre inverno.

Vien l'autunno dalla montagna
ed ha odore di castagna.
Vien l'inverno dai ghiacciai
e nel suo sacco non ha che guai.

°*Spring is a young girl*
With the first violet in her mouth.
Then comes summer in the eternal cycle . . .
but for the poor it is always winter.

From the mountains comes autumn
Smelling of chestnut.
From the glaciers comes winter
With a bag full of troubles.

I GIORNI DELLA SETTIMANA *(The days of the week)*

Che giorno è?	Oggi è...	lunedì	giovedì	sabato
		martedì	venerdì	domenica
		mercoledì		

◆ In Italian, the days of the week are not capitalized.

◆ To say that it is a certain day or that you have something specific to do on a certain day, mention just the day.

—Che giorno è oggi?	*What day is it today?*
—Oggi è martedì.	*Today is Tuesday.*
Domani è mercoledì.	*Tomorrow is Wednesday.*
Devo studiare lunedì.	*I must study on Monday.*

◆ To say that you do something every week on a certain day (or certain days), use **il** with the day. Do not translate the English word *on*.

La classe di italiano è **il** lunedì, **il** mercoledì e **il** venerdì.
The Italian class is on Mondays, Wednesdays, and Fridays.

Attività

L. Che giorno è? Complete the following sentences with the appropriate day or days of the week.

1. Oggi è...
2. Domani è...
3. Io sono in classe...
4. Io non sono in classe...
5. Il corso d'italiano è...
6. Il mio (*my*) giorno preferito è...

I Mesi *(The months)*

gennaio	aprile	luglio	ottobre
febbraio	maggio	agosto	novembre
marzo	giugno	settembre	dicembre

—Che mese è? (In che mese siamo?)	*What month is it?* (literally, *What month are we in?*)
—È ottobre. (Siamo in ottobre).	*It's October.* (literally, *We're in October*).

◆ The names of months are not capitalized in Italian.

◆ To give the date, start with **il** (use **l'** for numbers beginning with a vowel), then give the number and finally name the month. For the first of the month, use **il primo**.

il 25 settembre	*September 25*
il primo giugno	*June 1*
l'otto gennaio	*January 8*

Attività

M. Say the dates of the following events. Improvise if you cannot remember some of them.

MODELLO: il mio compleanno (*birthday*)
È il 20 novembre.

1. il mio compleanno
2. il giorno di San Valentino
3. il giorno di Cristoforo Colombo
4. il compleanno della mamma
5. il compleanno del papà
6. il compleanno di George Washington
7. il giorno dell'Indipendenza americana

I NOMI ITALIANI *(Italian names)*

◆ Italian first names often have religious, historical, or legendary origins. Note that many masculine first names ending in -**o** or in -**e** (Adrian**o**, Daniel**e**) have an equivalent feminine name ending in -**a** (Adrian**a**, Daniel**a**).

Nomi maschili		Nomi femminili	
Adamo	Massimo	Amalia	Maria
Arturo	Matteo	Angela	Martina
Alberto	Michele	Anna	Monica
Beniamino	Paolo	Cinzia	Patrizia
Giorgio	Stefano	Elena	Sofia
Luigi	Tommaso	Francesca	Teresa

fiorisce in aprile anche il manico del badile

IL SOLE

G.	Lev.	Tram.	Ave
2	5,55	18,34	19
15	5,33	18,48	19,15
28	5,15	18,51	19,30

ARIETE   dal 21 Marzo

fuoco di energia vitale ed esuberante

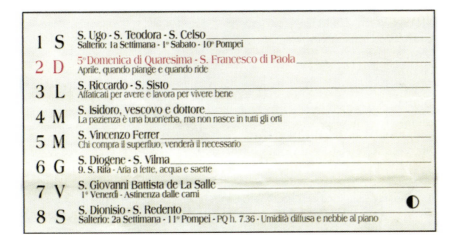

1 S   S. Ugo · S. Teodora · S. Celso
Salterio: 1a Settimana · 1° Sabato · 10° Pompei

2 D   5ª Domenica di Quaresima · S. Francesco di Paola
Aprile, quando piange e quando ride

3 L   S. Riccardo · S. Sisto
Affaticati per avere e lavora per vivere bene

4 M   S. Isidoro, vescovo e dottore
La pazienza è una buon'erba, ma non nasce in tutti gli orti

5 M   S. Vincenzo Ferrer
Chi compra il superfluo, venderà il necessario

6 G   S. Diogene · S. Vilma
9. S. Rita · Aria a fette, acqua e saette

7 V   S. Giovanni Battista de La Salle
1° Venerdì · Astinenza dalle carni

8 S   S. Dionisio · S. Redento
Salterio: 2a Settimana · 11° Pompei · PQ h. 7.36 · Umidità diffusa e nebbie al piano

Attività

N. I nomi inglesi. Give the English equivalent, where possible, for the names listed on page 13.

GETTING INFORMATION

V. INTERROGATIVI *(Interrogatives)*

Dov'è Maria oggi?
Chi è al telefono?
Quanto costa il cappuccino?
Quando arriva il professore?

◆ Questions that ask for specific information are introduced by interrogative words. The subject, if stated, comes after the verb.

che?/ cosa?/ che cosa?	*what?*
cos'è?[1]	*what is it?*
chi	*who?*
come?	*how?*
com'è?	*how is it?*
dove?	*where?*
dov'è?	*where is it?*
perchè	*why?*
quando?	*when?*

Attività

O. Domande e risposte *(Questions and answers).* Read the answers and complete the questions with the appropriate interrogative word.

MODELLO: GIANNA: _____ l'aula?
MARCO: L'aula è gialla e grigia.
GIANNA: **Com'è** l'aula?

1. Gianna: _____ costa?
   Marco: Venti dollari.
2. Gianna: _____ sono?
   Marco: Trenta.
3. Gianna: _____ è?
   Marco: È un quaderno italiano.
4. Gianna: _____ è?
   Marco: È un professore americano
5. Gianna: _____ è il Colosseo?
   Marco: Il Colosseo è a Roma.

---

[1]**Cosa è?** is usually contracted as **Cos'è?** Note also the other contractions in this list: **Come è?** →
Com'è? and **Dove è?** → **Dov'è?**

❖ *Vocabolario attivo*

Vocabolario attivo. This section contains the active vocabulary of the chapter—the new words and expressions you will be expected to learn and use.

NOMI (*nouns*)
aula *classroom*
banco *student's desk*
colore *color*
finestra *window*
gesso *chalk*
lavagna *board*
libro *book*
matita *pencil*
nome *name; noun*
penna *pen*
porta *door*
quaderno *notebook*
scrivania *teacher's desk*
sedia *chair*

ANNO (*year*)
giorni *days*
    lunedì *Monday*
    martedì *Tuesday*
    mercoledì *Wednesday*
    giovedì *Thursday*
    venerdì *Friday*
    sabato *Saturday*
    domenica *Sunday*
settimana *week*
mesi *months*
    gennaio *January*
    febbraio *February*

marzo *March*
aprile *April*
maggio *May*
giugno *June*
luglio *July*
agosto *August*
settembre *September*
ottobre *October*
novembre *November*
dicembre *December*

STAGIONI (*seasons*)
primavera *spring*
estate *summer*
autunno *fall*
inverno *winter*

AGGETTIVI (*adjectives*)
bianco *white*
blu *blue*
giallo *yellow*
grigio *gray*
marrone (castano) *brown*
nero *black*
rosso *red*
verde *green*

ESPRESSIONI
che giorno è oggi? *what day is it today?*

che mese è? *what month is it?*
oggi è... *today is . . .*
domani è... *tomorrow is . . .*

INTERROGATIVI
cosa?/che?/che cosa? *what?*
chi? *who?*
come? *how?*
com'è? *how is it? what is it like?*
cos'è? *what is it?*
dove? *where?*
dov'è? *where is it?*
perchè? *why?*
quando? *when?*
quanti(e)? *how many?*
quanto(a)? *how much?*

IMPERATIVI
andate! *go!*
aprite! *open!*
ascoltate! *listen!*
chiudete! *close!*
leggete! *read!*
prendete! *take!*
ripetete! *repeat!*
rispondete! *answer!*
scrivete! *write!*

NUMERI
For numbers 1 to 100, see p. 8.

LE MARCHE

CAPOLUOGO *(capital)*
Ancona

AREA 9.700 chilometri
quadrati *(square
kilometers)*

POPOLAZIONE 1.450.000
abitanti

PROVINCE E CITTÀ IMPORTANTI
Ascoli Piceno, Macerata,
Pesaro, Urbino

**PRODOTTI AGRICOLI E
ALIMENTARI** *(agricultural
and food products)*
barbabietole da zucchero
(*sugar beets*), olio d'oliva,
vini (*wines*) (Verdicchio,
Bianchetto)

PRODOTTI ARTIGIANALI *(crafts)*
ceramiche, mobili
(*furniture*), oggetti in
paglia (*straw objects*), pizzi
(*lace*)

PERSONAGGI FAMOSI *(famous
people)* Raffaello
Sanzio (pittore [*painter*],
1483–1520), Gioacchino
Rossini (compositore,
1792–1868), Giacomo
Leopardi (poeta,
1798–1837)

Panorama di Urbino, città del Rinascimento ideata da Federico da Montefeltro.

**Photographs, a map, and titles set the scene for you at the start of
each chapter. Use these elements and the lists of goals as a road map
to the Italian language and culture you will learn in the chapter.**

L'università

Student di varie nazioni all'Università di Pisa.

OBIETTIVI COMUNICATIVI
Introducing yourself and greeting others
Talking about yourself and others
Making affirmative and negative statements
Identifying and describing people and objects

CULTURA
The Italian university system and student activities

GRAMMATICA
Present tense of **essere** and subject pronouns
Negation
Nouns
The indefinite article
Adjectives
Adjectives that precede nouns
Irregular plurals

Per comínciare

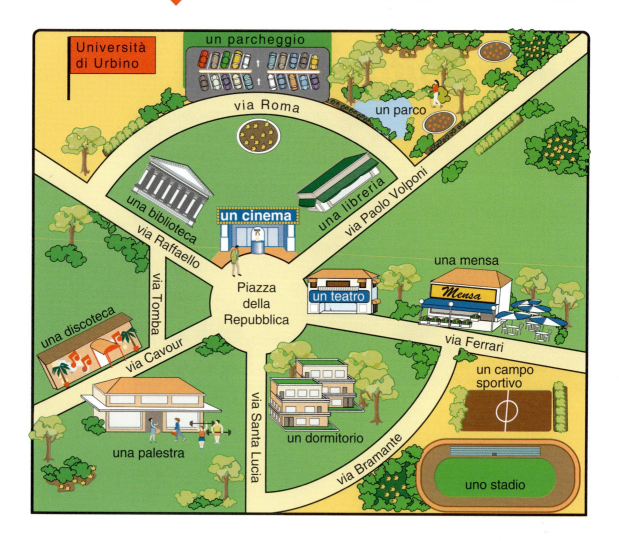

❖ Note that **libreria** means *bookstore*, not library. Such words are false cognates, and you should watch out for them.

Per cominciare. New words and expressions are presented to you via illustrations, short texts, and **Incontri** section dialogues and are sometimes also provided in vocabulary boxes with their English equivalents. Use these words and expressions in the *Attività* that follow, a set of activities that allow you to use the new words and phrases in various situations. Make them part of your *active* Italian vocabulary (the words and phrases you are expected to learn); you will use them to express yourself in conversation and in writing throughout the course.

Attività

A. Cos'è? In pairs, identify each building by pointing to it and asking «Cos'è?».

> MODELLO: —**Cos'è?**
> —**È una discoteca.** (*It's a discotheque.*)

B. Visitiamo l'Università di Urbino (*Let's visit the University of Urbino.*) In pairs, look at the map and find out where a particular building is located. Ask and answer questions according to the model.

> MODELLO: s1: **C'è** (*Is there*) **una palestra in via Cavour?**
> s2: **Sì, c'è** (*Yes, there is*) **una palestra in via Cavour.**
> s1: **C'è una palestra in via Tomba?**
> s2: **No, non c'è** (*there isn't*) **una palestra in via Tomba.**

1. una biblioteca / via Bramante
2. un parcheggio / via Raffaello
3. un teatro / Piazza della Repubblica
4. una libreria / via Volponi
5. una mensa / via Ferrari
6. un dormitorio / via Santa Lucia
7. un campo sportivo / via Ferrari
8. uno stadio / via Bramante

C. Ecco la mia università (*Here's my university*). Imagine that you are describing your university to a new student. Draw a sketch of your campus and explain it to the newcomer.

> MODELLO: **C'è una biblioteca in via...**

Incontri ————————————————————————

Encounters

Incontri. Illustrated conversations about real people with real concerns introduce additional vocabulary relating to the theme and grammatical structures of the chapter. *Active* vocabulary is underlined and glossed as necessary. Words and phrases that you need only to recognize may also be glossed. The headphone symbol above tells you that this material is part of the audio program. Listening to the native speakers—and repeating what you hear—can help you understand and remember the text better and gives you a chance to practice Italian pronunciation.

A. Un incontro tra Adriana e Bill

BILL:	Ciao, mi chiamo Bill. E tu?
ADRIANA:	Mi chiamo Adriana.
BILL:	Piacere.°
ADRIANA:	Piacere. (*They shake hands.*)
	Tu sei inglese?
BILL:	No, sono americano. Sono
	di Burlington, Vermont. E
	tu, di dove sei?°
ADRIANA:	Sono di Roma.

Pleased to meet you

di... *where are you from?*

Altre nazionalità

algerino	giapponese	russo
arabo	irlandese	spagnolo
cinese	messicano	svedese
francese	polacco	tedesco *German*

❖ Adjectives of nationality are not capitalized in Italian.

Nota bene. These notes, which also contain active vocabulary, give you practical tips on grammar, vocabulary, and how the language is used that will help you expand your understanding of—and your ability to communicate in—Italian.

Nota bene

To make these singular masculine adjectives feminine, change the **-o** to **-a**. Adjectives ending in **-e** have the same form in both the masculine and feminine singular.

algerino (*m.*)	algerina (*f.*)
cinese (*m.*)	cinese (*f.*)

B. Un incontro con il professore Missori

ALESSANDRA:	Buon giorno, professor Missori.
PROF. MISSORI:	Buon giorno, signorina, come sta?°
ALESSANDRA:	Sto bene°, grazie°, e Lei?
PROF. MISSORI:	Non c'è male.°
ALESSANDRA:	C'è lezione di filosofia oggi°?
PROF. MISSORI:	No, c'è una conferenza° oggi.
ALESSANDRA:	Allora a domain°, professore.
PROF. MISSORI:	ArrivederLa°, a domani.

come... *how are you?*

Sto... *I'm well, thank you*

Non... *Not too bad*

today

lecture

a... *see you tomorrow*

Goodbye

Altre materie (*subjects*)

arte	informatica	letteratura	psicologia
biologia	*computer science*	lingue straniere	scienze politiche
chimica	ingegneria	*foreign languages*	storia *history*
economia	*engineering*	matematica	

C. Un incontro con una studentessa francese

ARTURO:	Ciao, mi chiamo Arturo. E tu, come ti chiami?
BRIGITTE:	Mi chiamo Brigitte. Piacere. Sono francese, di Parigi. A Urbino, sono studentessa di letteratura italiana.
ARTURO:	Quale° corso preferisci?
BRIGITTE:	Il corso di semiotica di Umberto Eco.
ARTURO:	Ah bene, deve essere° difficile ma interessante. Buona fortuna!

❖ **Semiotica** (*semiotics*) is the most recent school of literary criticism, which analyzes literature and other cultural phenomena from the point of view of linguistic signs.

Which

deve... *it must be*

Nota bene

There are different ways to say hello and goodbye depending on both your relationship with the other person and the time of day.

ciao!	*hello* or *goodbye* (very familiar—for friends only— at any time of day)
buon giorno	*hello, good morning, good day* (more formal, for morning and afternoon)
buona sera	*good evening* (more formal, for evening)
buona notte	*good night* (before going to bed)
arrivederci	*goodbye* (familiar, when taking leave)
arrivederLa	*goodbye* (formal, when taking leave)
a presto	*see you soon* (formal and informal)

When you address a friend, child, or relative, use the familiar pronoun **tu**. When you address an older person or someone you do not know well, use the formal pronoun **Lei**.

To ask *How are you?* say **Come sta?** to someone you do not know well. Use **Come stai?** with a person you know well. To respond, you can say:

(Sto) Bene.	*(I'm) Well.*
(Sto) Benissimo.	*(I'm) Very well.*
(Sto) Così così.	*(I'm) So-so.*
Non c'è male.	*I'm not bad.*
(Sto) Male.	*(I'm) Not well. I'm feeling sick.*

To ask the name of someone in a formal situation, say **Come si chiama?** To ask the name of a peer (such as a classmate) or a child, use **Come ti chiami?** Respond **Mi chiamo....**

Attività

D. Match the answers with the questions.

Domande (*Questions*)	**Risposte** (*Answers*)
1. Come ti chiami?	a. No, sono italiano.
2. Tu sei francese?	b. Mi chiamo Franco.
3. Quale corso preferisci?	c. Arrivederci!
4. A domani!	d. Il corso di psicologia.

E. **In segretaria** (*registrar's office*). You are a foreign student at the University of Urbino and are speaking with a secretary in the registrar's office. Answer the secretary's questions.

—Buon giorno.

— _____

—Come si chiama?

— _____

— Di dov'è?

— _____

—Ah, Lei è americano(a)?

— _____

—È studente di economia?

— _____

—Ecco i documenti. Buona fortuna!

— _____

F. **All'università.** In pairs, complete the following dialogue. *Giovanni e Antonella parlano* (are talking).

—Ciao, Giovanni.

— _____

—Sto bene, e tu?

— _____

—C'è lezione di filosofia oggi?

— _____

—Perchè?

— _____

Carlo arriva.

—Antonella, ecco Carlo Rossi, un amico (*a friend*) di Pesaro.

— _____

—Piacere. Sono studente di informatica. E tu?

— _____

—Bene, andiamo insieme (*let's go together*) in mensa!

G. **In mensa.** You are in the cafeteria at the University of Urbino. Introduce yourself to the student sitting across from you, ask where he / she is from, and say where you are from and what you are studying at the university. The other student answers you.

Nota culturale

❖ L'università in Italia

Studenti alla biblioteca dell'Università di Perugia.

Termini utili

il diploma di maturità   The diploma received by Italian students after they pass an exam at the end of high school.

la facoltà   The equivalent of an American university department. It does not refer to the teaching staff.

la laurea   A university degree. The word **laurea** derives from the same Latin word meaning "laurel crown," referring to the Roman custom of honoring great poets and generals with a crown of laurel. This degree is usually considered the equivalent of an American Master of Arts (MA).

la laurea breve (or **minilaurea)**   A shorter university degree, recently implemented, which requires only two or three years of specialized curriculum and research. It is equivalent to something between an Associate Degree and a Bachelor of Arts (BA).

il dottorato di ricerca   The equivalent of an American Ph.D.

l'anno accademico   The academic school year, which goes from November to June.

la tassa d'iscrizione   A registration fee, the only yearly charge at an Italian university. The amount depends on the student's family income.

In the Italian educational system, students who have received a **diploma di maturità** can enroll in their chosen **facoltà** without admission exams. Because the right to education is an important principle of Italian democratic life, the government supports all state universities and guarantees financial assistance to highly qualified students who could not otherwise afford to pay for their studies. State universities charge only a nominal fee, the **tassa d'iscrizione**, but students must pay for board and lodging and for expensive textbooks. Private universities are less common, more selective, and more expensive. The term of study for a **laurea** is between four and six years, and students must pass twenty to thirty (written and oral) exams, depending on their major. Some may now select to pursue their studies to the highest degree, the **dottorato di ricerca**.

Italy is making great efforts to update its university system. A recent reform guarantees autonomy to all universities. They also can now accept financial support from the public and private sectors, which enables them to pay for better facilities and equipment.

Most Italian universities do not have a campus with dormitories. Students attend universities in or very near their hometown. During the **anno accademico** they usually live at home or rent an apartment. Unlike American students, they do not play intercollegiate sports. Italian students spend time conversing in the **piazza**, in coffee shops, and at the **pizzeria**. They also go to the movies, poetry recitals, plays, debates, and concerts. Politics plays an important role in their lives; Italian students generally spend a great deal of time discussing political parties and candidates and engaging in political activities.

The University of Urbino, the largest in the Marche region, dates back to 1506. It is a **università libera**, independent of the central government. Its unique setting and architecture form a perfect balance between old and new. The administrative buildings and classrooms are in the center of the medieval town, while the recently built dormitories, cafeteria, student center, and playing fields are perched on the surrounding hills. The university is one of the few Italian universities resembling an American campus. It hosts many international schools and institutes, and in its central piazza (**Piazza della Repubblica**) you will find students from all over the world.

Cosa ne pensate (*What do you think*)?
1. What differences do you find between the Italian and the American university systems?
2. What are some of the advantages and disadvantages of the two systems?

Grammatica

> **Grammatica.** This section focuses on the grammatical structures of Italian—the building blocks necessary to speak the language—and the purposes for which the language is used. Study the sample sentences, grammar charts, and explanations carefully. The grammatical structures (in charts) and related vocabulary (in boxes) are considered *active* vocabulary. To master the new material, complete the *Attività* that follow.

TALKING ABOUT YOURSELF AND OTHERS

I. PRESENTE DEL VERBO *ESSERE* E PRONOMI SOGGETTO
(Present tense of the verb to be *and the subject pronouns)*

(Io) **sono** americano e Yoko è giapponese.
Mario **è** studente di economia.
(Noi) **siamo** americani.
(Tu) **sei** italiano?
Giovanna e Antonella **sono** in biblioteca.

essere (*to be*)			
Singolare		**Plurale**	
(io) sono	*I am*	(noi) siamo	*we are*
(tu) sei	*you are (familiar)*	(voi) siete	*you are (familiar)*
(Lei) è	*you are (formal)*	(Loro) sono	*you are (formal)*
(lui/lei) è	*he/she is*	(loro) sono	*they are*

◆ The verb **essere** is used to

- describe people and objects

  Pierre **è** francese.
  Ancona **è** moderna.

- express origin: **essere di** + *name of city*

  Io **sono di** Milano.

- express possession

  È il quaderno **di** Giovanna.

◆ Subject pronouns (**pronomi soggetto**), shown in parentheses in the verb chart above (**io, tu, lei**, etc.), are often omitted in Italian, since the subject of the sentence is understood by the verb ending. They are used, however, for emphasis or contrast.

—Siete di Urbino?
—No, **io** sono di Pesaro e **lei** è di Ancona.

• The subject pronoun is not expressed when it refers to animals or things.

Il mio cane è grasso perchè mangia molto.	*My dog is fat because he eats a lot.*
Ho un'Alfa. È una bella macchina.	*I have an Alfa. It's a beautiful car.*

◆ There are different ways to express *you* in Italian, depending on the number of people and the situation:

• **tu** (singular) and **voi** (plural) are the *familiar* forms, used to address children, relatives, and friends.
• **Lei** (singular) and **Loro** (plural) are the *formal* forms, used to address older people, someone to whom you want to show respect, or people you do not know well. Both are usually written with a capital *L* to distinguish them from **lei** (*she*) and **loro** (*they*). **Loro** is often replaced by the familiar **voi**, especially when addressing young people.

Attività

> **Attività.** Essential for mastering the structures, the *Attività* will help you progress from a controlled and limited use of Italian to a more varied and personal expression of your ideas.

A. Complete each sentence with the appropriate form of **essere**.

1. Io _____ italiana.
2. Tu _____ americano.
3. Di dov' _____ Lei?
4. Io _____ di Acapulco.
5. Noi _____ in biblioteca.
6. Dove _____ voi?
7. Tre studenti americani _____ a Urbino.
8. Monica _____ studentessa.
9. Filippo e Emanuele _____ due studenti di Urbino.
10. Marco _____ intelligente.
11. Voi _____ in classe.
12. Il *New York Times* _____ un giornale (*newspaper*) americano.

B. Say where the following people are from.

MODELLO: Io / Roma
      Io sono di Roma.

1. La signora Puccini / Milano
2. Tu / Francoforte
3. Loro / Atene
4. Brigitte / Parigi
5. Noi / Mosca
6. Il professor Osaka / Tokyo

C. Di che nazionalità sei? You are trying to guess people's nationalities at a gathering of international students. In pairs, ask each other your nationality and respond using the cues provided. Remember to use the feminine form of the adjective if necessary.

MODELLO: italiano / algerino
—**Tu sei italiano(a)?**
—**No, sono algerino(a)?**

1. americano / spagnolo
2. giapponese / cinese
3. russo / italiano
4. messicano / arabo
5. inglese / irlandese
6. tedesco / svedese

MAKING AFFIRMATIVE AND NEGATIVE STATEMENTS

II. NEGAZIONE (*Negation*)

Io **non** sono di Bologna. Sono di Ancona.

◆ To make a sentence negative, place **non** before the verb.

Affermativo	Negativo
Enzo è in ufficio.	Enzo **non** è in ufficio.
Isabella è a casa (*at home*).	Isabella **non** è a casa.

Attività

D. Change the following sentences from the affirmative to the negative.

1. L'avvocato Rossi è in tribunale (*court*).
2. Cecilia è in biblioteca.
3. Sono svedese.
4. Sono studenti di economia.
5. Carlo è di Ancona.
6. La farmacia è in Piazza Navona.

E. Non è vero. In pairs, take turns reading the following statements to each other. The partner who is listening says that they are not true and corrects them.

MODELLO: Il bar Fosca è in via Raffaello. (Piazza della Repubblica)
No, non è in via Raffaello, è in Piazza della Repubblica.

1. Oggi Luciano è a casa. (a scuola)
2. Paola è in classe. (in mensa)
3. Il teatro Sanzio è in via Santa Lucia. (via Volponi)
4. La mensa è vicino allo (*near the*) stadio. (al dormitorio)
5. Maria è una studentessa di Roma. (di Urbino)

Nota bene

c'è/c'è? + soggetto singolare = *there is / is there?*
non c'è/non c'è? = *there isn't / isn't there?*
ci sono/ci sono? + soggetto plurale = *there are / are there?*
non ci sono/non ci sono? = *there aren't / aren't there?*

—**C'è** uno stadio?   —**Ci sono** tre teatri?
—No, non **c'è** uno stadio.   —No, non **ci sono** tre teatri.

IDENTIFYING AND DESCRIBING PEOPLE AND OBJECTS

uno zaino   **un orologio**   **un'agenda**   **un giornale**   **una calcolatrice**

III. NOMI *(Nouns)*

◆ All Italian nouns, both people and objects, are either masculine or feminine. Nouns ending in **-o** are generally masculine; nouns ending in **-a** are generally feminine; and nouns ending in **-e** can be either masculine or feminine, or both.

❖ Nouns that end in a consonant are usually of foreign origin and are masculine, e.g., **sport, weekend**.

◆ In the plural, the final vowel of the noun changes as shown below.

	S → P	Singolare	Plurale
Masc.	o → i	libro	libri
Fem.	a → e	lavagna	lavagne
Masc./Fem.	e → i	giornale *(m.)*	giornali
		lezione *(f.)*	lezioni
		insegnante *(m./f.) teacher*	insegnanti

Attività

F. Change the following words to the plural.

1. teatro _____
2. studente _____
3. libreria _____
4. professore _____
5. mensa _____
6. palestra _____
7. calcolatrice _____
8. penna _____

G. Change the following to the singular.

1. studentesse _____
2. aule _____
3. giornali (*m.*) _____
4. lavagne _____

5. libri _____
6. quaderni _____
7. campi sportive _____
8. lezioni (*f.*) _____

H. Complete the following sentences with **c'è** or **ci sono**.

1. Sul (*On the*) campus di Urbino _____ molti (*many*) dormitori.
2. _____ un'università a Macerata?
3. In classe _____ dieci studenti.
4. _____ un parcheggio in via Cavour.
5. _____ una mensa all' (*at the*) università?
6. _____ una discoteca a Pesaro? —No, non _____.
7. _____ una segretaria in ufficio?
8. Quanti studenti francesi _____ a Urbino?

IDENTIFYING PEOPLE AND OBJECTS

IV. ARTICOLO INDETERMINATIVO (*Indefinite article*)

Gianni è **un** ragazzo (*boy*).
Marcello è **uno** studente.
Maria è **una** studentessa.
La Traviata è **un'**opera.

◆ The Italian indefinite article means *a* or *an*. Its form is determined by the gender of the noun it precedes, as well as by the initial letter(s) of the noun it immediately precedes.

	Singolare		
Maschile		**Femminile**	
uno before s + consonant or z	**uno** studente	**una** before any consonant	**una** zia (*aunt*)
	uno zio (*uncle*)		**una** mensa
un before any other consonant or vowel	**un** libro **un** orologio	**un'** before any vowel	**un'**opera

Attività

I. Complete each sentence with the appropriate indefinite article.

1. Beppe è _____ studente.
2. *Il Rigoletto* è _____ opera.
3. Elisabetta è _____ amica di Giorgio.

4. Il tennis è _____ sport.
5. L'Alfa Romeo è _____ macchina (*car*).
6. Il Chianti è _____ vino.
7. Sophia Loren è _____ attrice (*actress*).
8. Carla è _____ studentessa di Urbino.

J. In cartoleria (*stationery store*).   You are in a **cartoleria**. Say that you would like the following items: **libro, quaderno, matita, penna, zaino, calcolatrice, giornale.**

> MODELLO: rivista (*magazine*)
> **Vorrei** (*I would like*) **una rivista.**

K. Una nuova camera (*room*).   Imagine that you and your roommate are moving into your dorm room. In pairs, make a list of the objects you will need to furnish it. Use a dictionary to look up unfamiliar words and include the appropriate indefinite article or a number for each noun.

> MODELLO: **un orologio**
> **tre fotografie**

DESCRIBING PEOPLE AND OBJECTS

V.   AGGETTIVI (*Adjectives*)

un libro **italiano**	due libri **italiani**
un professore **intelligente**	tre professori **intelligenti**
una studentessa **americana**	quattro studentesse **americane**
una libreria **francese**	cinque librerie **francesi**

◆ In Italian, the adjective normally follows the noun and agrees in gender and number with the noun it modifies.

◆ Adjectives ending in **-o** have four forms:
italian**o** (*m. sing.*)   italian**i** (*m. pl.*)
italian**a** (*f. sing.*)   italian**e** (*f. pl.*)

◆ Adjectives ending in **-e** have two forms:
ingles**e** (*m./f. sing.*)   ingles**i** (*m./f. pl.*)

◆ When an adjective modifies two nouns of different gender, the masculine plural is used: un ragazzo e una ragazza **intelligenti.**

	Singolare	Plurale
Masc.	**-o**	**-i**
Fem.	**-a**	**-e**
Masc./Fem.	**-e**	**-i**

L. Chi è? In pairs, ask and respond to the following questions, modifying the adjectives as necessary.

MODELLO: —Chi è John? (americano)
—È un ragazzo americano.

1. Chi è Mary? (americano)
2. Chi è Pierre? (francese)
3. Chi è Annette? (francese)
4. Chi è Patrick? (irlandese)
5. Chi è Elizabeth? (inglese)
6. Chi è Klaus? (tedesco)
7. Chi è Ingrid? (tedesco)
8. Chi sono Giacomo e Cinzia? (italiano)

Luigi, Elisabetta, Arturo, il gatto Mino, e il cane Fido

M. Complete the following descriptions by supplying the appropriate adjective endings.

Laura è una ragazza bell __, alt __, biond __, magr __, e elegante. Gianni
è un ragazzo bass __, brun __, e sportiv __. Conchita e Barbara sono
snell __, carin __, giovan __, e intelligent __.

Aggettivi utili per descrivere la personalità

antipatico *unpleasant*	furbo *clever*	onesto
avaro *stingy*	generoso	pigro *lazy*
calmo	intelligente	responsabile
debole *weak*	irresponsabile	simpatico *nice*
disonesto	nervoso	sincero
divertente *amusing*	noioso *boring*	timido
forte *strong*		

❖ **Simpatico** is a false cognate. The English word *sympathetic* means *compassionate, understanding;* **simpatico** is equivalent to *nice, pleasant.*

Attività

N. Using the adjectives listed above, complete each description with the opposite adjective.

MODELLO: Giulia è bella, ma Maurizio è **brutto**.

1. Franco è generoso, ma Enrica è _____.
2. Sara è responsabile, ma Bruno è _____.
3. Rosetta è forte, ma Paola è _____.
4. Luigi è simpatico, ma Antonio è _____.
5. Carla è onesta, ma Giorgio è _____.
6. Maria Teresa è bassa, ma Elisabetta è _____.
7. Marco è biondo, ma Susanna è _____.
8. Renata è calma, ma Silvana è _____.
9. L'elefante è grande, ma il topo (*mouse*) è _____.
10. Il gatto è grasso, ma il cane è _____.

Nota bene

When **quale** and **quanto** precede a noun, they are adjectives and agree in number and gender with the noun.

Quanti ristoranti ci sono a Pesaro? *How many restaurants are there in Pesaro?*
Quale corso preferisci? *Which course do you prefer?*

O. Domande al professore. An American student is planning to study in Urbino this summer and asks his professor a lot of questions. With a classmate, play the role of student and professor, asking and answering the questions.

MODELLO: STUDENTE: **Com'è il tempo** (*weather*) **a Urbino in inverno?**

PROFESSORE: **Il tempo è bello a Urbino in inverno.**

1. Com'è la città di Urbino?
2. Com'è l'università?
3. Come sono i professori italiani?
4. Com'è la regione Le Marche?
5. Come sono i ragazzi italiani (le ragazze italiane)?
6. Com'è la biblioteca?
7. Quanti bar ci sono a Urbino?
8. Di (*Of*) quale nazionalità sono gli (*the*) studenti di Urbino?

VI. AGGETTIVI CHE PRECEDONO I NOMI (*Adjectives that precede nouns*)

L'Aquilone è un **nuovo** dormitorio.
Giovanni Rossi è un **bravo** professore.
Tre Piante è un **piccolo** ristorante a Urbino.
Urbino è una **vecchia** città.

◆ The following common adjectives usually precede the noun they modify:

bello	brutto
cattivo	buono
	bravo
piccolo	grande
stesso *same*	altro *other*
vecchio	giovane
	nuovo

molto *a lot of, much, many; very* (*adv.*)

❖ The adjectives **buono** and **bello** have some irregular forms and are presented formally in **Capitolo 6**.

● When these adjectives are modified by an adverb, they follow the noun.

una ragazza **molto bella**[1]
Pavarotti è **molto bravo**.

❖ **Bravo**, which means *good, able, accomplished*, is used only when referring to people: **Pavarotti è bravo. È un bravo tenore.**

● A sentence can contain one adjective preceding the noun and one or more adjectives following it.

un **giovane** ragazzo **italiano**
una **bella** ragazza **bionda e alta**

● When a sentence contains two or more adjectives that usually precede the noun, these adjectives follow the noun.

un teatro **grande e vecchio**

[1]When **molto** is used as an adverb meaning very, it never changes form.

Attività

P. Rewrite each sentence, placing the adjective(s) before or after the italicized noun. Remember to make the adjectives agree with the noun.

MODELLO: (vecchio, simpatico) È uno *zio*.
È un vecchio zio simpatico.

1. (piccolo) È una *scrivania*.
2. (nuovo) C'è una *biblioteca* a Urbino.
3. (vecchio, verde) È uno *zaino*.
4. (italiano, moderno) È un'*opera*.
5. (grande, biondo) Giacomo è un *ragazzo*.
6. (bravo, inglese) Edward è uno *studente*.
7. (nuovo, spagnolo) È un *giornale*.
8. (bello, giallo) È una *macchina*.

❖ The form of the indefinite article depends on the initial letter of the word immediately following it: **Uno studente**, but **un *b*ravo studente**.

Q. Describe the following people and things, using all the adjectives in parentheses. Be sure to place the adjectives in their proper position.

MODELLO: Una professoressa (giovane, intelligente, realista)
È una giovane professoressa intelligente e realista.

1. una segretaria (simpatico, biondo)
2. uno studente (timido, noioso)
3. una ragazza (giovane, bruno)
4. uno stadio (grande, vecchio)
5. una bandiera (*flag*) (bianco, rosso, verde)
6. un libro (vecchio, interessante, divertente)
7. una mensa (buono, universitario)
8. un dormitorio (grande, moderno)

VII.   PLURALI IRREGOLARI *(Irregular plurals)*

◆ In the plural of most nouns and adjectives ending in **-co** with stress on the next-to-the-last syllable, the hard **c** sound is maintained by inserting an **h**. In nouns and adjectives with stress on a previous syllable, no **h** is added. The words **amico**, **nemico**, and **greco** are exceptions. (The dots indicate stressed syllables.)

un parco	due parchi	amico (*friend*)	amici
bianco	bianchi	nemico (*enemy*)	nemici
simpatico	simpatici	greco (*Greek*)	greci

◆ For nouns and adjectives ending in **-ca**, **-ga**, and **-go**, an **-h** is added before the final **-e** or **-i**.

una biblioteca	due biblioteche	un albergo	due alberghi
bianca	bianche	(*hotel*)	
una riga (*line*)	tre righe	lungo (*long*)	lunghi

◆ Nouns and adjectives ending in **-ista** can be masculine or feminine. The plural ends in **-isti** (*m.*) or **-iste** (*f.*).

un artista (*m.*)	due artisti	ottimista (*m.*)	ottimisti
un'artista (*f.*)	due artiste	ottimista (*f.*)	ottimiste

◆ For most nouns and adjectives ending in **-io**, the **-o** is dropped. If the **-i** is stressed, then **-io** becomes **-ii**.

un esempio	due esempi
grigio	grigi
uno zio	due zii

◆ Nouns ending in an accented vowel or a consonant do not change in the plural.

una città	due città
un caffè	tre caffè
uno sport	molti sport

◆ Some nouns ending in **-a** are masculine. In the plural the **-a** changes to **-i**.

un poeta	due poeti
un problema	due problemi

Singolare	Plurale	Singolare	Plurale
-co	**-chi/-ci**	**-io**	**-i/-ii**
-ca	**-che**	**-à**	**-à**
-ga	**-ghe**	**-è**	**-è**
-go	**-ghi**	**-a** (*m.*)	**-i**
-ista (*m./f.*)	**-isti** (*m.*)/**-iste** (*f.*)	**-a** (*f.*)	**-e**

Attività

R. Change the following phrases from singular to plural.

> MODELLO: un artista italiano
> **due artisti italiani**

1. una grande città
2. uno sport difficile
3. un caffè forte
4. un turista tedesco
5. un esempio interessante
6. un poeta russo
7. uno zio simpatico
8. un'artista ottimista

S. Complete each sentence with the plural of the noun in parentheses.

1. Ci sono belle _____ (città) in Italia.
2. Ci sono buone _____ (università) nelle Marche.
3. Ordiniamo (*Let's order*) due _____ (caffè) al bar.

4. Ci sono molti _____ (bar) a Milano.
5. Ci sono molti _____ (zio) e _____ (zia) in famiglia.
6. Ecco cinque _____ (esempio).

Tocca a voi

It's your turn

Tocca a voi. This section gives you the chance to use the new structures and vocabulary to communicate freely and creatively in Italian. The activities—usually done with a partner or in groups—will prepare you to express yourself in a variety of realistic situations.

A. Come sei? In groups of two or three, describe yourself using adjectives you know and the adverbs **un po'** (*a little*), **abbastanza** (*enough*), **molto** (*very*), or **troppo** (*too*). Note that adverbs are invariable, that is, they do not change form.

> MODELLO: **Io sono un po' nervoso(a), abbastanza timido(a), ma (*but*) molto intelligente.**

B. Disagree with the following statements.

> MODELLO: Che ragazzo stupido! (*what a stupid boy!*)
> **Che ragazzo intelligente!**

1. Che signora simpatica!
2. Che bella biblioteca!
3. Che ragazza sportiva!
4. Che grande città!
5. Che libri noiosi!
6. Che bravo professore!
7. Che vecchio stadio!
8. Che professoressa calma!

C. La persona ideale. Describe the ideal student, secretary, friend, and professor. Use at least three adjectives in each description. Then exchange your descriptions with a classmate.

> MODELLO: **Lo studente ideale è intelligente, divertente e simpatico.**

D. Conversazione. You are spending a semester studying in Italy and are having dinner at the home of an Italian friend. Your friend's parents are curious about your life in America. Tell them what you are studying, describe your American university, and describe your best friend at home, using his / her name. (**Il mio amico preferito/ La mia amica preferita si chiama...**).

Lettura

Lettura. This section will give you practice in reading authentic Italian texts. Selections include magazine and newspaper articles, ads, résumés, and poetry. Reading strategies and questions will help you use your experience as a reader of English to understand these pieces. Follow-up activities will encourage you to express your ideas on what you have read.

Una carta d'identità

Preparazione alla lettura: *Identifying the text and using cognates*

When you approach a text in a foreign language, you can apply several techniques to help you understand it.

- **Identifying the text.** What type of a text is it: advertisement, magazine or newspaper article, restaurant menu, theater program? How is this type of text usually organized?
- **Using cognates.** Identifying cognates, words that look like English words and whose meaning is similar, will help you to guess intelligently when you encounter unfamiliar terms.

  Before reading the document on page 39, do the following activities.

1. Look at the cover of the document. What do you think it is?
2. The following words are cognates. Try to guess their meaning: **carta d'identità**, **cittadinanza**, **nome**, **particolari**, **professione**, **Repubblica**, **residenza**.
3. The document contains information about a person: last name, first name, date and place of birth, citizenship, address, marital status, profession, height, hair color, eye color, physical traits. Find the corresponding information in Italian on the document.

  Now look at the document and answer the questions that follow.

Attività

(To answer some of the questions in the **Attività**, you may need to refer to the color vocabulary in the *Capitolo preliminare*.)

A. Answer the following questions about Vanessa Riminucci.

1. Chi è Vanessa Riminucci?
2. Di dov'è?
3. Qual è la nazionalità di Vanessa?
4. Qual è la professione di Vanessa?
5. Di che colore sono gli occhi e i capelli di Vanessa?

B. Look at Vanessa Riminucci's photo and describe her, using as many adjectives as you can.

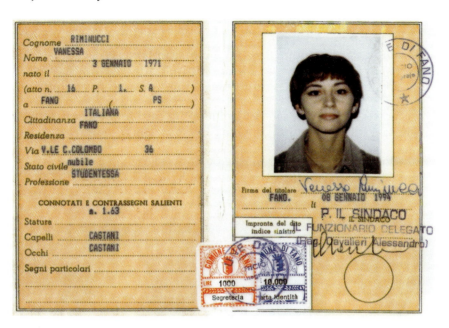

C. Indicate whether the following statements are true (**vero**) or false (**falso**). If false, give the right answer.

1. Il sindaco (*mayor*) di Fano è Rudy Giuliani.
2. Vanessa è di Fano.
3. Vanessa è americana.
4. Vanessa è sposata (*married*).
5. Vanessa è studentessa.
6. I capelli di Vanessa sono biondi.
7. La carta d'identità è del (*dated*) 25 febbraio 1994.

◆ ◆ ❖ ◆

Eccoci!

Here we are!

> **Eccoci!** These activities give you a chance to be creative as you use the vocabulary, structures, and culture of the chapter. *Here we are . . .* you have arrived and can now communicate in Italian with ease and confidence.

A. Domande e risposte. Form two circles (facing each other) and move around in opposite directions until your instructor tells you to stop. Then ask the person in front of you the following questions. Continue to go around in the circle, asking questions until your instructor stops you.

(continued)

Sei studente (studentessa)?   Di che nazionalità sei?
Come ti chiami?   Come stai?
Di dove sei?   Qual è la tua (*your*) materia preferita
    (*favorite*)?

B. Chi sono e come sono?   Cut out pictures of famous people (actors, models, movie directors, politicians, artists) from magazines and describe them to the class, using the nouns and adjectives you know.

C. La carta d'identità.   Complete an identity card for yourself. Use Vanessa's **carta d'identità** as a model.

D. Ritratto.   In pairs, talk about the portraits shown below, as if you were describing yourself. For example: **Sono giovane e bello(a)**, **con** (with) **capelli castani...**

Autoritratto di Raffaello Sanzio: Uffizi, Firenze.

"Ritratto di Gentildonna" di Raffaello Sanzio: Palazzo Ducale, Urbino.

❖ **Activity F.** Unlike in America, bars in Italy serve alcoholic and nonalcoholic drinks, and most customers drop in for an **espresso** or a **cappuccino** with a pastry, a slice of pizza, or a sandwich. Italian men and women of all ages go to a bar at any time of day and have their orders standing at the counter. There is no drinking age in Italy, so anybody can enter a bar for a quick drink or to relax and meet friends.

E. Parliamo di noi.   (Let's talk about ourselves). In pairs, introduce yourselves, tell what your major is and what other courses you are taking; then say goodbye.

MODELLO: Mi chiamo.... Studio (*I'm studying*) filosofia. Lunedì ho lezione (*I have a class*) di storia, economia, e informatica. Ciao! A domani!

F. Dialogo in piazza.   You are in a cafè (*bar*) in the **piazza della Repubblica** in Urbino with another foreign student. In pairs, role-play a conversation in which you introduce yourselves and talk about your lives and studies, using the vocabulary and structures you have learned so far.

❖ *Vocabolario attivo*

NOMI

agenda *appointment book*
albergo *hotel*
amico (*m.*) / amica (*f.*) *friend*
artista (*m./f.*) *artist*
bar (*m.*) *bar*
biblioteca *library*
caffè (*m.*) *coffee*
calcolatrice (*f.*) *calculator*
campo sportivo *sports field*
cane (*m.*) *dog*
cinema (*m.*) *movie theater*
città (*f.*) *city*
conferenza *lecture*
corso *course*
discoteca *discotheque*
dormitorio *dormitory*
gatto *cat*
giornale (*m.*) *newspaper*
insegnante (*m./f.*) *teacher*
lezione (*f.*) *lesson*
libreria *bookstore*
mensa *cafeteria*
nemico *enemy*
opera *opera*
orologio *clock; watch*
palestra *gym*
parcheggio *parking lot*
parco *park*
piazza *square*
professor(e) *male professor*
professoressa *female professor*
signorina *Miss*
stadio *stadium*
studente (*m.*) / studentessa (*f.*)
   student
teatro *theater*
università (*f.*) *university*
via *street, road*
zaino *backpack*

materie (*subjects*) See page 21.

AGGETTIVI

alto *tall*
altro *other*

antipatico *unpleasant*
avaro *avaricious, stingy*
basso *short*
bello *beautiful*
biondo *blond; fair*
bravo *good*
bruno *brown*
brutto *ugly*
buono *good*
calmo *quiet, calm*
carino *pretty*
debole *weak*
difficile *difficult*
disonesto *dishonest*
divertente *amusing, fun*
elegante *elegant*
forte *strong*
furbo *clever*
generoso *generous*
giovane *young*
grande *big*
grasso *fat*
greco *Greek*
intelligente *intelligent*
interessante *interesting*
irresponsabile *irresponsible*
lungo *long*
magro *thin*
molto *a lot of, much, many*
nervoso *nervous*
noioso *boring*
nuovo *new*
onesto *honest*
piccolo *small, little*
pigro *lazy*
quale? *which?*
responsabile *responsible*
simpatico *nice, pleasant*
sincero *sincere*
snello *thin*
sportivo *active in sports*
stesso *same*
timido *shy, timid*
vecchio *old*

nazionalità See page 20.

VERBI

essere *to be*

ALTRE PAROLE E ESPRESSIONI UTILI

a domani *see you tomorrow*
a presto *see you soon*
arrivederci *goodbye (familiar)*
arrivederLa *goodbye (formal)*
buon giorno *hello*
buona notte *good night*
buona sera *good evening*
c'è/ci sono *there is / there are*
ciao *hello*
Come si chiama / Come ti chiami?
   *What is your name? (formal /
   familiar)*
Come sta / Come stai? *How are
   you? (formal / familiar)*
Di dove sei? / Di dov'è? *Where are
   you from? (familiar / formal)*
di *of, from*
e *and*
grazie *thank you*
ma *but*
Mi chiamo *My name is*
Non c'è male. *Not too bad.*
oggi *today*
Piacere. *Pleased to meet you.*
Sto bene. *I'm well.*
Sto benissimo. *I'm very well.*
Sto così così. *I'm so-so.*
Sto male. *I'm not well. / I'm feeling
   sick.*

PRONOMI SOGGETTO

io *I*
tu *you (familiar)*
lui *he*
lei *she*
Lei *you (formal)*
noi *we*
voi *you (pl., familiar)*
loro *they*
Loro *you (pl., formal)*

L'EMILIA-ROMAGNA

CAPOLUOGO Bologna
AREA 22.100 chilometri quadrati
POPOLAZIONE 3.850.000 abitanti
PROVINCE E CITTÀ IMPORTANTI Ferrara, Forlì, Modena, Parma, Piacenza, Ravenna, Reggio Emilia, Rimini
PRODOTTI AGRICOLI E ALIMENTARI formaggio (*cheese*) (parmigiano), frutta, mortadella, prosciutto, vino, (Lambrusco)
PRODOTTI ARTIGIANALI automobili, ceramiche, e tessili
PERSONAGGI FAMOSI Giuseppe Verdi (compositore, 1813–1901), Federico Fellini (regista) (*movie director*), 1920–1993)

Bologna, le famose torri Asinelli e Grisenda.

Capitolo 2

Il mondo del lavoro

Una presentatrice alla televisione italiana.

OBIETTIVI COMUNICATIVI

Identifying people and objects

Pointing out people and objects

Expressing possession

Asking and telling age

Expressing feelings, judgments, and needs

CULTURA

Work in Italy: unions, strikes, unemployment, working conditions

GRAMMATICA

The definite article

Ecco

Present tense of **avere**

Expressions with **avere**

Cosa farete dopo la laurea?

Le professioni

Parole e espressioni utili

Altre professioni

l'attore (*m.*)/l'attrice (*f.*)
la casalinga *homemaker*
il/la contabile *accountant*

il/la dentista
il/la farmacista
l'ingegnere (*m./f.*)
il poeta/la poetessa

lo scrittore/la scrittrice *writer*
il segretario/la segretaria
il/la tassista

Attività

A. The following paragraph, which mentions various professions, was left out in the rain and the names of the professions got smudged. Fill in the missing letters.

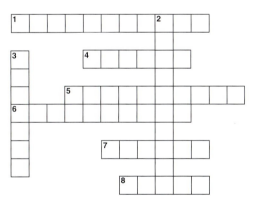

Martina è una c —nta ——
per City Bank a Milano.
Marco e Daniele sono
cam —— in un ristorante a
Los Angeles. Gabriele
lavora *(works)* a Roma ed
è —— lot __per la linea
aerea ALITALIA. Mio
marito *(my husband)*, Claudio,
è un diri—— te della Fiat.

❖ Although there are feminine forms for **avvocato (avvocatessa)**, **poeta (poetessa)**, **scrittore (scrittrice)**, **medico (medica)**, and **ingegnere (ingegnera)**, among others, more and more professional women prefer to use the masculine title. The issue is one of style and taste, and is often debated.

B. Complete the crossword puzzle by filling in the profession of the following famous people.

1. Oriana Fallaci
2. Toni Morrison
3. Michelangelo
4. Brad Pitt
5. Frank Lloyd Wright
6. Maria Montessori
7. Christian Barnard
8. Dante Alighieri

C. La tua professione. In pairs, say what your job or profession is or what you would like it to be. Feel free to invent a profession for yourself!

MODELLO: **Che lavoro fai?** (*What do you do?*)
Sono scrittore/scrittrice. Non ho un lavoro, ma vorrei (*I would like*) **essere...**

Incontri

A reminder: Active vocabulary is underlined.

A. Paolo e Michele conversano.

❖ Besides meaning *you're welcome*, **prego** can express politeness, as it does here. It is also used to welcome someone into your home, office, etc., and when offering something (food, a drink, a seat, etc.) to someone: **Prego, si accomodi.** *Please, make yourself comfortable.* **Prego, prenda una pasta.** *Please, take a pastry.*

Excuse me / ha... do you have the train schedule?

unfortunately

on the other hand / waiter; non... One can't find / wages

either / al... nowadays / everywhere.

❖ As you learned in *Capitolo 1*, **alto** means *tall* when describing people; when describing things, it means *high*.

PAOLO: Scusi°, ha l'orario?°
MICHELE: Sì, prego.
PAOLO: Grazie! Lei è bolognese?
MICHELE: Sì. E Lei, di dov'è?
PAOLO: Sono di Napoli ma purtroppo° lavoro in Germania. E Lei?
MICHELE: Sono studente di medicina. L'Università di Bologna ha una famosa facoltà e offre molte possibilità.
PAOLO: Io invece° faccio[1] il cameriere°. Al Sud non si trova° molto lavoro e gli stipendi° non sono alti.
MICHELE: Non è facile neppure° per un medico al giorno d'oggi°. Per i giovani è difficile dappertutto°.

B. Un incontro fra Elena e Rita

[1]**Faccio** is the first-person singular present indicative of **fare** (*to do*). **Fare il/la** + *profession* is the same as **essere** + *profession:* **Sono contabile** or **Faccio il/la contabile**.

RITA: Ciao, Elena.
ELENA: Ciao, Rita.
RITA: Hai un nuovo vestito°! È molto bello. Che colori magnifici!
ELENA: Ti piace?° È un vestito di Benetton, dove faccio la commessa°.
RITA: Tu hai sempre buon gusto°!
ELENA: Grazie.
RITA: Hai voglia di° una bibita° al bar?
ELENA: No, mi dispiace°. Ho fretta°. Io e mia madre abbiamo° un appuntamento con il medico.
RITA: Peccato!° Ciao, a domani!
ELENA: Ciao, Rita.

dress
Ti... *Do you like it? / salesperson*
buon... *good taste*

Hai... *Do you feel like a soft drink*
mi... *I'm sorry /* **Ho...** *I'm in a hurry /* *We have*
Too bad!

Nota bene

You will learn the verb **piacere** (*to be pleasing to*) in a later chapter. For now, note that to ask whether someone you know likes something, you say **Ti piace...?** or **Ti piacciono...?** To say that you like or don't like something, you say **Mi piace/Mi piacciono** or **Non mi piace/Non mi piacciono**.

—Ti **piace la pizza**?
—Ti **piacciono le lasagne**?

—Sì, mi **piace**./No, non mi **piace**.
—Sì, mi **piacciono**./No, non mi **piacciono**.

Expressioni utili

Dove lavoriamo

in un aeroporto
in un'azienda *company*
in/a casa *at home*

in farmacia
in un negozio *store*
in un ristorante
in una scuola/a scuola

in tribunale *courthouse*
in ufficio *office*

Attività

D. Dove lavora? Match each profession with its corresponding workplace.

MODELLO: **Dove lavora un professore?**
In un'università.

Dove lavora...

1. un farmacista
2. un avvocato
3. un infermiere
4. un insegnante
5. un dirigente
6. una cameriera

a. scuola
b. farmacia
c. azienda
d. ospedale
e. ristorante
f. tribunale

E. Say whether each of the following statements is true (**vero**) or false (**falso**), according to the **Incontri**. If a statement is false, correct it.

MODELLO: Rita lavora come cameriera.
Falso. Rita lavora come commessa.

1. Michele è romano.
2. Paolo è di Francoforte.
3. Michele è studente di medicina.
4. Paolo è ingegnere.
5. Paolo ha uno stipendio molto alto.
6. Elena è commessa.
7. Rita ha buon gusto.
8. Rita ha un appuntamento con l'avvocato.

F. **Tu hai un lavoro?** Complete the following dialogue using the sentences from the puzzle.

—Ciao, Roberto! Tu hai un lavoro durante l'estate?

— _____

—Dove?

— _____

—Che lavoro hai?

— _____

—Al mare? E cosa fai (*what do you do*) al mare?

— _____

—Com'è lo stipendio?

— _____

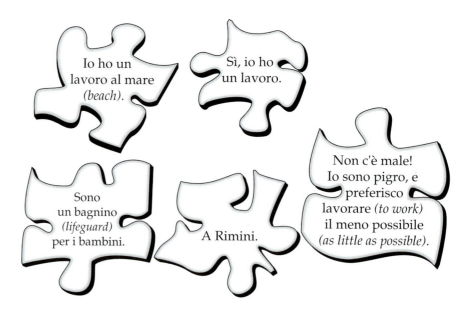

Io ho un lavoro al mare (*beach*).

Sì, io ho un lavoro.

Sono un bagnino (*lifeguard*) per i bambini.

A Rimini.

Non c'è male! Io sono pigro, e preferisco lavorare (*to work*) il meno possibile (*as little as possible*).

❖ **Ravenna**, the last capital of the Western Roman Empire, is resplendent in Byzantine monuments. The Basilica of Sant'Apollinare contains the mosaics which depict the teachings, miracles, Passion, and Resurrection of Christ.

G. **Alla stazione di Ravenna.** In pairs, imagine that you are at the train station in Ravenna, chatting with the person next to you. Greet each other and tell your names, where you are from, and what you do for a living.

Nota culturale

❖ *Il mondo del lavoro*

Due giovani dirigenti discutono di lavoro.

Termini utili

sciopero Strikes are extremely common in Italy. Because they are an everyday occurrence, Italians have created a special vocabulary to describe them: they can be **a sorpresa** (*by surprise, unannounced*), **a singhiozzo** (*by "hiccup,"* or *at random:* a one-hour strike every four hours), or **a scacchiera** (*in an alternating pattern:* departments within the same company striking at alternating hours).

disoccupazione The unemployment rate (around 10 percent), mainly affects young college graduates (only 60 percent of university graduates are expected to find employment).

concorsi Exams announced periodically to fill available civil service jobs.

legge della "femminizzazione" A law recognizing the equality of men and women in employment and forbidding discrimination against either sex.

doppio lavoro Two jobs (literally, double work). Sometimes the second job is not official and constitutes what is known as a **lavoro nero** (under-the-table job).

In Italy, jobs are generally more secure and permanent than in the United States. To be fired, an employee must be charged with a serious infraction, and even then the firing process may be prolonged. A **sciopero** may ensue in a whole factory if a worker is fired.

La disoccupazione remains an unsolved problem; finding a full-time job in one's profession is becoming increasingly difficult. Young graduates can enter either the public or the private sector. Although the public sector is highly competitive, a third of young people prefer a job as a civil servant to one in the private sector because it is more secure. The majority of civil service jobs (state government agencies, schools, hospitals) are filled by **concorsi**.

Since 1987, when **la legge della "femminizzazione"** was enacted, many more women have entered the work force. In fact, there has been a progressive **femminizzazione** of the work market in both the public and private sectors. Today more than 30 percent of women (mostly in the industrialized northern regions) are professionals. A very high percentage are **libere professioniste** (*self-employed*), because of their need for flexible work hours.

Il lavoro nero (or **il doppio lavoro**) is now so common that Italy has developed an underground economy, which explains the contrast between the economic crisis reported by the media and the actual high standard of living. Despite pessimism, high unemployment rates, and a huge public debt, Italy maintains its place as one of the leading industrialized countries in the world.

Cosa ne pensate?

1. What are some similarities and differences between employment in Italy and in the United States?
2. If you had a choice, would you prefer to work in the private sector or have a civil service job? Why?
3. More women are employed in northern Italy, which is far more industrialized, than in the south. Does a similar phenomenon exist in the United States? What reasons can you give to explain this disparity?

Grammatica

IDENTIFYING PEOPLE AND OBJECTS

I. **ARTICOLO DETERMINATIVO** (*The definite article*)

Il signor Rossi è contabile.
Gli stadi italiani sono vecchi.
Le commesse di Benetton sono simpatiche.
La fotografa è giapponese.
L'avvocato è in tribunale.

◆ The definite article (*the*) has several forms in Italian, depending on the gender, number, and initial letter of the noun it precedes.

Maschile		
Singolare	**Plurale**	
lo stipendio	**gli st**ipendi	before **s** + *consonant* or **z**
lo zaino	**gli z**aini	
lo psicologo	**gli ps**icologi	before nouns beginning with **ps**
lo gnocco	**gli gn**occhi	before nouns beginning with **gn**
il negozio	**i n**egozi	before all other consonants
l'aeroporto	**gli a**eroporti	before vowels

Femminile		
Singolare	**Plurale**	
la scuola	**le s**cuole	before consonants
l'attrice	**le a**ttrici	before vowels

- The definite article is repeated before each noun.

  Dove sono **la** calcolatrice e **il** quaderno?

- Nouns used in a general sense take the article.

  Gli avvocati e **i** medici hanno stipendi alti.

- When someone is addressed directly by his or her title, the article is omitted. It is used before the title, however, when one is speaking *about* the person.

  ArrivederLa, **dottor** Masi.
  L'avvocato Rossi non è in tribunale oggi.

- The definite article is generally used with the names of languages, except after **parlare** (*to speak*).

  Studio **lo spagnolo** e **il russo**.
  Franco **parla** tedesco bene.

- The definite article is used before the days of the week to mean *every*. It is omitted when an action takes place on a single, specific day. Compare the following:

Andiamo al cinema **la** domenica.	*We go to the movies* **on Sundays/ every Sunday.**
Andiamo al cinema domenica.	*We're going to the movies Sunday.*

- The definite article is always used before the names of continents, countries, regions, large islands, mountains, and mountain ranges.

  La Sicilia ha molte spiagge (*beaches*).
  Le Marche sono pittoresche.
  L'Italia confina con (*borders*) **la** Svizzera.

Attività

A. Give the appropriate definite article for each of the following singular nouns.

> **MODELLO:** ufficio
> **l'ufficio**

1. appuntamento   3. casa   5. tribunale   7. azienda
2. vestito   4. insegnante   6. attrice   8. scuola

B. Give the appropriate definite article for each of the following plural nouns.

> **MODELLO:** ristoranti
> **i ristoranti**

1. giornalisti   3. commesse   5. ospedali   7. stipendi
2. architetti   4. tortellini   6. bibite   8. dentisti

C. Supply the correct definite article for each noun. Then give the plural form of each noun, along with its definite article.

> **MODELLO:** scrittore
> **lo scrittore, gli scrittori**

1. architetto   4. studente   7. tassista (*m.*)   10. formaggio
2. scuola   5. gnocco   8. ingegnere
3. casa   6. negozio   9. giornalista (*m.*)

D. Complete each of the following sentences with the appropriate definite article.

1. _____ cameriere sono spagnole.
2. È _____ zaino di Luisa.
3. _____ architetto si chiama Angelo De Carlo.
4. Chi è _____ insegnante di Teresa?
5. Dov'è _____ ristorante Alfredo?
6. _____ commesse sono brave!
7. _____ contabile è in ufficio.
8. _____ stadio è in via Garibaldi.
9. _____ vestiti sono di buon gusto.
10. Dov'è _____ ingegnere?
11. Com'è _____ lavoro? Facile o difficile?
12. José studia _____ lingua italiana.

E. Complete each of the following sentences using the definite article, if necessary.

1. Rosa studia _____ spagnolo, _____ francese (*m.*), _____ inglese (*m.*) e _____ giapponese (*m.*).
2. _____ Capri è una piccola isola (*island*), ma _____ Sicilia è una grande isola.
3. Andiamo sempre (*always*) al supermercato _____ sabato.
4. _____ domenica andiamo sempre al museo.
5. L'appuntamento è _____ venerdì.

❖ Emilian cuisine is renown for its **lasagne** and **tagliatelle**, but most of all for its **tortellini**—small squares of dough filled with a mixture of pork loin, beef sirloin, turkey or chicken breast, mortadella, prosciutto, egg, grated Parmesan, nutmeg, and beef marrow. It is said that the **tortellino** derived its shape from the navel of the beautiful daughter of an Emilian country innkeeper; the Cardinal of Bologna's cook, traveling to Rome with his master, is supposed to have fallen in love with her and been inspired by his love to invent **tortellini**.

❖ **Parmigiano reggiano**, one of the most well-known cheeses, has been recognized for over a thousand years for its exquisite taste.

POINTING OUT PEOPLE AND OBJECTS

II.   ECCO... *(Here/There is/are . . .)*

Ecco lo studente d'italiano.
Ecco Giovanna e Lucia.
Ecco gli gnocchi.

◆ **Ecco** (*here is/are, there is/are*) is used when directing attention to someone or something. It is followed by the definite article, except with proper names.

Attività

F.   Use **ecco** with the following nouns. Include the definite article if necessary.

> MODELLO: università
>   **Ecco l'università.**

1.	vestito	5.	Bologna	9.	ospedale
2.	bibita	6.	poeta	10.	ufficio
3.	Marina	7.	studente		
4.	attrice	8.	contabile		

EXPRESSING POSSESSION; ASKING AND TELLING AGE

III.   PRESENTE DI *AVERE* *(Present tense of the verb* **avere***)*

Maria **ha** un negozio.
Noi **abbiamo** una Ferrari rossa
Avete un buon lavoro!
Mi chiamo Fabrizio e **ho** diciannove anni.

avere *to have*					
(io)	ho	*I have*	(noi)	abbiamo	*we have*
(tu)	hai	*you have* (familiar)	(voi)	avete	*you have* (familiar)
(Lei)	ha	*you have* (formal)	(Loro)	hanno	*you have* (formal)
(lui/lei)	ha	*he/she has*	(loro)	hanno	*they have*

◆ The verb **avere** is used to indicate possession

Massimo **ha** un'azienda.
Noi **abbiamo** una grande villa.

and to tell age.

—Quanti anni **ha** Luca?
—Luca **ha** sedici anni.

—*How old is Luca?*
—*Luca is sixteen years old.*

— Mio figlio mi preoccupa: ha già 14 anni e non comincia ancora a darmi torto!

—*My son worries me: he's already 14 years old, and he still does not contradict me.*

EXPRESSING FEELINGS, JUDGMENTS, AND NEEDS

IV.   ESPRESSIONI CON AVERE

Seiji **ha fretta** oggi. Ha un appuntamento.
Ho freddo! Ho bisogno di un cappuccino bollente (*very hot*).
Abbiamo voglia di cioccolatini.

◆ **Avere** is also used with certain nouns to express feelings, judgments, and needs. In English, these expressions usually include the verb *to be*.

avere fame	*to be hungry*
avere sete	*to be thirsty*
avere caldo	*to be warm/hot*
avere freddo	*to be cold*
avere sonno	*to be sleepy*
avere fretta	*to be in a hurry*
avere paura	*to be afraid*
avere ragione	*to be right*
avere torto	*to be wrong*
avere bisogno di	*to need, have need of*
avere voglia di	*to want, feel like*

— Papà, ho sete: posso andare al bar?

Attività

G. Replace the subject of each sentence with the subjects in parentheses and change the verb accordingly.

1. Paola ha un nuovo vestito.
   (Anna e Gianni/noi/tu e Vittorio/Lei/io)
2. Ho sedici anni.
   (tu/voi/io/Alessandra)

—*Daddy, I'm thirsty; may I go to the bar?*

3. Hai un appuntamento oggi?
   (voi/Lei/gli avvocati/l'ingegnere/io e l'architetto)
4. La signora Berlusconi ha buon gusto!
   (tu/voi/Remo e Pietro/la commessa)
5. Il professore non ha ragione.
   (tu e la segretaria/il medico/io e la giornalista)

H. Complete each sentence with the appropriate form of **avere**.

1. Voi _____ una grande casa, ma io _____ un piccolo appartamento.
2. Oggi tu _____ lezione di filosofia.
3. Tu e Laura _____ un bravo medico.
4. Loro _____ una professione interessante.
5. L'infermiere _____ uno stipendio alto.
6. L'ALITALIA _____ piloti responsabili.
7. Io e Sara non _____ un lavoro.
8. Luisa _____ sempre torto.

I. **Quanti anni hanno?** Give the age of four friends, using a sentence for each.

   MODELLO: **Kevin ha...**

   Then, in groups of three or four, ask your classmates how old they are.

   MODELLO: **—Quanti anni hai?**
   —Ho sedici anni.

J. **Indoviniamo!** (*Let's guess*) In pairs, mention the names of three or four celebrities (actors, musicians, sport figures, politicians), and ask your partner to guess the age of each one.

   MODELLO: **Quanti anni ha Madonna?**
   Secondo me (*in my opinion*)**, ha trentacinque anni.**

K. Complete each of the following sentences with the appropriate **avere** expression.

1. In estate, noi _____.
2. Una Coca-Cola con ghiaccio (*ice*)! Io _____.
3. Andiamo al ristorante. Cristina e Luisa _____.
4. Abbiamo un appuntamento adesso (*now*). Noi _____.
5. Voi _____ in Alaska.
6. Tu _____ di un esame difficile?
7. Nella (*in the*) sauna, loro _____.
8. Voi _____ di un gelato o di una pasta (*pastry*)?
9. —George Bush è democratico.—No, tu _____, è repubblicano.
10. Giovanni dice che (*says that*) l'estate nel New Jersey è calda. Giovanni _____ sempre _____.

Tocca a voi

A. Che tipo di lavoro fanno (*do they do*)? In pairs, give each person's name, age, and occupation. Also state your opinion about the person's line of work using an appropriate adjective.

MODELLO: Robert DeNiro, 66 (actor)
Si chiama Robert DeNiro. Ha sessantasei anni. Fa l'attore. Ha un lavoro interessante.

1. Paola Giusti, 30 (doctor)
2. Alessandra Pirozzi, 28 (attorney)
3. Barbara da Vinci, 20 (salesperson)
4. Sergio Gottuso, 54 (artist)
5. Giacomo Moro, 23 (pilot)
6. Gino Cusano, 41 (engineer)
7. Adriana Orsini, 32 (writer)
8. Mirella Lanuzza, 19 (homemaker)

Parole e espressioni utili

Aggettivi per descrivere un lavoro

faticoso *tiring*	monotono	prestigioso
intellettuale	pericoloso *dangerous*	stressante *stressful*
leggero *light*	pesante *heavy*	

B. Incontro con Sonia. In pairs, imagine that you and a friend are at a restaurant and are waiting for another friend, Sonia. Create a brief conversation as outlined below.
S1 and S2: exchange greetings.
S1: says that he/she is hot and thirsty.
S2: says that he/she is hungry.
S1: asks where Sonia is.
S2: says that he/she is in a hurry because he/she has an appointment with the dentist.

C. La curiosità di Carla. Your new friend Carla wants to learn more about you and your activities. Answer her questions.

1. Quanti anni hai?
2. Quando hai fretta?
3. In quale classe hai sonno?
4. Quando c'è un esame importante, hai paura?
5. Hai un appuntamento dopo (*after*) la classe? Con chi (*With whom*)?
6. Hai mai (*ever*) voglia di andare a teatro?

D. Intervista. In pairs, ask for and give the following information:
(1) what kind of work you do (invent a job if you do not have one);
(2) your place of employment;
(3) a description of your job using an appropriate adjective;
(4) what job you would like in the future.

MODELLO: S1: **Che lavoro fai?**
S2: **Io sono commessa in un negozio. È un lavoro monotono.**
S1: **Che cosa desideri fare** (*do you want to do*)**?**
S2: **Io desidero fare la casalinga. E tu?**

❖ **essere** + profession does not take an article

Lettura

Il curriculum (résumé) di Marisa

Preparazione alla lettura: *Applying prior knowledge and scanning*

In **Capitolo 1**, you learned two techniques to aid you in understanding what you read: identifying the type of text and using cognates. Three more strategies that will help you to grasp meaning are:

- **Scanning.** A quick way to get information from printed material is to *scan* it. Scanning is usually done quickly to get specific information or to find points of particular interest. When you scan a document, you do not have to understand every word.
- **Applying prior knowledge.** What do you already know about the subject of the reading? Based on your knowledge, what can you expect to find in the reading?
- **Reading for the gist.** Remember that you are reading for the main ideas only, so it is not necessary to understand every word. As you read, try to pick out the important pieces of information.

1. Before reading, determine what kind of text it is.
2. Scan the document for information about Marisa's education, her work experience, and the languages she speaks.

M A R I S A   P I A C E S I

DATA DI NASCITA
14 novembre 1966

STATO CIVILE
nubile°   *single*

ESPERIENZA PROFESSIONALE
1990–96 Disegnatrice di accessori; Piero Guidi, Schieti, Pesaro
1989–90 Stilista di prêt-à-porter° ed accessori: Casa Ferretti, S. Giovanni in Marignano, Forlì   **prêt-à-porter** *ready-to-wear*
1986–89 Disegno donna tessuto° e maglieria° Coordinatrice di produzione, Giorgio Grati,   *fabrics / knitwear*
         Ancona

LINGUE STRANIERE
Francese, inglese (ottima conoscenza°), russo (conoscenza passiva°)   **ottima...** *native fluency /*
                                                                            conoscenza... *reading*
STUDI COMPIUTI   *knowledge*
1988 Diploma di Tecnica di Modello e di Stilista, Istituto Artistico "Marangoni", Milano
1985 Maturità: Liceo Scientifico "Parri" Firenze Tesi: «Come la psicologia della moda° appare°   *fashion / appears some*
      in alcuni° scrittori della letteratura moderna»

REFERENZE
Disponibili su richiesta°   **disponibili...** *available upon*
                                                                            request
INDIRIZZO
Via Santa Margherita, 25
61029 Urbino, Pesaro
tel. (0722) 320170

Attività

A. After reading the résumé carefully, answer the following questions.

1. Quanti anni ha Marisa?
2. È sposata?
3. Qual è la sua professione?
4. Quali lingue conosce (*does she know*)?
5. Che diploma ha?
6. Qual è il suo indirizzo?

Marisa è una disegnatrice di accessori di Piero Guidi. Che ne pensate degli accessori di Piero Guidi?

B. La preparazione di un résumé. In pairs, prepare a résumé, not necessarily your own, using Marisa Piacesi's résumé as a guide. When you have finished, exchange yours with that of another pair. Read it and then tell the class two or three things about the person in the résumé.

Eccoci!

A. Al ristorante. In groups of three or four, prepare a script based on the following guidelines. Then role-play your script in class.

You and two friends are in a restaurant in Rimini, waiting for Patrizia.
S1: says he/she is hot and thirsty and calls a waiter.
S2 (the waiter): answers, "Right away!"
S1: orders a soft drink.
S3: says that he/she is hungry and orders food.
S1: sees someone enter and says, "There's Patrizia!"
S4: Patrizia says hi, and adds that she's in a hurry and she needs a book from Carlo (the waiter) for a history class.

B. Al bar. In pairs, imagine that you are sitting at an outdoor café in Bologna. To pass the time, both of you imagine who the people in the café are and what they do. Choose a man and a woman from the illustration and for each one, give or invent all the information you can: name, age, address, profession, place of employment, physical description, and the like.

MODELLO: **Si chiama... Ha... anni. È di ... È ... e ha un lavoro... È...**

C. Quale professione? In groups of three or four, one student thinks of a profession and gives one clue. The others try to identify the profession by asking pertinent yes/no questions. Continue until everyone has selected a profession.

MODELLO: S1: **Questa** (*This*) **persona fa un lavoro intellettuale.**
S2: **Ha un ufficio?**
S1: **Sì**
S3: **Ha studenti?**
S1: **Sì**
S4: **Ha un lavoro in una scuola elementare?**
S1: **No.**
S2: **Ha un lavoro in un'università?**
S1: **Sì**
S3: **È professore?**
S1: **Sì. È professore.**

D. Biglietti da visita (*Business cards*). With a partner, identify and discuss the professions indicated in the following business cards and say where the people are from or where they work. Guess the profession if it is not specified.

MODELLO: **Marco Mattei è giornalista per la *Repubblica*. È un lavoro prestigioso.**
Marco è di Viareggio. Ha un ufficio a Pisa (Corso Italia, 88).

CESY
VIA ROMA, 38 MORCIANO DI ROMAGNA (FO) TEL. 0541·987310

MARCO MATTEI

Giornalista \ Corrispondente per la Repubblica

Abit.: Via Beato Angelico, 92

Tel. (584) 392185   55049 Viareggio

Ufficio.: Corso Italia, 88

Tel. (050) 502620 - Fax 500255   56125 Pisa

Dott. Ing. PAOLO PIERGIOVANNI

Studio: Via del Fiancale, 13 - Tel. (0722) 2784-320808

61029 URBINO

Prof. Dott. Sanzio Piacesi

61029 URBINO · Via S. Margherita, 25 · Tel. 0722 / 320170

E. Un'intervista importante.   Imagine that you have an important job interview next week. To prepare for it, practice your interviewing skills with a partner, using the formal forms (**Lei è di...?**) Refer to the résumé you prepared in the *Lettura* section and, if you wish, include the following:

- your present work or profession
- what kind of job you are looking for
- where you prefer to work (**in Europa, in Asia, in Africa . . .**) and why
- the languages you speak

❖ *Vocabolario attivo*

NOMI

l'aeroporto *airport*
l'appuntamento *appointment*
l'architetto *architect*
l'attore *actor*
l'attrice *actress*
l'avvocato *lawyer*
l'azienda *firm, company*
la bibita *soft drink*
il cameriere *waiter*
la cameriera *waitress*
la casa *house*
la casalinga *homemaker*
il commesso/la commessa
    salesperson
il/la contabile *accountant*
il/la dentista *dentist*
il/la dirigente *manager*
la farmacia *pharmacy*
il/la farmacista *pharmacist*
il fotografo/la fotografa
    photographer
il/la giornalista *journalist*
lo gnocco *gnocchi*
l'infermiere/l'infermiera *nurse*
l'ingegnere (*m./f.*) *engineer*

il lavoro *work, job*
il medico *doctor*
il negozio *store*
l'orario *timetable, schedule*
l'ospedale (*m.*) *hospital*
il/la pilota *pilot*
il poeta/la poetessa
lo psicologo *psychologist*
il ristorante *restaurant*
lo scrittore/la scrittrice *writer*
la scuola *school*
il segretario/la segretaria *secretary*
lo stipendio *stipend, salary*
il/la tassista *taxi driver*
il tribunale *court*
l'ufficio *office*
il vestito *dress, suit*

AGGETTIVI

bolognese *from Bologna*
faticoso *tiring*
intellettuale *intellectual*
leggero *light*
monotono *monotonous*
pericoloso *dangerous*
pesante *heavy*
prestigioso *prestigious*
stressante *stressful*

ALTRE PAROLE ED ESPRESSIONI

buon gusto *good taste*
ecco... *here (it) is/here (they) are*
dappertutto *everywhere*
mi dispiace *I am sorry*
molto *very*
peccato! *what a pity!*
prego *please, you're welcome*
purtroppo *unfortunately*
quanti anni hai? *how old are you?*
scusi *excuse me*

VERBI

avere *to have*
avere bisogno di *to need, have need
    of*
avere caldo *to be warm*
avere fame *to be hungry*
avere freddo *to be cold*
avere fretta *to be in a hurry*
avere paura *to be afraid*
avere ragione *to be right*
avere sete *to be thirsty*
avere sonno *to be sleepy*
avere torto *to be wrong*
avere voglia di *to want, to feel like*
fare il/la (+ *professione*) *to be a
    (+ profession)*
fare un lavoro *to have a job*

LA SICILIA

CAPOLUOGO Palermo
AREA 25.707 chilometri quadrati
POPOLAZIONE 5.196.800 abitanti
PROVINCE E CITTÀ IMPORTANTI Agrigento, Caltanisetta, Catania, Enna, Messina, Ragusa, Siracusa, Trapani
PRODOTTI AGRICOLI E ALIMENTARI arance (*oranges*), cannoli, cocomeri (*watermelons*), limoni, olio d'oliva, sardine
PRODOTTI ARTIGIANALI chitarre, mandolini, marionette
PERSONAGGI FAMOSI Luigi Pirandello (scrittore, 1867–1936), Salvatore Quasimodo (poeta, 1901–1968)

Teatro greco-romano a Taormina, Sicilia.

Capitolo 3

La famiglia italiana

Una partita di calcio alla televisione: diverse reazioni.

OBIETTIVI COMUNICATIVI
Expressing possession
Describing your family
Talking about routine
activities

CULTURA
The Italian family:
traditional ties and
changing roles

GRAMMATICA
Possessive adjectives
Use of the possessive
adjective without the article

Present indicative of regular
-are and **-ere** verbs; **tu**, **noi**,
and **voi** forms of the
imperative
Spelling changes in verbs
ending in **-care**, **-gare**, and
-iare
Expressions of frequency

ESPANSIONE GRAMMATICALE
The indefinite article +
possessive adjective

Per cominciare

Milena · la Signora Pozzi · Giorgio · il Signor Pozzi · Roberto · Paolo · Carmela · Giovanna · Pietro · Marco · Susanna

Il Signor Pozzi

I signori Pozzi sono i nonni. Il signor Pozzi è il nonno e la signora Pozzi è la nonna.
Giorgio e Carmela sono il figlio e la figlia dei signori Pozzi.
Giorgio e Carmela sono fratello e sorella.
Giorgio è il marito di Milena.
Carmela è la moglie di Roberto.
Milena e Giorgio sono i genitori di Paolo e Giovanna. Carmela e Roberto sono i genitori di Pietro, Marco e Susanna. Paolo, Giovanna, Pietro, Marco e Susanna sono i nipoti dei signori Pozzi.
Milena è la zia e Giorgio è lo zio di Pietro, Marco e Susanna.
Paolo e Giovanna sono i cugini di Pietro, Marco e Susanna.
Paolo e Giovanna sono ragazzi. Pietro, Marco e Susanna sono bambini.

A reminder: Active vocabulary is underlined

> ### Altre parole utili
>
> **La famiglia**
>
> | | | | |
> |---|---|---|---|
> | divorziato(a) | sposato(a) | il cognato *brother-in-law* | |
> | fidanzato(a) | vedovo(a) | la suocera *mother-in-law* | |
> | separato(a) | la cognata *sister-in-law* | il suocero *father-in-law* | |

❖ patrigno *stepfather*
matrigna *stepmother*
fratellastro *stepbrother*
sorellastra *stepsister*

Attività

A. Study the family tree and say whether the following statements are true (**vero**) or false (**falso**). If a statement is false, correct it.

> MODELLO: Giorgio è il marito di Carmela.
> **Falso: Giorgio è il marito di Milena.**

1. Roberto è il cugino di Paolo.
2. La signora Pozzi è la nonna di Marco e di Giovanna.
3. Il signor Pozzi è il padre di Roberto.
4. Giovanna è la sorella di Paolo.
5. Susanna ha due fratelli.
6. Milena è la figlia del signor Pozzi.
7. Carmela è la zia di Pietro.
8. Susanna è la nipote di Giorgio e di Milena.
9. I signori Pozzi hanno sei nipoti.
10. Paolo ha quattro cugini.

B. La famiglia Pozzi.   In pairs, describe the members of the Pozzi family. Use your imagination in describing their personal characteristics.

> MODELLO: Chi è la signora Pozzi?
> **La signora Pozzi è sposata. È nonna. È simpatica e intelligente. Ha due figli, Giorgio e Carmela, e cinque nipoti.**

1. Chi è Roberto?
2. Chi è Giovanna?
3. Chi è Paolo?
4. Chi è Giorgio?
5. Chi è Milena?
6. Chi è Carmela?
7. Chi è Pietro?
8. Chi è Susanna?
9. Chi è Marco?

C. Now describe some members of *your* family, or, if you prefer, some imaginary family members.

> MODELLO: **Bob è alto e bruno. Ha diciotto anni. Ha una sorella, Laura, e un fratello, Gianni.**

Incontri ─────────────────────────────

Vi aspetto a casa mia per il mio compleanno sabato, il dodici agosto, alle quattro del pomeriggio.

Stefano

A.   Una festa di compleanno°

festa... *birthday party*

So / your

I... *my / That way / presents*

sure / to come

Va... *OK / also*

be patient
we'll send

MADRE: Allora°, Stefano, chi invitiamo per la festa del tuo° compleanno?
STEFANO: I miei° amici. Così° ricevo molti regali°.
MADRE: E i tuoi parenti? I nonni, gli zii, i cugini Fabio e Alessia...?
STEFANO: Sei sicura° che desiderano venire°?
MADRE: Certamente!
STEFANO: Va bene.° Invitiamo Fabio e Alessia. Sono simpatici. E anche° lo zio Daniele che è divertente.
MADRE: Un momento... pazienza!° Prepariamo una lista insieme e mandiamo° gli invite.

❖ Watch out for false cognates: **parenti** = *relatives*, **genitori** = *parents*. You will encounter others throughout *Eccoci!*

B. Due amiche parlano al telefono°.

GABRIELLA:	Pronto, chi parla?
SANDRA:	Sono Sandra. Ciao Gabriella.
GABRIELLA:	Ciao! Cosa fai di bello° oggi?
SANDRA:	Stamattina lavoro. Di pomeriggio incontro° Laura, per fare delle commissioni° insieme.
GABRIELLA:	Allora ci vediamo° stasera in palestra?
SANDRA:	No, mi dispiace, il mercoledì sera guardo la telenovela° alla televisione°.
GABRIELLA:	Pazienza!° Sabato sera andiamo a ballare° all'Hollywood Club con i nostri° amici?
SANDRA:	Buon'idea! Prendiamo l'autobus, così non devi guidare.°
GABRIELLA:	No, guido volentieri°.
SANDRA:	Va bene. Ti aspetto° a casa mia alle dieci.

parlano... *are speaking on the phone*

Cosa... *What are you up to?*
I am meeting
fare... *to run some errands*
ci... *we'll see each other*
telenovela... *soap opera*
alla... *on TV*
Too bad! / *andiamo...* we're going dancing / *i...* our

non... *you don't have to drive*
guido... *I'll be glad to drive*
Ti... *I'll wait for you*

Gabriella e Sandra continuano a parlare per venti minuti.

Parole e espressioni utili

Attività giornaliere (*Everyday activities*)

ascolto (*I listen to*) la musica	leggo (*I read*) un libro	vado (*I go*) a ballare
compro (*I buy*) un regalo	prendo (*I have*) un caffè	vado al cinema
guardo la TV	scrivo (*I write*) una lettera	vado in palestra

la mattina/di mattina   il pomeriggio/di pomeriggio

la sera/di sera   la notte/di notte

I vari momenti della giornata (*various parts of the day*)

Nota bene

For recognition only: **Preposition + definite article**

You will learn in **Capitolo 8** that the definite articles (such as **il** and **la**) combine with certain prepositions—**a** (*to, at*), **da** (*from*), **di** (*of*), **in** (*in*), and **su** (*on*)—to form new words as follows:

(a + il)	**al** (*to the, at the*)	**(di + il)**	**del** (*of the*)
(a + la)	**alla** (*to the, at the*)	**(di + la)**	**della** (*of the*)
(da + il)	**dal** (*from the*)	**(in + il)**	**nel** (*in the*)
(da + la)	**dalla** (*from the*)	**(in + la)**	**nella** (*in the*)

See page 183 for complete list and explanation.

Attività

C. Say whether the following statements are true (**vero**) or false (**falso**), according to the dialogues. If a statement is false, correct it.

1. Stefano ha tredici anni.
2. Stefano non invita i parenti.
3. Stefano, Fabio e Alessia sono cugini.
4. Lo zio Daniele è noioso.
5. Gabriella e Sandra fanno delle commissioni insieme.
6. Gabriella desidera andare in palestra.
7. Gabriella e Sandra decidono di (*decide to*) andare in macchina.

D. Design an invitation for your birthday party.

E. **Cosa facciamo sabato?** With a partner, make plans on the phone for Saturday. Use dialogue B as a model.

—Pronto, chi parla?
— _____

—Ciao! Cosa fai di bello sabato pomeriggio?
— _____

—E sabato sera?
— _____

—Perchè non andiamo a ballare all'Hollywood Club?
— _____

—Guido io. Ti aspetto in piazza, davanti al bar Italia, va bene?
— _____

F. **Una telefonata** (*phone call*). In pairs, role-play a phone conversation in which you talk with a friend about your plans for the week.

Nota culturale

❖ *La famiglia italiana*

Tre generazioni intorno alla tavola.

Termini utili

il diritto di famiglia (1975)   a law guaranteeing equal rights to both husband and wife.

la legge sul divorzio (1970)   After many failed attempts, the government passed this law, which legalizes divorce; the **Corte Costituzionale** in 1971 confirmed its validity.

il referendum sul divorzio (1974)   In a national referendum, 59.1 percent of Italians voted in favor of divorce.

la legge sull'aborto (Law 194, 1978)   Protects a woman's right to self-determination and free choice. In 1981 a referendum to rescind the law was defeated and the law has not undergone any amendments.

Caratteristiche della famiglia italiana

- A typical Italian family consists of a father, a mother, and one or two children. Italians have one of the lowest birth rates in the world.
- Families in the North generally have a higher income than families in the South, but the cost of living is higher in the North.
- The Italian family saves more money than families in other European countries.
- In spite of legalized divorce, Italy's divorce rate is one of the lowest in Europe.
- Most families are Roman Catholic, but many Italians, especially young people, do not practice a religion.

Although family roles are changing in Italy, as in the United States, the extended family still enjoys a special place in Italian society. Grandparents often live within or nearby the family unit, helping out with babysitting and other chores.

Even when both parents work, the entire family usually has the evening meal together. Parents care a great deal about their children's education and future career, and spend time almost every day helping their children with homework. It has been a long-established custom that children live at home until they marry, which allows them to save money. This is changing, however, as adult children are becoming more independent of their families. Many prefer to live alone, work, and become financially self-sufficient.

The woman's role, which used to be very restricted and limited to the care of her family, has also changed in recent years. Many women now work outside the home and face the same double work load as their American counterparts. In the political field, Italian women were granted equal rights in the family under **il diritto di famiglia**, and divorce and abortion were first made legal and then confirmed in two **referenda**.

Strong ties of interdependence require parents and grandparents to provide for their children and grandchildren. Grandparents are often seen as substitute parents; they love, care for, and often spoil their grandchildren. Eventually, aged parents are cared for by their grown children.

Because Sicily was occupied by foreign powers and was badly governed for many centuries, Sicilians have developed a suspicion of and resistance to the state and other vested authority. Family ties in Sicily are therefore particularly strong, and Sicilians tend to rely on the family rather than the state for material and moral support. For this reason, we find in Sicily a form of family life that most resembles our stereotypical notions of the Italian family.

— Me lo prometti, di stare attento?

Cosa ne pensate?

1. Do you think that the changes in the social position of women in Italy have affected the structure of the family? If so, in what ways?
2. Why do you think that the divorce rate is still lower in Italy than in other European countries?
3. Compare the lifestyles in Italy and in the United States. What are the positive and negative aspects of both?

———————

—*Do you promise to be careful?*

Grammatíca

EXPRESSING POSSESSION

I. AGGETTIVI POSSESSIVI (*Possessive adjectives*)

La mia casa è piccola.
I miei amici sono simpatici.
Abitiamo a Palermo. **Il nostro** appartamento è in centro.
—È la macchina di Clara? —Sì, è **la sua** macchina.

◆ There are two ways to express possession in Italian. One is with the preposition **di**, which we have already discussed in **Capitolo 1**. The other is with possessive adjectives.

È lo zaino **di Paola**.	*It's Paola's backpack.*
È **il suo** zaino.	*It's her backpack.*

• Possessive adjectives—like their English counterparts (*my, your, his, her, its, our,* and *their*)—precede the noun. In Italian—unlike in English—the definite article (**il/la/i/le**) precedes the possessive adjective. Both the definite article and the possessive adjective must agree with the gender (masculine or feminine) and number (singular or plural) of the noun that follows.

il mio libro   **la sua** casa   **i tuoi** libri   **le nostre** zie

Therefore, like many other adjectives, possessive adjectives have four forms. The exception is **loro** (*their*), which does not change.

Pronomi soggetto	Singolare Maschile	Femminile	Plurale Maschile	Femminile
io	**il mio** amico	**la mia** amica	**i miei** amici	**le mie** amiche
tu	**il tuo** amico	**la tua** amica	**i tuoi** amici	**le tue** amiche
lui/lei	**il suo** amico	**la sua** amica	**i suoi** amici	**le sue** amiche
Lei (*formal*)	**il Suo** amico	**la Sua** amica	**i Suoi** amici	**le Sue** amiche
noi	**il nostro** amico	**la nostra** amica	**i nostri** amici	**le nostre** amiche
voi	**il vostro** amico	**la vostra** amica	**i vostri** amici	**le vostre** amiche
loro	**il loro** amico	**la loro** amica	**i loro** amici	**le loro** amiche
Loro (*formal*)	**il Loro** amico	**la Loro** amica	**i Loro** amici	**le Loro** amiche

Note that

• Only the masculine plural forms **miei**, **tuoi**, and **suoi** are irregular.
• **Il tuo** is used when addressing someone in the familiar form, and **il Suo** when addressing someone in the formal form.

Giacomo, dove abita **la tua** famiglia?
Signorina, dove abita **la Sua** famiglia?

❖ In Italian *his* and *her* have the same form, because the possessive adjective never reflects the gender of the possessor, as it does in English, but rather that of the thing possessed:
la macchina **la sua**
  di Marco   macchina
la macchina **la sua**
  di Adriana   macchina

❖ The expression **a casa mia (tua, sua, nostra, vostra, loro)** is an exception, since the possessive adjective goes after the noun.

❖ Capitalization of **Suo, Sua, Suoi, Sue** (*your*) is no longer standard in Italy. It is used in textbooks to distinguish these forms from **suo, sua, suoi, sue** (meaning *his* or *her*).

- **Il suo** means *his* or *her*, while **il Suo** means *your*, when you address someone formally.

  La sua famiglia è siciliana.
  Professore, dov'è **la Sua** aula?

Attività

A. Una festa di compleanno.   Your Sicilian cousin has invited the family to a birthday party for your grandmother. Indicate who is coming to the birthday party.

> MODELLO: **io e i miei parenti**

1. tu e _____ parenti
2. lui e _____ genitori
3. lei e _____ cugine
4. Lei e _____ amici
5. noi e _____ nipoti
6. voi e _____ sorelle
7. loro e _____ nonni
8. io e _____ zii

B. Create new sentences using the words in parentheses. Make all the necessary changes.

> MODELLO: È il tuo libro. (le matite)
> **Sono le tue matite.**

1. Ecco la nostra aula. (il dormitorio, l'università, la casa, il professore, i cognati)
2. Dov'è la tua famiglia? (gli amici, la macchina, i parenti, lo zaino)
3. Per fortuna (*fortunately*) ho il mio amico. (l'amica, i figli, il lavoro)
4. In Sicilia abbiamo i nostri cocomeri. (le sardine, l'olio d'oliva, i cannoli)

C. Complete each of the following sentences with the appropriate possessive adjective.

> MODELLO: Marcella è a Agrigento con _____ famiglia.
> **Marcella è a Agrigento con la sua famiglia.**

1. Allora, Luigi, com'è _____ nuovo appartamento?
2. Compro un regalo per Aldo. Domani è _____ compleanno.
3. Carla, dov'è _____ libro di letteratura inglese?
4. Marcella ricorda (*remembers*) sempre _____ amici.
5. Mario e Yolanda, dov'è _____ discoteca preferita?
6. Bianca, qual è _____ strumento (*instrument*) preferito, la chitarra o il mandolino?
7. Quanti amici inviti per _____ compleanno venerdì?

D. Dove sono?   In pairs, ask and answer questions about your possessions. Use the nouns in column A to ask questions and the expressions in column B to answer.

> MODELLO: —**Dove sono i miei libri?**
> —**I tuoi libri sono in classe.**

A		B
amici		
calcolatrice		
casa		
famiglia		in casa/a casa
stereo		in ufficio
chitarra	è/sono	in Sicilia
parenti		in classe
cugini		
quaderni		
zaino		

E. Indovina cosa c'è.   In pairs, take turns guessing what is in each other's backpack (**lo zaino**) or purse (**la borsetta**).

> MODELLO: —**Nel tuo zaino c'è il tuo libro d'italiano?**
> —**Sì, c'è./No, non c'è. C'è il mio libro d'inglese.**

DESCRIBING YOUR FAMILY

II.   USO DELL'AGGETTIVO POSSESSIVO SENZA L'ARTICOLO
(Use of the possessive adjective without the article)

Mio padre è avvocato.   **I miei** genitori sono generosi.
Tua cugina è siciliana?   **La mia vecchia** nonna è di Siracusa.

◆ When a possessive adjective modifies a family member in the singular, the definite article is not used as long as the noun is not accompanied by another adjective.

• Note, however, that the article *always* accompanies **loro**:

mio padre (*sing., unmodified*)	**i miei** genitori (*plural*)
mio fratello (*sing., unmodified*)	**il mio** giovane cugino (*modified*)
la loro madre	**i loro** genitori

Attività

F.   Il mio matrimonio.   Tell your friend which family members you are going to invite to your wedding and explain why.

> MODELLO: **Invito mia zia Carmela perchè** (*because*) **è simpatica e divertente.**

G.   Come stanno?   In pairs, ask each other about the health of some family members. React to the news by saying either **Sono contento(a)** or **Mi dispiace**.

> MODELLO: s1: **Come sta tua sorella?**
> s2: **Mia sorella sta così così.**
> s1: **Mi dispiace.**

TALKING ABOUT ROUTINE ACTIVITIES

III. **PRESENTE INDICATIVO DEI VERBI REGOLARI IN** -*ARE* **E** -*ERE* (*Present indicative of regular* -*are and* -*ere verbs*)

I Siciliani **mangiano** molte arance e cocomeri.
—Chi **riceve** molti regali? —Stefano **riceve** molti regali.
—Come **balla** Peter? —**Balla** molto bene.

◆ The Italian present indicative tense can be translated into English in three different ways, depending on context:

Parli italiano.	*You speak Italian.* (present or habitual action)
	You do speak Italian. (emphatic action)
	You are speaking Italian. (action in progress)

◆ Italian regular verbs are divided into three groups, identified by the endings of their infinitives: **-are**, **-ere**, and **-ire**. To form the present indicative of these verbs, drop the infinitive ending and add the ending that corresponds to the subject of the verb.

• The following chart shows the present indicative endings for regular **-are** and **-ere** verbs.

comprare (compr-)	*to buy*	**ripetere** (ripet-)	*to repeat*
compr**o**	compr**iamo**	ripet**o**	ripet**iamo**
compr**i**	compr**ate**	ripet**i**	ripet**ete**
compr**a**	compr**ano**	ripet**e**	ripet**ono**

• When speaking, remember that the third person singular and plural forms of the verb have the stress on the same syllable.

Nota bene

Imperativo

To give orders, advice, and directions, you must use another verb form: the **imperativo** (*imperative*). For **-are** and **-ere** verbs, the imperative is identical to the present indicative, except for the **tu** form of **-are** verbs, which ends in **-a**. Note that you do not use subject pronouns with the imperative.

Present	Imperative	Present	Imperative
tu guard**i**	guard**a**! (*look!*)	tu scriv**i**	scriv**i**! (*write!*)
voi guard**ate**	guard**ate**!	voi scriv**ete**	scriv**ete**!
noi guard**iamo**	guard**iamo**! (*let's look!*)	noi scriv**iamo**	scriv**iamo**! (*let's write!*)

IV. CAMBIAMENTI ORTOGRAFICI DEI VERBI IN -*CARE*, -*GARE*, -*IARE* (*Spelling changes in verbs ending in* -care, -gare, *and* -iare)

◆ The letters **c** and **g** have a hard or soft sound depending on the vowel that follows. Therefore, in order to maintain the hard **c** and **g** in verbs that end in -**care** and -**gare**, an **h** is inserted before the **tu** ending -**i** and the **noi** ending -**iamo**, which become -**chi** and -**chiamo** and -**ghi** and -**ghiamo**, respectively.

cer**care** *to look for*	tu cer**chi**	noi cer**chiamo**
pa**gare** *to pay*	tu pa**ghi**	noi pa**ghiamo**

◆ For verbs that end in -**iare**, like **studiare** (*to study*), the usual conjugation rules would produce a double **ii** in the **tu** and **noi** forms. In most cases, one **i** is dropped: **tu studi**. However, if the **i** in the infinitive is stressed, as in **sciare** (*to ski*), then the second **i** remains.

stud**iare**	tu stud**i**	noi stud**iamo**
sc**iare**	tu sc**ii**	noi sc**iiamo**

Verbi in -*care*, -*gare*, and -*iare*	
cercare *to look for*	litigare *to quarrel*
cominciare *to begin, start*	mangiare *to eat*
dimenticare *to forget*	pagare *to pay*
giocare *to play*	viaggiare *to travel*

Attività

H. Come vi sentite quando...? (*How do you feel when . . .?*) In groups of three or four, rank how you feel in the following situations, by writing 1, 2, 3 in the corresponding blank (1 = always, 2 = sometimes, 3 = seldom).

sono contento(a)
_____ quando guido una Ferrari
_____ quando ballo
_____ quando gioco a tennis

sono timido(a)
_____ quando incontro un(a) ragazzo(a)
_____ quando parlo italiano
_____ quando viaggio

sono stanco(a) (*tired*)
_____ quando lavoro
_____ quando guido la macchina
_____ quando studio

sono nervoso(a)
_____ quando ho un esame
_____ quando gioco a carte (*cards*)
_____ quando prendo un caffè espresso

❖ When there is a double subject with **io** and another person, the subject pronoun is **noi**. When the double subject consists of **tu** and another person, the subject pronoun is **voi**.

I. Tell what the following people do by supplying the correct form of the verb according to each subject in parentheses.

1. Eva lavora in una banca. (mio marito e io, tu, voi, Rossano)
2. Io prendo l'autobus numero 25. (la mia amica, il professore, gli studenti, Daniele e tu)
3. Noi prendiamo un cappuccino e un caffè. (le signore, Francesca, voi, tu)
4. Quando viaggio, pago con assegni da viaggiatori (*traveler's checks*). (tu?, noi, voi, i miei genitori)

J. Complete each sentence with the appropriate form of one of the verbs in the list. More than one verb may fit the context.

incontrare	guidare	prendere
ballare	litigare	aspettare
lavorare	ascoltare	

1. Noi _____ in discoteca il sabato sera.
2. Voi _____ il concerto di Zucchero venerdì sera?
3. Gli studenti _____ l'autobus per andare all'università.
4. Gli italiani _____ velocemente (*quickly*).
5. Mio fratello e io _____ continuamente.
6. Io _____ la mia amica per fare delle commissioni.
7. Giovanni _____ una ragazza bionda e alta.
8. Molti commercianti (*storekeepers*) italiani non _____ il lunedì.

K. In vacanza (*On vacation*).   In pairs, tell what you do or don't do during your vacations. Use all the verbs that you know to make imaginative sentences.

MODELLO: **In vacanza viaggio e visito nuove città...**

TALKING ABOUT ROUTINES

V.   ESPRESSIONI DI FREQUENZA (*Expression of frequency*)

Non guardo **mai** la TV.
Non vedo **molto spesso** film western.
Lavoro **qualche volta** di sera.

The following expressions indicate how frequently one does something.

non... mai	*never*
non... molto spesso	*not very often*
qualche volta	*sometimes*
spesso	*often*
sempre	*always*

The expressions of frequency usually follow the verb, but may come at the beginning of a sentence for extra emphasis.

Attività

L. Say how often you do each of the following things by marking the appropriate column in the chart.

	sempre	spesso	qualche volta	non... mai
vedere gli amici				
scrivere lettere				
leggere il giornale				
guardare la TV				
guidare la macchina				
prendere l'autobus				
comprare un regalo				

M. Cosa fai di bello?   In groups of three or four, tell each other what you usually do every day. Then say how often you do it. Use a verb from column A and a noun from column B. Add other words to make your sentences more descriptive.

MODELLO: **Parlo italiano. / Parlo sempre italiano in classe, quando il professore ascolta.**

A	B
1. incontro	a. la televisione
2. compro	b. la macchina
3. preparo	c. gli amici
4. dimentico	d. la cena (*supper*)
5. guardo	e. una lettera
6. scrivo	f. i parenti
7. vedo	g. una Coca-Cola
8. invito	h. un film (*movie*)
9. guido	i. il compito (*homework*)

Tocca a voi

A. Il mio albero genealogico.   Create your family tree, going back three generations. Describe each person to your partner (relationship to you, name, profession, age, characteristics). If you do not have this information, make up your family tree.

MODELLO: **Mio nonno si chiama Alberto. È fotografo. Ha sessantadue anni. È siciliano, sempre elegante e divertente.**

B. Siamo curiosi. In pairs, ask and answer questions about when you do the following things: **la mattina, il pomeriggio, la sera, il sabato,** or **la domenica.** Report your findings to the class.

> MODELLO: —**Quando balli?**
> —**Ballo il sabato sera in discoteca o in casa di amici.**

ballare	avere sonno	incontrare gli amici
guardare la TV	vedere un film	invitare i parenti
lavorare	studiare	

C. Intervista. Interview a classmate about his/her family, daily activities, and possessions. Prepare at least five questions in advance.

> MODELLO: S1: **Come sono i tuoi corsi?**
> S2: **I miei corsi sono interessanti.**
> S1: **Cosa fai il sabato sera?**
> S2: **Il sabato sera...**
> S1: **Come si chiamano i tuoi genitori?**
> S2: **Mio padre si chiama... e mia madre si chiama...**

❖ *Espansione grammaticale*

EXPRESSING POSSESSION

ARTICOLO INDEFINITO + AGGETTIVO POSSESSIVO *(The indefinite article + possessive adjective)*

◆ To express *a friend of mine, two relatives of ours*, etc., Italians use the possessive adjective preceded by the indefinite article **un/una** or a number.

> **un mio** amico   *a friend of mine*
> **due nostri parenti**   *two relatives of ours*

Attività

Use the possessive with the following words.

> MODELLO: amica (io)
> **una mia amica**

1. parente (voi)	5. due cugini (noi)	9. tre figli (loro)
2. studente (lui)	6. nipote (lei)	10. idea (lui)
3. studentessa (tu)	7. cinque amici (lui)	11. invito (voi)
4. zia (io)	8. professore (loro)	12. regalo (tu)

Letture

A. *Articoli del codice civile italiano*

Preparazione alla lettura: *Guessing meaning from context and using cognates*

1. You can often figure out the meaning of unfamiliar words by focusing on their context. Try to determine the function of the following two documents, and then from the context, guess the meaning of the following cognates: **annunciano, cerimonia, matrimonio, rito, sacramento, grazia, divina, rispettare, osservare, codice civile.**
2. Before you read the **Articoli del Codice Civile**, find as many other cognates as you can.
3. Note how the address is written in the first document. How does this differ from the way an address is written in English?

Maria Angela Campo   Carmelo Aprile

annunciano il loro matrimonio

Monreale, 26 Settembre 1991

Duomo - Ore 11,00

Caltabellotta - Via Triccola, 15   Ribera - Via Pintaloro, 49

ARTICOLI DEL CODICE CIVILE ITALIANO

Art 143: "Con il matrimonio il marito e la moglie acquistano° gli stessi diritti° e assumono gli stessi doveri°. Dal matrimonio deriva l'obbligo reciproco alla fedeltà, all'assistenza morale e materiale, alla collaborazione nell'interesse della famiglia e alla coabitazione. Entrambi° marito e moglie sono tenuti, ciascuno° in relazione ai suoi mezzi° e alla propria capacità di lavoro professionale o casalingo, a contribuire ai bisogni° della famiglia".

Art 144: "Il marito e la moglie concordano tra loro l'indirizzo della propria vita familiare e fissano la residenza della famiglia secondo i bisogni di entrambi e quelli della famiglia".

Art. 147: "Il matrimonio impone a entrambi marito e moglie l'obbligo di mantenere, istruire e educare i figli tenendo conto° della loro capacità, inclinazione naturale e aspirazioni".

acquire
rights / duties

Both / each one
in... *depending on their names*
needs

tenendo... *taking into account*

Attività

A. Look at the first document and tell where Maria Angela and Carmelo are getting married. What is the date and the time of their wedding?

B. Look at the **Articoli del Codice Italiano** and say which are the rights and duties of husband and wife.

C. What do the words **gli stessi**, **reciproco**, **collaborazione**, **contribuire**, **entrambi**, and **ciascuno** emphasize?

D. **Matrimonio.** In groups of three, role-play a civil wedding ceremony. One student reads articles 143, 144, and 147 to the other two who play the couple.

E. **Gli sposi.** Look at the photo and describe the newlyweds. Pretend to know them well. Tell their names, ages, professions, addresses, etc., and their wishes and dreams. Be imaginative.

MODELLO: **Maria Angela ha 23 anni e Carmelo ha 33 anni. Maria Angela e Carmelo desiderano abitare** (*wish to live*) **in Sicilia...**

Matrimonio in Sicilia: Maria Angela e Carmelo, nuovi sposi.

B. *Una filastrocca (nursery rhyme) di Gianni Rodari (1920–1980)*

Preparazione alla lettura: *Appling your knowledge and scanning*

1. In pairs, before reading, make a list of the things that you do during the day, in the evening, or at night. Include some of the things you never do.

2. Scan the text and underline the words that rhyme. Now read the text.

PRO MEMORIA

Ci sono cose da fare° ogni giorno
lavare°, studiare, giocare
preparare la tavola°
a mezzogiorno.
Ci sono cose da fare di notte
chiudere gli occhi, dormire°,
avere sogni° da sognare°,
orecchie° per non sentire°
Ci sono cose da non fare mai, nè di giorno nè° di notte, nè per
mare° nè per terra°:
per esempio: la guerra°

IL SECONDO LIBRO DELLE FILASTROCCHE, 1985

da...	*to do*
	(to) wash
preparare...	*(to) set the table*
	(to) sleep
	dreams / to dream
	ears / to hear
nè...	*neither. . . nor*
	sea / land
	war

Attività

F. **Cose da fare e da non fare.** According to the nursery rhyme, what
    are the things that one does during the day? During the night? What
    are the things one should never do?

 • • ❖ •

Eccoci!

A. **Le nostre famiglie.** Circulate among your classmates with a list of
    questions which you have prepared in advance. Find out all you can
    about your classmates' families. Some typical questions could be:

Hai fratelli o sorelle? Quanti(e)?
Come si chiama (tuo fratello)?
Quanti anni ha?
Com'è?
Qual è il suo lavoro?
Dove lavora?

Afterward be prepared to report to the class what you learned about your
classmates' families.

B. Trovate una persona che (*who*)**...** Prepare five questions about daily activities. Then move around the classroom asking different classmates all the questions. You need to find at least one person who answers yes to each question. When you have completed the activity, announce it, sit down, and be prepared to answer your instructor's questions about your classmates.

MODELLO: —**Luciana, mangi i cannoli?**
—**Sì, mangio i cannoli.**

C. La storia di Tom. Look at the illustration and describe what Tom is dreaming of doing, using these verbs: **arrivare, telefonare a, aspettare, incontrare, prendere, ascoltare, essere felici**. Then tell similar stories, changing the subject each time: once to **noi**, once to **voi**, and once to **loro**. Make other logical changes.

MODELLO: **Tom incontra una bella ragazza...**

D. **Creiamo un collage.** Cut out pictures from old magazines, preferably Italian, where people are engaged in activities mentioned in this chapter. Make a poster and describe it to the rest of the class.

E. **Foto di famiglia.** Bring to class a family picture or a family album. Describe the photo(s) to a partner or to all your classmates. Give the people's names, ages, and professions, and say how they are related to you, where they live, and what they are like.

❖ *Vocabolario attivo*

NOMI

l'amico (*pl.* gli amici/l'amica (*pl.* le amiche) *friend*
il bambino/la bambina *child*
il compleanno *birthday*
la cognata *sister-in-law*
il cognato *brother-in-law*
il cugino/la cugina *cousin*
la famiglia *family*
la festa *party, feast*
la figlia *daughter*
il figlio *son*
il fratello *brother*
la generazione *generation*
i genitori *parents*
l'invito *invitation*
la madre *mother*
la mamma *mom*
il marito *husband*
il membro *member*
la moglie *wife*
il nipote *nephew; grandchild*
la nipote *niece; grandchild*
la nonna *grandmother*
il nonno *grandfather*
il padre *father*
il papà *dad*
il/la parente *relative*
la ragazza *girl*
il ragazzo *boy*
il regalo *present*
il signor(e) *Mr.*
la signora *Mrs.*
la sorella *sister*
la suocera *mother-in-law*
il suocero *father-in-law*
la torta *cake*

la zia *aunt*
lo zio *uncle*

AGGETTIVI

divorziato(a) *divorced*
fidanzato(a) *engaged; fiancé(e) (n.)*
separato(a) *separated*
sposato(a) *married*
vedovo(a) *widowed; widower/(widow) (n.)*

VERBI

ascoltare *to listen to*
aspettare *to wait for*
ballare *to dance*
cercare *to look for*
cominciare *to begin, start*
comprare *to buy*
continuare *to continue*
desiderare *to wish, to desire*
dimenticare *to forget*
giocare *to play*
guardare *to look at, watch*
guidare *to drive*
incontrare *to meet*
invitare *to invite*
lavorare *to work*
leggere *to read*
litigare *to quarrel*
mandare *to send*
mangiare *to eat*
pagare *to pay*
parlare *to speak*
prendere *to have (food), to take*
preparare *to prepare*
ricevere *to receive*
ripetere *to repeat*
sciare *to ski*
scrivere *to write*
studiare *to study*

vedere *to see*
viaggiare *to travel*

ALTRE PAROLE E ESPRESSIONI

al telefono *on the telephone*
allora *so, then, that way*
anche *also, too*
certamente *certainly*
pronto, chi parla? (al telefono) *hello, who's speaking?*
va bene *OK*
vado (a + *infinito*) *I'm going + infinitive*
volentieri *with pleasure*

Momenti della giornata

la mattina, di mattina *in the morning*
la notte, di notte *at night*
il pomeriggio, di pomeriggio *in the afternoon*
la sera, di sera *in the evening*

Espressioni di frequenza

non... mai *never*
non... molto spesso *not too often*
qualche volta *sometimes*
spesso *often*
sempre *always*

Aggettivi possessivi

mio, mia, miei, mie *my*
tuo, tua, tuoi, tue *your (sing.)*
suo, sua, suoi, sue *his/her*
nostro, nostra, nostri, nostre *our*
vostro, vostra, vostri, vostre *your (pl.)*
loro *their*

Ora scriviamo!

> **Ora scriviamo!** presents techniques that will help you develop your writing skills in Italian. There are six **Ora scriviamo!** sections, one after every third chapter. In each, you will use what you learned in the preceding chapters to perform a specific writing task, such as writing a letter, a postcard, a diary entry, a review, a report, and an interview.

Writing strategy: GATHERING AND ORGANIZING INFORMATION

Writing activity: WRITING A LETTER TO A PEN-PAL DESCRIBING YOURSELF AND YOUR FAMILY

Your first writing activity is to introduce yourself to a pen-pal. Using the vocabulary you have learned—descriptive adjectives, family members, professions—you can now describe yourself in a letter.

Although a letter to a pen-pal is an informal piece of writing, you should follow a plan.

1. **Start with the greeting.** Write **Caro(a)** and the name of the person.
2. **Collect and organize information for the first paragraph.** Draw a chart like the one in the **modello**. Write your name in the middle circle. Write your age, your city or town, your school, your major, your favorite activity, and your future profession (**desidero essere...**) in the other circles. Add more circles if you like.

MODELLO

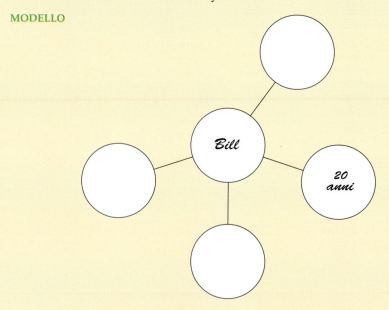

3. **Describe yourself.** Write the first paragraph, using the information from the chart. Use simple sentences.

4. **Collect and organize information for the second paragraph.** Draw a chart like the one in the **modello**, write your name in the middle circle, and the names of your relatives (**parenti**) in the other circles. For each relative, write his or her relationship to you: **padre, madre, nonno, zia,** and so on. Use the lines around each circle to note terms—physical appearance, personality, age, profession, favorite activity, and the like—that describe each family member.

MODELLO

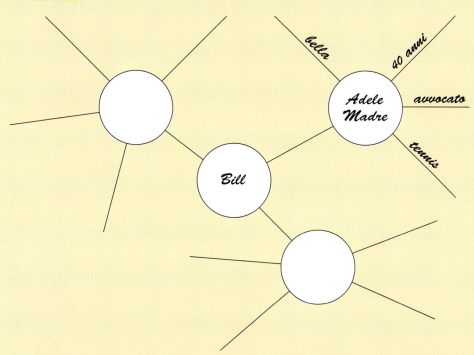

5. **Describe your family.** Now write the second paragraph. Start with a sentence such as **Ho una grande/piccola famiglia. Mio padre...** Describe the family members mentioned in your chart and write a sentence for each using the information you provided.

6. **Close your letter.** End your letter with **Tanti saluti** and your signature.

IL LAZIO

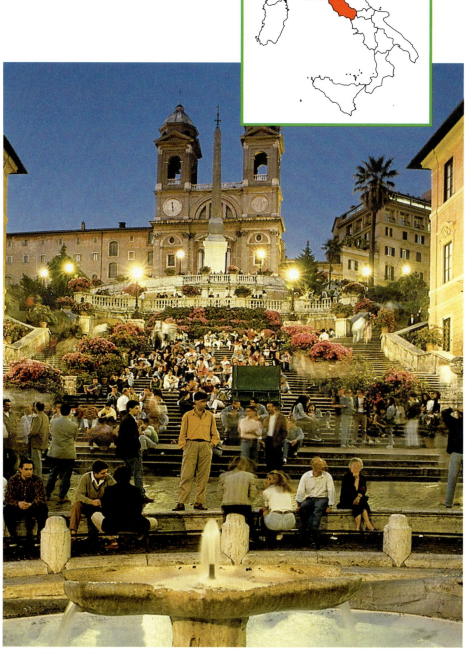

CAPOLUOGO Roma
AREA 17.200 chilometri quadrati
POPOLAZIONE 5.200.000 abitanti
PROVINCE E CITTÀ IMPORTANTI Frosinone, Latina, Rieti, Roma, Viterbo
PRODOTTI AGRICOLI E ALIMENTARI abbacchio (*lamb*), maritozzi (*sweet rolls*), mozzarelle, vini dei Castelli
PRODOTTI ARTIGIANALI ceramiche, pizzi, tappeti (*carpets*)
PERSONAGGI FAMOSI Giulio Cesare (dittatore e scrittore, 100–44 A.C., assassinato), Ottaviano Augusto (imperatore romano, 63 A.C.–14 D.C.), Pietro Metastasio (poeta teatrale, 1698–1782)

Roma, Trinità dei Monti.

Capitolo 4

Le compere: negozi e mercati

Al mercato all'aperto. Cosa comprono?

◆ ◆ ◆ ❖ ◆

OBIETTIVI COMUNICATIVI
Talking about activities
Giving numerical information
Asking and giving phone numbers
Asking and telling the date
Asking and telling the time
Shopping and bargaining

CULTURA
Shopping: stores, markets, and supermarkets

GRAMMATICA
Present indicative of regular **-ire** verbs
Tu, noi, and **voi** forms of the imperative
Cardinal numbers from 100 on
The date
Time

Per cominciare

In un negozio di abbigliamento

Altri negozi e prodotti

LA FRUTTA	la patata	**LA PASTICCERIA**
l'arancia	il pomodoro *tomato*	*Pastry shop*
la banana	gli spinaci	le paste *pastry*
la mela *apple*	gli zucchini	**LA PESCHERIA**
il melone	i fagiolini	il pesce *fish*
la pera	**LA MACELLERIA**	**LA SALUMERIA**
l'uva *grape(s)*	*Butcher shop*	*Delicatessen*
LA VERDURA	la carne *meat*	il formaggio
Vegetables	**LA PANETTERIA**	la mozzarella
i broccoli	*Bakery*	il prosciutto *ham*
la carota	il pane *bread*	i salumi *cold cuts*
la cipolla *onion*		

❖ **Gli zucchini** can also be feminine: **le zucchine**.

Attività

A. Describe what each person in the illustration is wearing. Be sure to include the color of each article of clothing.

> MODELLO: **La signora Cini porta** (*is wearing*) **un paio** (*pair*) **di pantaloni neri e un golf bianco.**

Signora Cini

Signor Rossi

Franco/Sandra

Signora Cangini

Martine

Signora Fini

Signor Massari

B. Un sondaggio (*survey*). Take a survey of your classmates' food preferences. Tally the number for each item. What is the most popular food?

MODELLO: S1: **Cosa ti piace mangiare?**
S2: **Mi piacciono le carote.**
S3: **Mi piacciono gli zucchini.**
S4: **Mi piace la carne.**

C. Unscramble the letters to discover words for various articles of clothing.

1. acicga
2. innlntapaoic
3. olgf
4. precas

5. aatrctva
6. tieltamga
7. lefap
8. ngoan

D. Prepariamo una cena! Imagine that you are having an Italian guest for dinner. In pairs, make a list of the foods you are going to buy. Share the list with the class.

MODELLO: **Compriamo un melone, il prosciutto, la mozzarella, i pomodori e le paste.**

Incontri

A reminder: Active vocabulary is underlined.

A. In un negozio di via Veneto

COMMESSA:	Buon giorno, signorina.
ANNA:	Buon giorno, signora. Vorrei comprare una gonna.
COMMESSA:	Che taglia° ha?
ANNA:	La quarantadue.
COMMESSA:	Ecco una bella gonna di seta°.
ANNA:	Oh no! Io preferisco qualcosa° di meno° elegante!
COMMESSA:	Vuole provare° la gonna jeans di Armani che è in vetrina°?
ANNA:	Di Armani? È molto bella. La° provo volentieri.
COMMESSA:	Le sta bene°!
ANNA:	Quanto costa?
COMMESSA:	200 euro.
ANNA:	Mi fa uno sconto°?
COMMESSA:	Mi dispiace ma questo negozio ha prezzi fissi°.
ANNA:	Va bene, la compro. Grazie.

size

silk
something / less
Vuole... *Do you want to try on / window*
it
Le... *It suits you!*

Mi... *Can you give me a discount?*
prezzi... *fixed prices*

Via Condotti, la strada più elegante di Roma. Altre strade famose sono via Vittorio Veneto, via del Babuino, via Margutta, e via Nazionale.

Nota bene

Le taglie

Taglia is a general word for *size*; **numero** is used to describe shoe size: **Che numero porta?** *What size shoe do you wear?*

Conversione utile di taglie

Abbigliamento				Scarpe			
Uomini (Men)		Donne (Women)		Uomini		Donne	
USA	Italia	USA	Italia	USA	Italia	USA	Italia
36	46	6	40	8	41	5	35
38	48	8	42	9	42	6	36
40	50	10	44	10	43	7	37
42	52	12	46	11	44	8	38
44	54	14	48	12	45	9	39

B. In un negozio di frutta e verdura

greengrocer	FRUTTIVENDOLO°:	Buon giorno signore. Desidera?
strawberries	SIGNOR PIACESI:	Ha fragole°?
some	FRUTTIVENDOLO:	Sì, certamente. Ho delle° belle fragole fresche!
	SIGNOR PIACESI:	Sono care°?
expensive	FRUTTIVENDOLO:	Costano 4 euro al chilo.
A half / please / Give me	SIGNOR PIACESI:	Mezzo° chilo, per favore°. Faccia° anche un chilo d'uva.
costs, comes to	FRUTTIVENDOLO:	L'uva viene° 3,50 euro. Ha bisogno di altro?
some	SIGNOR PIACESI:	Sì, dei° fagiolini.
	FRUTTIVENDOLO:	Mi dispiace ma non ho fagiolini oggi. Domani sì.
A... *At what time do you open (the store)?*	SIGNOR PIACESI:	A che ora apre?°
	FRUTTIVENDOLO:	Alle nove.
	SIGNOR PIACESI:	Grazie. Ritorno domani. Quant'è?
receipt	FRUTTIVENDOLO:	Sono 5,50 euro. Ecco lo scontrino°.
	SIGNOR PIACESI:	Va bene, grazie. A domani.

Parole e espressioni utili

Fare le compere

a buon mercato *inexpensive*	fare la spesa *to go grocery shopping*	il prezzo *price* spendere *to spend*
contrattare *to bargain*	fare le compere *to go shopping*	

Attività

E. Say whether the following statements are true or false. Correct the false statements.

1. Anna compra la gonna di Armani.
2. La gonna costa 150 euro.
3. Anna preferisce la seta.
4. Il signor Piacesi compra la frutta in una macelleria.
5. Le fragole costano 3 euro.
6. Il signor Piacesi compra i fagiolini.

F. In quale negozio? Identify the item that does not belong in each category, and indicate where you would buy it.

> MODELLO: gonna, cintura, fragole, golf
> **Fragole. Compro le fragole in un negozio di frutta e verdura.**

1. arance, banane, mele, paste
2. camice, pantaloni, borse, spinaci
3. broccoli, patate, mozzarelle, pomodori
4. prosciutto, carne, salumi, formaggi
5. pane, uva, fragole, broccoli
6. golf, giacche, fagiolini, vestiti

G. Dal fruttivendolo. You are in a **negozio di frutta e verdura** in Rome and need to buy some oranges and fresh strawberries. In pairs, complete the following conversation using the dialogue on p. 92 as a model. Then act it out in class.

FRUTTIVENDOLO:	Buon giorno, signora/signorina/signore.
CLIENTE:	_____
FRUTTIVENDOLO:	Desidera?
CLIENTE:	_____
FRUTTIVENDOLO:	Sì. Costano 1,96 euro al chilo.
CLIENTE:	_____
FRUTTIVENDOLO:	Desidera altro?
CLIENTE:	_____
FRUTTIVENDOLO:	Mi dispiace. Oggi non ho fragole!
CLIENTE:	_____
FRUTTIVENDOLO:	Sono 1,96 euro.
CLIENTE:	_____

Nota culturale

❖ *Le compere: negozi e mercati*

Vestiti a buon mercato! Quanto costano?

Termini utili

mercato all'aperto (open-air market)   Outdoor markets operate every day in some cities and once a week in others. Italians often shop at them for groceries and household products. Items are usually cheap, and bargaining is common.

mercati dell'usato (secondhand markets)   Flea markets are typical of Italian cities. They usually take place on Sunday. One of the most famous, the **Porta Portese** in Rome, is popular not only with Romans but with tourists and foreigners looking for bargains. One can find artwork, lace, crystal, antiques . . . just about anything!

contrattare (to bargain)   Bargaining is an acceptable practice in some parts of Italy, particularly outdoor markets, where prices are not fixed. Bargaining is not especially common in markets frequented by tourists.

scontrino (receipt)   Italian law requires that storekeepers give a **scontrino** to every customer. Storekeepers who do not comply, and customers who leave without one, are subject to a fine.

Many Italians still shop in the traditional way. Rather than doing all their shopping at a large supermarket, they make separate stops at the **fruttivendolo, panetteria, macelleria, salumeria,** and so on, in their own neighborhoods. The goods are especially fresh and they can engage store owners and other customers in conversation. Shopping in this manner is part of the social fabric of the **quartieri,** or neighborhoods, and it gives city dwellers the same sense of community found in small towns or villages.

Italian stores are usually open from 8 A.M. to 1 P.M. and from 4 P.M. to 7 or 8 P.M.; most are closed one day of the week. In the summer, when many shop owners go on vacation, Italians in the city have difficulty finding open stores and often have to search for **negozi di turno** (*on duty/emergency*) to do their shopping.

The **mercati all'aperto** are still rather popular. **Contrattare** can be a fun practice, and prices are reasonable. One can buy at a discount, especially when shopping around closing time. In northern Italy, however, **i mercati** are becoming less common due to inflexible hours (markets usually close at 1 P.M.), and to the fast development of **centri commerciali** (*malls*), **supermercati,** and **ipermercati** (*very large suburban supermarkets*). Working women, who often do not have time to shop on a daily basis, find it more convenient to shop once a week in a supermarket.

In general, Italian stores do not accept **assegni** (*checks*), nor do they always accept **carte di credito.** Italians usually pay **in contanti** (*cash*) and are making efforts to remember to ask for the **scontrino,** as the law requires.

Cosa ne pensate?

1. What are some similarities and differences between shopping in Italy and in the United States? Which type of shopping appeals to you and why?
2. Do you prefer to buy fresh produce and other food items at small local stores or at a supermarket? Why?
3. Do you like to bargain? Why or why not? Why do you think bargaining is less common in the United States than in Italy?

Grammatica

TALKING ABOUT ACTIVITIES

I. PRESENTE INDICATIVO DEI VERBI IN *-IRE* (*Present indicative of* -ire *verbs*)

Pulisco la mia camera il sabato.
Il negozio **apre** alle sei.
Antonia **preferisce** i vestiti eleganti.
Non **capiscono** il russo.

❖ Note that verbs like **aprire** have the same endings as the **-ere** verbs, except for the **voi** form.

◆ Verbs ending in **-ire** have two patterns of conjugation: those conjugated like **aprire** (*to open*) and those conjugated like **preferire** (*to prefer*). Verbs conjugated like **preferire** insert **-isc-** between the stem and the ending in all forms except **noi** and **voi.** The endings for both patterns are the same.

aprire *to open*	
apro	apriamo
apri	aprite
apre	aprono

◆ Other verbs are conjugated like **aprire:**

> Quando **parti** per Roma?
> Cinzia **offre** un caffè.
> **Serviamo** il vino bianco con il pesce.

dormire	*to sleep*	**seguire**	*to follow*
offrire	*to offer*	**sentire**	*to hear, to feel*
partire	*to leave*	**servire**	*to serve*

preferire *to prefer*	
preferisco	preferiamo
preferisci	preferite
preferisce	preferiscono

◆ Other verbs are conjugated like **preferire:**

> **Costruiscono** una villa.
> Chi **pulisce** la casa?
> Non **finiamo** mai i compiti.

capire	*to understand*	**pulire**	*to clean*
costruire	*to build*	**spedire**	*to send, mail*
finire	*to finish, end*		

◆ When another verb follows a conjugated form of **preferire,** that verb is in the infinitive.

> Noi **preferiamo prendere** un cappuccino.
> Voi **preferite ascoltare** la musica classica.

Attività

A. Replace the subject of each sentence with each word or phrase in parentheses. Give the appropriate form of the verb and make any other necessary changes.

1. Anna è esausta quando finisce di pulire. (Enzo / tu / noi / i ragazzi)

2. Voi non dormite in biblioteca. (gli studenti / io e Marta / il poeta / io)
3. Il professor Rossi finisce la lezione alle dieci. (tu / il mio amico Carlo / loro / voi)
4. I ragazzi spediscono le lettere. (tu / Luca / voi / i miei fratelli)
5. Il negozio di frutta e verdura non apre il lunedì. (la macelleria / i supermercati / le panetterie / la pasticceria)
6. Tu preferisci portare un vestito di Armani o di Dior? (la nonna / la dirigente / gli amici / voi)

B. Answer the following questions, using the words in parentheses.

> MODELLO: Io preferisco un caffè. E voi? (tè)
> **Noi preferiamo un tè.**

1. La signora serve il vino. E tu? (Coca-Cola)
2. Luisa pulisce la casa. E Stefano e Gianni? (macchina)
3. Noi dormiamo cinque ore. E gli zii? (sette ore)
4. Mio fratello preferisce la verdura. E voi? (frutta)
5. I suoi genitori offrono un caffè. E io e mio marito? (paste)

C. Create sentences by conjugating the verbs accordingly.

> MODELLO: Mia nonna Teresa / partire / oggi
> **Mia nonna Teresa parte oggi.**

1. Il mio amico Davide / dormire / dodici ore!
2. Domani / Andrea / finire / il corso di biologia
3. Loro / non capire / il giapponese
4. Il ristorante Tre Piante / servire / vini francesi
5. Marta / spedire / una lettera / alla zia americana
6. Preferire (Lei) / un gelato (*ice cream*) o una bibita?

D. Cosa preferite fare o non fare? In pairs, ask each other about what you prefer to do or not to do. Also share information about your lifestyle and your hobbies. Mention at least six things.

> MODELLO: —**Cosa preferisci fare o non fare?**
> —**Preferisco guardare la televisione. Preferisco non pulire la casa.**

Nota bene

Similarità fra l'imperativo e il presente indicativo

The **tu, noi,** and **voi** forms of the imperative of **-ire** verbs are the same as for the present indicative.

	Present	Imperative	Present	Imperative
(tu)	apr**i**	apr**i**!	finisc**i**	finisc**i**!
(noi)	apr**iamo**	apr**iamo**!	fin**iamo**	fin**iamo**!
(voi)	apr**ite**	apr**ite**!	fin**ite**	fin**ite**!

GIVING NUMERICAL INFORMATION

II.   **NUMERI CARDINALI DA 100 IN SU**   *(Cardinal numbers from 100 on)*

Marta ha **cento** fotografie di Roma.
Un vestito di Versace costa **duemila** eruo.
Una Ferrari costa **duecentomila** euro.
L'Italia ha **cinquantasette** milioni di abitanti.

Numeri da 100 in su		
100 cento	800 ottocento	200.000
101 centouno	900 novecento	duecentomila
150 centocinquanta	1.000 mille	1.000.000 un
200 duecento	1.001 milleuno	milione
300 trecento	1.100 millecento	2.000.000 due
400 quattrocento	2.000 duemila	milioni
500 cinquecento	3.000 tremila	1.000.000.000 un
600 seicento	10.000 diecimila	miliardo
700 settecento	100.000 centomila	

◆ In Italian a period is used with numbers in the thousands, and a comma is used to express decimal amounts.

20.500   *20,500*   **2,5**   *2.5*

◆ The number **cento** is invariable.

La nonna ha **cento** anni.
La Basilica di San Pietro ha **trecentottanta** anni.

◆ The plural of **mille** is **mila.**

mille euro   **duemila** euro

◆ **Milione (milioni)** and **miliardo (miliardi)** require **di** plus a noun when no other number follows.

un milione **di dollari**   un miliardo **di persone**

But:

un **milione** trecentomila persone

❖ Numbers, no matter how long, can be written as a single word or divided: **duemilacentocinquanta** or **duemila cento cinquanta** (2.150); **centomilaottocento- settanta** or **centomila ottocento settanta** (100.870).

Banconote italiane.

Attività

E. Quanto fa? In pairs, do the following calculations and give the answer to each problem aloud. You will need to know how to say the following: **Quanto fa...?** (*How much is . . . ?*); **meno** (*minus*); **più** (*plus*); **fa** (*equals*).

MODELLO: 110 + 5
—**Quanto fa centodieci più cinque?**
—**Centodieci più cinque fa centoquindici.**

1. 200 + 130
2. 400 − 310
3. 950 − 850
4. 6.000 + 7.000

5. 40.500 + 150
6. 50.000 + 42.000
7. 450.000 − 300.000
8. 1.000.000 − 250.000

F. Qual è il numero? Imagine that you are asking the operator for the phone numbers below. (Italian numbers are usually given in groups of two or three digits.) In pairs, request and give the information according to the model.

MODELLO: —**Desidero il numero dell'avvocato Marenna.**
—**Il numero dell'avvocato Marenna è 82-320 (ottantadue trecentoventi).**

1. Il numero dell'ingegnere Cusano: 518-206
2. Il numero del dottore Berlusconi: 338-475
3. Il numero della signora Camerino: 32-807
4. Il numero del signor Fini: 236-412
5. Il numero della giornalista Lanuzza: 20-600

❖ In Italy the number of digits in a telephone number can vary from one area to another and in some cases within the same neighborhood.

G. Quanto costa?   In pairs, estimate the average price for each of the following items, one student giving the cost in **euro** and the other in dollars. Use the formula 1 euro to the dollar. For an accurate exchange rate, check the newspaper.

1. un orologio
2. una calcolatrice
3. una macchina economica americana
4. un computer
5. un televisore
6. una bibita
7. un paio di jeans
8. una felpa
9. una maglietta
10. un costume da bagno

TELLING THE DATE

III. LA DATA

◆ To ask what the date is, use **Quanti ne abbiamo?** or **Qual è la data?**

    —Quanti ne abbiamo?   —Ne abbiamo **tre.**
    —Qual è la data?   —È **il tre** marzo.

◆ In Italian the months of the year are not capitalized, and the day is given before the name of the month. Abbreviations follow the same sequence.

    Bettina è nata **il venti dicembre** 1982. (20/12/82)

◆ Unlike English, the days of the month are expressed with cardinal, not ordinal, numbers (except the first day of the month: **il primo**). The English word *on* is never expressed, but the definite article is always used.

    —Qual è la data?
    —È **il primo** ottobre.
    Natale è **il venticinque** dicembre.
    Il nuovo supermercato apre **il ventinove** settembre.

◆ The definite article is generally used with years.

    Il 1492 è l'anno della scoperta (*discovery*) dell'America.

◆ Year of birth is expressed as follows:

    Sono nato(a) **nel** millenovecentosettantasei.
    Sono nato(a) **il** ventidue novembre, 1976.

Attività

H. Qual è la data? Express the following dates in Italian.

1. March 4, 1981
2. October 14, 1990
3. November 22, 1952

4. July 25, 1492
5. June 1, 2000
6. September 30, 1687

I. Date da ricordare. In pairs, ask and answer the following questions.

1. Quando sei nato(a)?
2. Quando è nato tuo padre? Quando è nata tua madre?
3. Quando ha scoperto (*discovered*) l'America Cristoforo Colombo?
4. Quando è il compleanno della tua migliore (*best*) amica?
5. Quando comincia l'università?
6. In quale anno è la prossima (*next*) elezione del presidente degli Stati Uniti?

J. Mini-intervista. In pairs, ask and answer the following questions.

1. Quanti ne abbiamo oggi?
2. Qual è la data di domani?
3. In che anno siamo?
4. Quando è il tuo compleanno?
5. Quanti anni hai nel 2000?

ASKING AND TELLING THE TIME

IV. L'ORA

Che ora è? / Che ore sono? *What time is it?*

Sono le otto e mezzo.

Sono le nove meno un quarto.

Sono le dieci meno dieci.

È mezzogiorno.
È mezzanotte.

È l'una.

◆ To answer **Che ora è? / Che ore sono?** use è with **l'una, mezzogiorno,** and **mezzanotte.** For all other times, use **Sono le.**

È l'una.	*It's one o'clock.*
È mezzogiorno.	*It's noon.*
È mezzanotte.	*It's midnight.*
Sono le tre (le quattro, le cinque...)	*It's three (four, five) o'clock.*

◆ For time past the hour, the **e** is used.

Sono le due **e** mezzo (*half*) / **e** trenta.
Sono le tre **e** tre quarti (*quarters*) / **e** quarantacinque.
Sono le sette **e** quarantadue.

◆ For time before the hour (from the half hour to the next hour), the word **meno** is used.

Sono le nove **meno** dieci.
Sono le due **meno** un quarto.
Sono le cinque **meno** venti.

◆ To indicate A.M. and P.M., the expressions **di mattina, del pomeriggio, di sera,** and **di notte** are added after the hour.

Sono le sei **di mattina.**	*It's 6 A.M.*
Sono le due **del pomeriggio.**	*It's 2 P.M.*
Sono le sette **di sera.**	*It's 7 P.M.*
È l'una **di notte.**	*It's 1 A.M.*

◆ The question **A che ora?** (*At what time?*) is answered as follows:

❖ **Alle** + the hour is used in the response (**alle tre, alle sei,** etc.), except for **a mezzogiorno, a mezzanotte,** and **all'una.**

A mezzogiorno. / **A** mezzanotte.
All'una e mezzo.
Alle otto di sera.

◆ Italians use the twenty-four-hour clock for official times such as travel schedules and museum and theater times.

L'aereo da New York arriva **alle quattordici.**
Il museo del Vaticano chiude **alle sedici.**

Espressioni utili

L'ora

in anticipo *ahead of time*	in punto *at . . . sharp*	presto *early*
in orario *on time*	in ritardo *late*	tardi *late*

Attività

K. Look at the clocks and say what time it is.

L. A che ora...? In pairs, ask each other the following questions.

MODELLO: —A che ora hai lezione di filosofia?
—Alle dieci.

A che ora...

1. incontri gli amici?
2. arrivi all'università?
3. giochi a tennis (a calcio, a carte...)?
4. leggi il giornale (un libro, ecc.)?
5. studi?
6. guardi la televisione?

M. Dove sei? In pairs, ask each other where you are at the times indicated. Use expressions such as **in palestra, in biblioteca, in mensa** in your response and say what you are doing.

MODELLO: 12:00 P.M.
—Dove sei a mezzogiorno?
—A mezzogiorno sono al ristorante Da Bruno e mangio un antipasto (*appetizer*).

1. 12:00 P.M.
2. 9:00 A.M.
3. 1:00 P.M.
4. 7:00 P.M.
5. 10:00 P.M.
6. 3:00 P.M.

N. A che ora arrivo? Imagine that you are all at Leonardo da Vinci (Fiumicino) Airport in Rome and will each take the **pendolino,** Italy's high-speed train, to a different city. Using the information on p. 104, say what time you will leave Rome and when you will arrive at your destination.

MODELLO: **Parto da Roma alle sei e arrivo a Milano alle nove e quaranta.**

❖ **Partire da** = *to leave* (*set forth*) *from a place*: **Parto da Roma** (*I'm leaving Rome*). **Partire per** = *to leave for a destination*: **parto per Roma** (*I'm leaving for Rome*).

A Roma sono...	Lei va a (*You're going to*)...	Il viaggio dura (*lasts*)...
6.00	Milano	tre ore e quaranta
6.22	Ancona	due ore e cinquanta
10.30	Firenze	due ore
11.15	Palermo	quattro ore e dieci
7.14	Pesaro	tre ore e trenta
10.09	Napoli	un'ora e quindici

```
          0184
13/08/94  MASTER

BACI TUBO F.
          6.000
BACI TUBO F.
          6.000
VEET PARTI D
          6.390
CIOCC.SACCH.
          6.700
SUGO CASA GR
          1.400
GEN.VARI  4.450
GEL TOUCH'IN
          7.770
VITASNELLA M
          1.680
ESPRESSO BAR
          9.230
GEN.VARI  0.650
GEN.VARI  0.650
VIGORSOL 4X2
          3.000
GOLIA BIANCA
          1.500
LATTE PUNTO
          1.060
LATTE PUNTO
          1.060
SUBTOT

LIRE

CONTAN
RESTO

     15 ART.

0185A000  11:51
   URBINO  (PS)

/VF81 11311450
```

Tocca a voi

A. **Le compere della signora D'Angelo.** In pairs, look carefully at the **scontrino** for the purchases made by Signora D'Angelo in Rome. Read the prices and the products aloud. (If you don't know some of the products, ask your instructor for help.) Calculate how much she has spent and compare your totals with those of your classmates.

MODELLO: **Drogheria Al 0,87**
Acqua minerale 3,06
Totale

B. **Domandate al vicino di casa** (*neighbor*). You are new in town and need some information from your neighbor. Ask your partner where you can buy certain things and what time you can shop there. Ask about five things you have learned in this chapter.

MODELLO: S1: **Scusi, dove posso** (*can I*) **comprare dei prodotti freschi?**
S2: **C'è un mercato all'aperto il lunedì.**
S1: **Dov'è e a che ora è?**
S2: **È in Piazza Navona, alle sette.**
S1: **Grazie.**
S2: **Prego.**

C. **Prodotti italiani, prodotti americani.** In groups of three or four, look at the supermarket ads, name the products, and give their cost in **lire** and **euro**.Then, with the help of your instructor, compare the prices to those of similar American products. Share the information with the class and discuss your findings: Are prices the same? Are things more or less expensive in Italy? Why?

Ricotta CALDIROLA al kg. **-30%** £ 6.138 € 3,17
anziché €4,54 £ 8.791

Ravioli Ricotta e Spinaci Surgelati CONTINI g. 500 £ 3.660 € 1,89
€ 3,78 al kg.

Prezzo imbattibile
Insalata Scarola al kg. £ 3.466 € 1,79

Olio Extra Vergine di Oliva LIVARIOS cl. 75 £ 12.199 € 6,30
€ 8,40 al lt.

Dolci Misti Tradizionali Sardi L'ARTE BIANCA g. 250 £ 7.358 € 3,80
€ 15,20 al kg.

Prosciutto Cotto MONVERO al kg. **-30%** £ 29.276 € 15,12
anziché € 21,60 £ 41.823

Petto di Pollo a Fette FRESCOLANDIA al kg. **-20%** £ 15.006 € 7,75
anziché € 9,69 £ 18.762

D. **Partenze da Roma.** Imagine that you are at Leonardo da Vinci (Fiumicino) Airport in Rome. In pairs, role-play a conversation between a tourist and an Alitalia clerk using the information in the timetable.

MODELLO: S1: **Scusi, l'aereo** *(airplane)* **per Berlino?**
S2: **Volo numero 1316 alle sedici e cinquanta.**
S1: **Grazie, signora (signorina, signore).**

IN PARTENZA DADE DEPART FROM ROMA

Validità/Validity dal/from al/to		Giorni Days	Partenza Departure	Arrivo Arrival	Volvo Flight	Classes Class	Stoop	Aereo a/cType
A/TO BERLINO - BER - GMT + 2								
		1234567	16.50	20.40	AZ 1316	CY	1	M80
A/TO LISBONA - LIS - GMT + 2								
		1234567	09.15	12.20	AZ 0472	CY		M80
		1234567	15.45	18.45	TP 1316	CYML		JET
A/TO MIAMI - MIA - GMT − 4								
	24SET	1 3 6	09.15	16.00	AZ 0618	PJY	1	742
25SET		1 3 6	09.15	17.00	AZ 0618	PJY	1	742
	24SET	1 7	11.30	16.05	AZ 0630	PJY	1	742
A/TO PRAGA - PRG - GMT + 2								
		1 34567	08.55	11.00	AZ 1214	CY		DC
		45	15.20	17.25	OK 0801	YMKHL		TU3
		12	18.50	20.20	OK 0801	YMKHL		TU3
A/TO SEOUL - SEL - GMT + 9								
	24SET	3 6	K 11.10	10.05 G1	AZ 1750	PJY	1	747
	24SET	3 6	11.10	10.05 G1	KE 0916	FCY	1	747

Gli orari.

Lettura

Fare la spesa: al mercato all'aperto o al supermercato?

Preparazione alla lettura: *Skimming*

Skimming for the gist. Skimming is a useful way to approach a new text. Once you have a general idea of the content of a text, it should be easier to understand. At this point, do not expect to understand everything when you read an Italian text; try, however, to get the gist.

The interviews below were conducted in Rome for a consumer-oriented radio show.

1.   Glance at the title and headings. What kind of information do you think the interviews contain, and how is the information organized?
2.   Skim the interviews to get an idea of the major points. Try to gather three or four pieces of information. Reread the sections that seemed difficult. By using the information that you assembled when you skimmed the interviews, try to guess the meaning of those passages.

❖ Piazza Navona remains one of the most delightful public squares, with its crowds of vendors, street musicians, artists, the Tre Scalini restaurant (world renowned for its **gelati**), and Bernini's Fountain of the Rivers.

fa... *he makes witty remarks*
prende... *he teases* / **fa...** *flirts with the*

Otherwise

❖ Trastevere, with its twisting medieval streets, has always been the most Roman section of Rome. Behind its commercial establishments and auto-repair shops, Trastevere has splendid Renaissance and Baroque palaces and churches.

place

Intervista a Loredana Giovannelli in un mercato di Roma. Loredana ha trent'anni, è casalinga e abita in Piazza Navona.

— Dove fa la spesa?
— Sempre al mercato all'aperto!
— Perchè preferisce il mercato?
— Qui sono tutti molto simpatici. Il fruttivendolo, Don Gaetano, fa le battute spiritose°, e Mario il panettiere è molto giovane e bello. Spesso prende in giro° e fa la corte alle° belle ragazze.
— Fare la spesa diventa una cosa piacevole?
— Sì, certo. Altrimenti° per una casalinga fare la spesa tutti i giorni è molto noioso!
— Come sono i prodotti al mercato?
— Buoni e a buon mercato!
— Grazie, signora.
— Prego e arrivederci.

Intervista a Claudio e Graziella Sabbatini in un supermercato di Roma. Claudio ha trentadue anni e Graziella ha ventinove anni. Sono sposati e sono impiegati statali. Abitano in viale Trastevere.

— Perchè andate al supermercato?
— È conveniente. Qui abbiamo la possibilità di comprare tutto in un solo posto°.
— Com'è la qualità dei prodotti?
— Buona.
— I mercati all'aperto sono più economici no? Perchè non andate lì?
— Perchè al supermercato possiamo comprare con calma, verificare il prezzo e il prodotto. E non dobbiamo contrattare!
— Bene, grazie.
— Grazie a Lei!

Attività

A. Answer the following questions.

1. Quanti anni ha Loredana? Cosa fa? Dove abita?
2. Dove preferisce fare la spesa Loredana? Perchè?
3. Chi è Mario? Cosa fa?
4. Chi sono i Sabbatini? Quanti anni hanno? Che lavoro fanno?
5. Perchè i Sabbatini preferiscono fare la spesa ai supermercati? Quali sono i vantaggi (*advantages*)?
6. Cosa preferisci tu: i mercati o i supermercati? Perchè?
7. Com'è il tuo supermercato preferito? Perchè lo preferisci?

B. Opinioni contrastanti. In pairs, complete the following conversation using the sentences provided.

—Io faccio la spesa al supermercato. E tu?
— _____

—Ma al supermercato trovi tutto, anche la carne.
— _____

—È buona, come (*as*) in macelleria. E tutto costa meno.
— _____

—È vero, però il supermercato è più conveniente.
— _____

—Mi dispiace, ma non sono d'accordo (*I don't agree*).

1. Sì, ma com'è?
2. Va bene. È più comodo, ma i prodotti non sono di buona qualità.
3. Sì, costa meno, ma la frutta non è fresca come al mercato.
4. No, io preferisco il mercato.

Eccoci!

A. Io vorrei un numero... You have just arrived in Rome and want to phone several people. With a partner, imagine you are calling directory assistance. Using the names and addresses below, request the phone number for each person. Your partner, as the operator, will supply the numbers, printed on page 108.

> Corfidi Francesco, 395 v. Prenestina
> De Rosa Susanna, 25 v. G Marconi
> Ferrara Benito, 108 v. Cornelia
> Mattei Fulvio, 139 v. Casilina
> Siniscalco Dana, 10 v. Merulana
> Viscusi Corrado, 226 v. Lungotevere

MODELLO: S1: **Pronto? Io vorrei un numero a Roma.**
S2: **Qual è il cognome?**
S1: **Corfidi... Corfidi Francesco.**
S2: **Ha l'indirizzo?**
S1: **Sì. Via Prenestina, 395.**
S2: **Un momento, per favore... Il numero è 218 50 23 (duecentodiciotto cinquanta ventitrè).**
S1: **Grazie.**

printed on page 108.

Corfidi Francesco, 395 v. Prenestina	218 50 23
De Rosa Susanna, 25 v. G. Marconi	86 89 85 78
Ferrara Benito, 108 v. Cornelia	70 49 58 50
Mattei Fulvio, 139 v. Casilina	407 54 44
Siniscalco Dana, 10 v. Merulana	446 80 64
Viscusi Corrado, 226 v. Lungotevere	242 02 58

B.   Alcuni proverbi.   In groups of three or four, read the following proverbs and try to give an English equivalent for each. Then discuss their meaning with the rest of the class and express your opinion about them.

La roba (*merchandise*) **buona non è mai troppo cara.**
In commercio e in amore sempre soli.
Chi non ha denari (*money*) **non vada al mercato.**

C.   Le liste per la spesa.   In groups of three or four, choose an event from the following list and prepare an appropriate menu. First, decide how much money you can afford to spend. Then prepare a list of ingredients and indicate the quantity, prices, and the stores where you will shop. Finally, exchange and discuss the lists with the other students.

- a Saturday night dinner for some friends
- a Sunday brunch
- a picnic
- a dinner for a family reunion
- a birthday party
- a holiday dinner

D.   Preferenze.   In pairs, interview your classmate about his or her shopping preferences. Take notes and report the information to the class. Here are some suggested questions:

1. Dove preferisci fare le compere: nei piccoli negozi o nei grandi centri commerciali. Perchè?
2. Che tipo di abbigliamento preferisci?
3. Quanto preferisci spendere per una gonna? un pantalone?...
4. Preferisci fare le compere da solo(a) (*alone*)? Con un'altra persona? Con chi?

Share your findings with the rest of the class.

E.   Al mercato.   In pairs, imagine that you are at an outdoor food market. Tell the vendor (your partner) what you would like to buy and ask for prices. Be sure to indicate specifically which items you want. The vendor is happy to serve you, but you keep changing your mind. Finally you decide to buy only a few things because prices are too high, and you leave.

❖ *Vocabolario attivo*

NOMI

l'abbigliamento *clothing*
l'arancia *orange*
la banana *banana*
la borsa *pocketbook, purse*
i broccoli *broccoli*
la camicia *shirt*
la carne *meat*
la carota *carrot*
il chilo *kilo*
la cintura *belt*
la cipolla *onion*
il costume da bagno *swimsuit*
la cravatta *tie*
la data *date*
l'euro *euro*
i fagiolini *green beans*
la felpa *sweatsuit, sweatshirt*
il formaggio *cheese*
la fragola *strawberry*
la frutta *fruit*
il fruttivendolo *greengrocer*
la giacca *jacket*
il golf *sweater*
la gonna *skirt*
la macelleria *butcher shop*
la maglietta *T-shirt*
la mela *apple*
il melone *melon*
la mozzarella *mozzarella*
il numero *number, size (shoes)*
l'ora *hour, time*
il pane *bread*
la panetteria *bakery*
i pantaloni *pants*
i pantaloncini *shorts*
le paste *pastries*
la patata *potato*

la pasticceria *pastry shop*
la pera *pear*
il pesce *fish*
la pescheria *fish market*
il pomodoro *tomato*
il prezzo *price*
il prosciutto *ham*
i saldi *sales*
i salumi *cold cuts*
la salumeria *delicatessen*
la scarpa *shoe*
lo scontrino *receipt*
la seta *silk*
gli spinaci *spinach*
la taglia *size (clothes)*
l'uva *grapes*
la verdura *vegetables*
la vetrina *(store) window*
gli zucchini *zucchini*

AGGETTIVI

caro *expensive, dear*
favoloso *fabulous*
fisso *fixed*
fresco *fresh*
mezzo *half*
quarto *quarter*

VERBI

aprire *to open*
capire *to understand*
contrattare *to bargain*
costare *to cost*
costruire *to build*
dormire *to sleep*
finire *to finish, end*
mostrare *to show*
offrire *to offer*

partire *to leave*
portare *to wear*
preferire *to prefer*
provare *to try, to try on*
pulire *to clean*
seguire *to follow*
sentire *to hear, to feel*
servire *to serve, to need*
soffrire *to suffer*
spedire *to send, mail*
spendere *to spend*

ESPRESSIONI

a buon mercato *cheap, inexpensive*
a che ora? *at what time?*
che ora è?/che ore sono? *what time is it?*
fare la spesa *to shop for groceries*
fare le compere *to shop (general)*
fare lo sconto *to discount*
in anticipo *ahead of time, early*
in orario *on time*
in ritardo *late*
in punto *at . . . sharp*
meno *minus, less*
mezzanotte *midnight*
mezzogiorno *noon*
per favore *please*
più *plus, more*
presto *early*
quant'è? *how much is it?*
quanto fa? costa...? *how much is . . . ?*
quanti ne abbiamo?/qual è la data? *what's the date?*
tardi *late*

For numbers above 100, see p. 98.

LA LOMBARDIA—I LAGHI

LOMBARDIA
Como

I LAGHI *(lakes)* **DEL NORD ITALIA** Como, Garda, Maggiore, Iseo, Varese, Orta

PROVINCE E CITTÀ IMPORTANTI Como, Lecco, Sirmione, Stresa, Varese

PRODOTTI AGRICOLI E ALIMENTARI formaggi locali, pesce di lago, vini della Valtellina

PRODOTTI ARTIGIANALI articoli di seta, ceramiche, oggetti di rame *(copper)*

PERSONAGGI FAMOSI Giuseppe Parini (poeta, 1729–1799), Alessandro Volta (scienziato, 1745–1827)

Villa sul lago di Como.

La donna italiana

Tre amiche si incontrano.

OBIETTIVI COMUNICATIVI
Relating events in the past

CULTURA
Women's lives: family responsibilities, careers, changing attitudes

GRAMMATICA
Present perfect with **avere**

Present perfect with **essere**
Agreement of the past participle
Irregular past participles

ESPANSIONE GRAMMATICALE
Verbs conjugated with both **avere** and **essere** in the **passato prossimo**

Per cominciare

A reminder: Active vocabulary is underlined.

Francesca Mira è di Como. Ha vent'anni e lavora in una banca.
È professionista, autosufficiente e indipendente. Gioca a tennis;
è sportiva e atletica.

man
spends / time / She finds
to help / **fare** *. . . to do the
    homework / woman*
she loves / flowers

Giovanna Santini è avvocato. Suo marito, Giorgio, un uomo° moderno,
passa° molto tempo° in ufficio. Lei è pratica, elegante e dinamica. Trova°
il tempo di aiutare° i figli a fare i compiti°. È anche una donna°
sentimentale, ama° i fiori° e le cene romantiche.

❖ The adjectives in these lists and in the activities that follow appear in the feminine form only. See **Capitolo 1**, p. 31, for a quick review of the other forms.

Altre qualità		
attiva	emancipate	seria
attraente *attractive*	possessiva	tranquilla
colta *well-educated*		

Attività

A. Match each adjective in column A with its synonym or antonym in column B.

A	B
1. atletica	a. sentimentale
2. intellettuale	b. sportiva
3. generosa	c. possessiva
4. romantica	d. attiva
5. dinamica	e. bella
6. emancipata	f. colta
7. attraente	g. casalinga
8. professionista	h. autosufficiente

B. La donna ideale. In pairs, define the ideal woman, using the adverbs **molto**, **un po'** (*a little*), and **abbastanza** (*enough*). Then describe your ideal woman to the class.

MODELLO: **La donna ideale è abbastanza indipendente, molto dinamica e un po' romantica**.

seria	divertente
dinamica	tranquilla
professionista	casalinga
pratica	romantica

C. Donne famose. In pairs, use the adjectives listed above and in **Capitolo 1**, pp. 32–33 that best describe each of the following women. Add other well-known women or men, real or fictional, and describe them.

1. Michelle Pfeiffer
2. Mona Lisa
3. Claudia Schiffer
4. Hillary Clinton
5. Oprah Winfrey
6. Golda Meier
7. Marilyn Monroe
8. Whitney Houston

D. Indovina chi è! Write a brief description of yourself or of someone in the class on a piece of paper. Your instructor will collect all the papers and put them in a bag. Each student will then choose a paper and read it aloud, while the others try to guess the person described.

E. **Com'è?** In pairs, describe a member of your family or an acquaintance, using the adjectives you know.

MODELLO: **Mia zia è professionista. È avvocato. È dinamica, bella e elegante.**

Incontri ———————————————————————

❖ **Come va**? means *How's it going*? It is colloquial and may replace both the familiar **Come stai**? and the formal **Come sta**?

*tired / because / **ieri** . . . last night / **sono** . . . I came back*

Beata . . . *Lucky you!*

abbiamo . . . *we had dinner / **in** . . . in the kitchen everything / went well*

A. Al negozio di alimentari

GIULIA: Ciao! come va?

ELENA: Non c'è male, grazie. E tu?

GIULIA: Sono un po' stanca° perchè° ieri sera° sono ritornata° tardi dal lavoro e dopo cena io e Mario abbiamo visto un film molto divertente di Woody Allen.

ELENA: Beata te!° Io ho passato una giornata stressante. L'insegnante ha telefonato perchè Lisa è arrivata a scuola in ritardo. Pierino ha invitato i suoi amici dopo la scuola. Con mio marito abbiamo cenato° alle nove. Ho finito in cucina° alle undici. Per fortuna oggi, tutto° è andato bene°.

❖ The word **giornata**, like **giorno**, means *day*, but refers to the day in its duration: **Ho passato** *due giorni* **a Portofino. Ho passato** *una bella giornata* **a Portofino.**

Parole e espressioni utili

Attività domestiche

cucinare *to cook*	lavare *to wash*	stirare *to iron clothes*
fare i letti *to make the beds*	preparare la tavola *to set the table*	

B. Sull'autobus

VALENTINA: Alessandra! Ciao. Dove vai?°

ALESSANDRA: Alla libreria. Oggi è giorno di inventario. Lavoro due ore supplementari.

VALENTINA: Tu lavori troppo°! Io invece° non ho trovato lavoro come infermiera. Ho avuto° un'intervista di lavoro una settimana fa°. Per due mesi sono restata° a casa. Ho aiutato mia madre e ho guardato le telenovele. Non mi piace cucinare, fare il bucato° e guardare tutto il giorno°. Sentieri

ALESSANDRA: Capisco la tua situazione. Coraggio! Stasera usciamo° insieme?

VALENTINA: Buona idea, grazie. Io scendo° qui. Incontro Giuseppe per un momento al bar.

ALESSANDRA: A stasera, allora!

Dove . . . *Where are you going?*

too much / instead
Ho . . . *I had*
una . . . *a week ago /* **sono**. . . *I stayed*
soap operas
fare . . . *to do the laundry*
tutto . . . *all day long*
are we going out?

I'm getting off

❖ The TV programs *Beautiful* and *Dallas* are popular in Italy.

❖ The adjective **tutto(a)(i)(e)** + the appropriate definite article means *all the*. Both **tutto** and the article agree in gender and number with the noun: **tutto il giorno**; **tutta la notte**; **tutti gli amici**; **tutte le sere**.

Parole e espressioni utili

Espressioni di tempo

stamattina *this morning*
ieri (mattina, pomeriggio, sera) *yesterday (morning, afternoon, evening)*
lunedì (martedì . . .) scorso *last Monday (Tuesday . . .)*

la settimana scorsa *last week*
il mese scorso *last month*
l'anno scorso *last year*
un giorno (due giorni . . .) fa *ago*

una settimana (due settimane . . .) fa
un mese (due mesi . . .) fa
un anno (due anni . . .) fa

Attività

F. Reread the **Incontri** and say whether the following statements are true (**vero**) or false (**falso**). If a statement is false, correct it.

1. Giulia ha avuto una giornata faticosa.
2. Dopo la scuola Pierino ha fatto i compiti con la mamma.
3. Elena e suo marito hanno cenato tardi.
4. Alessandra e Valentina prendono l'autobus per andare in libreria.
5. Alessandra non ha lavoro.
6. Valentina non ha avuto interviste di lavoro.
7. Valentina adora le telenovele.
8. Valentina e Elena decidono di uscire insieme.

G. Domande. Ask your partner the following questions about the **Incontri**.

1. Lavora Giulia o è casalinga?
2. Come sta Elena oggi?
3. Cosa fanno Pierino e Lisa?
4. Perchè Elena ha cenato alle nove?
5. Dove lavora Alessandra?
6. Cosa ha guardato Valentina alla televisione?

H. Quando hai fatto queste cose? Take turns asking your partner when he/she last did each of the following activities. Use the time expressions on page 115.

> MODELLO: S1: **Quando hai guardato la televisone?**
> S2: **Ho guardato la televisione ieri sera. E tu?**
> S1: **Ho guardato la televisione la settimana scorsa.**

1. Quando hai cenato in un ristorante italiano?
2. Quando hai telefonato ai tuoi genitori?
3. Quando hai preso un caffè espresso?
4. Quando hai visitato un museo?
5. Quando hai ballato in una discoteca?
6. Quando sei andato(a) al cinema?[1]
7. Quando sei uscito(a) con un ragazzo/una ragazza?[2]
8. Quando hai guardato una telenovela?

I. Parliamo fra amici! In pairs, and using the dialogues as models, role-play a conversation between you and a friend in which you:

- exchange greetings
- find out if your friend has a job
- ask what job
- if your friend does not have a job, ask what he or she does at home

---

[1]Use **sono andato** if you are a male and **sono andata** if you are a female.
[2]Use **sono uscito** if you are a male and **sono uscita** if you are a female.

Nota culturale

❖ *La condizione della donna*

Donne alla Borsa: Piazza degli Affari, Milano.

Termini utili

il congedo di maternità   Maternity leave of two months before and three months after the birth of a baby. During this period the law requires an employer to hold a woman's job and to pay her a full salary. Her job is guaranteed for one year after her leave begins.

il periodo di allattamento (*nursing*)   The period during which a father or mother may take time off to look after their baby.

una COLF (collaboratrice familiare)   A person paid to help with the housework.

il nido   State-funded daycare center for preschool-age children of working mothers.

la scuola maternal   Nursery school starting at age four or five, where children stay for a half day or a full day.

la colonia estiva   Summer camp, often reasonably priced, where school-age children can enjoy themselves under supervision while their parents are working in town.

❖ **Nido** means *nest*.

After a long period of discrimination during the era of Fascism in the 1920s and 1930s, Italian women voted for the first time in 1946. Since then, they have gained many important rights and in many respects have surpassed their American counterparts. For example, in recent years, working women have won a very generous **congedo di maternità e periodo di allattamento**.

— Sorpassalo, babbo!

Today Italian women can be found working in fields traditionally reserved for men. The 1990s have been defined as the decade of women's power, as more women assume important positions in government at both the central and local levels. Many women hold positions as magistrates, professors, surgeons, journalists, police officers, and politicians.

Prejudices and resistance to their changing roles, however, still make life difficult for professional women, who strive to reconcile work with social pressures and the care of their families. In spite of some positive changes, Italian men still do not share household chores to the same extent as American men. Moreover, because the elderly usually are not left alone, but are cared for by their families, Italian women often are also expected to look after their extended family, especially their parents, if they live nearby.

On the other hand, Italian women can count on the help of a **COLF** or, more often, on assistance from members of the family. Help is also available from the state and community in the form of free **nidi** for babies and **scuole materne** for four-year olds. **Colonie estive** are available for the children of families who cannot afford to leave their jobs and the city in the summer.

Although it is impossible to define the typical Italian woman, one could say that, in general, Italian women are more traditional and more tied to their families than American women, and can to a greater extent rely on help from the family and from the State.

Cosa ne pensate?

1. Judging from the information given above, if you had a choice, would you choose the life of an Italian woman or of an American woman? Why?
2. What are the similarities and differences between the condition of women in Italy and in the United States?
3. What are the advantages and disadvantages of higher fringe benefits paid for by employers? How do you think they may affect the job market?

◆ *Grammatica*

RELATING EVENTS IN THE PAST

I. **PASSATO PROSSIMO CON** *AVERE* (*Present perfect with* avere)

La settimana scorsa hai parlato con i tuoi genitori?
Sabato scorso abbiamo cenato al ristorante.
Martedì sera Alberto e Franca **hanno guardato** la telenovela.

—Pass him, Daddy!

◆ The **passato prossimo** is used to relate events that took place and were completed in the recent past. It corresponds to the following English forms:

Ho incontrato Paolo.
$$\begin{cases} \textit{I met Paolo.} \\ \textit{I have met Paolo.} \\ \textit{I did meet Paolo.} \end{cases}$$

◆ The **passato prossimo** is a compound tense consisting of two parts: the present tense form of the auxiliary verb (**avere** or **essere**) and the past participle of the verb. (You will study the **passato prossimo** with the auxiliary **essere** in section II.)

❖ A *compound* tense consists of two words, while a *simple* tense consists of one word only. Compare: **parlo** (*I speak*) and **ho parlato** (*I spoke / I have spoken*).

◆ To form the past participle of regular verbs, replace the infinitive endings **-are**, **-ere**, and **-ire** with **-ato**, **-uto**, and **-ito**, respectively.

guard**are**   guard**ato**
cad**ere**   cad**uto**
fin**ire**   fin**ito**

◆ The past participle, when used with **avere**, does not agree with the verb's subject. Therefore, the **-o** ending does not change.

Mario ha **guardato** la televisione ieri sera.
Maria ha **guardato** la televisione ieri sera.
I miei genitori hanno **guardato** la televisione ieri sera.
Le mie amiche hanno **guardato** la televisione ieri sera.

guardare		vedere	
ho guardato	abbiamo guardato	ho veduto	abbiamo veduto
hai guardato	avete guardato	hai veduto	avete veduto
ha guardato	hanno guardato	ha veduto	hanno veduto

finire	
ho finito	abbiamo finito
hai finito	avete finito
ha finito	hanno finito

◆ To form a negative sentence in the **passato prossimo**, place **non** before the auxiliary verb.

Ho telefonato a mia madre.   **Non** ho telefonato a mia madre.

Attività

A. **L'estate di Claudia.** In pairs, discover what Claudia did last summer by filling in the blanks to complete the past participle.

Claudia ha

t r __ __ a t o un lavoro.
l a __ o __ __ __ __ in un ufficio.
b __ __ l __ __ __ in discoteca.
g i __ __ __ __ __ a tennis.
__ e n a __ __ a Villa d'Este.
__ i u t __ __ __ la sua amica
a __ u __ __ un'avventura.

B. Complete each sentence with the appropriate form of the **passato prossimo** of the verb in parentheses.

1. Ieri sera a Villa d'Este noi _____ (cenare) molto bene.
2. Io _____ (passare) le vacanze sul lago di Como.
3. —Domenica scorsa tu _____ (giocare) a golf?
   —No, io _____ (lavorare) tutto il giorno.
4. Rosaria _____ (invitare) molti amici a casa per il suo compleanno.
5. Noi non _____ (dimenticare) il nostro viaggio in Italia.
6. Mirella e Sergio _____ (ballare) insieme alla discoteca di Bellagio.
7. Alessandro Volta _____ (inventare) la pila (*battery*).
8. Gli studenti della professoressa Baldini non _____ (finire) i compiti.
9. Angela, _____ (ricevere) una lettera dall'Italia?
10. Signor Fini, che film _____ (vedere) la settimana scorsa?

C. Would you like to know what Franca did last year? To find out, complete each sentence of her description with the **passato prossimo** of the appropriate verb(s).

ballare, cenare, finire, incontrare, trovare, viaggiare

L'anno scorso è stato (*was*) un anno fantastico. _____ l'università e _____ un lavoro interessante come assistente di volo per l'Alitalia. _____ in Europa e in America. A New York, una sera _____ Peter, un bravo pittore. Insieme _____ in un ristorante italiano e _____ in una discoteca tipica del Greenwich Village.

RELATING EVENTS IN THE PAST

II. **PASSATO PROSSIMO CON *ESSERE***
(*Present perfect with* **essere**)

> **Ieri sera** mio marito **è ritornato** a casa tardi.
> **Sono arrivata** a Porlezza in macchina.

◆ Some verbs use the present tense of the auxiliary **essere** to form the **passato prossimo**. In this case, the past participle acts like an adjective and agrees in gender and number (**-o, -a, -i, -e**) with the verb's subject.

Mario è arrivato tardi.   **I miei genitori** sono arrivati tardi.
Maria è arrivata tardi.   **Le mie amiche** sono arrivate tardi.

◆ When the subject includes both masculine and feminine nouns, the past participle takes the masculine plural form.

Mario e **Cristina** sono arrivati insieme.

ritornare		cadere (*to fall*)	
sono ritornato(a)	siamo ritornati(e)	sono caduto(a)	siamo caduti(e)
sei ritornato(a)	siete ritornati(e)	sei caduto(a)	siete caduti(e)
è ritornato(a)	sono ritornati(e)	è caduto(a)	sono caduti(e)

partire (*to leave*)	
sono partito(a)	siamo partiti(e)
sei partito(a)	siete partiti(e)
è partito(a)	sono partiti(e)

Common verbs conjugated with essere	
Infinito	**Passato prossimo (io)**
andare	sono andato(a)
arrivare	sono arrivato(a)
cadere	sono caduto(a)
diventare (*to become*)	sono diventato(a)
entrare	sono entrato(a)
partire	sono partito(a)
restare	sono restato(a)
ritornare	sono ritornato(a)
salire (*to go up*)	sono salito(a)
scendere	sono sceso(a)
uscire	sono uscito(a)

Attività

D. Replace the subject of each sentence with the subjects in parentheses, making all the necessary changes.

1. Ieri sera sono andato a una festa di compleanno. (i miei amici / Gianni / io e Giulia / Stefano e Anna)
2. Mia cognata è arrivata tardi. (mio marito / tu / tu e Giacomo / il professore)
3. Siamo restati in casa tutto il giorno. (io / i miei genitori / la mia amica / chi?)
4. Il governo di Craxi è caduto. (tu / Chiara / il lampadario (*chandelier*) / la ballerina)
5. L'anno scorso io e Giovanni siamo usciti insieme. (tu e Gloria / Giancarlo e Carol / mia sorella e il suo fidanzato)

E. Chiediamo in giro (*Let's ask around*)! Walk around the classroom and ask at least six classmates what they did last night. Use the following cues and the **tu** form. Then sit down and, using the third-person singular, report your findings to the class.

MODELLO: uscire con gli amici
S1: **Yaphet, sei uscito con gli amici ieri sera?**
S2: **Sì, sono uscito con gli amici.**
S1: (alla classe) **Yaphet è uscito con gli amici.**

1. essere a Como
2. ritornare a casa tardi
3. andare al cinema
4. entrare in un bar
5. salire su una montagna (*mountain*)
6. restare in camera (*bedroom*)

Add some questions of your own.

F. Complete each sentence with the appropriate form of the **passato prossimo**. Distinguish between the verbs conjugated with **avere** and those conjugated with **essere**.

1. Daniela _____ (andare) al cinema con il suo amico.
2. Ieri sera io _____ (uscire) con i miei genitori perchè era (*was*) il compleanno di mia madre.
3. L'autobus _____ (arrivare) in ritardo.
4. Stamattina io _____ (avere) lezione di italiano.
5. I miei nonni _____ (restare) sul lago di Como un anno.
6. Tu e Riccardo _____ (comprare) una sciarpa (*scarf*) di seta a Bellagio?
7. Ieri sera io e mio marito _____ (cenare) bene.
8. Molta neve (*snow*) _____ (cadere) sulle Alpi.

G. Say what you and your friend did or did not do in the following places. Use the **passato prossimo** of the following verbs as appropriate: **comprare, mangiare, vedere un film, giocare a calcio** (*soccer*), **telefonare, studiare, ballare, lavorare, guardare la partita** (*game*), **ascoltare la musica, sciare.**

MODELLO: al supermercato
Al supermercato abbiamo comprato il pesce.

1. al telefono pubblico
2. in ufficio
3. al cinema
4. al campo sportivo
5. in mensa
6. in discoteca
7. allo stadio
8. alla festa di compleanno
9. all'università
10. in montagna

H. Che anno (s)fortunato! In pairs, imagine that the past year has been great for one of you, but not so great for the other. After you tell your happy story, your classmate will tell you his or her unhappy one.

MODELLO: —Ho passato un mese sul lago Maggiore.

—Io, invece, ho lavorato tutta l'estate.

III. PARTICIPI PASSATI IRREGOLARI (*Irregular past participles*)

◆ Some verbs have irregular past participles. Here are some common ones. For a more comprehensive list, refer to the Verb chart following Chapter 18.

infinito	passato prossimo (io)
correre *to run*	ho corso *or* sono corso(a)
essere	sono stato(a)
fare	ho fatto
leggere	ho letto
morire *to die*	sono morto(a)
nascere *to be born*	sono nato(a)
perdere *to lose*	ho perso (perduto)
prendere	ho preso
scendere	ho sceso *or* sono sceso(a)
scrivere	ho scritto
vedere	ho visto (veduto)
venire	sono venuto(a)

❖ For the difference between **ho corso** and **sono corso(a)**, and between **ho sceso** and **sono sceso(a)**, see the **Espansione grammaticale**, p. 125. You can use either **perduto** or **perso**, **veduto** or **visto**. The irregular past participles are given in parentheses in the end glossary.

Attività

I. Maura's computer is doing strange things! When she keyboarded a list of irregular past participles, the words got scrambled in the printout. Unscramble each word and then give the infinitive and meaning of the verb.

ospre	romto	aftot	oatn
tosirtc	ttaso	ovnetu	osorc

J. Complete each sentence with the appropriate form of the **passato prossimo**. Note that all the past participles are irregular.

1. Giuseppe Parini _____ (morire) nel 1799.
2. Laura, dove _____ (nascere)?
3. Ieri sera noi _____ (essere) in palestra.
4. Giovedì io _____ (leggere) in biblioteca tutto il giorno.
5. La squadra (*team*) _____ (scendere) nello stadio.
6. Il professore _____ (venire) in ritardo.
7. A Stresa io _____ (correre) ogni mattina.
8. Sandro e Marta _____ (vedere) un film di Scorsese ieri sera.

Tocca a voi

A. Come sei curioso(a)! You are curious to know what your roommate did last night. In pairs, prepare a conversation in which you and your partner are roommates. Ask each other the following questions and any questions of your own. Perform your conversation for the class.

- Where did you go?
- With whom did you go out?
- At what time did you come back?
- Whom did you meet?

Whom did you call (on the phone)?
Where did you eat?
What did you do?
How was the evening (**la serata**)?

B. Un'intervista di lavoro. You must interview somebody for a flight attendant's position with Alitalia. Prepare questions such as:

- Have you worked for an airline (**linea aerea**)?
- Have you traveled a lot?
- How many languages do you speak?

Work in pairs; then interview one or two candidates in front of the class.

C. Donne famose. Say what the following women did. Then find out what other famous women (of other nationalities) have accomplished. If necessary, do some research. Present your findings to the class, and, if possible, include pictures.

1. Gae Aulenti
2. Vittoria Colonna
3. Oriana Fallaci
4. Sophia Loren
5. Madre Teresa
6. Maria Montessori

a. ha curato i bambini in India
b. ha recitato (*played*) in film famosi
c. è stata una poetessa del Rinascimento
d. ha viaggiato e intervistato persone famose
e. ha fondato molti asili (scuole materne)
f. ha progettato (*planned*) il museo d'Orsay a Parigi

Madre Teresa.

❖ Espansione grammaticale

RELATING EVENTS IN THE PAST

VERBI CONIUGATI CON *AVERE* E *ESSERE* NEL PASSATO PROSSIMO (*Verbs conjugated with both* avere *and* essere *in the passato prossimo*)

> **Ho cambiato** idea. Vado sul lago di Como.
> La vita delle donne in Italia **è cambiata** molto.
> **Ho cominciato** un nuovo lavoro.
> Silenzio! La lezione **è cominciata**.

◆ The **passato prossimo** of some verbs can be formed either with **avere** or **essere**, depending on how the verb is used. If it is used with a direct object, the auxiliary is **avere**. If it is used without a direct object, the auxiliary is **essere**. These verbs are **cambiare**, **cominciare**, **finire**, **passare**, **salire**, and **scendere**.

With direct object	No direct object
Ho finito il libro.	Il film **è finito** bene.
I finished the book.	*The movie ended well.*
Ho passato le vacanze a Stresa.	Un anno **è passato**.
I spent my vacations in Stresa.	*One year (has) passed.*
Ho salito le scale.	**Sono salito(a)** al secondo piano.
I went up the stairs.	*I went up to the second floor.*
Ho sceso le scale.	**Sono sceso(a)** in cucina.
I went down the stairs.	*I went down to the kitchen.*

◆ The **passato prossimo** of some verbs is formed with **avere** when they describe an action and with **essere** when they indicate direction. These verbs are **correre**, **saltare** (*to jump; to skip*), and **volare** (*to fly*).

Description of an action	Direction
Ho corso per un'ora.	**Sono corso** all'università.
I ran for an hour.	*I ran to college.*
Il pilota **ha volato** per cento ore.	**Sono volata** a casa per dare la buona notizia.
The pilot flew for a hundred hours.	*I rushed home to give the good news.*
Giovanna **ha saltato** la cena.	**È saltato** dall'albero.
Giovanna skipped supper.	*He jumped from the tree.*

Attività

A. Complete each sentence with the appropriate form(s) of the **passato prossimo** of avere or essere.

1. Il film _____ (cominciare) alle otto e _____ (finire) alle undici.
2. La vita dei giovani _____ (cambiare).
3. Noi _____ (salire) sul Crocione per vedere tutto il lago.
4. L'estate sul lago di Garda _____ (passare) molto bene.
5. Ieri Fabrizio, _____ (correre) per un'ora.
6. L'aereo _____ (volare) sulle Alpi.
7. Mio figlio, quando _____ (finire) il compito, _____ (uscire).
8. Purtroppo le vacanze sul lago di Como _____ (finire).
9. Noi _____ (salire) in ascensore (*elevator*), ma _____ (scendere) a piedi (*on foot*).
10. L'Italia _____ (cambiare) molto dalla fine (*end*) della guerra.

❖ Il Crocione is a mountain over Menaggio, halfway up the western shore of Lake Como that has a cross and a shelter on its summit.

Lettura

Un'artista . . . Daniela Azimonti Favey

Preparazione alla lettura: *Identifying the text and scanning*

1. What type of selection is this: an interview, a short story, a letter, an article, a leaflet?
2. If you were to introduce a woman artist having an exhibit, what information would you include?
3. Before you read, scan the text for the names of countries and cities. Then, as you read, try to discover the relationship between the painter's work and those places.

Attività

A. Answer the following questions.

1. Dov'è nata Daniela Azimonti?
2. Qual è la sua professione?
3. In quali paesi e in quali città ha mostrato le sue opere?
4. Che cosa rappresentano le sue opere?
5. Com'è la professione di pittrice?
6. Conoscete una pittrice? o un pittore? Com'è la sua personalità? Il suo stile?

B. Look at Daniela Azimonti's photo and describe her and her paintings using as many adjectives as possible.

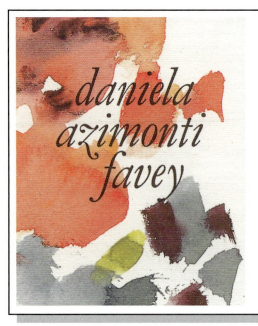

works

diverse . . . *various exhibitions*
receiving / *recognition* / *prizes* /

Ha . . . *She has set up*

si . . . *were covered by*

Daniela Azimonti è nata a Como. È membro dell'Accademia Tiberina di Roma. Le sue opere° si trovano in collezioni private e pubbliche: Italia, Austria, Belgio, America, Francia, Olanda e Inghilterra. . . . Ha partecipato a diverse mostre° nazionali e internazionali, ricevendo° riconoscimenti° e premi°. Ha allestito° mostre a Milano, Como, Busto Arsizio, Villa Carlotta a Tremezzo, Ponte Chiasso, Cantù, Novara, Genova, Lissone, Veduggio, Beirut, Parigi, Allevard. . . . Delle sue mostre e delle sue opere si sono occupati° giornali, radio, televisione.

C. **Classificare.** What subjects do you think would most interest a woman painter? Rank the following subjects (1 = most interesting, 14 = least interesting). Compare your lists and explain your choices.

_____ autoritratto (*self-portrait*)   _____ nature morte (*still lifes*)
_____ animali   _____ oggetti domestici
_____ avventure di viaggio   _____ oggetti esotici
_____ donne famose   _____ paesaggi (*landscapes*)
_____ fiori   _____ guerra
_____ interni (*interior scenes*)   _____ ritratti (*portraits*)
_____ lavoro   _____ sport

Eccoci!

A. **Conversazioni.** In groups of three or four, ask each other the following questions. Add more questions about people you met, sights you saw, activities (sports, entertainment) you engaged in.

1. Sei stato(a) in Italia? (If you haven't been in Italy, answer **No, ma sono stato(a) in** . . . and continue with the questions.)
2. Quali città hai visitato?
3. Quali laghi hai visto?
4. Quali mezzi di trasporto hai usato (aereo, autobus, treno, macchina)?
5. Quali ricordi (*souvenirs*) hai comprato?

La pittrice con le sue opere: Mostra di Menaggio, Como.

daniela azimonti pittrice

villa monastero - campo di lenno - tel. (0344) 55207

B. Discussione. In small groups, discuss some of the following professions. Mention the advantages and disadvantages of each.

MODELLO: **Una casalinga non ha un orario fisso. Passa molto tempo a casa. Non ha uno stipendio e non incontra molte persone nuove**.

architetto (*m./f.*)	giornalista	insegnante	pittore/pittrice
attore/attrice	infermiere/a	modello/a	professore/
contabile	ingegnere	parrucchiere/a	professoressa

Alcuni vantaggi		Alcuni svantaggi	
indipendenza	orario flessibile	dipendenza	noia (*boredom*)
all'aperto	tempo libero	in ufficio	orario fisso
riconoscimento	(*free time*)	isolamento	orario lungo
viaggi	stipendio alto	lavoro	(*long hours*)
varietà	vacanze lunghe	sedentario	stipendio
interesse		monotonia	basso
			vacanze corte

Now say which of the above professions you would choose and explain why, citing some of its advantages.

MODELLO: **Vorrei essere modella. I vantaggi di questa professione sono la varietà, il tempo libero e le vacanze lunghe.**

C. Intervistare. Prepare a set of questions to interview an artist. Use the third person (formal). Ask:

- where he/she was born
- his/her nationality
- where he/she went to school and college
- what subjects he/she studied

- what cities he/she has visited
- where he/she lives and works
- if he/she prefers to work outdoors or in a studio?

amante . . . lover

al... at the most purpose

D. Creare. In pairs, study the ad above and then write a similar one. Exchange your ad with those of other pairs in the class. Then, still in pairs, create a phone conversation in which you answer the ad.

E. Interpretare e discutere. In small groups, read the following proverbs and sayings. Then discuss their meanings and express your opinions about them, either in Italian or in English.

Donna al volante (*steering wheel*), **pericolo** (*danger*) **costante**.
Donna prudente, gioia eccellente.
Prima (*first*) **le donne e i bambini**.
Non c'è amore senza (*without*) **amaro** (*bitterness*).

F. Una riunione di amici. In groups of three or four, imagine that you are at a party where the guests are describing what they did during the past year. One member of the group asks the others about their experiences and then, when asked, relates his or her own.

MODELLO: S1: **Cosa hai fatto l'anno scorso?**
S2: **Sono andata a passare le vacanze sul lago di Como. Ho incontrato John, un ragazzo americano. Siamo usciti spesso insieme...**
S3: **Io invece ho insegnato l'italiano a un ragazzo tedesco.**

❖ *Vocabolario attivo*

NOMI
la banca *bank*
il bucato *laundry*
il compito *homework*
la cucina *kitchen*
la donna *woman*
il fiore *flower*
la giornata *day*
l'uomo (*pl.* gli uomini) *man*

VERBI
aiutare *to help*
amare *to love*
andare *to go*
arrivare *to arrive*
cadere *to fall*
cenare *to have supper*
correre (*p.p.* corso) *to run*
cucinare *to cook*
diventare *to become*
entrare (in) *to enter*
fare (*p.p.* fatto) *to do, to make*
lavare *to wash*
leggere (*p.p.* letto) *to read*
morire (*p.p.* morto) *to die*
nascere (*p.p.* nato) *to be born*

partire *to leave, to go away*
passare *to spend* (*time*)
perdere (*p.p.* perso) *to lose*
prendere (*p.p.* preso) *to take*
restare *to stay, to remain*
ritornare *to return*
salire *to go up, to climb*
scendere (*p.p.* sceso) *to go down, to get off*
scrivere (*p.p.* scritto) *to write*
stirare *to press, to iron* (*clothes*)
trovare *to find*
uscire (con) *to go out, to date*
vedere (*p.p.* visto) *to see*
venire (*p.p.* venuto) *to come*

AGGETTIVI
atletico *athletic*
attivo *active*
attraente *attractive*
autosufficiente *self-sufficient*
colto *well-educated*
dinamico *dynamic*
emancipato *emancipated*
indipendente *independent*
intellettuale *intellectual*

possessivo *possessive*
professionista *professional*
romantico *romantic*
scorso *last, past*
sentimentale *sentimental*
serio *serious*
sportivo *sporting*
stanco *tired*
tranquillo *quiet*

ALTRE PAROLE E ESPRESSIONI
beato(a) te! *lucky you!*
come va? *how's it going?*
coraggio! *be brave!*
dove vai? *where are you going?*
fa *ago*
fare i compiti *to do homework*
fare i letti *to make beds*
ieri *yesterday*
invece *instead*
perchè *because*
preparare la tavola *to set the table*
stamattina *this morning*
tutto il giorno *all day long*

LA SARDEGNA

CAPOLUOGO Cagliari

AREA 24.000 chilometri quadrati

POPOLAZIONE 1.500.000 abitanti

PROVINCE E CITTÀ IMPORTANTI Nuoro, Oristano, Sassari

PRODOTTI AGRICOLI E ALIMENTARI carciofi (*artichokes*), formaggi, mandarini, meloni, zucchini, vini (Vernaccia, Cannonau)

PRODOTTI ARTIGIANALI coperte (*blankets*), tappeti, tessuti

PERSONAGGI FAMOSI Grazia Deledda (scrittrice, 1871–1936), Antonio Gramsci (uomo politico e intellettuale, 1891–1937)

Sardegna, la Costa Smeralda.

Capitolo 6

Le vacanze

In vacanza sul Lago di Garda.

OBIETTIVI COMUNICATIVI
Pointing out people and objects
Describing people and objects
Planning a vacation
Asking for information
Talking about the weather
Expressing possession

CULTURA
Vacations and tourism in Italy: favorite sites, holidays, tourists

GRAMMATICA
Demonstrative adjectives: **questo** / **quello**
The adjectives **buono** and **bello**
Irregular verbs: **stare**, **fare**, **dare**, **andare**
Possessive pronouns

ESPANSIONE GRAMMATICALE
Fare + infinitive

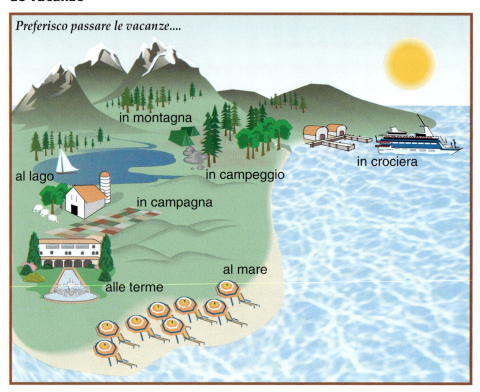

Per cominciare

Le vacanze

Preferisco passare le vacanze....

- in montagna
- al lago
- in campeggio
- in campagna
- in crociera
- alle terme
- al mare

Parole e espressioni utili

Vacanze e viaggi

affittare una casa *to rent a house*	la macchina fotografica *camera*	la pensione *inn*
l'assegno turistico *traveler's check*	noleggiare una macchina *to rent a car*	prendere il sole *to sunbathe*
il bagaglio *luggage*		il sacco a pelo *sleeping bag*
la cartina *map*	l'ostello *hostel*	la tenda *tent*
la guida *guidebook*	il passaporto	la valigia *suitcase*

Nota bene

❖ The abbreviated forms are the same gender as the derivative word: **l'automobile** (*f.*), **l'auto**; **la bicicletta**, **la bici**; **la motocicletta**, **la moto**.

Come andare in vacanza

in treno	in motocicletta (moto)
in aereo *by plane*	in bicicletta (bici)
in autobus	in barca *by boat*
in macchina / in automobile (auto)	con l'autostop *hitchhiking*

Attività

A. Unscramble the letters to discover vacation sites and means of transportation.

1. aantgomn
2. goiegpacm
3. macngapa
4. aoree
5. tetlatcoicom
6. abacr

B. **Un'intervista sulle vacanze.** In pairs, interview each other, asking when, where, and how you prefer to go on vacation.

MODELLO: S1: **Quando preferisci andare in vacanza?**
S2: **In estate.**
S1: **Dove preferisci passare le vacanze?**
S2: **In montagna.**
S1: **Preferisci andare in aereo o in treno?**
S2: **In aereo.**

C. In groups of three or four, select a vacation site and make a list of clothing (see **Capitolo 4**, p. 88) and other items you will need there. Then share your list with the class.

MODELLO: **Destinazione: Messico.**
Cose: **i pantaloncini, i costumi da bagno, il passaporto...**

Incontri

> *A reminder:* Active vocabulary is underlined

Agenzia di viaggi

Preparazioni per un viaggio

Antonio e Sandra, sono in <u>un'agenzia di viaggi</u> a Roma.

ANTONIO: Buon giorno! Cerchiamo un <u>bel</u> posto tranquillo per passare una vacanza.

❖ Costa Paradiso in the northwest, along with Costa Esmeralda in the northeast of Sardinia are two well-known, picturesque, and trendy vacation spots.

island / sunsets *we can* / **fare...** *take walks*	SANDRA: Io preferisco un' isola° romantica con dei bei tramonti,° dove possiamo° fare passeggiate° sulla spiaggia.
abroad	AGENTE: Ci sono tante isole! Preferite restare in Italia o andare all'estero°?
faccio... *I take many trips* *nearby*	SANDRA: Io faccio molti viaggi° all'estero per il mio lavoro. Preferisco un posto vicino°.
	AGENTE: Ischia va bene?
	ANTONIO: Ischia non va assolutamente bene. La mia famiglia ha una villa a Ischia dove vanno tutti i miei parenti e due zie americane che sono molto noiose!
	AGENTE: Ci sono offerte speciali per la Costa Paradiso.
	SANDRA: La Costa Paradiso? Dov'è?
far *brochure*	AGENTE: È in Sardegna. Il posto è molto bello! Ideale per una vacanza tranquilla. Non è lontano° dal porto di Santa Teresa di Gallura. Ecco un opuscolo°.
	ANTONIO: Bello, sì. Ti piace?
	SANDRA: Beh, non è brutto. Quanto costa?
stay **tutto...** *all expenses included* / **camera...** *room with double* *bed / bathroom / swimming* *pool /* **mezza...** *half-board*	AGENTE: Due mila euro per un soggiorno° di due settimane, tutto compreso°: viaggio in aereo, una camera matrimoniale° o con due letti, bagno°, balcone, piscina°, e mezza pensione°.
	ANTONIO: Per me va bene. E per te, Sandra?
Non.. *I can't wait to . . .* *make reservations*	SANDRA: Sì, va benissimo. Non vedo l'ora di° partire. Può prenotare° subito?
tickets	AGENTE: Sì, certo. Per i biglietti° ritornate questo giovedì.
	SANDRA: Molte grazie, arrivederci.
	AGENTE: Arrivederci.

❖ Italian hotels usually offer a choice between **una mezza pensione** (*half-board*), which includes breakfast and dinner, or **una pensione completa** (*full board*), which includes all three main meals.

Attività

D. Reread the **Incontri** and say whether the following statements are true (**vero**) or false (**falso**). If a statement is false, correct it.

1. Antonio preferisce andare in un posto romantico.
2. Sandra preferisce andare all'estero.
3. I parenti di Antonio hanno una villa in Sardegna.
4. Il viaggio costa mille euro.
5. Il soggiorno in Sardegna di Antonio e Sandra dura tre settimane.
6. Il prezzo non include il viaggio in aereo.
7. Antonio e Sandra vanno in vacanza sulla Costa Paradiso.
8. Sandra non vede l'ora di andare in Sardegna.

E. **In un'agenzia di viaggi.** You are planning a summer vacation abroad (**in Europa**, **in Africa**, or **in Nord America**). In pairs, create a conversation modeling the dialogue on pp. 133–134. In your conversation, talk about the following things:

- three countries or cities you would like to visit and why
- how long you are going to stay in each place

- with whom you are traveling
- how much you want to spend
- whether you want to make reservations right away
- what documents you need

F. Preparativi per le vacanze.   You are going on vacation with a friend, who wants to know if you have prepared for the trip. In pairs, talk about whether or not you have done the following:

- reserved a room at the hotel
- bought tickets for the plane, train, or other means of transportation
- bought traveler's checks
- prepared everything you'll need to bring with you

Nota culturale

❖ Le vacanze in Italia

Sardegna, Porto Rotondo.

Termini utili

la villeggiatura   **Andare in villa** means *to go to the villas* (*on vacation*). This tradition dates back to the ancient Romans, who built villas in the countryside for their summer vacations. Archeological digs are still uncovering ruins of Roman villas, especially in Sicily.

le ferie   The three or four weeks of paid vacation to which every working Italian is entitled.

il Ferragosto   Celebrated on the Feast of the Assumption (August 15), this is the day on which Italians traditionally begin their summer vacation.

la settimana Bianca   A skiing vacation usually taken the week after the Christmas holidays.

From this chapter on, the **Nota culturale** will be in Italian but the **Termini utili** will be in English. You may need to read the **Nota culturale** two or three times—the first time to get the gist, the second time to guess at the meaning of each paragraph, and the third time to look up words you don't know in the dictionary. Words that appear for the first time and are not easily recognizable will be glossed.

has belonged / for

rich

beach umbrellas

show off

*acquaintances / **città...** seaside resorts*
shows

close
ghost cities / full
in vain
During

***stazioni...** ski resorts*

best equipped

La vacanza, o **la villeggiatura**, è ancora oggi un aspetto molto importante della società italiana. Per **le ferie**, gli italiani viaggiano in Italia o all'estero. Molti giovani fanno il campeggio e vanno in montagna (il 17%) e al mare (il 57%), dove generalmente prenotano una camera in albergo o pensione. Altri giovani vanno nella casa di campagna o nella villa, che appartiene° alla famiglia da° molte generazioni. L'Italia oggi è ricca° di belle ville antiche; alcune sono diventate musei o centri per conferenze. Fra le più famose ci sono le ville del Palladio a Vicenza e le ville aristocratiche dei Castelli Romani.

Dalle statistiche è evidente che gli italiani preferiscono il mare, dove si rilassano sotto gli ombrelloni°, prendono il sole, vanno al bar o al ristorante, sfoggiano° costumi di moda e fanno nuove conoscenze°. La sera le città balneari° offrono molte esperienze culturali: l'opera all'aperto, i concerti nella famosa Rocca Brancaleone a Ravenna, gli spettacoli° teatrali, balletti e concerti. I giovani preferiscono i piano bar, il jazz e le discoteche della riviera. La costa dell'Emilia-Romagna, per esempio, ha le più belle discoteche d'Europa (La Baia Imperiale, Byblos, Peter Pan, Paradiso, Marechiaro).

Il **Ferragosto** è una festa tipica italiana. Per due o tre settimane, tutte le aziende, gli uffici e i negozi chiudono° e le città, diventate città-fantasma°, sono piene° di turisti che cercano invano° un ristorante o un negozio aperto. Durante° l'inverno, fra dicembre e marzo gli italiani fanno un'altra vacanza: **la settimana bianca**. Molti vanno a sciare nelle varie stazioni sciistiche°; Courmayeur e Cortina sono fra le più eleganti e attrezzate°.

Cosa ne pensate?

1. When do Italians generally go on vacation? And Americans?
2. Where do Italians go on vacation? Where do Americans prefer to go?
3. What can Italians do in the evening while they are at a beach resort? Do American resorts offer the same cultural events and entertainment?
4. What is the most important summer holiday for Italians? And for Americans?
5. What are some similarities and differences between Italian and American vacations?

Grammatica

POINTING OUT PEOPLE AND OBJECTS

I. AGGETTIVI DIMOSTRATIVI: *QUESTO/QUELLO*
(*Demonstrative adjectives:* **this/that**)

Questo passaporto è nuovo.
Questi signori sono di Sassari.
È caro **quest'**albergo?
Queste motociclette sono giapponesi.

◆ As with all Italian adjectives, the demonstrative adjective **questo** (*this / these*) has four endings. It almost always precedes the noun. Before a singular noun beginning with a vowel, contraction is optional.

	Singolare	Plurale
Maschile	**questo** bagaglio **quest'**ostello	**questi** bagagli **questi** ostelli
Femminile	**questa** bicicletta **quest'**agenzia	**queste** biciclette **queste** agenzie

Quel sacco a pelo è caro!
Quell'albergo è sulla spiaggia.
Quella valigia è pesante.
Quegli aerei sono americani.
Quei turisti vanno alla Cavalcata.

◆ The demonstrative adjective **quello** (*that/those*) follows the same pattern as the definite article: **il, l', lo, la, l', i, gli, le.**

	Singolare	Plurale
Maschile	que**l** campeggio quel**l'**albergo quel**lo** zaino	que**i** campeggi que**gli** alberghi que**gli** zaini
Femminile	quel**la** montagna quel**l'**auto	quel**le** montagne quel**le** auto

❖ Sassari is in northwestern Sardinia. It was founded by inhabitants of the coast who withdrew inland after repeated skirmishes with marauding pirates. By the early 13th century Sassari was already an important center of trade, and in 1316 its famous statutes, a sort of bill of rights, were made law. Sassari has an admirable 800-year-old cathedral and a large university.

❖ Cavalcata (Cavalcade), held in mid-May, is the most important of all Sardinian folk festivals, as it pays homage to Sardinia's rich past. Women from the mountain towns inland arrive in traditional costumes embroidered with real gold thread; they wear precious gold filigree earrings and necklaces, and huge decorative buttons and lapel pins—all handed down from previous generations. On the evening of the parade the men and women line up face to face and dance a slow version of the Virginia reel.

Nota bene

Questo and **quello** as pronouns

When **questo** and **quello** are not followed by a noun, they function as pronouns. They agree with the noun they refer to in gender and number. Each has the following four forms:

questo	questa	quello	quella
questi	queste	quelli	quelle

Mario desidera **questo** sacco a pelo e non **quello**.
Mario wants this sleeping bag and not that one.
Questa è la sua bici e **quelle** sono le sue moto.
This is his bike and those are his motorcycles.

Attività

A. Use the adjective **questo** to form sentences with the words given.

> MODELLO: la vacanza (ideale)
> **Questa vacanza è ideale.**

1. il campeggio (in montagna)
2. l'albergo (economico)
3. le valige (pesanti)
4. la crociera (interessante)
5. gli ostelli (cari)
6. il treno (in ritardo)
7. i bagagli (di Marco)
8. la barca (italiana)

B. You are shopping for your vacation. Ask how much the following items cost by using **quello** and the noun.

> MODELLO: la bicicletta
> **Quanto costa quella bicicletta?**
>
> le guide
> **Quanto costano quelle guide?**

1. il sacco a pelo
2. la tenda
3. i biglietti per il treno
4. le valige
5. la cartina
6. la macchina fotografica
7. il costume da bagno
8. gli zaini

C. Complete each the following sentences using the appropriate form of **questo** in the first part of the sentence and of **quello** in the second part.

> MODELLO: **Mi piace *questa* macchina italiana, ma non mi piacciono *quelle* macchine francesi.**

1. Mi piace _____ barca bianca, ma non mi piacciono _____ barche gialle.
2. _____ sacco a pelo è troppo piccolo per _____ uomo.

3. So (*I know*) come si chiama _____ lago, ma non so come si chiamano _____ montagne.
4. _____ ville sono belle, ma _____ ville sono brutte.
5. _____ posto è tranquillo, ma _____ campeggi sul mare sono rumorosi (*noisy*).
6. _____ aereo è molto comodo (*comfortable*), ma _____ aerei sono molto cari.

D. Al mercato. In pairs, play the role of a customer and a salesperson. If you wish, add more products of your own.

MODELLO: sacco a pelo
  CLIENTE: **Desidero comprare un sacco a pelo.**
  VENDITORE: **Questo? o quello verde?**
  CLIENTE: **Forse (*perhaps*) questo... quanto costa?**
  VENDITORE: **Trenta euro.**
  CLIENTE: **Non mi piace. È caro.**

1. tenda
2. zaino
3. paste
4. formaggio
5. pantaloncini
6. arance

DESCRIBING PEOPLE AND OBJECTS

II. GLI AGGETTIVI *BUONO* E *BELLO* (*The adjectives* good *and* beautiful/handsome)

È una **buona** pensione.
Silvana è una **bella** ragazza.
A Porto Cervo ci sono delle **belle** ville sul mare.
La Baita è un **buon** ostello a Sassari.
La Sardegna è una **bell'**isola.
A Alghero c'è un **bel** porto.

◆ The adjective **buono**, unlike most adjectives, often precedes the noun it modifies. When **buono** precedes a singular noun, it has shortened forms similar to those of the indefinite article (**un, uno, una, un'**). The plural forms are regular: **buoni, buone**.

❖ Alghero is a principal coastal city that acquired a distinctly Spanish accent during centuries-long Spanish rule. Its small fishing port is full of old fortifications and watchtowers for protection from pirates.

	Singolare	Plurale
Maschile	il **buon** campeggio	i **buoni** campeggi
	il **buon** albergo	i **buoni** alberghi
	il **buono** zaino	i **buoni** zaini
Femminile	la **buona** vacanza	le **buone** vacanze
	la **buon'**offerta	le **buone** offerte

◆ The adjective **bello**, like **buono**, usually precedes the noun it modifies. When it precedes the noun, it has forms similar to those of the definite article (**il, l', lo, la, l', i, gli, le**).

	Singolare	Plurale
Maschile	il **bel** lago	i **bei** laghi
	il **bell'**aereo	i **begli** aerei
	il **bello** stadio	i **begli** stadi
Femminile	la **bella** crociera	le **belle** crociere
	la **bell'**auto	le **belle** auto

◆ When **bello** follows a noun or the verb **essere**, it has only four forms: **bello, bella, belli, belle**.

Sono tramonti **belli** e romantici.
Quell'albergo è **bello** e non molto caro.

Attività

E. **Domande e risposte.** In pairs, ask and answer questions about the following. Use **buono** in each answer.

MODELLO: **formaggio**
S1: **Com'è il formaggio?**
S2: **È un buon formaggio.**

1. albergo
2. pensione
3. campeggio
4. vino

5. agenzia di viaggi
6. zaino
7. valigia
8. ostello

F. Le fotografie di una vacanza. In pairs, imagine that you are showing a friend the pictures from your summer vacation. Your friend comments on each picture, using **bello**.

MODELLO: S1: **Questo è il tramonto sul mare.**
S2: **Che bel tramonto!**

1. la casa in montagna
2. gli alberghi sul mare
3. le terme antiche
4. la ragazza abbronzata (*tanned*)

5. l'isola romantica
6. l'auto italiana
7. la macchina fotografica
8. il mare tranquillo

III. VERBI IRREGOLARI: *STARE, FARE, DARE, ANDARE*
(*Irregular verbs:* **to stay/to be, to do/to make, to give, to go**)

❖ The **nuraghi** are fortified stone villages with a conical tower at the center that were left, along with rock-cut tombs and other remains, by the island's prehistoric inhabitants.

—Ciao, Franco, come **stai**?
—**Sto** bene, grazie.
Noi **stiamo** in albergo questa sera.
Oggi **fa** bel tempo.
Cosa **dai** a Marisa per il suo compleanno?
Marta **va** in Italia per studiare.
I tuoi genitori **vanno** in campagna o al mare?
Quando **andiamo** in Sardegna, **facciamo** un'escursione ai nuraghi.

◆ **Stare**, **fare**, **dare**, and **andare** are irregular verbs.

stare (*to stay, to be*)		fare (*to do, to make*)	
sto	stiamo	**faccio**	**facciamo**
stai	state	**fai**	fate
sta	**stanno**	fa	**fanno**

dare (*to give*)		andare (*to go*)	
do	diamo	**vado**	andiamo
dai	date	**vai**	andate
dà	**danno**	va	**vanno**

Espressioni con *stare*

Paolo non **sta** mai zitto in classe.
Tommaso e Fulvio, **state** attenti!
—Come **stai** oggi, Carlo?
—**Sto** male.

◆ The verb **stare** is used in the following expressions:

stare attento/a	*to pay attention*	**stare male**	*to be (feel) ill*
stare bene	*to be (feel) well*	**stare zitto/a**	*to keep quiet*

◆ **Stare per** + *infinitive* means *to be about to do something.*

La lezione **sta per** finire. *The class is about to end.*
I ragazzi **stanno per** partire. *The boys are about to leave.*

Espressioni con *fare*

—Che tempo **fa** oggi?—**Fa** bel tempo e **fa** caldo.
Quest'estate **facciamo un viaggio** in Sardegna.
Preferisco **fare una passeggiata** al tramonto.
Marcello non **fa** mai **domande** in classe.
Pietro e Gianna **fanno colazione** al bar.

The verb **fare** is used in many expressions. Here are some of the most common:

fare colazione	*to have breakfast*
fare il bagno/la doccia	*to take a bath/a shower*
fare la fila, la coda	*to wait in line*
fare le valige	*to pack (a suitcase)*
fare un viaggio	*to take a trip*
fare una domanda	*to ask a question*
fare una fotografia	*to take a picture*
fare una passeggiata	*to take a walk*
fare uno sport	*to play a sport*

Fa bel tempo.

Fa caldo.

Fa brutto tempo.

Fa freddo.

◆ The verb **fare** is also used to ask about and describe the weather (**il tempo**):

    Che tempo fa?   *What's the weather like? How's the weather?*

Espressioni con *dare*

Do l'esame di filosofia la settimana prossima.
Mi **date** una mano con i bagagli?

◆ The verb **dare** is used in the following expressions:

dare un esame	*to take a test*
dare la mano	*to shake hands*
dare una mano	*to give (lend) a hand, to help*

◆ The verb **andare** requires the preposition **a** before an infinitive.

    Questa sera **andiamo a ballare**.

Attività

G. Replace the subject of each sentence with the subjects in parentheses, changing the verb accordingly.

1. Andrea va in piscina con Stefano. (tu / io / loro / voi)
2. Voi date l'esame di chimica domani. (Giorgio / noi / tu / questi studenti)
3. Marta dà una festa sabato sera. (tu ed io / i signori Berlusconi / il professore di storia)
4. Barbara fa sempre la spesa al supermercato. (quelle signore / voi / la mamma / noi)
5. Noi andiamo in Sardegna in aereo. (il dottor Rossi / Franco / loro / Anna e Maurizio)
6. Pierino non sta mai attento in classe. (noi / gli studenti / tu ed io / loro)

❖ When used with **andare**, means of transportation are preceded by the preposition **in**: **Andiamo da Roma a Parigi** *in* **macchina, ma ritorniamo** *in* **aereo**.

H. Complete the following sentences with the appropriate present-tense form of the verb in parentheses.

1. Noi _____ colazione a mezzogiorno. (fare)
2. Come _____ il professore? (stare)
3. Loro _____ a casa stasera. (stare)
4. Io _____ all'università il lunedì e il giovedì. (andare)
5. Quest'estate i miei genitori _____ un viaggio all'estero. (fare)
6. In Sardegna _____ freddo d'inverno e _____ caldo d'estate. (fare)

I. The following people are traveling to various cities and regions of Italy. Form sentences that tell who is going where, using the appropriate form of the verb **andare**.

Roberto e Gianna	a Cagliari
Tu e mio fratello	in Sardegna
Io	a Firenze
Io e Monica	a Sassari
Il professore	in Sicilia
Tu	a Capri

J. Cosa fai quando...?   In pairs, ask your partner what he/she does in different weather conditions.

MODELLO: —**Cosa fai quando fa caldo?**
—**Vado al mare.**

K. Curiosità.   You would like to know more about your classmate. In pairs, ask and answer the following questions.

1. Quando fai le compere? Con chi vai?
2. Vai al cinema il sabato sera? Con chi vai?
3. Fai colazione la mattina? A che ora?
4. Dove e quando vai in vacanza?
5. Fai spesso delle passeggiate? Dove?
6. Cosa dai al tuo amico o alla tua amica per il suo compleanno?
7. Quando dai l'esame d'italiano?
8. Quando non capisci in classe, cosa fai?
9. Fai molte fotografie quando sei in vacanza?
10. Come vai all'università: in macchina o in autobus?

EXPRESSING POSSESSION

IV. PRONOMI POSSESSIVI (*Possessive pronouns*)

I miei vestiti non sono belli. Preferisco **i suoi**.
Hai le sue fotografie della Sardegna o **le mie**?
—Di chi è questa valigia?
—È **la mia**.

◆ Possessive pronouns have the same forms as possessive adjectives. They agree in gender and number with the noun they replace.

Pronomi Possessivi				
	Maschile		**Femminile**	
	Singolare	**Plurale**	**Singolare**	**Plurale**
mine	il mio	i miei	la mia	le mie
yours	il tuo	i tuoi	la tua	le tue
his/hers/its/yours (formal)	il suo	i suoi	la sua	le sue
ours	il nostro	i nostri	la nostra	le nostre
yours	il vostro	i vostri	la vostra	le vostre
theirs	il loro	i loro	la loro	le loro

◆ Possessive pronouns are normally preceded by the definite article.

> la tua vacanza e **la nostra**
> tuo fratello e **il mio**

◆ After a form of the verb **essere**, however, the definite article is optional, with the exception of **loro**, which *always* requires the article.

> —È tua la macchina fotografica?
> —Sì, è (**la**) **mia**.
> —Sono i nostri biglietti?
> —No, non sono (**i**) **vostri**, sono **i loro**.

Attività

L. Answer each question with the appropriate possessive pronoun, making the necessary changes.

> MODELLO: È la tua valigia?
> **Sì, è la mia.**

1. È il sacco a pelo di Marco?
2. È la nostra tenda?
3. Sono le bici di Alessio e Simona?
4. È la villa di Valentino?
5. È il passaporto della mamma?
6. Sono i tuoi bagagli?
7. È la tua barca?
8. Sono vostri i biglietti?

M. Replace the italicized words with the appropriate possessive pronoun.

> MODELLO: Ecco il mio albergo. Dov'è *il tuo albergo*?
> **Ecco il mio albergo. Dov'è il tuo?**

1. Ecco mio fratello. Dov'è *il fratello di Cinzia*?
2. Noi portiamo i nostri bagagli e loro portano *i loro bagagli*.
3. Lui compra il suo biglietto e anche *i biglietti degli amici*.
4. Ecco la nostra pensione. Dov'è *la pensione di Dino e Gilda*?
5. Oggi ho visto mia nonna e *tua nonna*.

N. Fotografie.   Bring to class some pictures from a recent vacation. Then, in pairs, talk about the differences between the pictures.

> MODELLO: —**Ecco la mia foto e ecco la tua. La mia è a colori, ma la tua e in bianco e nero. È la foto del mio viaggio in montagna. E la tua?**
> —**La mia foto è di un tramonto sul mare.**

Tocca a voi

A. Un viaggio. Write a paragraph about a trip (real or imaginary) that you have taken. Keep these questions in mind before you start:

1. Quando sei partito(a) (in estate, in inverno . . .)? Con chi?
2. Dove sei andato(a): al mare, in montagna? Hai fatto una crociera?
3. Come sei andato(a): in auto, in aereo, in moto?
4. Sei restato(a) in un ostello / un albergo / una pensione . . . ?

B. Una cartolina dalla Sardegna. In pairs, read the following postcard written by a friend visiting Sardinia. Then ask questions to find out

- where Barbara is in Sardinia
- which hotel she's staying at
- where the hotel is and what it's like
- what the weather is like
- how Barbara spends her evenings

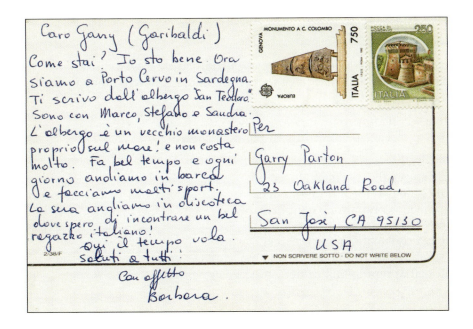

C. Un viaggio ideale. In pairs, imagine that you are planning an ideal vacation or your **luna di miele** (*honeymoon*). Discuss these topics:

- where you wish to go and why
- what your villa or hotel will be like
- which cities, monuments, and museums you will visit
- which sport you intend to play
- how you plan to spend a typical day
- where you will have breakfast, lunch, and dinner

❖ *Espansione grammaticale*

HAVING SOMETHING DONE

FARE + INFINITO (*fare + infinitive*)

Preparo la cena.	I prepare supper.
Faccio preparare la cena.	I have supper prepared.
Gli studenti studiano.	The students study.
I professori **fanno** studiare gli studenti.	The professors make the students study.

◆ **Fare** is used with the infinitive to express the idea of *having (getting) something done* or *having (making) someone do something*. Noun objects follow the infinitive. When there are two objects, the noun indicating a person is preceded by the preposition **a** and becomes an indirect object.

Il professore **fa** ripetere la domanda **a** Marco.	*The professor has Marco repeat the question.*
Ho fatto mandare una lettera all'avvocato.	*I had a letter sent by the lawyer.*

❖ You can replace the indirect object with an indirect object pronoun *Gli ho fatto* mandare una lettera for indirect pronoun. See p. 230.

Attività

A. **Chi fa che cosa?** The people below usually do things themselves, but today they are busy and have to rely on others. Say what they have someone else do.

> MODELLO: Compro un regalo.
> **Faccio comprare un regalo a Martina.**

1. Cerco un libro di matematica.
2. Fai la spesa al supermercato.
3. Giulietta e Davide affittano una casa.
4. L'impiegato prepara i passaporti.
5. Pulite la casa il sabato.
6. Compri riviste italiane e francesi.
7. La signora Gottuso noleggia una macchina.
8. Antonella prenota una camera con pensione completa.

Lettura

Sardegna, un mare di vacanze

Preparazione alla lettura: *Applying prior knowledge and guessing meaning from context*

1. What kind of information would you expect to find in an ad for a vacation package? Read the titles of the **pubblicità** (*advertisement*) and

(continued on p. 148)

SARDEGNA
Un Mare di Vacanze

La Sardegna, un'isola ove* la natura ha dispensato con dovizia i suoi doni*. Spiagge di sabbia finissima* lambita da* un mare di smeraldo trasparente; un paradiso di colori e profumi unico nel mediterraneo. La Sardegna vi aspetta con i suoi tesori* inimitabili.

Sardegna, **un mare di vacanze.**
REGIONE AUTONOMA DELLA SARDEGNA
Ente Sardo Industrie Turistiche
via Mameli 97-09124 Cagliari

 ---

ove *where* / **ha**...*distributed its gifts in abundance* / **finissima** *very fine* / **lambita**... *lapped by* / **tesori** *treasures*

GRANDE CONCORSO!

Vinci un mare di Sardegna

Una vacanza in Sardegna può* offire molto più di quel chi ci aspetta* di solito*. Perchè la Sardegna è mare limpido, natura incontaminata, vita all'aria aperta, ma è anche tradizioni antiche, misteriose culture millenari, valori* dimenticati da riscoprire*...una meta* affascinante in tutte le stagioni. Ti basta poco per vincerla! Compila il coupon qui a fianco*, segnalando qual è la vacanza che preferiresti tra le molte offerte dalla Sardegna: participerai all'estrazione* di fantastici soggiorni di 1 settimana per 2 persone. Dove? Alla scoperta della Sardegna, naturalmente.

Sardegna

NOME_____

COGNOME_____

INDIRIZZO_____

CAP._____ CITTÀ_____

ETÀ_____ PROFESSIONE_____

Barrare la casella corrispondente alla vacanza preferita.
Compilare e spedire entro il 30/4/94 a Regione Autonoma della Sardegna **Ente Sardo Industrie Turistiche** via Manelii 97-09124 Cagliari

vacanze	verde	cultura
colori	sport	tradizioni

 ---

può *can* / **molto** *much more than what one usually expects* / **valori** *values* / **dimenticati** *forgotten* / **da**...*to be rediscovered* /
meta *destination* / **Ti**...*It takes little to win it* / **qui**... *here on the side* / **estrazione** *drawing*

❖ The Sardinian dialect, recently recognized as an independent language, is very different from standard Italian. In fact, it is much more similar to Latin than to Italian, Spanish, or French. Here is a sentence that a Sardinian girl might say to her parents: **Deus seu sa jippia de oru. (Io sono la tua bambina d'oro.)**

the **concorso** (*contest*) for **Sardegna, un mare di vacanze** and scan the photos and headings to determine the content. Then decide whether this sort of trip would appeal to you.

2.   Read the following sentences and try to figure out the meaning of the boldfaced words, keeping the context in mind.

- Le **spiagge** sono magnifiche: la **sabbia** è finissima e il mare limpido.
- La Sardegna è **affascinante** con il verde, **un paradiso** di colori, **profumi**, cultura e tradizioni.
- La Sardegna offre molti sport e **una vita all'aria aperta**.
- Grande concorso: **vinci** un mare di Sardegna.

Attività

A.   Reread the ads and say whether the following statements are true (**vero**) or false (**falso**). If a statement is false, correct it.

1.   L'isola è un paradiso di colori e profumi unici nel Mediterraneo.
2.   La Sardegna non ha tradizioni antiche e culture millenarie.
3.   La Sardegna è una meta affascinante solo durante l'estate.
4.   Per vincere il concorso bisogna andare all'agenzia di viaggi.
5.   I soggiorni sono di una settimana per due persone.

B.   Answer the following questions based on the ads.

1.   Perchè offre di più una vacanza in Sardegna?
2.   Com'è il mare e le sue spiagge?
3.   Cosa c'è di misterioso? di affascinante?
4.   Quando è preferibile andare in Sardegna?
5.   Perchè l'autore della pubblicità sceglie (*chooses*) la parola *mare* ("un mare di vacanza", "un mare di Sardegna") per questa pubblicità?
6.   Questa pubblicità vi ha convinti a andare in vacanza in Sardegna? Cosa vi attira (*attracts you*) di più o di meno?

C.   **Una pubblicità.**   In pairs, and using the ads on Sardinia for inspiration, choose a vacation spot you know well and create a short ad. Give the ad a title, describe the main characteristics of the place, highlight things to do and see, and say why people should go there for their vacations. If possible, include photos. Imagine that this ad will be published in an Italian magazine.

Eccoci!

A. Un sondaggio. In groups of three or four, study the following charts and graphs relating to Italian vacations. Then answer the following questions.

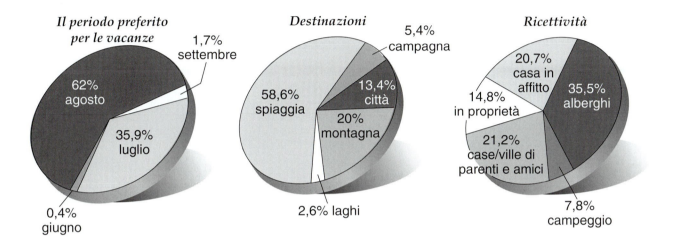

Il periodo preferito per le vacanze

1,7% settembre
62% agosto
35,9% luglio
0,4% giugno

Destinazioni

5,4% campagna
13,4% città
58,6% spiaggia
20% montagna
2,6% laghi

Ricettività

20,7% casa in affitto
35,5% alberghi
14,8% in proprietà
21,2% case/ville di parenti e amici
7,8% campeggio

1. a. Quando preferiscono andare in ferie gli italiani?
    b. Quanti italiani vanno in ferie in agosto?
    c. Quali sono le destinazioni preferite degli italiani?
    d. Dove soggiornano gli italiani quando vanno in vacanza?
2. Rank the most popular months in which Italians go on vacation.
    a. _____
    b. _____
    c. _____
    d. _____
3. Rank the most popular places that Italians prefer to go to on vacation.
    a. _____ in campagna
    b. _____ al mare
    c. _____ in città
    d. _____ ai laghi
    e. _____ in montagna

Now discuss the survey with the rest of the class.

B. Un fine-settimana (*weekend*) **speciale.** In small groups, imagine that you are inviting some of your friends for a weekend at your parents' house at the beach or at a ski resort area. Describe the house, give the exact location, and suggest the best way to get there (train, plane, bus, car). In turn, the guests will ask what they should take along, what sports they can play, where they can go in the evenings, and so on.

STELLA DEL SUD

INIZIO SOGGIORNO: LIBERO

Inserito in un'oasi di macchia mediterranea, direttamente su un'ampia spiaggia di fine sabbia bianca, dispone di 50 camere con servizi, telefono, aria condizionata e TV color (frigo bar su richiesta). Ideale per una vacanza di svago, riposo e sana tranquillità, offre piscina, campo da tennis, ping-pong, bocce, noleggio e scuola wind-surf, bar, sala TV.
Ombrelloni e sdraio a pagamento. Parcheggio privato.
La località è ideale per immersioni, vela e sci nautico.
Animali non ammessi.

SUPPLEMENTI

- Camera singola: Lit. 22.000 al giorno
- Culla 0/2 anni: Lit. 15.000 al giorno + pasti da pagare in loco
- Pensione completa: Lit. 15.000 al giorno a persona

RIDUZIONI

- 3° e 4° letto: adulti 10% - bambini 2/10 anni 20%

I ♥ SARDINIA

VIAGGIO DI NOZZE
7 gg = 6 - in A/B

PIANO FAMIGLIA
2 adulti + 2 bambini fino a 10 anni
= 3 quote - min. 7 gg - in A/B

VACANZA LUNGA
14 gg = 12 in A/B

TERZA ETÀ
oltre i 60 anni, sconto 15% min. 7 gg in A/B

RIMBORSO
10% del viaggio in nave/aereo
min. 7 gg. in A/B/C

SUPER OFFERTE
NOLEGGIO AUTO GRUPPO B

SCONTO 40%
dal 01/2 al 18/6
e dall'11/9 al 31/10

SCONTO 25%
dal 19/6 al 23/7

QUOTE A PERSONA	Solo Soggiorno	7 giorni mezza pensione + voli di linea Meridiana per Cagliari • Partenze giornaliere fino al 10-06 e dal 18-09 • Martedì/Mercoledì/Giovedì dall'11-06 al 17-09 Partenze anche di Lunedì dall'11-06 al 31-07 e dal 1-09 al 17-09				7 giorni mezza pensione + voli di linea ATI per Cagliari • Partenze ogni Sabato dal 18-06 al 03-09		
	1 Giorno 1/2 Pens.	**Bologna**	**Milano**	**Pisa**	**Verona**	**Roma**	**Genova**	**Torino**
A 01/1 - 22/5 02/10 - 31/12	80.000	844.000	844.000	821.000	868.000	–	–	–
B 22/5 - 03/7 11/9 - 02/10	95.000	1.031.000	1.081.000	1.000.000	1.061.000	924.000	1.002.000	1.042.000
C 03/7 - 31/7 21/8 - 11/9	110.000	1.136.000	1.186.000	1.105.000	1.166.000	1.029.000	1.107.000	1.147.000
D 31/7 - 21/8	140.000	1.346.000	1.396.000	1.315.000	1.376.000	1.239.000	1.317.000	1.357.000
Riduzione partenze con voli Meridiana dal 22/5 al 10/6 e dal 18/9 al 02/10		82.000	132.000	74.000	88.000			

C. L'albergo Stella del Sud.   In pairs, carefully read the brochure of the hotel **Stella del Sud**. Then ask and give information about the hotel, the cost, the activities, the location, what it has or does not have (pool, balcony, parking, a family plan, and so on).

D. Informazioni sulla Sardegna.   In groups, role-play the following situation: You are an American student visiting Sassari and are trying to decide what to see and do in northern Sardinia. Tell your Italian friends that

- you wish to see other cities
- you wish to spend time at the beach
- you want to know which inexpensive accomodation is available and whether there are camping sites
- you want to know how to get around the island

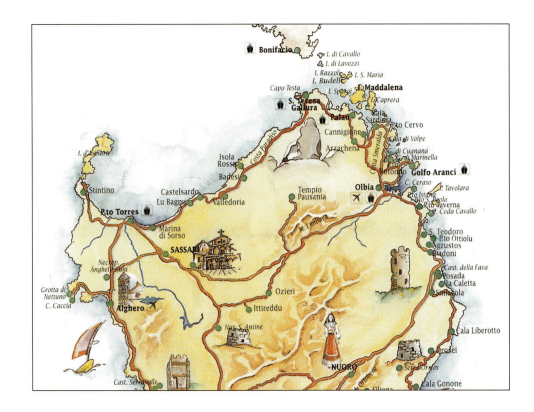

Using the map and other information you have learned in this chapter, your Italian friends will provide you with information and some suggestions.

> MODELLO: —C'è un campeggio vicino a Sassari?
> —Sì, c'è un bel campeggio a Marina di Sorso, proprio (*right on*) sul mare.

E. Un'intervista per un sondaggio. Imagine that you are a journalist and that you have to draw up a survey about vacations. Prepare five survey questions and interview your classmates. Then report the results to the class.

F. Un poster per una pubblicità. Bring in magazine pictures relating to vacations. In groups of three or four, invent slogans to accompany the pictures. Then create a poster in the format of an ad and present it to the class.

G. La casa dei miei sogni. Imagine your ideal house in the country or a villa at the beach. Then describe it to your partner. Draw the house and its features (landscape, balconies, pool, tennis court, colors, etc.) and explain your drawing to the class.

❖ *Vocabolario attivo*

NOMI

l'agenzia di viaggi *travel agency*
l'assegno turistico *traveler's check*
il bagaglio *baggage*
il bagno *bathroom*
il balcone *balcony*
la barca *boat*
il biglietto *ticket*
la camera matrimoniale *double bed*
la cartina *map*
la guida *guide*
l'isola *island*
il letto *bed*
la macchina fotografica *camera*
la mezza pensione *half-board*
l'offerta *offer*
l'opuscolo *brochure*
l'ostello *hostel*
il passaporto *passport*
la pensione *inn*
la piscina *swimming pool*
il porto *port*
il soggiorno *stay*
il sacco a pelo *sleeping bag*
la spiaggia *beach*
la tenda *tent*
il tramonto *sunset*
la vacanza *vacation*
la valigia *suitcase*
la villa *villa*

AGGETTIVI

bel/bello *handsome, beautiful*
buon/buono *good*
grande *big/great*
ideale *ideal*

lontano (da) *far (from)*
speciale *special*
vicino *close/near*

VERBI

affittare (una casa) *to rent (a house)*
andare *to go*
dare *to give*
fare (p.p. fatto) *to do, to make*
noleggiare (una macchina) *to rent (a car)*
prenotare *to make reservations*
stare *to stay*

ESPRESSIONI IDIOMATICHE

andare... all'estero *to go . . . abroad*
al lago *to the lake*
al mare *to the beach*
alle terme *to the spas*
con l'autostop *hitchhiking*
in campagna *to the country (side)*
in campeggio *camping*
in crociera *on a cruise*
in montagna *to the mountains*
in aereo *by plane*
in auto/macchina *by car*
in autobus *by bus*
in barca *by boat*
in bicicletta *by bicycle*
in motocicletta *by motorcycle*
in treno *by train*
che tempo fa? *what's the weather like?*

dare... un esame *to take an exam*
la mano *to shake hands*
una mano *to give a hand, to help*
fare... bel tempo *to be nice (weather)*
brutto tempo *to be bad (weather)*
caldo *to be hot (weather)*
freddo *to be cold (weather)*
fare... colazione *to have breakfast*
il bagno/la doccia *to take a bath/a shower*
una domanda *to ask a question*
la fila/la coda *to wait in line*
una fotografia *to take a picture*
una passeggiata *to take a walk*
uno sport *to play a sport*
le valige *to pack*
mezza pensione un viaggio *to take a trip*
non vedo l'ora (**di** + *inf.*) *I can't wait (to)*
prendere il sole *to sunbathe*
stare... attento *to pay attention*
bene *to be (feel) well*
male *to be (feel) ill*
zitto/a *to keep quiet*
tutto compreso *everything included*

PRONOMI

quello *that*
questo *this*

Ora scriviamo!

WORKING FROM AN OUTLINE AND
EDITING WITH A PARTNER

Writing strategy: **WORKING FROM AN OUTLINE AND
EDITING WITH A PARTNER**

Writing activity: **WRITING A STORY ABOUT A VACATION**

Often we write to share experiences with others. A birthday, an
anniversary, a graduation, a wedding . . . almost any special event can
inspire us to communicate in writing. In this **Ora scriviamo!** you will write
about a memorable vacation, real or imaginary, and you will narrate your
story in the past tense (**il passato prossimo**). Follow these steps:

1. **Make an outline of your story.** What follows is a partial outline. Be
   sure to add interesting details to your own outline.

   MODELLO:

   I. `Io e Chiara abbiamo vinto la lotteria e siamo`
      `andati in vacanza in Sardegna.`
      A.
      B.   Begin with an introduction that sets the scene. Mention
            where you were, how you got there, who was with you,
            how long you stayed, and other important details or
            circumstances.
      C.

   II. `La gente è simpatica, il mare è splendido, e le`
       `danze folcloristiche sono meravigliose.`
       A.
       B.   Briefly describe the people and events that made the
             vacation memorable.
       C.

   III. `Abbiamo fatto molti sport.`
        A.
           Explain what you did and how you felt.
        B.

   IV. `La vacanza è finita con una cena sarda.`
       A.
          Tell how the vacation ended.
       B.

2. **Write the first draft.** Using your outline, prepare the first draft. Make
   sure it contains all the information you want to communicate.

3. **Review the first draft.** Exchange drafts with a classmate to see if what
   you have written is interesting, clear, and well organized. Jot down
   any suggestions or corrections.

4. **Revise the first draft.** After your discussion, revise your draft. Check
   this second draft for spelling, punctuation, and grammar. Focus on the
   verbs you use and on the vacation terminology.

5. **Write the final draft**. Now write your final draft. Proofread it once
   again. Be prepared to read your story to the class.

153

IL PIEMONTE

CAPOLUOGO Torino
AREA 25.400 chilometri quadrati
POPOLAZIONE 4.500.000 abitanti
PROVINCE E CITTÀ IMPORTANTI Alessandria, Asti, Cuneo, Novara, Vercelli
MONTI le Alpi
FIUME il Po
PRODOTTI AGRICOLI E ALIMENTARI fonduta di fontina (*cheese fondue*), fragole, tartufi (*truffles*) bianchi, vini (Asti, Barolo, Martini & Rossi Vermouth)
PRODOTTI ARTIGIANALI E INDUSTRIALI cappelli da uomo (*men's hats*), computers e macchine da scrivere (*typewriters*) Olivetti, macchine Fiat
PERSONAGGI FAMOSI Camillo Benso Conte di Cavour (politico, 1810–1861), Luigi Einaudi (economista, 1874–1961), Cesare Pavese (scrittore, 1908–1950)

Courmayeur, nella Val d'Aosta, è la meta preferita di molti sciatori.

Capitolo 7

Il tempo libero: i passatempi e lo sport

84.000 tifosi allo Stadio di San Siro.

OBIETTIVI COMUNICATIVI
Talking about daily routines and interests
Expressing reciprocal actions
Saying what you *must, can,* and *want* to do
Talking about common activities

CULTURA
How Italians enjoy themselves: sports, games, and hobbies

GRAMMATICA
Present tense of reflexive verbs
Present tense of reciprocal verbs
Present perfect of reflexive and reciprocal verbs
Irregular modal verbs **dovere, potere,** and **volere**

ESPANSIONE GRAMMATICALE
Other reflexive and reciprocal verbs

155

> ## Per cominciare

Come gli italiani *si divertono* (*enjoy themselves*)

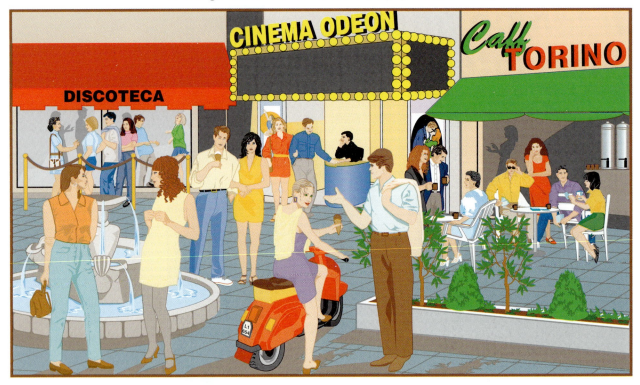

1. Giocano a carte.
2. Ballano in discoteca.
3. Ascoltano la musica (leggera, rock, jazz).
4. Vanno al cinema.
5. Chiacchierano (*they are chatting*).
6. Si incontrano in piazza.
7. Prendono un caffè o altra bibita al bar.

❖ The word **passatempo** derives from **passare** (**il**) **tempo** (*to spend time*) and indicates a leisure activity.

> ### Parole e espressioni utili
>
> **I passatempi (*Pastimes*)**
>
> andare in palestra
> andare a teatro / a un concerto / al ristorante
> essere socio(a) (*member*) di un circolo (*club*)
> fare due passi *to take a short walk*
> fare il campeggio *to camp*
> fare la corsa *to jog*
>
> guardare la TV
> leggere un giornale / una rivista
> praticare / fare (*to play, engage in*) uno sport
> prendere lezioni di ballo (*dance*) / musica / yoga / karatè
> uscire con gli amici *to go out*
> dipingere *to paint*
> disegnare *to draw*

Attività

A. Cosa fanno? Tell what some members of your family and friends do for recreation.

MODELLO: **Mio fratello Vincenzo gioca a tennis.**

B. Rate the following activities according to these categories: **divertente, importante, rilassante, sano** (*healthy*), **stressante, utile** (*useful*)

1. fare la corsa per un'ora di mattina
2. fare esercizi per essere in forma (*to be in shape*)
3. fare una passeggiata alle cinque di pomeriggio
4. cucinare per gli amici
5. prendere lezioni di ballo
6. andare a un concerto rock
7. essere socio(a) di un circolo sportivo
8. guardare la televisione dopo cena

C. Passatempi preferiti. In groups of three or four, discuss your favorite leisure activities. Name the activity you prefer and include the following information: how you do the activity—with friends, in groups (**in gruppo**), or alone (**da solo**)—the time of day you engage in it, and the season.

MODELLO: **Preferisco andare al cinema con gli amici alle otto di sera, in inverno, quando fa freddo.**

Incontri

A reminder: Active vocabulary is underlined.

Un'intervista

Un giornalista intervista una giovane coppia° di Torino. Lei è pittrice e lui è cantautore°.

GIORNALISTA:	Come passate una tipica giornata?
LEI:	Mi sveglio° alle sei, mi alzo° immediatamente. Faccio la doccia e mi lavo i capelli°. Mi vesto° velocemente, mentre° prendo un caffè. Poi corro per mezz'ora. Verso° le nove comincio a dipingere. Una volta alla settimana° vado in palestra. Come vede, non mi fermo mai°!
GIORNALISTA:	Anche Lei è così dinamico?
LUI:	Per carità!° Io la mattina mi sveglio tardi, mi lavo, mi faccio la barba° e mi metto° i jeans e una maglietta. Poi° mi siedo° e lavoro nel mio studio tutta la giornata. Qualche volta gioco a golf.

couple
singer-songwriter

Mi... *I wake up* / *mi . . . I get up*

mi... *I wash my hair* / **Mi...** *I get dressed* / *while*
Around
Una... *Once a week*

non... *I never stop*

Per... *Not at all!*

mi... *I shave* / **mi...** *I put on* / *Then* / **mi...** *I sit down*

GIORNALISTA: E la sera, cosa preferite fare?

LEI: Io vorrei uscire, ma lui preferisce restare a casa.

I can
songs

LUI: È vero. La sera finalmente io posso° rilassarmi e ascoltare le mie canzoni°.

tastes / different

GIORNALISTA: Con gusti° così diversi°, non litigate mai?

LEI: No, perchè ci amiamo!

Parole e espressioni utili

❖ The Italian equivalent of *to play a sport* is either **giocare a** or **fare** + *the name of the sport*: **giocare a calcio** , **fare il pattinaggio**.

Gli sport

l'alpinismo
  mountain climbing
il baseball
le bocce
il calcio *soccer*
il ciclismo
l'equitazione
  horseback riding /
  andare a cavallo
  to go horseback
  riding
il football
  americano

il podismo *fast*
  walking
la ginnastica
  aerobica
l'immersione
subacquea *scuba*
  diving
il nuoto *swimming /*
  nuotare
la pallacanestro
  basketball
la pallavolo
  volleyball

il pattinaggio (su
  ghiaccio) *ice*
skating / pattinare
lo sci di discesa
  downhill skiing
lo sci di fondo *cross-*
  country skiing
lo sci nautico *water*
  skiing
il tennis

Attività

D. Reread the interview and look at the comic strip. Then say whether the following statements are true (**vero**) or false (**falso**). If a statement is false, correct it.

1. Lui e lei hanno professioni interessanti: lui canta e lei balla.
2. Lei è molto attiva e lui rilassato.

Riccardo e Rosa Maria si conoscono e si innamorano.

Si baciano e si abbracciano.

Si fidanzano.

Si sposano.

3. La sera lei ama restare a casa a dipingere.
4. Marito e moglie non si amano.
5. Lui ama gli sport pericolosi.
6. Lei corre per due ore al giorno.
7. Riccardo e Rosa Maria sono vecchi amici.
8. Riccardo e Rosa Maria sono innamorati.

E. **Come sei curioso(a)!** In pairs, ask and answer the following questions about each other's brother, sister, or friend.

MODELLO: —Come si chiama (*is called*) tuo fratello?
—Mio fratello si chiama Giorgio.

1. Come si chiama tua sorella/il tuo amico/la tua amica?
2. A che ora si sveglia la mattina?
3. A che ora si alza?
4. Si lava i capelli ogni giorno?
5. In quali occasioni si veste in modo (*manner*) elegante? in modo informale?
6. Si diverte sempre alle feste?
7. È prudente? Quando guida si ferma in tempo?
8. È sportivo(a)? Quali sport fa?
9. Desidera sposarsi presto?
10. Si rilassa qualche volta? Cosa fa per rilassarsi?

F. Un'intervista. In groups of three, one person plays a journalist who interviews the other two, who play a couple with tastes as different as those of **Lui** and **Lei**. Create short conversations based on the preceding interview. Ask your instructor for vocabulary and structures you do not know.

MODELLO: S1: **Lei è sportivo/a?**
S2: **Sì, faccio molti sport: lo sci, il pattinaggio...**
S1: **E Lei?**
S3: **Io non faccio sport. Preferisco leggere.**

Nota culturale

❖ Lo sport e i passatempi in Italia

In una discoteca di Riccione.

❖ **Il totocalcio** is a very popular form of gambling that involves betting on the winning team of the weekly soccer games. Millions of Italians try their chance by filling in a grid with the scores of the game. There are also more expensive preprepared forms, already filled, that give the person a better chance to win.

Termini utili

la scampagnata Usually a full-day excursion to the country (**la campagna**) with a lot of friends, food, wine, and often organized games or country dances.

il calcio (il gioco del pallone/il football) Italy has eighteen top soccer teams (**squadre di serie A**) representing the main cities. At the end of the season, which lasts from September to June, the team with the most points wins the championship (**lo scudetto**). The best players from the top teams make up the national team—**gli Azzurri** (*The Blues*, from the color of their T-shirts)—which plays in international competitions.

il ciclismo Famous for the Tour of Italy (**il Giro d'Italia**), an important yearly event, in which cyclists race up and down mountains all around the peninsula.

lo sci The Alps are an ideal training ground for champion skiers. Lately Alberto Tomba, called **Tomba la bomba**, has attracted international attention for his performance in the Olympics. **Piemonte**, which means **ai piedi del monte** (*at the foot of the mountains*) is a mountainous region. The Alps in fact divide Piedmont from France and Switzerland.

❖ Italians use special packs of cards with colorful pictures that vary from town to town (**le carte piacentine**, **le carte napoletane**, etc.).

I passatempi degli italiani sono molti e vari: dal gioco delle carte alle bocce, alle **scampagnate** in compagnia.

Ma soprattutto gli italiani si incontrano molto spesso fra amici; d'estate, nelle piazze, nelle discoteche e nei bar; d'inverno, in casa, dove invitano parenti o amici all'ultimo momento, per passare una serata insieme. La televisione, nonostante° la sua popolarità, non ha eliminato questa bella abitudine°. Gli italiani incontrano gli amici, vanno al cinema, o semplicemente escono dopo cena per prendere un gelato, o fare una passeggiata in centro.

despite
habit

Le spese degli italiani per i divertimenti sono di milioni di euro all'anno; e, in ordine di importanza, sono: cinema, radio-TV, passatempi vari (concerti rock, karaoke, discoteche, orchestrine, mostre), sport e teatro, compresi gli spettacoli di varietà°, genere tipicamente italiano. I festival hanno molto successo. Fra i più famosi sono Il Festival dei Due Mondi a Spoleto, che in luglio diventa un centro della cultura internazionale. Di carattere più nazionale è il festival della canzone di San Remo, che premia le migliori canzoni dell'anno, il festival del cinema e la Biennale di Venezia, esposizione d'arte contemporanea.

spettacoli... *variety shows*

Tranne° i professionisti, gli italiani considerano lo sport un piacere e non un dovere. Preferiscono una partita° di tennis a un'ora in palestra o a una lunga corsa. Gli sport più importanti sono **il calico**, **il ciclismo** e **lo sci**. Migliaia° di italiani la domenica guardano le partite di calcio alla televisione e giocano al totocalcio. Ma le scuole e le università italiane non organizzano sport, così i giovani possono giocare solo in centri privati o comunali° o improvvisare partite dovunque sia possibile°.

Except for
game, match

Thousands

public parks
dovunque... *wherever possible*

Oggi anche gli sport americani—il football, il baseball, l'hockey— sono molto popolari. Fra gli sport acquatici i più recenti e di moda° sono il windsurf e la pesca subacquea.

di... *fashionable*

❖ Other popular sports in Italy are karatè, jogging, and skateboarding.

Ciclisti in montagna: Il ciclismo è uno sport molto popolare in Italia.

Cosa ne pensate?

1. What are some differences between the leisure activities of Italians and those of Americans?
2. In which ways do attitudes toward sports differ in the United States and in Italy?
3. What do you think are the advantages and disadvantages of the American and the Italian ways of regarding sports and leisure activities in general?

Grammatica

TALKING ABOUT DAILY ROUTINES AND INTERESTS

I. **PRESENTE DEI VERBI RIFLESSIVI** (*Present tense of reflexive verbs*)

> **Mi rilasso** la domenica.
> Quando **ti laurei?**
> Camilla **si pettina** i bei capelli biondi.
> Michele **si annoia** in classe.
> **Ci divertiamo** sempre il giovedì al Big Club.
> Quanto tempo **vi fermate** a Cuneo?

◆ A verb is reflexive when its action is reflected back onto the subject, so that subject and object are the same.

> *I wash* myself.
> *They* enjoy *themselves.*

◆ In Italian reflexive verbs are conjugated using the reflexive pronouns **mi**, **ti**, **si**, **ci**, **vi**, and **si**. These are placed directly before the verb.

> Mario non **si diverte.**

◆ Note that the reflexive pronoun **si** is attached to the infinitive after dropping the final **-e.**

alzar**si** *to get up*	metter**si** *to put on*	vestir**si** *to get dressed*
mi alz**o**	**mi** mett**o**	**mi** vest**o**
ti alz**i**	**ti** mett**i**	**ti** vest**i**
si alz**a**	**si** mett**e**	**si** vest**e**
ci alz**iamo**	**ci** mett**iamo**	**ci** vest**iamo**
vi alz**ate**	**vi** mett**ete**	**vi** vest**ite**
si alz**ano**	**si** mett**ono**	**si** vest**ono**

Altri verbi riflessivi

addormentarsi *to fall asleep*	calmarsi *to calm down*	pettinarsi *to comb one's hair*
annoiarsi *to get bored*	chiamarsi *to call oneself*	riposarsi *to rest*
arrabbiarsi *to get mad*	laurearsi *to graduate*	sentirsi *to feel*
		svegliarsi *to wake up*

Many verbs are reflexive in Italian but not in English.

◆ Many verbs can be reflexive or nonreflexive, with different meanings.

Chiamo il dottore	**Mi chiamo** Giuseppe
I call the doctor.	*I'm called (My name is) Giuseppe.*
Sveglio i bambini.	**Mi sveglio** presto.
I wake up the children.	*I wake up early.*
Lavo la macchina.	**Mi lavo** dopo una partita.
I wash the car.	*I wash after a game.*

◆ When a reflexive verb is followed by a part of the body or an article of clothing, the definite article is used (unlike English, which uses the possessive adjective), because the meaning is evident.

Mi lavo **la** faccia.	*I wash my face.*
Si mette **il** vestito giallo.	*She puts on her yellow dress.*

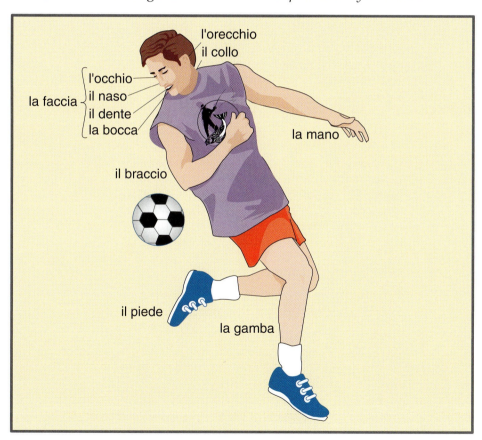

EXPRESSING RECIPROCAL ACTIONS

II. **PRESENTE DEI VERBI RECIPROCI** (*Present tense of reciprocal verbs*)

Si baciano al chiaro di luna (*in the moonlight*).
Ci sposiamo in maggio a Torino.

◆ A verb is reciprocal when it expresses a mutual action or relationship. Reciprocal verbs are conjugated like reflexive verbs, but only in the plural forms (**ci**, **vi**, and **si**).

amarsi *to love each other*		
noi **ci** am**iamo**	voi **vi** am**ate**	loro **si** am**ano**

Ci incontr**iamo** ogni giorno.	*We meet each other every day.*
Si vedono spesso.	*They see each other often.*

Attività

A. Replace the subject of the sentence with each subject in parentheses. Change the verb and pronoun accordingly.

1. Mi lavo con l'acqua fredda. (Alberto, i miei genitori, voi)
2. Ci incontriamo in piazza. (i miei amici, tu e John, io e Valeria)
3. Oggi non mi sento bene. (Luigi, i miei bambini, tu?)
4. Mi innamoro spesso. (Aiko, Giovanna e Claudia, tu e Alice)

B. Match the phrases in columns A and B to form logical sentences.

A	**B**
1. Quando mia moglie nuota	a. vi riposate
2. Quando giochiamo a carte	b. sei in forma
3. Quando ascoltate la musica	c. ci divertiamo
4. Quando fai ginnastica	d. mi laureo
5. Quando ho freddo	e. si rilassa
6. Quando l'università finisce	f. mi metto una giacca

C. Create sentences by conjugating the verbs.

> MODELLO: Mio padre / riposarsi / di pomeriggio
> **Mio padre si riposa di pomeriggio.**

1. Manuele e Ann / sposarsi / in ottobre
2. Quando noi / fare l'immersione subacquea / divertirsi
3. Giorgio / non farsi la barba / quando essere in vacanza
4. Un'automobile Fiat / chiamarsi / Bravo
5. Una canzone famosa di Domenico Modugno / chiamarsi *Volare*
6. Alberto Tomba / prepararsi / per la gara (*competition*) di sci

D. Lo fai o non lo fai?   Move around the classroom and find at least one person who answers **sì** to each of the following questions. Then say who did the following things.

> MODELLO: Chi si diverte alle feste?
> S1: **Ti diverti alle feste?**
> S2: **Sì, mi diverto alle feste.**
> S1: **...si diverte alle feste.**

Chi...

1. si sveglia spesso alle sei di mattina?
2. si addormenta qualche volta in classe?
3. si annoia a una partita di calcio?
4. si laurea quest'anno?
5. si innamora spesso?
6. desidera sposarsi presto?

E. **Una coppia moderna.** Imagine the love story of a modern Romeo and Giulietta. Use the reciprocal verbs you know. Write three or four sentences and tell the story to your partner.

TALKING ABOUT DAILY ROUTINES AND INTERESTS, AND EXPRESSING RECIPROCAL ACTIONS

III. PASSATO PROSSIMO DEI VERBI RIFLESSIVI E RECIPROCI (*Present perfect of reflexive and reciprocal verbs*)

Il mio amico Thomas **si è divertito** alla festa, ma Areta **si è annoiata**.
Renata non **si è laureata** in giugno.
I miei genitori **si sono innamorati** a prima vista (*at first sight*).

◆ The **passato prossimo** of reflexive and reciprocal verbs is formed with the reflexive pronoun + the auxiliary verb **essere** + the past participle, which agrees in gender and number with the subject.

◆ To form the negative of the **passato prossimo**, **non** is placed before the reflexive pronoun.

Ieri sera **non mi sono divertita** alla festa.

Verbo riflessivo	Verbo reciproco
alzarsi (*to get up*)	**incontrarsi** (*to meet each other*)
mi sono alzato(a)	
ti sei alzato(a)	
si è alzato(a)	
ci siamo alzati(e)	ci siamo incontrati(e)
vi siete alzati(e)	vi siete incontrati(e)
si sono alzati(e)	si sono incontrati(e)

Attività

F. **Il fine-settimana scorso.** In pairs, say whether or not you did the following things last weekend.

alzarsi presto/tardi
divertirsi
farsi la barba

lavarsi
riposarsi
sedersi a un caffè

G. Risoluzioni per l'anno nuovo. Make your New Year's resolutions. Say that last year you did not do the following things, but that this year you are doing them. Use the verbs below and/or verbs of your own.

addormentarsi presto la sera	sposarsi
giocare a tennis	vestirsi elegantemente
laurearsi	innamorarsi dell'uomo (della donna)
prendere lezioni di karatè	ideale

> MODELLO: **L'anno scorso non mi sono divertito(a), ma quest'anno invece mi diverto.**

H. Come sei curioso(a)! Interview your partner to find out the following information. Report your findings to the rest of the class.

- when he/she woke up this morning.
- when he/she got up.
- what he/she did before coming to class.
- in which classes he/she got bored last week.
- when he/she enjoyed himself/herself last week.
- what clothes he/she wore yesterday.

SAYING WHAT YOU *MUST*, *CAN*, AND *WANT* TO DO

IV. **VERBI SERVILI IRREGOLARI:** *DOVERE, POTERE, VOLERE*
   (*Irregular modal verbs:* **to have to, to be able, to want**)

   Voglio uscire, ma non **posso** perchè **devo** studiare.
   Dobbiamo sposarci in giugno.

dovere *(to have to, must, ought)*	potere *(to be able, can, may)*	volere *(to want, wish)*
devo	posso	voglio
devi	puoi	vuoi
deve	può	vuole
dobbiamo	possiamo	vogliamo
dovete	potete	volete
devono	possono	vogliono

◆ The verbs **dovere**, **potere**, and **volere** are usually followed by a verb in the infinitive form.

◆ When these three verbs are followed by a reflexive verb, the reflexive pronoun may either be attached to the infinitive (which drops the final **-e**) or placed immediately before the conjugated verb. The reflexive pronoun always agrees with the subject.

Ci dobbiamo svegliare alle nove.	Dobbiamo svegliar**ci** alle nove.

- **Dovere** and **volere** may be followed by a noun. When **dovere** is followed by a noun, it means *to owe*.

Voglio una buona cena.   *I want a good supper.*
Ti **devo** due euro.   *I owe you two euro.*

Attività

I. Replace the subject of the sentence with each subject in parentheses and change the verb accordingly.

1. Oggi voglio giocare a pallacanestro. (il mio compagno di stanza, i miei amici, voi? tu?)
2. Mia madre non può uscire questa sera. (io, mio padre e mia madre, tu e tuo fratello? noi)
3. Stasera dobbiamo studiare per l'esame. (voi? io e Lucia, gli studenti, io)

J. Complete each of the sentences with the appropriate reflexive pronoun.

1. Domani devo svegliar _____ presto perchè arriva uno zio da Torino.
2. Quando beviamo (*drink*) un bicchiere (*glass*) di vino, possiamo rilassar _____.
3. Devi divertir _____, mentre sei giovane.
4. Dovete svegliar _____ presto per arrivare in classe in orario.
5. Marianna deve laurear _____ prima di sposar _____.
6. Ho paura di annoiar _____ alla festa.

K. Doveri e desideri. In pairs, tell each other five things that you *want* to do, *must* do, and *can* do today. Then tell the rest of the class what your partner told you.

    MODELLO: S1: **Oggi voglio vedere una videocassette, ma devo studiare. Tuttavia (*Nevertheless*) stasera posso fare una passeggiata.**
                      S2: **Lui/Lei vuole vedere... ma deve... Tuttavia stasera può...**

L. Say what you must do to graduate, what you want to do after graduation, and what you can do when you have a job.

    MODELLO: **Per laurearmi, devo scrivere una tesi (*thesis*). Dopo la laurea, voglio fare l'infermiera. Così posso lavorare in ospedale.**

M. Il programma per la settimana. In pairs, fill out your schedules for the week on separate sheets of paper, using the phrases below or any of your own choosing. Then tell your partner what you're doing.

MODELLO: **Lunedì mattina devo andare in biblioteca a studiare.**

MARZO

1 lunedì

biblioteca
mattina

4:00 aeroporto

2 martedì
9:00 dentista

3:00 ufficio –
Signor Olivero

3 mercoledì

1:00 ristorante –
Laura
8:00 concerto

4 giovedì

5 venerdì

8:00 sera –
festa – Giovanna

6 sabatò
10:00 parrucchiere

8:30 cinema

7 domenica

11:00 messa –
San Pietro

MARZO

		1	2	3	4	5
lu	1	8	15	22	29
ma	2	9	16	23	30
me	3	10	17	24	31
gi	4	11	18	25	
ve	5	12	19	26	
sa	6	13	20	27	

Tocca a voi

A. Cosa fanno? In small groups, choose one or two of the following people and describe some of the things they may do in a typical day. Be imaginative!

MODELLO: **Roberto Baggio si alza presto, va in palestra, fa ginnastica...**

Pinocchio	Alberto Tomba	Luciano Pavarotti
Julia Roberts	Dracula	Silvio Berlusconi
Superman	Steffi Graf	Madonna

B. Progetti per il fine-settimana. You are making weekend plans with a friend, but unfortunately your plans do not coincide! Role-play a conversation based on the model. Add vocabulary and structures you have learned in this chapter.

MODELLO: S1: **Vuoi andare al cinema questa sera?**
S2: **Non posso. Devo restare a casa. Ma domenica possiamo fare qualcosa.**
S1: **Mi dispiace, ma domenica devo studiare per l'esame d'italiano.**

C. Dove vado stasera?   You are a sophisticated person, and this evening you wish to attend a concert, a literary conference, or a play. Consider announcements in an Italian (or an American) newspaper. In pairs, explain your choice to your partner.

MODELLO: s1: **Preferisco andare alla mostra di Manzoni.**
s2: **C'è anche un film di Tornatore all'Astor.**

D. Visitiamo un museo.   Study the map and consider the three museums and their locations. In pairs or small groups, answer the following questions and discuss the issues they raise.

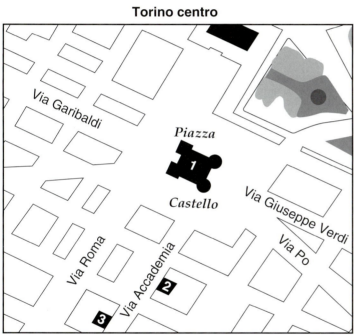

Torino centro

1. Museo Civico d'Arte Antica Torino
  Palazzo Madama
  Piazza Castello

2. Museo Nazionale del Risorgimento Torino
  Via Accademia delle Scienze 5

3. Museo Egizio (*Egyptian*) Torino
  Via Accademia delle Scienze 6

1.   Quale museo preferisci visitare e perchè?
2.   Dove si trovano (*are located*) i musei a Torino? I musei sono spesso in una zona particolare della città. Perchè?
3.   Quale tipo di museo preferisci: di scienza, di storia, di arte antica, di arte moderna e contemporanea, di design italiano, di armi? Perchè preferisci questo tipo di museo?
4.   Visiti spesso i musei? Perchè sì? Perchè no?

Use your discussion as frame of reference to write a short composition about your interests and hobbies and how you cultivate them.

❖ *Espansione grammaticale*

TALKING ABOUT COMMON ACTIVITIES

ALTRI VERBI RIFLESSIVI E RECIPROCI (*Other reflexive and reciprocal verbs*)

Mi siedo quando sono stanco.
I miei amici **si trovano** a Parigi in questo momento.
Ci stanchiamo quando giochiamo a tennis.

◆ **Sedersi** is an irregular reflexive verb. An **-i-** is added to the stem in the singular and in the third-person plural.

mi s**ie**do	ci sediamo
ti s**ie**di	vi sedete
si s**ie**de	si s**ie**dono

Other reflexive and reciprocal verbs[1]

affrettarsi *to hurry*	presentarsi *to introduce oneself / each other*
aiutarsi *to help each other*	
conoscersi *to know each other, to meet for the first time*	rompersi (rotto) *to break (a body part)*
	salutarsi *to greet each other*
farsi male a (una parte del corpo) *to hurt one's . . .*	sbagliarsi *to make a mistake*
	stancarsi *to get tired*
mettersi (messo)[1] d'accordo *to come to an agreement*	trovarsi *to be located, found*

Attività

A. Complete each sentence with the appropriate form of the present of the verb(s) in parentheses.

1. Quando due persone _____ (incontrarsi), _____ (salutarsi).
2. Quando due persone non _____ (conoscersi), _____ (presentarsi).
3. Quando il vaso cade, _____ (rompersi).
4. Quando il professore _____ (parlare) italiano, non _____ (sbagliarsi) mai.
5. Rita e Paola studiano insieme e _____ (aiutarsi) molto.
6. Io _____ (stancarsi) quando sto molte ore in piedi (*standing*).
7. Quando i gatti cadono _____ (non farsi male).
8. Il Palazzo Reale _____ (trovarsi) a Torino.
9. I partiti (*political parties*) in Italia non _____ (mettersi d'accordo) sulla data delle elezioni.
10. Io _____ (affrettarsi) quando sono in ritardo.

[1]Some of these verbs are irregular in the past participle, which is shown in parentheses.

Letture

A. *Immaginate*

Preparazione alla lettura: *Identifying the text and guessing meaning from context*

1. Look quickly at the document to determine the kind of text it is and to guess its content. Then go on to p. 172.

IMMAGINATE

che questa pagina
abbia una superficie° *surface*
di 6.830 Kmq.
Immaginate che 70.000 ettari
di questa superficie siano° un parco *are*
nazionale in cui° convivono *in... where*
camosci, stambecchi, aquile reali,
martore, marmotte e altre specie.
Immaginate colline piene di
colori, odori, sapori.
Immaginate "dentate scintillanti vette
con le stazioni sciistiche più belle d'Italia per
comfort, attrezzature° per la neve. *equipment*
Immaginate castelli, monumenti,
palazzi chiese ed abbazie°. *abbeys*
Avete immaginato tutto questo?
Bene! Allora siete nella provincia
di Torino con il Parco del
Gran Paradiso, le colline di Chieri e
Moncalieri, le stazioni sciistiche della
Val di Susa, il parco della Mandria
i laghi del Canarese.
E naturalmente, a Ivrea,
lo Storico Carnevale.

PROVINCIA DI TORINO: LE BELLEZZE CHE AVETE SEMPRE IMMAGINATO
A CURA DELL'ASSESSORATO AL TURISMO

2. Concentrate on the advertising phrases and on the categories to which they belong: **ambiente**, **fauna** (*animals*), **natura**, **sport**, **monumenti**.
3. To which category above do these words belong: **camosci**, **stambecchi**, **aquile reali**, **martore**, **marmotte e altre specie**? Look up the meaning of these words in the dictionary.
4. Consider the following groups of words. Try to guess what they mean (look up terms in the dictionary when you cannot guess them). Then indicate to what they refer:

colori	dentate	comfort	monumenti	colline
odori	scintillanti	attrezzature	palazzi	parco
sapori	castelli		chiese	laghi
			abbazie	

Now read the text on page 171.

Attività

A. Answer the following questions.

1. A che cosa corrisponde la linea di contorno (*the outline*)?
2. Quali sono le bellezze (*beauties*) naturali di questa regione? E le bellezze artistiche?
3. Nominate (*Name*) una stazione sciistica, un parco, una collina, una festa.

B. Describe the landscape and compare it to that of the region where you live.

B.   *Il Big Club (una lettera)*

Preparazione alla lettura: *Scanning the text and guessing meaning from context*

1. Scan the invitation and try to answer the following questions: What is the Big Club? What is the purpose of the letter?
2. Before you read, use the context to guess the meaning of the following boldfaced words and phrases.
   ...“La Piazzetta del Big”. Di che cosa **si tratta**?
   ...potrai **vivere** l’atmosfera...
   ...alla disco-music..., agli ormai dimenticati **lenti**...
   ...trovare il modo per **chiacchierare**
   ...chiudere **in allegria** una settimana di lavoro.

Now read the text and answer the questions that follow.

the *big club* a new era is starting!

Corso Brescia, 28 - 10152 Torino - Tel. 011/248 56 56
Uffici: Via Colombo, 1 - 10128 Torino - Tel. 011/568 32 66

Carissima/o Amica/o,

Scriviamo a Te° che continui a fare parte della grande famiglia del Big Club perchè desideriamo annunciarti in anteprima° alcune nostre nuove iniziative.

La prima comincia il prossimo venerdì 14 ottobre con Umberto Smaila e la sua banda e si chiama "La Piazzetta del Big". Di che cosa si tratta?

Certamente non è una serata di discoteca tradizionale, bensì° qualcosa di realmente alternativo. Invece della Techno, della House, o dell'Underground, potrai vivere l'atmosfera di una serata costruita su una musica eterogenea per soddisfare le preferenze più diverse (ad esempio, dagli anni '60 ai cantautori italiani, al reggae, alla musica latino-americana, alla disco-music degli anni '70 e '80, agli ormai° dimenticati lenti°...)

Speriamo che la "Piazzetta del Big" possa diventare invece il punto di riferimento per tutti quelli che° il venerdì vogliono divertirsi in modo tranquillo, andare in discoteca per ballare, o soltanto per ascoltare buona musica, magari° trovare il modo per chiacchierare con gli amici e chiudere in allegria una settimana di lavoro.

you

in... *for preview*

on the contrary

by now / slow dances

tutti... *all those who*

perhaps

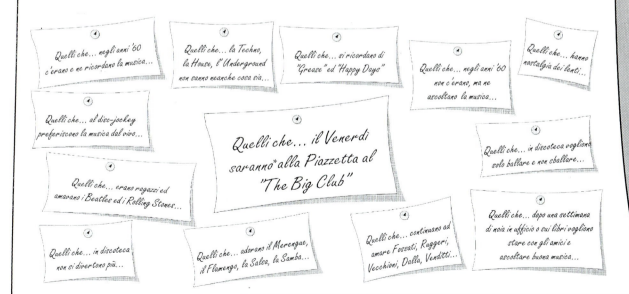

Attività

C. Answer the following questions.

1. Qual è la nuova iniziativa del Big Club?
2. Quale tipo di musica il Big Club propone per il venerdì sera?
3. Cosa è possibile fare al Big Club il venerdì sera?

D. Cosa gli piace. The boxes in the invitation mention those who will appreciate the new initiative. In groups, discuss in which category you would place yourself, your friends, members of your family, your professors, and other people you know.

E. Creiamo un invito! In groups, create an invitation for a disco club.

Eccoci!

A. Come svegliarsi? Make suggestions for the best way to wake up in the morning.

> MODELLO: **È necessario lavarsi la faccia** . . . Follow up with more advice on how to keep in shape, and how to enjoy yourself.

B. Cosa facciamo? In small groups, decide what you are going to do together. Choose your activities (**ristoranti**, **cinema**, **teatro**, **concerti**, **discoteche**, **bar**, **conferenze**, **partite**) and make all the arrangements. Decide

- where and when you are going to meet
- who wants to come
- what you are going to wear
- how you are going to get there

Report your plans to the rest of the class.

C. Proverbi. Interpret and discuss the following pairs of proverbs. For each pair, tell how the proverbs are similar or different.

Chi vuole star bene prende il mondo (*world*) **come viene** (*as it comes*).
Chi s'accontenta (*is satisfied*) **gode** (*is happy*).

Chi s'aiuta non s'annega (*doesn't drown*).
Cuor (*Heart*) **contento, Dio** (*God*) **l'aiuta.**

Chi vuole riposare deve lavorare.
Il riposo è medicina.

D. **I quattro angoli.** The instructor will place four signs in the corners of the classroom, each sign indicating a sport or a pastime. Decide which activity you prefer and go to that corner. In your group explain the reasons for your choice. Then explain your choice to the rest of the class.

E. **Un ritratto.** In groups of three or four, describe the life of an athlete in Turin. Include any of the material about sports and the Piedmont region presented in the chapter.

❖ *Vocabolario attivo*

NOMI

l'alpinismo *mountain climbing*
il ballo *dancing, dance, ball*
il baseball *baseball*
la bocca *mouth*
le bocce *bocce balls*
il braccio (*pl.* le braccia) *arm(s)*
il calcio *soccer*
il cantautore/la cantautrice *singer-songwriter*
la canzone *song*
i capelli *hair*
il ciclismo *bicycle racing*
il circolo *club*
il collo *neck*
la coppia *couple*
il dente *tooth*
l'equitazione *horseback riding*
la faccia *face*
il football americano *football*
la gamba *leg*
la ginnastica (aerobica) *gymnastics*
l'immersione subacquea (sub) *underwater diving*
la mano (*pl.* le mani) *hand(s)*
il naso *nose*
il nuoto *swimming*
l'occhio *eye*
l'orecchio (*pl.* le orecchie) *ear(s)*
la pallacanestro *basketball*
la pallavolo *volleyball*

il passatempo *leisure activity, pastime*
il pattinaggio *ice skating*
il piede *foot*
il podismo *fast walking*
lo sci di discesa *downhill skiing*
lo sci di fondo *cross-country skiing*
lo sci nautico *water skiing*
il socio/la socia *member of a club or organization*
il tennis *tennis*

VERBI

abbracciarsi *to hug each other*
addormentarsi *to fall asleep*
alzarsi *to get up, to get out of bed*
amarsi *to love each other*
annoiarsi *to be bored*
arrabbiarsi *to become angry*
baciarsi *to kiss each other*
calmarsi *to calm down*
chiacchierare *to chat*
chiamarsi *to call oneself*
dipingere (dipinto) *to paint*
disegnare *to draw*
divertirsi *to enjoy oneself*
dovere *to have to, must, ought; to owe*
fermarsi *to come to a stop*
fidanzarsi *to become engaged*
incontrarsi *to meet*

innamorarsi *to fall in love*
laurearsi *to graduate*
lavarsi *to wash oneself*
mettersi (messo) *to put on*
nuotare *to swim*
uscire *to go out*
pattinare *to skate*
pettinarsi *to comb one's hair*
potere *to be able to, may, can*
rilassarsi *to relax*
riposarsi *to rest*
sentirsi *to feel*
separarsi *to separate*
sposarsi *to get married*
svegliarsi *to wake up*
vestirsi *to get dressed*
volere *to want*

ESPRESSIONI

andare a cavallo *to go horseback riding*
fare due passi *to go for a short walk*
fare la corsa *to run, to jog*
farsi la barba *to shave*
fare il campeggio *to camp*
giocare a carte *to play cards*
giocare a calcio/al pallone *to play soccer*
praticare/fare uno sport *to play (engage in) a sport*

IL VENETO

CAPOLUOGO Venezia

AREA 18.000 chilometri quadrati

POPOLAZIONE 4.400.000 abitanti

PROVINCE E CITTÀ IMPORTANTI Belluno, Padova, Rovigo, Treviso, Verona, Vicenza

PRODOTTI AGRICOLI E ALIMENTARI barbabietola da zucchero, ciliege (*cherries*), limoni, olivi, palme, pesche (*peaches*), radicchio, vini (Valpolicella, Bardolino)

PRODOTTI ARTIGIANALI E INDUSTRIALI biciclette, ceramiche di Bassano, ferro battuto (*wrought iron*), mosaici, pizzi di Burano, tessili, oggetti di vetro soffiato di Murano (*Venetian handblown glass*)

MANIFESTAZIONI CULTURALI la Biennale di Venezia, il Carnevale, la Festa del Redentore, il Festival del cinema, la Stagione lirica (*opera season*) al teatro La Fenice

PERSONAGGI FAMOSI Marco Polo (esploratore, 1254–1324), Andrea Palladio (architetto, 1508–1580), Antonio Vivaldi (compositore, 1678–1741), Giovanni Canaletto (pittore, 1697–1768), Carlo Goldoni (commediografo [*playwright*], 1707–1793)

Venezia: Piazza San Marco, il Campanile e il Palazzo dei Dogi.

Capitolo 8

Il Carnevale

Maschere in gondola sul Canal Grande.

OBIETTIVI COMUNICATIVI
Describing people
Expressing relationships, possession, direction, and location
Expressing quantity
Talking about going out
Describing actions

CULTURA
Carnevale in Venice: origins and traditions

GRAMMATICA
Simple and compound prepositions

Special uses of the prepositions **a**, **da**, **in**, and **per**
The partitive: **di** + *definite article*, **qualche**, **alcuni/e**, **un po'**
Irregular verbs: **dire**, **uscire**, **venire**

ESPANSIONE GRAMMATICALE
Verbs followed by the infinitive or by a preposition + infinitive
Special uses of prepositions

Per cominciare

Arlecchino   Pulcinella   Pantalone   Colombina

characters of the commedia
dell'arte

Alcune maschere° italiane della commedia dell'arte

Arlecchino è di Bergamo. È una maschera popolare e simpatica. È sempre
poor / funny
half-mask
povero° ma buffo°. Porta una giacca e dei pantaloni colorati. Sulla faccia
ha una mascherina° nera.

Pulcinella è di Napoli. È pigro, e estroverso. Porta un costume bianco.
dish
Spesso ha un piatto° di maccheroni in mano.

Pantalone è di Venezia. È vecchio, ricco e avaro. È sempre sfortunato. È
wide
pantofole... *slippers with turned-up tips / cloak*
spesso vestito con pantaloni larghi° e giacca rossa o nera, pantofole
turche° e un mantello°.

Colombina è di Venezia. È graziosa, e vivace. È innamorata di
Arlecchino, che generalmente sposa alla fine della commedia. È sempre
faithful / mistress
fedele° alla sua padrona°.

Attività

A. Find the term that does not belong in each group and say why.

1. Arlecchino / Colombina / Pantalone / Pinocchio
2. maschera / Natale / mimica / costume
3. Venezia / Milano / Veneto / Roma

4. popolare / divertente / simpatico / avaro
5. giacca / pantaloni / faccia / mantello
6. bianco / ricco / nero / rosso

B. Persone divertenti. Describe to the class some amusing people you know. Use the description of the **maschere** as a model.

MODELLO: **Timmy è simpatico e buffo. Porta sempre pantaloni larghi, giacche lunghe e...**

C. Chi è? In small groups, one student represents a **maschera**, while the others guess which one by asking if he/she is wearing certain items or colors. The student can only answer with **sì** or **no**.

MODELLO: S1: **Porti un mantello?**
S2: **Sì.**
S3: **Porti una mascherina nera?**
S2: **No.**
S4: **Porti...?**

Incontri

A. Una festa per Carnevale

Due amiche si incontrano per caso° in Piazza San Marco e parlano del Carnevale.

		per . . . *by chance*
MARCELLA:	Finalmente è Carnevale e possiamo divertirci, mangiare, e bere°.	*drink*
SIMONA:	Ricordi? L'anno scorso siamo andate da Sandra°, ma quest'anno voglio fare una festa da me° per il giovedì grasso.	**da...** *to Sandra's* **da...** *at my place*
MARCELLA:	Una cena° o un ballo mascherato°?	*supper* / **ballo...** *masked ball*
SIMONA:	Una cena? Scherzi!° Voglio un ballo dalle undici di sera alle quattro di mattina, con cento persone, un'orchestrina e tutti in costume.	*You must be kidding!*
MARCELLA:	Allora io vengo° mascherata da° gatta, con una sorpresa, un mio nuovo amico, un gattone° adorabile.	*I'm coming* / *as a* *big cat*

B. A Venezia per il Carnevale

Giuliana e suo marito Sandro vogliono andare a Venezia per il Carnevale con una coppia di amici, Guido e Elena. Giuliana telefona a Guido.

GIULIANA: Ciao, Guido. Come va? Sandro e io andiamo a Venezia per il Carnevale in incognito. Vogliamo dimenticare così tutti i problemi per una settimana. Venite anche voi?

GUIDO: Buon'idea! Io sono stato a Rio de Janeiro tre anni fa, e, oltre ai° problemi, ho dimenticato il portafoglio°!

GIULIANA: Sei sempre divertente! Sandro e io abbiamo partecipato due anni fa al Carnevale di Viareggio; la sfilata° è fantastica, con delle maschere grottesche e dei carri alla Disneyland°.

GUIDO: Davvero?!°

GIULIANA: Dai!° Non scherzare! Posso parlare con Elena, così combiniamo° questo viaggio.

GUIDO: Io, se° vengo, voglio stare al Danieli, e mi vesto da° principe.

oltre... *besides / wallet*

parade
carri... *Disneyland-like floats*
Really?!
Come on!
we can arrange
if / as a

❖ The **Danieli Hotel**, on the **Canal Grande**, is the best known and most luxurious in Venice.

Attività

D. Reread the **Incontri** and say whether the following statements are true (**vero**) or false (**falso**). If a statement is false, correct it.

1. Marcella e Simona hanno un appuntamento in Piazza San Marco.
2. Marcella desidera fare una festa.
3. Simona vuole una cena.
4. Marcella vuole vestirsi da gatta.
5. I costumi di Marcella e del suo amico sono simili.
6. Giuliana e Sandro vogliono andare a Roma.
7. Giuliana e Sandro hanno partecipato a altre feste di Carnevale.
8. Guido preferisce gli alberghi di lusso.

E. Dove andiamo in vacanza? In pairs, create a short dialogue between two friends who disagree about where to go for a vacation at Carnival time. Then role-play your dialogue in front of the class.

MODELLO: —**Per Carnevale desidero andare a Viareggio...**
—**Io preferisco andare a Rio de Janeiro...**

Nota culturale

❖ *Venezia: palcoscenico° di grandi feste*

stage

Costumi di Carnevale:
una damina del
Settecento.

Termini utili

Casanova (Giovanni Giacomo)   Born in Venice, Casanova was famous for his romantic adventures and intrigues. He wrote about his life in his *Memoirs*, which inspired the movie ***Casanova***, by Federico Fellini. His name is now used to describe an amorous and gallant man.

la Regata Storica and **la Festa del Redentore**   Two of Venice's most famous celebrations, which feature processions of richly decorated boats on the **Canal Grande**. The **Regata Storica**, which originated in the fourteenth century, begins with the procession surrounding the **Bucintoro**, the most splendid boat of all, where **il Doge** (Venice's ruler) used to sit. The parade is followed by boat races among the various districts **(rioni)**, with thousands of tourists and fans looking on. For the **Festa del Redentore**, balconies are strung with colored lanterns above the procession, which gives way to fireworks at night and, the next morning, to the spectacle of the sunrise at the **Lido**, Venice's beach. The celebration culminates with a solemn mass at San Marco.

Venezia, con le sue eleganti piazze e i suoi monumenti di stile orientale, è un palcoscenico ideale per feste di ogni tipo. Qui, ogni anno, si celebra il Carnevale in Piazza San Marco, davanti alla°

davanti... *in front of the*

cupole... golden domes
marbles / horses

eighteenth century

charm
hid
si... *moved to*

goes crazy

third

destination

basilica di San Marco, con le sue cinque cupole dorate°, i suoi mosaici e colonne di marmi° preziosi, i suoi famosi cavalli° di bronzo. Per questa festa la gente si veste con i costumi tradizionali veneziani della **commedia dell'arte**, o con vestiti del settecento°. Alcune famiglie partecipano alla sfilata con meravigliosi costumi, che appartengono alla famiglia da molte generazioni.

Oggi il Carnevale ha perso un po' il fascino° e il mistero di quando le maschere nascondevano° romantici intrighi alla **Casanova**, e si è spostato a° altre città: Viareggio, sulla costa della Toscana (La Versilia), e Santa Croce sull'Arno, un villaggio tranquillo e industrioso che per Carnevale impazzisce° e crea maschere ridicole e grottesche e una nuova canzone ogni anno.

Altre feste celebrano la gloria di Venezia: **la Regata Storica**, la prima domenica di settembre, e **la Festa del Redentore**, la terza° domenica di luglio.

Venezia è anche un centro d'arte e di musica: dalla Biennale, mostra d'arte contemporanea d'avanguardia, ai festival del cinema e della musica contemporanea. Così Venezia continua a essere la meta° preferita di molti turisti e il palcoscenico di feste favolose dove il pubblico è nello stesso tempo spettatore e attore.

Gondole decorate per la Regata Storica la prima domenica di settembre.

Cosa ne pensate?
1. Why is Venice the ideal city for Carnevale?
2. Which American city celebrates Carnevale? Why?
3. Which American festivals most resemble Carnevale? How are they celebrated (costumes, masks, parades, floats, etc.)?
4. Why would you choose to go to Venice? In which season and for how long would you like to go?

Grammatica

EXPRESSING RELATIONSHIPS, POSSESSION, DIRECTION, AND LOCATION

I. PREPOSIZIONI SEMPLICI E ARTICOLATE (*Simple and compound prepositions*)

A Carnevale mi diverto.
Ecco il portafoglio **di** Giacomo.
Vado **in** gondola **con** Roberto.
Compro un oggetto di vetro di Murano **per** mia cugina.

La sfilata comincia **alle** otto.
Quand'è il festival **del** cinema?
Vendono maschere **nel** negozio.
Cosa fai **per il** Carnevale?

◆ The simple one-word prepositions are:

a *at, to, in*	di (d') *of*	in *in*
con *with*	fra (tra) *between,*	per *for*
da *from*	*among*	su *on*

◆ Simple prepositions precede interrogative words at the beginning of a sentence.

Di chi è questa bicicletta?   *Whose bicycle is this?*

◆ The prepositions **a**, **da**, **di**, **in**, and **su** combine with the definite article to form a compound preposition. The prepositions **con, fra (tra),** and **per** do not usually combine with the definite article.[1]

Le preposizioni articolate							
	Singolare					Plurale	
	il	lo	l'	la	i	gli	le
a	al	allo	all'	alla	ai	agli	alle
da	dal	dallo	dall'	dalla	dai	dagli	dalle
di	del	dello	dell'	della	dei	degli	delle
in	nel	nello	nell'	nella	nei	negli	nelle
su	sul	sullo	sull'	sulla	sui	sugli	sulle

Altre preposizioni

davanti a *in front of*	sopra *above*	vicino a *near (to)*
dietro *behind*	sotto *under*	

---

[1]**Con,** however, may be combined to form **col, colla, coi, cogli,** and **colle.**

Attività

A. Change the form of the compound preposition according to each cue in parentheses.

> MODELLO: La bicicletta *del ragazzo* è davanti a casa sua. (signora)
> **La bicicletta della signora è davanti a casa sua.**

1. La biblioteca *della città* è nuova. (villaggio / scuola / azienda)
2. Stasera vado *al cinema*. (festa / stadio / bar)
3. Il dottore telefona *al paziente*. (signora / signori Rossi / studente)
4. I costumi sono *nell'armadio*. (zaino / valigia / negozio)
5. La guida è *sul tavolo*. (sedia / tappeto / scaffale [shelf])
6. Vengo *dalla scuola*. (classe / ufficio / centro)
7. Voglio andare *con gli amici*. (zia Giovanna / dottore / miei parenti)
8. La maschera è dietro la porta. (sedia / angolo / signori)
9. Il piatto è vicino al bicchiere. (signora / mio zio / Renzo e Gianna)
10. Il sole (*sun*) è davanti alla casa. (cattedrale [f.] / occhi / finestre)

B. Complete each sentence with the correct compound preposition.

> MODELLO: Il turista va (a) _____ albergo.
> **Il turista va all'albergo.**

1. Marco Polo ha scritto (su) _____ Cina.
2. A Murano fanno oggetti (con) _____ vetro soffiato.
3. Lucio Fontana ha esposto (*exhibited*) (a) _____ mostra della Biennale.
4. Il festival (di) _____ cinema è in ottobre a Venezia.
5. Il Carnevale va (da) _____ giovedì a martedì (di) _____ settimana seguente (*following*).
6. Andrea Palladio ha costruito le belle ville (di) _____ Veneto.
7. La commedia (di) _____ arte è una forma di teatro tipica italiana.
8. (In) _____ commedia dell'arte gli attori devono improvvisare.
9. Colombina è sempre fedele (a) _____ sua padrona.
10. Arlecchino ha una mascherina (su) _____ faccia.

II. USI SPECIALI DELLE PREPOSIZIONI *A, DA, IN* E *PER* (*Special uses of the prepositions* a, da, in, *and* per)

Non sono mai stata **a Stromboli**.
Vado **in Italia** d'estate.
Oggi vado **da Roberto** alle due.
Devo lavorare **per** vivere.

◆ The preposition **a** is used before the names of cities, towns, villages, and small islands. It expresses both location and destination and means both *in* and *to*.

> Il Carnevale si celebra **a** Venezia e **a** Viareggio.
> Molti turisti vanno **a** Capri.

◆ The preposition **da** is used idiomatically to mean *at* or *to* a person's place (house, office, etc.).

Mario non c'è. È **dal** dottore (*at the doctor's*).
Oggi vado **da** Gino (*to Gino's*).

◆ When the preposition **da** + *an expression of time* follows a verb in the present tense, it indicates for how long the action has been going on. It translates the English progressive form + *for* + *expression of time*.

Vivo a Verona **da** dodici anni.   *I have been living in Verona for twelve years.*

◆ The simple preposition **in** is used with means of transportation (**in gondola**[2]), seasons (**in primavera, in estate**), months (**in gennaio, in febbraio**[3]), and in some idiomatic expressions (**in biblioteca, in casa,**[4] **in centro** [*downtown*], **in chiesa** [*in church*], **in classe, in cucina, in mensa, in piazza, in ufficio**).

A Venezia i turisti vanno **in piazza**.
Il Carnevale è **in inverno**.
Ci vediamo **in centro** questa sera.

◆ The preposition **in** is also used before the names of continents, countries, regions, states, and large islands when these are singular, feminine, and unmodified (that is, not accompanied by adjectives). Otherwise **nel, nell', nella,** and **negli** are used. Like **a**, the preposition **in** means both *in* and *to*.

Luigi va **in Europa**.

Sally va **nell'Europa occidentale** (*western*).

Viaggiamo **in Sicilia**.
New Orleans è **in Luisiana**.

Viaggiamo **nel Veneto**.
Ritorno **negli Stati Uniti**.

◆ When the preposition **per** is followed by the infinitive form of a verb, it means *in order to*.

Sandro e Giuliana vanno a Venezia **per dimenticare i** loro problemi.
Vado in biblioteca **per leggere**.

Sandro and Giuliana go to Venice (in order) to forget their problems.
I go to the library (in order) to read.

Attività

C. Complete the sentences with **a, da, di, con,** or **in**.

1. Vado _____ Italia _____ gennaio.
2. Gli studenti preferiscono studiare _____ biblioteca.
3. Domani sera andiamo _____ Riccardo e Marisa per una festa di Carnevale.
4. Vivo a Verona _____ due mesi.

---

[2]For more examples of the use of **in** with means of transportation see **Capitolo** 6 (expressions with **andare**).

[3]Before the names of the seasons, Italians also use **di**: **Vado a Venezia in/di primavera**. Before the names of the months, they also use **a**: **Il mio amico va a Roma in/a maggio**.

[4]Italians say **in casa** or **a casa**.

5. Il Dottor Balanzone è _____ Bologna.
6. Fanno i pizzi _____ Burano, una piccola isola vicino a Venezia.
7. Casanova è nato _____ Venezia.
8. Carla è _____ ufficio tutto il giorno.
9. Oggi _____ classe parliamo del Carnevale.
10. Fa freddo _____ Venezia _____ inverno.
11. La Festa del Redentore è _____ luglio e la Regata Storica è _____ settembre.
12. Mio cugino è arrivato alla festa vestito da Arlecchino _____ una mascherina nera.

D. Choose the appropriate compound preposition, or preposition + *article*, to complete each sentence.

> MODELLO: Vado _____ (del, dal, per il) medico.
> **Vado dal medico.**

1. Guardiamo la sfilata _____ (dalla, della, sulla) finestra.
2. Metto la maschera _____ (sulla, nella, della) faccia.
3. Ho paura _____ (del, al, sul) cane.
4. Stasera mangiamo _____ (al, sul, del) ristorante.
5. Abbiamo bisogno _____ (con le, per le, delle) vacanze per riposarci.
6. Preferisco il festival del cinema _____ (al, del, dal) festival della musica contemporanea.

E. Write full sentences using the elements given. In each case, supply the appropriate prepositions, simple or compound.

> MODELLO: Maria va/Verona/comprare il Pandoro
> **Maria va a Verona per comprare il Pandoro.**

❖ **Il Pandoro** is a very light brioche-like cake, and a Veronese specialty.

1. Il libro / professore è / tavolo.
2. I miei amici vanno / Venezia / Carnevale.
3. Il mio amico va / festa / un costume da gatto.
4. Il marito / Elena ha dimenticato il portafoglio / albergo / Rio de Janeiro.
5. Le amiche combinano una serata / i loro amici / giovedì grasso.
6. Questi ragazzi studiano / università / Padova.
7. Per la Regata Storica ci sono molti turisti / vie / e / piazze.
8. I bambini giocano / parco / o vanno / zoo.

F. Quali città visitiamo?   In small groups, use the map of Italy at the beginning of **Capitolo preliminare** to talk about which Italian cities you would like to visit and say why. Then share your plans with the other groups.

> MODELLO: **Voglio andare a Verona per celebrare il mio compleanno.**

G. Domande e risposte.   In pairs, ask each other the following questions and use a preposition—simple or compound—in your answers.

MODELLO: —Dove vai per Carnevale?
—Vado a New Orleans.

1. Dove abiti?
2. Dove mangi di solito?
3. A che ora normalmente guardi la televisione?
4. Dove fai la spesa?
5. Con chi esci per il week-end?
6. Per chi lavori in questo momento?
7. Dove hai comprato lo zaino?
8. A chi scrivi spesso?
9. Da chi ricevi molti regali?
10. Da quando studi l'italiano?

❖ As you learned in **Capitolo 4**, use **alle** + the hour (**alla** before **una**, and **a** before **mezzogiorno** and **mezzanotte**) to tell the time when something takes place. Mangiamo **alle sette/a mezzogiorno**, etc.

EXPRESSING QUANTITY

III. PARTITIVO (*The partitive*)

Vorrei **dell'**insalata, **delle** ciliege e **dei** limoni.
Ci sono **dei** pizzi e **degli** oggetti di vetro splendidi a Venezia.

❖ The word *partitive* indicates "a part of a whole." In English, *some* is a partitive.

◆ An undetermined quantity or number (*some, a bit of*) may be expressed in Italian by using one of the following constructions:

● **Di** + *definite article*—In affirmative sentences it is optional, as is *some* in English.

Voglio **del** pane.   *I want some bread.*
Voglio pane.   *I want bread.*

● **Di** + *definite article* is omitted in negative sentences and often in interrogative sentences.

Non voglio zucchero nel caffè.   *I don't want (any) sugar in my coffee.*
Avete (**del**) vino francese?   *Do you have French wine?*

● **Un po' di** may be used with noncount singular nouns[5] when it means *a little, a bit of* something.

Vorrei **un po' di** tempo per decidere.
Mi piace **un po' di** formaggio parmigiano sulla pasta.

◆ **Alcuni**(e) or **qualche** may be used to indicate *some, a few*. **Alcuni**(e) is followed by a plural noun; **qualche** (which is invariable[6]) is always followed by a singular noun.

degli amici **alcuni** amici **qualche** amico } *some friends*	**del** pane **un po' di** pane } *some / a little bread*	

---

[5]Noncount singular nouns express a quantity that can be divided (sugar, coffee) and cannot be pluralized. Count nouns, on the contrary, express something that cannot be divided (a table, a lawyer) and can be pluralized.

[6]Invariable means that **qualche** has only one form: **qualche ragazzo** (*a few boys*), **qualche ragazza** (*a few girls*). Note that although the grammatical construction is singular, the meaning is plural.

Attività

H. Cosa c'è? Cosa non c'è?   In pairs, tell each other what there is and what there isn't in your city or town. Use the cues below and a different partitive whenever possible.

> MODELLO: alberghi
> —A (Princeton) ci sono degli alberghi. (C'è qualche albergo).
>
> mercati
> —A (Princeton) non ci sono mercati ma ci sono dei supermercati.

1. piazza	6. palazzo	11. biciclette	16. gondole
2. vie	7. monumento	12. turisti	17. teatro
3. negozio	8. stazioni	13. scuola	18. cinema (*sing.*)
4. parchi	9. tassì	14. alberghi	19. palestre
5. canali	10. macchine	15. chiese	20. supermercato

I. La spesa per Carnevale.   In groups of three or four, mention the things you'll need for your Carnival party, using the partitive.

> MODELLO: paste
> **Compriamo delle paste/qualche pasta!**

1. vino	4. prosciutto	7. frutta
2. mascherine	5. formaggio	8. pomodori
3. arance	6. fragole	

J. In un negozio di ricordi.   Imagine that you work in a Venetian souvenir store and that your boss wants to know what several American tourists bought today. In pairs, ask and tell what objects were purchased. If the object is singular, use **qualche**; if the object is plural, use **alcuni(e)**.

> MODELLO: Allen Jones / libro su Venezia
> —**Cosa ha comprato Allen Jones?**
> —**Ha comprato qualche libro su Venezia.**

1. Bob Stanton / cartoline	6 Juanita Herrera / ceramiche di Bassano
2 Sally Jeffries / maschera	7 Sheila Donnelly / guida della città
3 Susan Beckwith / pizzi	
4 Rajiv Pande / vetri di Murano	
5 Vicky Rudolph / mosaico	8. Ted Wheatcroft / statuetta

K. Facciamo la valigia!   In groups of four, decide what to pack for a one-week vacation in Venice. Write each item on a slip of paper, using the partitive. When all the groups have a small pile of suggestions, the members of each group, in turn, read their group's suggestions.

MODELLO: GRUPPO 1: **Portiamo qualche camicia...**
GRUPPO 2: **Portiamo dei libri...**

TALKING ABOUT COMING AND GOING OUT

IV.   VERBI IRREGOLARI: *DIRE, USCIRE, VENIRE* (*Irregular verbs: to say, to go out, to come*)

I miei genitori **vengono** sabato.
Usciamo dall'ufficio alle cinque.
Il professore **dice** sempre "Buon giorno!" agli studenti.

dire (*to say, tell*)	uscire (*to go out*)	venire (*to come*)
Presente		
dico	esco	vengo
dici	esci	vieni
dice	esce	viene
diciamo	usciamo	veniamo
dite	uscite	venite
dicono	escono	vengono
Passato prossimo		
ho **detto**, *etc.*	sono **uscito(a)**, *etc.*	sono **venuto(a)**, *etc.*

◆ The **noi** and **voi** forms of **uscire** and **venire**, and the **voi** form of **dire**, are regular.

◆ The **loro** form of all three verbs corresponds to the **io** form + **-no** (**io vengo**, **loro vengono**). Many irregular verbs follow this pattern.

◆ The verb **uscire da** means *to go out from* in the sense of *leaving* (a place). It also is used in the sense of *going out socially*.

Laura e Rosa **escono dalla** palestra alle quattro. Stasera Laura **esce con** Marco alle otto.

Attività

L.   Replace the subject of the sentence with each subject in parentheses and change the verb accordingly.

1. Io esco con Giovanni domani. (Lucia / tu / mia sorella)
2. Mia madre viene in estate. (voi / i miei amici / tu)
3. Chi viene al cinema con me stasera? (tu / il professore / i signori Guastalla)
4. *Il Corriere della Sera* esce ogni giorno. (*La Stampa* / io / i bambini)
5. Per Carnevale io esco per andare in piazza. (noi / Sandro e Elena / tu)
6. La professoressa dice "Buon giorno!" (io / gli studenti / la signora)

❖ **Uscire** is used in the sense of being published for books, magazines, and newspapers.

Tocca a voi

A. Facciamo un ritratto!   Divide into groups of three or four. Each group chooses a well-known figure currently in the news (a politician, a film actor, a sports hero, a model) and describes him/her using as many adjectives as possible from this chapter's **Per cominciare** section. Then each group presents its portrait to the other students, who identify the person.

B. All'agenzia di viaggi.   In pairs, role-play a conversation between a travel agent in Milan (**l'impiegato[a]**) and a client (**il/la cliente**). Consult the schedule (**l'orario**), and ask and answer questions.

MODELLO: S1: **A che ora parte il treno per Venezia?**
S2: **Il primo treno parte da Milano alle 15.18.**
S1: **A che ora arriva a Venezia?**
S2: **Arriva a Venezia alle 18.37.**
S1: **Dove si ferma?**
S2: **Si ferma dappertutto.**

80   MILANO–VERONA–VENEZIA   (per il tratto Milano-Treviglio vedi q. 78) (per il tratto Padova-Venezia vedi anche q. 98)

	87 EC	10751 L⊠	653 ▅═	2105 D	5617 L✕	5399 L⊠	2555 D	655 ▅═	2107 D	10949 L✕	10753 L	2809 D✚	10755 L⊠	10757 L✕	2109 D	2559 L	10759 L	10761 L⊠	657 ▅═	659 ▅═	2111 D	10765 L	2113 D	10767 L	661 ▅═	2115 D	5259 L
MILANO C. ....p.		▶1518	1605	1615	....	▶1638	1620	1705	1715	....	1720	....	▶1728	1742	1815	1820	▶1825	1835	1905	1910	1915	◆1917	2015	....	2105	2115	....
Milano Lambrate ..p.	....	1526		1622	....	1645	1627	....	1722	....	◊1726	....	1738	1748	1822	1827	1831	1842	....		1922	1929	2022	2027	....	2122	(5)
TREVIGLIO	....	1604		1643	....	1717	1651		1743	....	1757	....	1815	1822	1843	1853	1904	1915	....	1943	....	2005	2043	2103	....	2143	2148
Vidalengo	....	1609		....	....	1721		da Genova	....	....	◊1800	....	1820	1827			1908	1919	....		....	2009		2108	da Sestri L.		2153
Morengo	....	1614		....	....	1726			....	....	◊1803	....	1826	1833			1914	1924	....		....	2014		2113			2158
Romano	....	1620	CANAL GRANDE	....	....	1735	1700		....	....	1807	....	1831	1838		1902	1919	1941	....		....	2019		2118			2202
Calcio	....	1626		....	....	1741			....	....	1814	....	1838	1845			1925	1948	....		....	2025		2124			2208
Chiari	....	1632		....	....	1747	1710		....	....	1821	....	1844	1851		1912	1931	....	....		....	2032		2130			2213
Rovato	....	1645		....	....	1752	1716		....	....	1827	....	1850	1856		1918	1937	2006	....		....	2038		2135			2218
Ospitaletto	....	1651		....	....	1757			....	....	1832	(3)	1856	✕		(2)		2012	....		....	2044					2223
BRESCIA .... a.	....	1700	1650	1709	....	1804	1725	1750	1809	✕	1839	✚	1904			1909	1929	2020	....	1950	2000	2009	2052	2109	2145	2150	2209 2231
.... p.	....	⊠	1652	1712	....	⊠	1727	1752	1812	1830	1858					1912	1931		....	1952	2003	2012		2112		2152 2212	(5)
Ponte S. Marco ...	....	da Sesto S.G.			....	(2)	1738		1841						da Monza		1942		....								
Lonato	....				....		1744		1847								1948		....								
Desenzano G.	....			1729	....		1749	SVEVO	1829	1853		1914				1929	1953		....	da Sesto S.G.	da Torino		2029		2129	2229	
Peschiera	....			1739	....	5519	1758		1839	1903		1925				1939	2002	1539	....				2039		2139	2239	
Castelnuovo	....	**10947**			....	1758	1804			1909						2008		D (1)	L✕						ANDREA DORIA		
VERONA P.N. ...... a.	1704	L⊠	1725	1755	....	1816	1825	1855	1924	L✕	1940					1955	2020			2025	2037	2055		2155		2225	2255
.... p.	1708	1715	1728	1758	....	1812	1835	1828	1858	1930	1943			✕		1958	....	2005	....	2028	2040	2058		2158		2228	2258
Verona P.V.		1722			....	1819	1842			1936	1950								....								
S. Martino Buon..		1727			....	1825	1847			1940									....								
Caldiero		1733			....	1831	1852	per Trieste via Mestre		1946	2000								....								
S. Bonifacio		1745		1815	....	1845	1859		1915	1952	2007					2015		2022	....		per Udine	2115		2215			2315
Lonigo		1750			....	1851	1905			1957								(1)	....								
Montebello		1757			....	1857	1911				✚								....								
Altavilla Tav.		1804			....	1905	1918				(3)								....								
VICENZA .... a.	1742	1810	1757	1833	✕	1912	1925	1857	1933	2013	2024					2033		2042	2057	2112	2133		2233		2257	2333
.... p.	1744	1813	1759	1835	1842		1948	1859	1935	2015	2026					2035		2044	2059	2113	2135		2235		2259	2335
Lerino		1820			1849		1957			2022									....								
Grisignano	✂	1827			1856		2004			2028								5619	....								
Mestrino		1833			1902					2033								L	per Udine								
PADOVA .... a.	1802	1840	1817	1853	1909		2014	1915	1953	2040	2044					2053		2055	2115	2153		2253		2315	2353
.... p.	1805	1842	1819	1856	1922		2016	1918	1956	2042	2046					2055			2118	2125	2156		2256		2318	2356
Ponte di Brenta ...		1848			1927					2048									2130								
Vigonza		1854			1933		2025			2054									2136								
Dolo		1900			1938		2030			2059	2100								2141		carr. per Tarvisio						
Mira Mirano		1905			1943		2036			2104									2147								
VEN. MESTRE ...a.	1825	1913	1839	1918	1951		2044	1938	2018	✕13	2113					2118			2138	2155	2218		2318		2338	018
P.to Marghera .....p.					✕					2119	(3)																
VENEZIA S. L. ...a.	1837	1924	1850	1930	2002		2055	1950	2030	2126	2126					2130			2150	2205	2230		2330		2350	030

(1) Si eff. la domenica, 15 ago; sosp. 13 ago.
(2) Si eff. fino al 28 lug e dal 28 ago.
(3) Si eff. dal 4 giu.
(5) Si eff. fino al 29 lug e dal 28 ago.

⊠ Feriale escluso il sabato.
◆ Milano P. Garibaldi.
▶ Milano Greco.
◊ Ferma sabato e festivi.

C. **Titoli incompleti.**   A newspaper editor was in a hurry and forgot to join the various elements of the following newspaper headlines. For each title, help the editor by supplying the appropriate prepositions.

1. Gli studenti sfilano _____ piazze (nelle, in, a)
2. Il Presidente è andato _____ Tokyo (per, del, a)
3. La principessa Diana è andata _____ Ruanda (in, a, da)
4. Auguri a una famosa nonna _____ il suo ottantesimo compleanno (con, per, su)
5. Mrs. Doubtfire: papà _____ ogni costo (a, per, di)
6. Lo stile _____ leader (al, del, nel)
7. Questo mese fine _____ embargo (del, dall', dell')

❖ *Espansione grammaticale*

DESCRIBING ACTIONS

I. **VERBI SEGUITI DALL'INFINITO O DA UNA PREPOSIZIONE + INFINITO** (*Verbs followed by the infinitive or by a preposition + infinitive*)

Voglio finire il compito.
Che cosa **desideri fare**?
Stefano **continua a lavorare** molto.
I miei genitori **pensano di partire** domani.

◆ While some verbs are followed directly by the infinitive—for example, **amare**, **desiderare**, **dovere**, **potere**, **preferire**, **volere**—others require the preposition **a** or **di** before the infinitive.

◆ Some verbs that require the preposition **di** before the infinitive are:[7]

credere (*to believe*)	**Credo di** capire questa regola.
decidere	**Decidiamo di** fare una passeggiata.
finire	**Finisco di** lavorare alle sette.
pensare (*to intend*)	**Penso di** finire domani.
sperare di (*to hope*)	**Speriamo di** mangiare bene.

◆ Some verbs that require the preposition **a** before the infinitive are:

andare[8]	**Vado a** fare la spesa.
aiutare	**Aiuto** mia madre **a** cucinare.
continuare	**Continuiamo a** studiare l'italiano.
imparare (*to learn*)	**Impari a** parlare italiano?
(in)cominciare	**(In)comincio a** capire.
insegnare (*to teach*)	**Insegno a** parlare italiano.

---

[7]**Di** is also required after expressions with **avere**, such as **avere bisogno**, **avere paura**, **avere voglia**: **Ho bisogno di studiare** per l'esame; **Tu hai** sempre **paura di arrivare** in ritardo; Il bambino non **ha voglia di mangiare**.

[8]Other verbs of motion, such as **passare** and **venire**, are followed by **a** + *infinitive*: **Passo a prendere** Luciana alle otto; **Veniamo a mangiare** da voi questa sera.

Attività

A. Complete the following sentences with the appropriate preposition when necessary.

1. Giuliana va _____ ballare con gli amici.
2. Giuseppe non vuole _____ uscire stasera.
3. Noi pensiamo _____ fare una vacanza al mare.
4. Silvia e Roberto credono _____ venire domani.
5. Il professore continua _____ dare molti compiti.
6. Spero _____ trovare il mio portafoglio.
7. Sandro non può_____ andare a Venezia per Carnevale.
8. Dove desideri _____ andare in vacanza?
9. Preferiamo _____ restare a casa quest'estate.
10. Aiuto mio fratello _____ pulire l'appartamento.

B. Use the following verbs in original sentences, each followed by an infinitive.

MODELLO: andare
           Questa sera vado a vedere un film italiano.

amare	decidere	incominciare
andare	desiderare	preferire
credere	imparare	volere

II.   USI SPECIALI DELLE PREPOSIZIONI *ALLA, DA, DI, FRA,* E *PER* (*Special uses of the prepositions* alla, da, di, fra, *and* per)

Mia nonna è **una persona all'antica**.
Per Carnevale mi vesto **da Arlecchino**.
Angela desidera comprare **una camicetta di** seta.

◆ The preposition **alla** + *noun* means *in the manner / style of.*

bistecca **alla fiorentina**
gnocchi **alla romana**
spaghetti **alla carbonara**

◆ The preposition **da** is used

• with a noun to mean *suitable* (*intended, designed*) *for.*

una bicicletta **da donna**	*a woman's bicycle*
un vestito **da uomo**	*a man's suit*
una camicia **da notte**	*a nightgown*

• with a noun to mean *as* or *like.*

Lei si veste **da** gatto.	*She dresses as (like) a cat.*
Fa **da** madre (alla sorellina).	*She behaves like a mother (to her little sister).*
Da bambina mi piaceva il Carnevale.	*As a child I liked Carnevale.*

❖ **Spaghetti alla carbonara** is spaghetti with a bacon, cream, and parmesan cheese sauce.

◆ The preposition **di** is used

● to indicate the material of which something is made.

> In estate porto un vestito **di cotone** (*a cotton dress*).
> Nel New Jersey molte case sono **di legno** (*made of wood*).

● in the idiomatic expressions: **uscire di casa** (*to leave the house*) and **essere di casa** (*to feel at home*).

> A che ora **esci di casa**?
> Mario viene ogni giorno; ormai **è di casa**.

◆ The preposition **fra** + *expression of time* means *in* (*from now*), *at the end of* a specified amount of time.

> Vengo **fra** cinque minuti.   *I'll come in five minutes (from now).*
> La lezione finisce **fra** un'ora.   *The lesson will finish in an hour (from now).*

◆ The preposition **per** + *hour* means *by* (*a certain time*).

> Arriva **per le otto**.   *She's arriving by 8:00 o'clock.*

Attività

C. Complete each sentence with one of the prepositions you have just learned.

1. Mangiamo _____ un'ora.
2. Finisco i compiti _____ le due.
3. Voglio un costume _____ Arlecchino.
4. La mia mascherina è _____ carta (*paper*).
5. Esce _____ casa ogni mattina alle sette.
6. Vorrei una villa _____ veneziana.
7. Vado in vacanza a Treviso, dove sono _____ casa.
8. Voglio comprare un vestito _____ sera per la festa di sabato.
9. Vorrei gli spaghetti _____ carbonara.

Lettura

La cena delle maschere di Manuela Binaghi

Preparazione alla lettura: *Using headlines and cognates*

1. **Using headlines.** Newspapers and magazines use headlines to attract the reader's attention. At the same time, the headlines contain clues to the subject of the article that follows. Often headlines give the gist of the piece. As a reader, you can use headlines to help get an idea of what the text is about. From the illustration and the title of the article

Go on to page 195.

La cena delle maschere

Tovaglie di pizzo, piatti di carta. Le ricette per le notti più folli dell'anno.

non... *were not*

decoration

«I mercoledì a casa di Madame Verdurin non erano° delle semplici cene ma delle vere opere d'arte...». È Marcel Proust che scrive, poeta e gourmet raffinato che considera l'addobbo° della tavola un'arte. E come lui alcuni altri: da Victor Hugo a Toulouse-Lautrec, da Colette a Coco Chanel. «Un'arte che rischia di essere

si... *complains*
Yet

dimenticata» si lamenta° Silvia Sodi, collezionista milanese di preziosi volumi sulla cucina. Eppure° Carnevale per gli amanti della tavola è un momento magico. Marta Marzotto festeggia il Carnevale nella sua casa di Cortina con una cena arlecchinesca. «Ho scelto° una

Ho... *I chose*
cups

tovaglia di pizzo rosso, coppe° a forma di rosa, piatti bianchi e blu e una cascata di perline colorate come il vestito di Arlecchino» racconta.

A Venezia, in piena recessione, l'antiquario Roberto Pedrina ha

usual / intimate friends

rinunciato alla consueta° grande festa per una cena tra pochi intimi°, ma preparata con grande eleganza e attenzione «in bianco e oro, i colori della città nel Settecento.»

Little soldiers /
inexpensive
someone who

Soldatini°, maschere, arlecchini. Le decorazioni povere° per le cene di questo Carnevale sono molte. C'è anche chi° ha pensato a messaggi umanitari e ha organizzato una cena dal titolo: «Salviamo

world / guests
wrapped up

il mondo°». È lo stilista Alviero Martini che ha ricevuto gli ospiti° avvolto° in una vecchia mappa geografica.

can you anticipate the topic of the article? Focus on the subtitle "Tovaglie (*Tablecloths*) di pizzo e piatti di carta. Le ricette per le notti più folli (*crazy*) dell'anno." This gives you a clue to what the article is about.

2. This article contains many cognates. You should be able to guess the meaning of the following words and phrases: **raffinato**, **rischia di essere dimenticata**, **collezionista**, **volumi sulla cucina**, **un momento magico**, **a forma di rosa**, **una cascata di perline**, **l'antiquario**, **ha rinunciato**, **messaggi umanitari**, **mappa geografica**.

3. As you read, try to discover

- what Marcel Proust, Victor Hugo, Toulouse-Lautrec, Colette, and Coco Chanel especially appreciate.
- what the carnival banquets of Marta Marzotto, Roberto Pedrina, and Alviero Martini have in common.

Attività

A. Answer the following questions.

1. Come è decorata la tavola per Carnevale?
2. Che cosa dice Proust delle cene di Madame Verdurin?
3. Di che cosa si lamenta Silvia Sodi?
4. Perchè l'antiquario Roberto Pedrina ha rinunciato a dare una grande festa per Carnevale?
5. Quali sono le novità di questo Carnevale povero?

B. Una festa economica. Imagine that you must organize a big party on a limited budget. In groups of three or four, discuss what you consider essential to the success of the party and what you believe could be eliminated. When you have finished, share your conclusions with the rest of the class.

C. Prepariamo la tavola! Consider Marta Marzotto's description of her table setting: "Ho scelto... vestito di Arlecchino." In pairs, rewrite the description by replacing these ten words/expressions: **tovaglia, pizzo, rosso, coppe, di rosa, iatti, bianchi e blu, una cascata di perline colorate, il vestito, Arlecchino.** Read your new description to the class.

D. La miglior tavola. In pairs, draw an original table setting for a carnival or birthday party. If you like, choose a theme. Label each object on the table and describe its color, size, and shape. Be imaginative in your descriptions and use as many words as possible. Ask your instructor for vocabulary words you don't know. You will be judged for your language competence, not for your artistic skill. When you have finished, present your drawing to the rest of the class.

Eccoci!

A. Proverbi. Read the following proverbs. What does each one say? What common theme do they express? Do you agree with these proverbs? Invent your own proverb on the same theme.

Chi ride (*laughs*) **e canta i suoi mali spaventa** (*scares away*).
L'allegria fa sembrare (*seem*) **bello ogni viso**.
L'allegria è d'ogni male il rimedio universale.

B. Pettegolezzi (*Gossip*). In small groups, talk about who is new in town, where they are from, who is coming soon, who is going out with whom, who said what to and/or about whom, and so on. Then share your gossip with other groups.

MODELLO: **Domani arriva Luciana, l'amica di Maurizio. Lei è di Treviso. Lui va all'aereoporto a prenderla. Escono insieme da tre mesi. Paola dice che** (*that*) **vogliono sposarsi in primavera. Aldo dice che Maurizio vuole...**

C. Recitiamo! In groups of four, prepare a **commedia dell'arte** skit based on the scenario below. Begin by assigning the roles of Arlecchino, Colombina, Pantalone, and Pulcinella. Then, keeping in mind the traits of the characters, write a script following these cues:

- Arlecchino dichiara (*declares*) il suo amore a Colombina.
- Colombina, innamorata, accetta di sposare Arlecchino.
- Pantalone desidera Colombina e cerca di (*tries to*) convincerla (*her*) con promesse e regali.
- Colombina rifiuta (*refuses*).
- Pantalone la (*her*) chiude in casa.
- Colombina è disperata (*desperate*).
- Pulcinella libera (*frees*) Colombina e combina un appuntamento con Arlecchino.
- Pantalone è furioso.
- Colombina sposa Arlecchino.

D. Visitiamo Venezia! In pairs, look at the map of Venice on the next page and plan a visit there. Use any of the following words or phrases, and add others of your own.

MODELLO: **Quando vado a Venezia, prendo una gondola sul Canal Grande...**

albergo Danieli	gondola	Piazza San Marco
Basilica di San Marco	Hard Rock Café	Ponte Rialto
Canal Grande	La Ca' D'oro	Riva degli Schiavoni
festival del Cinema	Palazzo Ducale	spiaggia del Lido

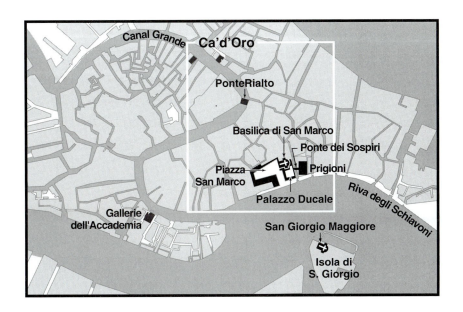

❖ *Vocabolario attivo*

NOMI

il Carnevale *Carnival, Mardi Gras*
il costume *costume*
i maccheroni *type of pasta*
il piatto *dish, plate*
il portafoglio *wallet*
la sorpresa *surprise*
la maschera *mask,*
   della commedia dell'arte
   commedia dell'arte characters
Arlecchino *Harlequin*
Colombina
Pantalone
Pulcinella

AGGETTIVI

alcuni(e) *some*
buffo *funny*
estroverso *extrovert*
fedele *faithful*
fortunato *lucky, fortunate*

grazioso *gracious, pretty*
largo *wide*
popolare *popular*
povero *poor*
qualche *some*
ricco *rich*
sfortunato *unlucky, unfortunate*
vivace *lively, vivacious*

VERBI

dire (p.p. detto) *to say, tell*
ricordare *to remember*
uscire *to go out; exit, leave (from)*
venire (p.p. venuto) *to come*

AVVERBI

finalmente *finally*

PREPOSIZIONI

a *at, to*
con *with*
da *from, at/to (the place of . . .)*

davanti a *in front of*
di *of*
dietro *behind*
fra, tra *between, among, in/within*
in *in*
per *for, in order to*
sopra *above, up*
sotto *under*
su *on, about*
vicino a *near to*

ESPRESSIONI

dai! *come on!*
per caso *by chance*
un po' di *some, a little, a bit of*
in (a) casa *at home*
in centro *downtown*
in chiesa *in church*
in mano *in one's hand*
in salotto *in the living room*

LA CALABRIA

CAPOLUOGO Reggio Calabria

AREA 15.000 chilometri quadrati

POPOLAZIONE 2.000.000 abitanti

PROVINCE Catanzaro, Cosenza, Crotone

PRODOTTI AGRICOLI E ALIMENTARI fichi (*figs*), formaggi, funghi (*mushrooms*), olive, uva, vini (Bianco di Nicastro, Pellaro, Pollino)

PRODOTTI ARTIGIANALI anfore, figurine di cera (*wax figurines*), intarsi in legno (*wood inlays*), pizzi

PERSONAGGI FAMOSI Tommaso Campanella (filosofo, 1568–1639), Francesco Cilea (compositore di opere, 1886–1950), Corrado Alvaro (scrittore, 1895–1956)

Reggio Calabria

Morano, un tipico villaggio calabrese.

Le feste italiane

Una ragazza di Marcellinara (Cosenza) con il costume caratteristico del suo paese.

OBIETTIVI COMUNICATIVI
Speaking succinctly
Talking about the past
Saying what and whom you know
Wishing someone well
Planning a party

CULTURA
Holidays in Italy: origins and traditions

GRAMMATICA
Direct object pronouns
Agreement of the past participle with a preceding direct object
Conoscere and **sapere**
Bere

ESPANSIONE GRAMMATICALE
Other uses of direct object pronouns

Per cominciare

Le feste italiane

Il Natale

l'albero di Natale

le candele

lo spumante

il panettone

i giocattoli

il tacchino

il presepio

Babbo Natale

Il Capodanno

il veglione

L'Epifania

La Pasqua

l'uovo di cioccolato   la sorpresa   la colomba pasquale

Buon Natale! Buon Anno! Buona Pasqua! Buone Feste! Buon Anniversario!

Parole e espressioni utili

Feste e celebrazioni
accendere *to light, turn on*
alla salute! *cheers!*
buon appetito *enjoy your meal*
decorare
fare gli auguri *to wish*
   someone well
fare un brindisi *to drink a toast*
fare un regalo *to give a gift /*
   present

felice *happy*
festeggiare, celebrare *to celebrate*
i preparativi
scambiarsi *to exchange*
spegnere *to put out, turn off*
   (a light, TV)
tanti auguri! *lots of good wishes!*
triste *sad*
le usanze *customs*
la vigilia *eve*

Attività

A. Match each item in column A with an item in column B.

A	B
1. il compleanno	a. Tanti auguri!
2. i regali	b. il veglione
3. accendere	c. il Natale
4. la sorpresa	d. spegnere
5. Alla salute!	e. lo spumante
6. l'albero di Natale	f. l'uovo di cioccolato
7. la colomba	g. i giocattoli
8. Capodanno	h. la Pasqua

B. Supply the words or expressions that fit these definitions.

1. un dolce tradizionale di Natale _____
2. una scena della natività_____
3. la sera prima di Natale _____
4. si dice (*it is said*) quando facciamo un brindisi _____
5. contiene un regalo-sorpresa _____
6. ha la forma di un uccello (*bird*) _____
7. il contrario di felice _____

C. Reorder these words and phrases to make complete sentences.

1. dolci/ molti/ della vigilia/ per la cena/ preparo/ di Natale
2. Marco e Graziella/ i regali/ il giorno/ si scambiano/ dell'Epifania
3. i giocattoli/ la Befana/ ai bambini/ portano/ e Babbo Natale
4. quando/ lo spumante/ diciamo/ Alla salute!/ beviamo
5. i fiori/ regaliamo/ per Pasqua/ alla/ di Giorgio/ mamma
6. il panettone/ mangiano/ gli italiani/ e/ per Natale/ la colomba/ per Pasqua

D. Cosa celebriamo? In pairs, ask and answer whether you celebrate Christmas, Hanukkah, Kwanza, Chinese New Year, Epiphany, Easter, and Passover and how. Say what you would like as a present at holiday time.

Incontri

A reminder: Active vocabulary is underlined.

Progetti per Natale

Due amiche, Graziella e Cristina, si incontrano in una pasticceria di Cosenza e parlano dei preparativi di Natale.

È... *It's been quite a while*	GRAZIELLA:	Ciao, Cristina! È da un pezzo° che non ci vediamo! Dove passate Natale tu e Marco?
Lo... *We spend it*	CRISTINA:	Lo passiamo° a casa nostra. Quest'anno sono felice di avere come ospiti dei nostri amici del Texas.
to see them	GRAZIELLA:	Che bell'occasione di rivederli°!
You know	CRISTINA:	Sì, è vero. Sai° che per il veglione di Capodanno vorrei organizzare un ballo "western" e fare una sorpresa ai nostri amici "cowboy"!
non... *we don't know yet*	GRAZIELLA:	Bell'idea! Noi per Natale andiamo a Reggio Calabria dai genitori di Marco, e per Capodanno non sappiamo ancora° cosa fare.
I'll invite you	CRISTINA:	Vi invito° a casa mia per il ballo western!
	GRAZIELLA:	Grazie. Veniamo volentieri.
A... *By the way / cook / desserts*	CRISTINA:	A proposito°, tu che sei una brava cuoca°, mi suggerisci dei dolci°?
recipe	GRAZIELLA:	Certamente. Sai fare il panettone[1]? Ho una nuova ricetta° di una mia amica di Milano.
*Just imagine! / **Non...** I don't know how*	CRISTINA:	Figurati!° Non so° cucinare e poi, rovino sempre tutto!
Ti... *I assure you / you prepare it / easily / **Mi...** You convinced me / I'll get it*	GRAZIELLA:	Ti assicuro° che lo prepari° facilmente°.
	CRISTINA:	Mi hai convinta.° Passo a prenderla° oggi.
we'll drink	GRAZIELLA:	Va bene. Vieni dopo le quattro. Ti aiuto con la ricetta e beviamo° un caffè insieme.
	CRISTINA:	Grazie, Graziella. Sei una vera amica!
	GRAZIELLA:	Ciao! A presto.

[1]**Il panettone** is eaten throughout the Christmas season.

Attività

E. Reread the **Incontri** and say whether the following statements are true (**vero**) or false (**falso**). If a statement is false, correct it.

1. Graziella e Cristina si incontrano in una macelleria.
2. Per Natale, Cristina ha degli ospiti francesi.
3. Per il veglione di Capodanno, Cristina organizza un ballo "western".
4. Graziella e suo marito passano Natale dagli amici.
5. Graziella è una cattiva cuoca.
6. Cristina rovina sempre tutti i dolci che prepara.
7. La ricetta del panettone è francese.
8. Il panettone è un dolce tradizionale di Pasqua.

F. Combine elements from column A with those in column B to form complete sentences based on the **Incontri**.

A	B
1. Graziella è	a. in Calabria
2. Cosenza è	b. da un pezzo
3. Gli ospiti sono	c. un ballo
4. Graziella e Cristina non si vedono	d. americani
5. Per il veglione Cristina organizza	e. bevono un caffè dopo le quattro
6. Cristina prepara	f. l'amica di Cristina
7. Graziella e Cristina	g. il panettone

G. Parliamo delle feste. In pairs, use some of the structures of the dialogue and create minidialogues for each of the following situations.

1. You are having a Christmas party. Tell your partner what traditional dishes you are serving.
2. Your best friend is organizing a party for Chinese New Year and asks for your help. Make suggestions about the type of party.
3. Your mother is having guests for the holidays and, since she can't bake anything, asks you to help. You agree to make a **panettone.**
4. A few days before Passover, you run into a friend. Ask where and with whom he/she spends Passover. Then tell what you do for Passover.

❖ Although the Nativity had been represented in frescoes and sculptures before the time of Saint Francis, his is believed to have been the first live representation of the event. In the Middle Ages live **presepi** became the only form of rudimentary theater and were especially elaborate in 17th- and 18th-century Naples.

❖ The typical Christmas dessert prepared in Calabria are **i cellurielli**, round pastries served warm with honey, cinnamon, and lemon peel. Traditionally, the head of the household, **"ll'agure 'i ra casa,"** has to hold the handle of the frying pan and eat the first **celluriello.** Calabrians believe this will bring good luck to the family.

celebrate

Nota culturale

❖ Le feste italiane

Il presepio.

Termini utili

il presepio   Originated in the thirteenth century when Saint Francis of Assisi set up a live Nativity scene on Christmas Eve in a monastery. The scene captured the imagination of the monks and villagers, and the idea spread throughout Italy. Today **il presepio** is one of the most deeply rooted and widespread Christmas traditions in Italy.

gli zampognari   Shepherds from the Abruzzi mountains who play Christmas songs on the bagpipe throughout the streets of the cities and towns.

l'Epifania   Epiphany, celebrated on January 6, celebrates the visit of the three **Magi** to Jesus. On the eve of Epiphany, many youngsters wait for the arrival of **la Befana**, a witchlike but generous woman who brings gifts to good children.

il panettone   Originating in Milan, this rich, golden, breadlike cake is a Christmas staple throughout Italy. Traditionally, it is filled with raisins and candied fruit, but there are new varieties with cream filling or chocolate frosting.

Le feste, sempre presenti nella vita degli italiani, riflettono una grande varietà di cultura. Gli italiani celebrano feste religiose, regionali, storiche e gastronomiche. Alcune feste, come il Carnevale, continuano tradizioni popolari che risalgono agli antichi Romani.

Il Natale è la più solenne festa religiosa dell'anno. La maggior parte degli italiani prepara l'albero e il **presepio** e comincia a festeggiare° la vigilia di Natale. Le famiglie si riuniscono per una cena tradizionale di pesce. In genere, vanno alla messa di mezzanotte accompagnati dai suoni e canzoni degli **zampognari.** Il pranzo di

Natale include quasi sempre il tacchino o il cappone° e una varietà di **panettoni**. I festeggiamenti continuano fino al 26 dicembre, la festa di Santo Stefano (Saint Stephen). I bambini italiani ricevono regali da Babbo Natale il 25 dicembre, e dalla **Befana** il 6 gennaio.

capon

Gli italiani sono fieri° soprattutto delle feste e rievocazioni° storiche. Queste celebrano sempre una situazione o un personaggio, e il ricordo° diventa spesso realtà: Arezzo, grazie alla Giostra dei Saraceni, vince ogni anno la sua battaglia contro i pirati saraceni.

proud / remembrances

memory

Assisi, il primo maggio, torna al Rinascimento e celebra il "Calendimaggio": l'arrivo del mese di maggio e della primavera. A Mondavio, nelle Marche, il 15 agosto, il Rinascimento è rievocato nella "Caccia al cinghiale"°, con un tipico banchetto rinascimentale, un corteo storico° e uno spettacolo di suoni e luci°.

Caccia... *wild boar hunt*
corteo... *historical pageant /* **spettacolo...** *light-and-sound show*

Banchetto Rinascimentale
Mondavio
12 Agosto 1994
Organizzato da: Associazione Pro-Loco

Ma quando parliamo di feste non possiamo dimenticare le sagre paesane°, che sono un'occasione per ritrovarsi con gli amici e divertirsi. Malgrado° le origini e tradizioni diverse, le sagre hanno molti elementi in comune: la gente che arriva dai paesi vicini, le bancarelle° con i prodotti locali, i tavoli all'aperto dove la gente mangia e beve, le gare, i premi, la banda e il ballo in piazza. A Bagnara Calabra (Reggio Calabria), la prima domenica di luglio c'è la "Sagra del pesce spada"°, che celebra il successo della pesca°. La data della festa coincide con il passaggio dei pesci spada attraverso lo stretto di Messina per trasferirsi in acque più tiepide.

sagre... *village festivals*

Despite

stalls

swordfish
fishing

❖ The Saracens were Arab nomads and Muslims who, during the Middle Ages, raided the Mediterranean coasts.

❖ The Strait of Messina separates Sicily from the Italian mainland (Calabria).

Cosa ne pensate?

1. What are the main similarities and differences between Italian and American holidays?
2. Name some Italian and American historical remembrance celebrations/memorials. How are they celebrated?
3. Does your community or town celebrate any particular customs? Are there any occasions that tend to bring your neighborhood together? How are they similar to or different from the Italian **sagre paesane?**

Grammatica

SPEAKING SUCCINCTLY

I. **PRONOMI DIRETTI** (*Direct object pronouns*)

Se vedo Elena, **la** invito al ballo.
Daniela **mi** incontra alla festa.
Hai comprato l'uovo di cioccolato? Voglio mangiar**lo!**
Noi prepariamo i dolci e **li** mangiamo.
La mamma **ci** aiuta con i preparativi di Natale.

◆ In Italian, as in English, some verbs (called transitive verbs) take a direct object.[2]

> Io scrivo **una lettera.**   *I'm writing a letter.*

The direct object—a noun, noun phrase, or pronoun—identifies *what* or *who* receives the action of a verb.

Vedo **la ragazza.**	**La** vedo.
Maria prepara **il panettone.**	Maria **lo** prepara.
Io invito **i miei amici** alla festa.	Io **li** invito.

◆ In English, a direct object pronoun usually follows the verb to which it is related. In Italian, its placement depends on the form of the verb. If the verb is conjugated (that is, not an infinitive), the direct object pronoun usually comes right before the verb.

—Mangi **il tacchino?**	—*Do you eat turkey?*
—Sì, **lo** mangio.	—*Yes, I eat it.*
—No, non **lo** mangio.	—*No, I don't eat it.*

◆ Study the forms of the direct object pronouns (**i pronomi diretti**) in the following chart.

❖ Note that the formal pronoun **La (L')** is used for both males and females, as in **piacere di conoscerLa** (*pleased to meet you*).

Singolare		Plurale	
mi	me	**ci**	us
ti	you (*informal*)	**vi**	you (*informal*)
La	you (*formal, m./f.*)	**Li/Le**	you (*formal, m./f.*)
lo	him, it (*m.*)	**li**	them (*m.*)
la	her, it (*f.*)	**le**	them (*f.*)

◆ If the verb is an infinitive, drop the final **-e** and add the direct object pronoun (to create a verb-pronoun combination).

> Telefona a Marco per invitar**lo** al ballo.
> Compro dei fiori per regalar**li** a Giulietta.

---

[2]Verbs that do not take a direct object are called *intransitive* verbs (*we work, they jog*).

However, if the infinitive verb follows a conjugated form of **dovere, potere,** or **volere,** you may place the direct object pronoun before the conjugated verb instead. The meaning is the same.

> Voglio visitar**lo.**/**Lo** voglio visitare.
> Quando posso comprar**li?**/Quando **li** posso comprare?

◆ If the verb is an imperative or if **ecco** is used, the direct object pronoun is also attached to the end.

> Ecco**mi!**
> Ecco**li!**
> Non posso preparare il panettone. Prepara**lo** tu!
> —Vuoi invitare i Nardoni alla festa?
> —Sì. Invitiamo**li!**

◆ The singular direct object pronouns (**mi, ti, lo, la/La**) may drop the vowel before verbs beginning with a vowel sound.[3] The plural **li** and **le** never elide.

> La festa di compleanno? **L'**organizza (**La** organizza) Vanessa.
> Il regalo? Loro non **l'**hanno (**lo** hanno) comprato.
> Hai degli spumanti italiani? **Li** adoro!
> Che belle fragole! **Le** compro.

◆ Note that in English, one says *I'm listening **to** the radio; you're waiting **for** the bus; he's looking **for** the book, she's asking **for** the recipe; we're looking **at** the magazine; they're paying **for** the presents.* In Italian, these verbs do not require a preposition.

> **Ascolto** la radio.   **Chiede** la ricetta.
> **Aspetti** l'autobus.   **Guardiamo** la rivista.
> **Cerca** il libro.   **Pagano** i regali.

These verbs take direct objects and therefore require direct object pronouns: **L'**ascolto; **L'**aspetti; **Lo** cerca; **La** chiede; **La** guardiamo; **Li** pagano.

Attività

A. Rewrite each sentence by replacing the words in italics with the corresponding direct object pronoun.

1. Io e Silvia prepariamo *il panettone.*
2. Sabato compro *i regali.*
3. Inviti *i tuoi amici americani* alla festa?
4. Omar porta *lo spumante.*
5. Puoi organizzare *il ballo*?
6. Dove cerchi *Roberta*?
7. Graziella non vuole dare *la ricetta.*
8. Aspetti *le amiche* per cena?
9. Incontri *la Signora Berlusconi* stasera?
10. Chi porta *i giocattoli* ai bambini?
11. Possiamo invitare *i signori Messori* sabato prossimo.
12. Preferisco mangiare *la pasta fresca.*

---

[3]That is, before verbs that begin with a vowel or before the forms of **avere** that begin with **h (ho, hai, ha, hanno).**

B. Una festa speciale.   The dinner party you've organized is about to start, but you can't find some of the things you need. In pairs, locate the missing items.

MODELLO: la ricetta
—**Dov'è la ricetta?**
—**Eccola!**

1. il regalo
2. i dolci
3. le candele

4. la sorpresa
5. i fiori
6. il tacchino

C.   Marcello runs into two friends, Giancarlo and Lucia, in front of Bar Cilea in Cosenza. Complete their conversation with the appropriate direct object pronouns.

MARCELLO: Ciao, Giancarlo! Ciao, Lucia! Entriamo a prendere una bibita insieme?
LUCIA: Ho fretta, ma una bibita, _____ prendo volentieri.
MARCELLO: E tu, Giancarlo, bevi un caffè con me?
GIANCARLO: Grazie, _____ bevo volentieri.
MARCELLO: Prendi il caffè con lo zucchero?
GIANCARLO: No, _____ prendo senza zucchero, grazie.
MARCELLO: Lucia, perchè hai fretta?
LUCIA: Vado in centro per comprare dei regali di Natale. Devo comprar _____ questo pomeriggio.
GIANCARLO: Se vuoi, _____ accompagno. Compro questa bottiglia di spumante e andiamo.
LUCIA: Per chi _____ compri?
GIANCARLO: Per i miei genitori. Domani è il loro anniversario di matrimonio.
LUCIA: _____ accompagni all'autobus?
GIANCARLO: No, _____ accompagno in centro; ho la macchina e anch'io devo comprare dei regali.

D. Preparativi.   In pairs, imagine that you are planning a holiday party together. Ask your partner if he/she can do the following things. Your partner will answer yes or no, using a direct object pronoun in the response.

MODELLO: comprare lo spumante
—**Puoi comprare lo spumante?**
—**Sì, lo posso comprare./Sì, posso comprarlo.**
   No, non lo posso comprare./No, non posso comprarlo.

1. preparare l'antipasto
2. decorare la casa
3. comprare i fiori
4. mandare gli inviti

5. fare la spesa
6. ordinare le torte
7. cucinare il tacchino
8. comprare le candele

TALKING ABOUT THE PAST

II. **ACCORDO DEL PARTICIPIO PASSATO CON IL PRONOME DIRETTO CHE PRECEDE** (*Agreement of the past participle with a preceding direct object*)

—Chi ha preparato i panettoni?
—**Li** ha preparat**i** la mamma.
—Hai visto Martina?
—Sì, **l**'ho vist**a** ieri sera alla festa.

◆ When a verb is in the **passato prossimo,** the direct object pronoun precedes the auxiliary verb **avere.** If the pronoun is in the third person, singular or plural (**lo, la, li, le**), the past participle agrees with it in gender and number. As in the present tense, **lo** and **la** may elide with some forms of **avere (ho, hai, ha, hanno),** but **li** and **le** do not elide.

—Hai preparato il tacchino?

—Hai organizzato la festa?

—Hai comprato i dolci?

—Hai invitato le amiche di Bruno?

—Sì, **l**'ho (**lo** ho) preparat**o.**

—Sì, **l**'ho (**la** ho) organizzat**a.**

—Sì, **li** ho comprat**i.**

—Sì, **le** ho invitat**e.**

◆ With the first- and second-person direct object pronouns (**mi, ti, ci, vi**), the agreement is optional.

Barbara, chi **ti** ha invitat**o** (invitat**a**) alla festa?
Anna e Ada, **vi** ha vist**o** (vist**e**) il professor Faldi?

Attività

E. Complete the following exchanges by providing the appropriate ending to the past participle.

1. CARLO: Chi ha invitat _____ Giuliana?
   STEFANIA: Forse l'ha invitat _____ la mamma.
2. ANTONIO: Hai comprat _____ le candele?
   PAOLO: Sì, le ho comprat _____ ieri.
3. LAURA: Hanno servit _____ lo spumante al veglione?
   GIGI: No, non l'hanno servit _____.
4. CLAUDIA: Hai dat _____ la ricetta del panettone a Gianna?
   SARA: Sì, l'ho dat _____ a Gianna la settimana scorsa.
5. ANNA: Hai vist _____ la tua amica americana?
   GRAZIA: Sì, l'ho vist _____ in biblioteca.
6. GIANNI: Chi ha ordinat _____ il tacchino?
   ALDO: Non so. Non l'hai ordinat _____ tu?

F. Cosa hai fatto?   In pairs, ask and answer questions about yourself and your friends' activities.

> MODELLO: —Hai ordinato i fiori?
> —**Sì, li ho ordinati./No, non li ho ordinati.**

1. Hai bevuto un aperitivo?
2. Tu e Carlo, avete mandato gli inviti?
3. Hai decorato l'appartamento?
4. Ha preparato le torte Alberto?
5. Tu e Gina, avete mangiato il tacchino?
6. Hai comprato i fiori?
7. Chi mi ha aiutato? (Lorenzo)
8. Chi ti ha visto? (Donatella)
9. Tu e Marta, avete ascoltato la la musica rock?
10. Hai fatto un regalo?

G. Un viaggio in Calabria.   In pairs, imagine that you are taking a trip to Calabria to spend the holidays with relatives. Ask your partner if he/she has packed the following things.

> MODELLO: il dizionario
> —**Hai preso il dizionario?**
> —**Sì, l'ho preso./No, non l'ho preso.**

1. i regali
2. la macchina fotografica
3. il passaporto
4. i biglietti
5. gli assegni turistici
6. gli euro
7. le valige
8. la sveglia (*alarm clock*)

SAYING WHAT AND WHOM YOU KNOW

❖ Two bronze warriors, dating back to the 5th century B.C., were discovered by a diver in 1972 on the bottom of the sea near Riace Marina, on the Ionian coast of Calabria.

III.   CONOSCERE E SAPERE (Conoscere *and* sapere, *to know*)

Sai dove abita Renata?
Non **conosco** David, lo studente americano, ma **so** che è di Chicago.
—**Sa** dove si trova Riace Marina?
—No, non lo **so**.[4]

— Mi dispiace, ma non conosco nessuna canzone dei cow-boy.

I'm sorry, but I don't know any cowboy songs.

---

[4]See the **Espansione grammaticale,** page 215.

◆ The English verb *to know* corresponds to two Italian verbs: **conoscere** and **sapere.** Study the forms of these verbs in the following chart.[5]

conoscere		sapere	
PRESENTE			
conosco	conosciamo	so	sappiamo
conosci	conoscete	sai	sapete
conosce	conoscono	sa	sanno
PASSATO PROSSIMO			
ho conosciuto		ho saputo	

◆ Use **conoscere** when you want to indicate that the subject is personally acquainted or familiar with someone or something.

Marta **conosce** i miei genitori.
Franca e Diana **conoscono** molto bene Reggio Calabria.

◆ **Conoscere** can also mean *to meet, to make the acquaintance of* someone. In the **passato prossimo,** it always has this meaning.

Quando posso **conoscere** tua cugina?
Il giorno di Natale **ho conosciuto** gli amici di Adriana.

◆ Use **sapere** when the knowledge is factual and objective.

—**Sai** dov'è la biblioteca?
—Sì, lo **so**: è vicino alla palestra.
Bruno **sa** il numero di telefono del professore.
I signori Tedeschi **sanno** che il loro figlio arriva domani.

◆ In the **passato prossimo, sapere** means *to find out* (*to learn, to hear that / about*).

Questa mattina Alva **ha saputo** che Nino non può venire alla festa.

◆ **Sapere** + *infinitive* means *to know how to do something.*

—**Sapete cucinare** il tacchino?   —*Do you know how to (are you able to, can you) cook the turkey?*

—No, non **sappiamo cucinarlo.**   —*No, we don't know how to (we aren't able to, we can't) cook it.*

Attività

H. Complete the following exchanges with the appropriate forms of **conoscere** or **sapere.**

1. SONIA: Renato e Bruno, _____ bene la Calabria?
RENATO E BRUNO: Sì, ma non _____ parlare il calabrese.

[5]**Conoscere** is regular, and **sapere** is irregular. In **conoscere,** note the two sounds of the second *c* (hard in **cono**sc**o** and **cono**sc**ono;** soft in **cono**sc**i, cono**sc**e, cono**sc**iamo, cono**sc**ete**).

2. GINO: _____ Teresa il compositore Francesco Cilea?
   BIANCA: No, però _____ chi è.
3. CARLO: I signori Garbelli _____ che siamo a Cosenza per Natale?
   BEPPE: No, non lo _____
4. ROSETTA: _____ Patrizia cosa ha scritto Tommaso Campanella?
   CRISTINA: No, non lo _____

I. **Com'è Luigi?** In pairs, ask and answer questions about Luigi, an Italian student at your university. Begin each question with **Conosci** or **Sai.** When necessary, invent a logical answer.

MODELLO: cosa studia
—**Sai cosa studia?**
—**Sì, studia inglese e architettura.**

1. di quale città è
2. se è un ragazzo serio
3. i suoi genitori
4. se sa cucinare
5. le sue amiche
6. dove va durante le vacanze di Natale
7. se studia molto nella biblioteca universitaria
8. suo fratello Filippo
9. se sa giocare a tennis
10. cosa preferisce fare per il fine-settimana

J. **La mia città.** Ask your partner if he or she is well acquainted with the sights of your city. Give specific names. In each response, use the direct object pronoun **lo, la, li,** or **le.**

MODELLO: la via...
—**Conosci la via Washington?**
—**Sì, la conosco./No, non la conosco.**

1. il negozio...
2. la pasticceria...
3. i musei...
4. il cinema...
5. i ristoranti...
6. la biblioteca...
7. il teatro...
8. le discoteche...

K. Say what the following people know or do not know how to do well.

1. Luciano Pavarotti
2. Tom Cruise e Brad Pitt
3. il professore/la professoressa
4. io
5. tu e la tua amica
6. Julia Child
7. io e Andre Agassi
8. Diana Ross

L. **Cosa sapete fare?** In pairs, tell each other three things that you know how to do well, three things that you don't know how to do well, and three things that you don't know how to do at all **(per niente).**

IV. BERE (*To drink*)

—Cosa **bevete?**
—Noi **beviamo** Asti Spumante.
Fanno un brindisi quando **bevono** lo champagne.
La mattina **bevo** sempre un cappuccino.

◆ The verb **bere** has an irregular stem, but the endings are regular.

bere
PRESENTE
bevo   beviamo bevi   bevete beve   bevono
PASSATO PROSSIMO
ho bevuto, *etc.*

Attività

M. Say what the following people drink before or after dinner.

> MODELLO: Gabriella preferisce lo spumante.
> **Beve dello spumante.**

1. La mamma preferisce l'Amaretto.
2. Io preferisco la birra.
3. Andrea e Giada preferiscono l'acqua minerale.
4. Tu preferisci il vino Pollino.
5. Tu e Marco preferite la Sambuca.
6. L'ospite americano preferisce un succo di frutta.

Tocca a voi

A. Un piccolo skit: Al ballo.   In pairs, read and act out the following skit. Then use it as a model to write your own, which you will share with the class. Be imaginative!

> MODELLO: **s1:** *e s2 guardano un ragazzo/una ragazza che balla il rock.*
> **s1:** Tu conosci quel ragazzo/quella ragazza che sa ballare così bene?
> **s2:** Sì, lo/la conosco solo di vista (*by sight*).
> **s1:** Sai come si chiama?
> **s2:** No, non lo so.
> **s1:** Non importa (*It doesn't matter*). Io l'invito a ballare e a bere un aperitivo.
> **s2:** Buona fortuna!

❖ **Amaretto** is a popular Italian liqueur usually served after dinner. It has been famous since 1525, when a beautiful young woman in Saronno made it for the man she loved. **Sambuca,** another popular liqueur, is made from elderberries and anise with a blend of spices and herbs. It is traditionally served as an after-dinner drink.

B. Che bella festa!   In pairs, study the illustration and describe what kind of party this is: Who are the guests? What are they eating and drinking? What are they doing and saying to each other? (What is the topic of their conversation?) Be inventive!

C. Un biglietto d'invito.   Write an invitation in which you ask a friend to come to the party you organized in **Attività B**. Be sure to include the place, date, and time.

> *Caro/Cara...*
>
> *Ti invito a una festa...*
>
> *Il tuo amico/ La tua amica.*

D. Scuse (*Excuses*).   Decline the invitation created in **Attività C** in writing. Use the following excuses and say why you can't go.

> **MODELLO:**   Mi dispiace ma non posso perchè...
> Sabato devo...   Ho un altro invito...
> Vorrei volentieri ma...
> Questa fine-settimana non è possibile perchè....

E. Gusti personali.   In pairs, discuss your personal tastes and preferences in organizing a party, inviting guests for dinner, or celebrating an event. Use the following situations and questions as a guide. Share your findings with the rest of the class.

1. Immaginate di invitare nel vostro appartamento un ragazzo/una ragazza che vi piace molto per una cena intima. Che cosa preparate? Come decorate l'appartamento? È una cena al lume di candele (*candlelight dinner*)? Come vi vestite?

2. Immaginate di organizzare una festa per festeggiare la laurea del vostro migliore amico/della vostra migliore amica. Cosa servite? Cosa bevete? Chi invitate? Che regali fate? Che attività organizzate?

3. Festeggiate il vostro compleanno. Come preferite celebrarlo? Invitate gli amici a casa o al ristorante? Perchè?

4. Cosa vi piace fare alle feste: ballare? parlare? ascoltare la musica? cantare? suonare la chitarra? discutere di politica? quali altre cose?

❖ *Espansione grammaticale*

ALTRI USI DEI PRONOMI DIRETTI (*Other uses of direct object pronouns***)**

> —Il panettone l'ha preparato Michele.
> —**Lo** credo, è molto buono!
> —Marco è diventato architetto? Non **l'**avrei (*would*) mai pensato!

◆ When the direct object pronoun **lo** is used with the verbs **credere, dire, essere, pensare, sapere, sperare,** it can function as a neuter pronoun, equivalent to *it* in English. With the verb **essere, lo** is also used this way in sentences whose subject is implied rather than stated.

> —Sai dove Luca e Massimo passano le vacanze di Natale?
> —No, non **lo** so.
> —Piero e Luigi sono studenti di economia?
> —Sì, **lo** sono.

◆ The pronoun **la** is used in some common idioms: **saperla lunga** (*to know a thing or two*) and **smetterla** (*to quit it, cut it out*).

> **La** smetti adesso? Sono stanca delle tue lamentele (*complaints*).
> Paolo sembra un ragazzo ingenuo (*naive*), ma **la** sa lunga!

◆ When **la** and a reflexive pronoun are attached to certain verbs, these verbs become idiomatic and are conjugated with **essere.** The following are some of the most common.

cavarsela	*to manage, get by*
godersela	*to live it up, have fun*
passarsela	*to get on (financially)*
prendersela	*to take offense*
sbrigarsela	*to make it (in time)*

Mario e Piero **se la sono cavata** bene all'esame di chimica.
Quest'estate voglio **godermela** al mare!
I signori Fiorelli **se la passano** bene.
Franco, perchè **te la prendi** sempre con me?
Ti promettiamo di **sbrigarcela** in pochi minuti.

Attività

A. Complete the following exchanges with the appropriate direct object pronouns.

1. —Sai quando arrivano gli amici di Graziella dal Texas?
   —No, non _____ so, ma Roberta _____ sa.
2. —Sapete che Romolo si è finalmente sposato?
   —Non _____ credo!
3. —Tuo padre è il nuovo sindaco di Catanzaro?
   —Sì, _____ è.
4. —Enzo, smetti con quella musica rock! Non mi piace ascoltarla.
   —Laura, non te _____ prendere!
5. —I signori Angelini non lavorano più; pensano a goderse _____.
   —Beati loro!
6. —Sai che i Berlusconi hanno comprato una grande barca e una Lamborghini?
   —È ovvio che se _____ passano bene!
7. —Dove abita adesso Maria?
   —Abita a Roma e non se _____ cava molto bene perchè non ha un lavoro.

Lettura

Una ricetta: zabaglione con fragole

Preparazione alla lettura: *Applying prior knowledge and scanning*

1. After a glance at the picture, think about your knowledge of, or your experience with, this material.
2. Scan the selection to determine what type of text it is and try to anticipate the main idea and the significant details.
3. Scan the selection one more time and pick out the key details about ingredients and preparation.

Zabaglione
Ingredienti per sei persone

6 tuorli d'uova°
6 cucchiai° di zucchero
mezza tazza di Marsala
½ cucchiaio di vaniglia

Mescolare° i tuorli d'uova, lo zucchero e la vaniglia. Sbatterli° fino a quando° sono ben gonfiati°. Aggiungere° il marsala e mescolare fino a quando è amalgamato. Mettere il recipiente° dove c'è lo zabaglione in un'altra casseruola più grande riempita° per tre quarti di acqua bollente. Fare cuocere° lo zabaglione a fuoco° basso e mescolare continuamente. Quando vedete sulla superficie dello zabaglione formarsi delle bollicine°, bisogna toglierlo° subito dal fuoco e poi metterlo in una ciotola°. Lo zabaglione può essere servito caldo o freddo, a colazione con dei biscotti o come dolce dopo cena, guarnito con le fragole. È possibile conservarlo per alcuni giorni in frigorifero.

tuorli... egg yolks
tablespoons

Mix / Beat them
until / puffed up / Add
container
filled
Fare... *Cook / flame*

bubbles / to remove it
bowl

Attività

A. Answer the following questions.

1. Quali sono gli ingredienti necessari alla preparazione dello zabaglione?
2. Cosa indicano le bollicine?
3. Come si serve? Quando si serve?
4. Quando lo zabaglione si serve dopo cena, che tipo di piatto è?

B. Zabaglione! You are going to prepare **zabaglione** for some friends. Reread the list of ingredients and do the following things:

1. List the ingredients and quantities you need to buy.
2. Cross out the things you already have and say where you are going to buy the rest of them.
3. Decide how you are going to serve the **zabaglione** (for example, in a cake, with cookies, with strawberries, etc.)

C. Che cosa prepariamo?   In small groups, imagine that you have invited some Calabrian friends to dinner and that you have decided to prepare a typical American dish, both simple and informal. What will you prepare, and what ingredients will you need? One person in each group will ask the others to look for a recipe, prepare a list of ingredients, and find out who knows how to prepare the dish without the recipe, ask others to go shopping, to cook, and so on. (In your discussion, use the verb **sapere** and the direct object pronouns whenever possible).

* * * * ❖ *

Eccoci!

A. Messaggi.   In pairs, read these newspaper and magazine announcements and answer the following questions.

1.   What occasions are described in the announcements?
2.   Do you find similar or different announcements in American newspapers and magazines?
3.   Do you usually write an announcement for a special friend or a special occasion? What do you say?

─────────────── **UN MESSAGGIO** ───────────────

883
Siete fantastici, favolosi, mitici e siete i miei cantanti preferiti; ascolto solo la vostra musica.
Letizia

Anniversario
A Grazia e Omar nel primo anniversario.
Tanti auguri mamma, papà, Martina e gli zii Aldo e Marta.

 Compleanno
A Massimo
Oggi è un giorno meraviglioso e importante per i tuoi vent'anni.
Auguri
Catia

A Patrizia
Adesso so che non posso vivere senza di te.
Paolo

B. Scriviamo messaggi!   In groups of three or four, use the above **messaggi** as a guide and write announcements (for a birthday, anniversary, engagement, wedding, holiday, or other special occasion, and/or messages for your favorite actor or singer, boyfriend/ girlfriend, or another special person). Be imaginative and, if you like, humorous. Share the **messaggi** your group has created with the rest of the class.

C. **Una ricetta.** Look for an Italian recipe in a cookbook, or ask someone in your family for a favorite (simple) recipe. Bring it to class to share with your classmates. Say what kind of dish it is: **un antipasto, un primo o secondo piatto** (*first or second course*), or **un dolce,** and if it is a regional or traditional recipe for a holiday. Give the list of ingredients, the preparation time, and the cooking time, and say how the dish is served.

D. **Incontro a una festa.** In pairs, imagine that you are at a party and meet another student. In the course of your conversation, you discover that both of you live in the same apartment complex and that you know the same people. Talk about the people you both know.

❖ *Vocabolario attivo*

NOMI
l'albero di Natale *Christmas tree*
Babbo Natale *Santa Claus*
la Befana *old witch who brings presents*
la candela *candle*
il Capodanno *New Year*
la colomba pasquale *dove-shaped Easter cake*
la cuoca / il cuoco *cook*
il dolce *dessert*
l'Epifania *Epiphany*
il giocattolo *toy*
il Natale *Christmas*
l'ospite *guest*
il panettone *Christmas cake*
la Pasqua *Easter*
il preparativo *preparation*
il presepio *Nativity scene*
la ricetta *recipe*
lo spumante *sparkling wine*
il tacchino *turkey*
l'uovo di cioccolato *chocolate egg*
l'usanza *custom*
il veglione *all-night ball*
la vigilia *eve*

AVVERBI
facilmente *easily*

AGGETTIVI
felice *happy*
triste *sad*

VERBI
accendere (p.p. acceso) *to light, turn on*
bere (p.p. bevuto) *to drink*
celebrare *to celebrate*
conoscere *to know, to be acquainted with someone or something; to make the acquaintance of, to meet*
decorare *to decorate*
festeggiare *to celebrate*
sapere *to know, to know how to; to have knowledge of something*
scambiarsi *to exchange*
spegnere (p.p. spento) *to put out, turn off (a light, TV)*

PAROLE E ESPRESSIONI
Alla salute! *Cheers!*
Buon appetito! *Enjoy your meal!*
Buon Capodanno! *Happy New Year!*
Buon compleanno! *Happy birthday!*
Buon Natale! *Merry Christmas!*
Buon anniversario! *Happy anniversary!*

Buona Pasqua! *Happy Easter!*
Buone ferie / vacanze! *Have a good vacation!*
Buone feste! *Happy holidays!*
è da un pezzo che non... *it's been quite a while since . . .*
fare gli auguri *to wish someone well*
fare un brindisi *to make a toast*
fare un regalo *to give a gift / present*
figurati! *Just imagine!*
non... ancora *not yet*
tanti auguri *lots of good wishes*

PRONOMI DIRETTI
mi *me*
ti *you (informal)*
La *you (formal, m./f.)*
lo *him, it (m.)*
la *her, it (f.)*
ci *us*
vi *you (informal)*
li *them (m.)*
le *them (f.)*
Li *you (formal, m.)*
Le *you (formal, f.)*

Ora scriviamo!

Writing strategy: SEQUENCING EVENTS BY USING CONNECTORS

Writing activity: WRITING A DIARY ENTRY

A diary is something we write for ourselves, to recall experiences or events and our thoughts, feelings, and impressions about them. Generally we write down our experience while it is taking place, or soon thereafter, when the memory of it is still fresh. Some diaries—those of Marco Polo, Samuel Pepys, and Anne Frank, for example—have become famous. These diaries are worth reading because they are personal. The diary you keep should also be personal, spontaneous, and meaningful to you. To write the first entry of your diary follow this plan.

1. **Choose a current or recent experience.** Think about details that help you relive this experience: the time of day, the weather, your mood, your impressions and feelings, the way things and people look or looked. Concentrate on whatever distinguishes and defines this experience for you.

2. **Plot a sequence of events.** Jot down notes in a chart like the one in the **modello** to plot the sequence of events. Beginning with the first thing you remember, reconstruct everything that happened.

   MODELLO:

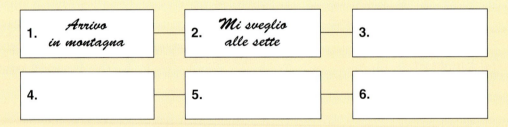

3. **Start with the words** *Caro diario.* This will help to establish a close relationship with your diary, as if you were speaking to a friend. Use the grammatical structures (such as reflexive and reciprocal verbs) and the vocabulary (such as pastimes, hobbies, and sports) you have learned.

4. **Write a series of short paragraphs.** Write one short paragraph for each event you entered in the chart.
   a. Write a main sentence (and possibly, a follow-up sentence) in the present or past tense (**passato prossimo**) and one or two descriptive sentences in the present giving the background.

b. Your experience may have occurred during a holiday or celebration—Thanksgiving, Christmas, Easter, Hannukah, Yom Kippur, Kwanza, the Chinese New Year, or your birthday, to name a few. If so, be sure to describe family traditions and customs. Use the present tense or the **passato prossimo**.

c. To sequence the events, you may use these connectors: **prima** (*first*), **poi** (*then*), **più tardi** (*later*), **dopo** (la festa, *etc.*) (*after*), **infine** (*finally*).

MODELLO:

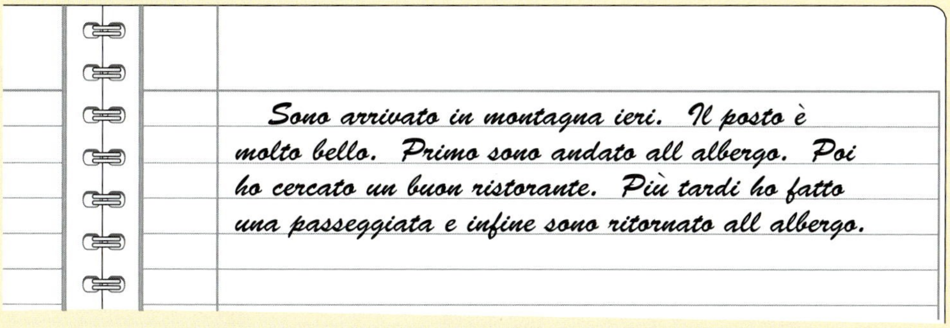

> *Sono arrivato in montagna ieri. Il posto è molto bello. Primo sono andato all'albergo. Poi ho cercato un buon ristorante. Più tardi ho fatto una passeggiata e infine sono ritornato all'albergo.*

5. **Write an ending.** End your diary entry with one or two sentences expressing your hopes, desires, and/or fears. Use **spero di** + *infinitive* (*I hope to . . .*), **voglio** or **desidero** + *infinitive* (*I wish to . . .*), **ho paura di** + *infinitive* (*I'm afraid to . . .*).

MODELLO:

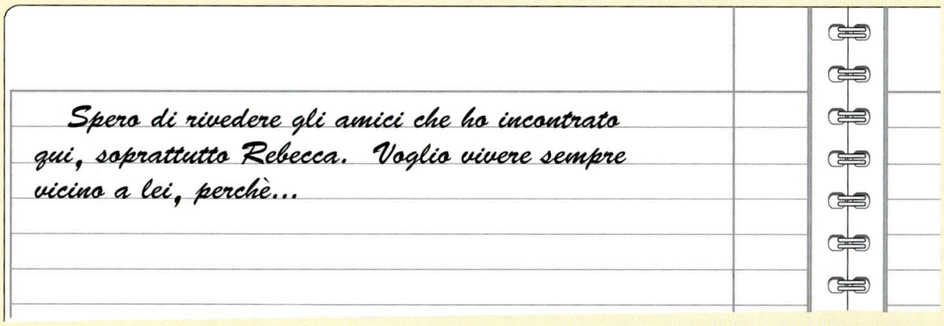

> *Spero di rivedere gli amici che ho incontrato qui, soprattutto Rebecca. Voglio vivere sempre vicino a lei, perchè...*

L'UMBRIA

CAPOLUOGO   Perugia
AREA   8.500 chilometri
quadrati
POPOLAZIONE   822.800
abitanti
PROVINCE E CITTÀ IMPORTANTI
Assisi, Gubbio, Spoleto,
Terni, Todi
**PRODOTTI AGRICOLI E
ALIMENTARI**   Baci
Perugina, grano (*wheat*),
olio, tabacco, vino (il
bianco di Orvieto)
PRODOTTI ARTIGIANALI
ceramiche di Gubbio,
maioliche, ricami
(*embroideries*) di Assisi
PERSONAGGI FAMOSI   San
Francesco d'Assisi (santo
patrono d'Italia,
1182–1226), Santa Chiara
(fondatrice delle Clarisse,
1194–1253), Perugino
(pittore 1448–1523)

Perugia, Piazza IV Novembre con il Palazzo dei Priori (Palazzo Comunale) e la
Fontana Maggiore.

Il cinema italiano

Massimo Troisi, Philippe Noiret e Maria Grazia Cuccinotta sul set durante le riprese del film *Il Postino*.

OBIETTIVI COMUNICATIVI

Extending, accepting, and declining an invitation

Speaking succinctly

Answering questions about places

Expressing beliefs

Talking about quantity

CULTURA

Italian cinema: famous directors and their films

GRAMMATICA

Indirect object pronouns

Ci

Ne

ESPANSIONE GRAMMATICALE

Double-object pronouns

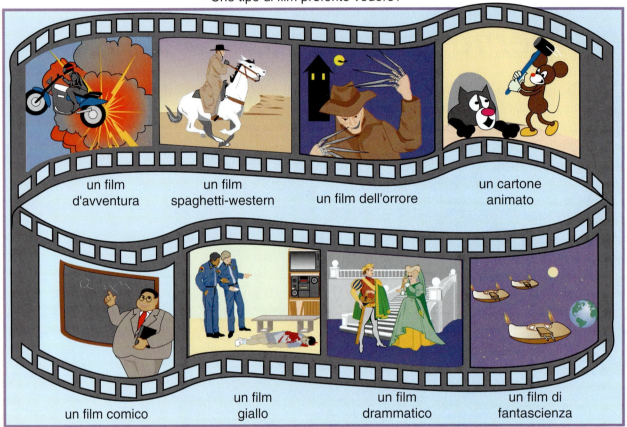

Per cominciare

Che tipo di film preferite vedere?

un film
d'avventura

un film
spaghetti-western

un film dell'orrore

un cartone
animato

un film comico

un film
giallo

un film
drammatico

un film di
fantascienza

 ## Incontri

Un invito al cinema

Enzo, studente di economia all'Università di Perugia, telefona a Silvia, studentessa di cinematografia. Enzo si è innamorato a prima vista° di Silvia a una festa di compleanno a casa del suo amico Fabio. Enzo le telefona° per invitarla al cinema con la speranza° di rivelarle il suo amore°.

at first sight

le... *calls her / hope*
love

SILVIA:	Pronto? Chi parla?
ENZO:	Pronto? Ciao, Silvia. Sono Enzo, l'amico di Fabio. Come stai?
SILVIA:	Sono un po' stanca perchè preparo l'esame di sociologia del cinema. Devo dare l'esame la prossima° settimana.
ENZO:	Anch'io ne devo dare uno° in economia. Sei libera° questa sera?
SILVIA:	Sì, non ho impegni°. Perchè?
ENZO:	Ti va di° andare al cinema?
SILVIA:	Certamente, mi va l'idea. Al cinema ci° vado volentieri.
ENZO:	Si ridà° *Mediterraneo* di Gabriele Salvatores. L'hai già° visto?
SILVIA:	No, però ho letto una recensione° molto positiva.
ENZO:	Qual è il soggetto° del film?
SILVIA:	Il film è una metafora sulle delusioni dell'esistenza.
ENZO:	Mi sembra interessante.
SILVIA:	Inviti anche il tuo amico Fabio?
ENZO:	Non ci avevo pensato.° Posso telefonargli° e invitarlo se vuoi, però preferirei° passare del tempo da soli°.
SILVIA:	D'accordo.° Dove ci incontriamo?
ENZO:	Il film si dà al cinema Morlacchi, alle nove. Ti incontro al botteghino° alle otto e quaranta. Va bene?
SILVIA:	Perfetto, ciao. A presto!

next

ne... *I have to take one of them /*
free
engagements
Ti... *Do you feel like . . .*

there

Si... *is being shown again /*
already / review

plot

Non... *I hadn't thought about it*
/ call him
I'd prefer / **da...** *alone*
Okay

box office

Nota bene

Come accettare o rifiutare un invito

To invite someone to do something, you may use the expression **Ti (Gli/Le/Vi/Loro) va di** + infinito? *Do you feel like (+ -ing verb form)?*

Ti va di mangiare una pizza?
Le va di uscire?
Vi va di andare al cinema?

To accept an invitation (**accettare un invito**), you may say

Certo/certamente.	**D'accordo.**	**Sì.**	**Volentieri.**
Con piacere. *Gladly.*	**OK.**	**Va bene.**	

To decline an invitation (**rifiutare un invito**), you may say

No, mi dispiace ma non posso.
Veramente non mi va molto l'idea perchè + spiegazione (**ho un impegno, devo studiare...**)

❖ The University of Perugia was founded in 1200 by students from the University of Bologna. In 1308, it was recognized by Pope Clement V as a *studium generale*, and it became an important study center for students and scholars from all over Europe.

Directed by
Actors

viene... *is sent*

connections

se... *themselves*

homeland

la... *the soccer game*

Da... *A must see /*
interpretato... *played by*
around
cheerfulness

Regia di° Gabriele Salvatores.
Interpreti°: Diego Abatantuono,
Giuseppe Cederna, Claudio Bigagli,
Claudio Bisio. Produzione: Penta
Video (02) 21628728. Durata:
104′ — colore. Per il noleggio.
    Il soggetto: siamo nel 1941.
Un gruppo di otto soldati italiani
viene mandato° a sorvegliare
un'isola greca. Ma la radio presto si
rompe e perdono i collegamenti°
con il resto del mondo. Diventano
amici con i locali e imparano a
essere se stessi°. È l'anno 1943:
quando arrivano gli inglesi, alcuni
scelgono di tornare in patria° e altri
preferiscono rimanere nel loro
paradiso.
    Le sequenze da ricordare: il
matrimonio e la partita di pallone°
(tipica dei film di Salvatores) con l'arrivo del piccolo aereo.
    Da vedere° perchè: interpretato da° un gruppo di bravi attori, è una
metafora sulle delusioni della generazione di oggi intorno° ai
quarant'anni: un film sentimentale fra l'allegria° e la malinconia.

Parole e espressioni utili

Il mondo del cinema

la colonna sonora *soundtrack*	il/la regista *movie director*
doppiare *to dub*	lo schermo *screen*
girare (un film) *to shoot (a movie)*	lo spettacolo *performance/show*
il personaggio *character*	svolgersi *to take place*
la parte *role*	la videocamera *camcorder*
recitare *to play (a role)*	

Attività

A. Rispondi alle seguenti domande. Cerca le informazioni nel dialogo a
pagina 225 e nell'articolo su *Mediterraneo*.

1. Dove sono Enzo e Silvia e cosa studiano?
2. Dove si sono conosciuti e in quale occasione?
3. Dove vanno Silvia e Enzo?
4. Qual è il titolo del film?
5. Qual è il soggetto del film?

6. Dove si dà il film e a che ora?
7. Dove si incontrano Enzo e Silvia?
8. Chi è il regista e chi sono gli attori del film?
9. Dove si svolge l'azione del film?
10. Perchè è da vedere questo film?

B. Le seguenti affermazioni sono false. Correggile secondo (*according to*) il dialogo a pagina 225 e l'articolo su *Mediterraneo* a pagina 226.

1. È domenica pomeriggio e Enzo, studente di informatica all'Università di Bologna telefona a Grazia.
2. Enzo e Silvia si sono conosciuti a una cena a casa di Massimo.
3. Silvia non è libera e rifiuta l'invito di Enzo. Dice che ha degli impegni e che non vuole andare al cinema.
4. Il film che Enzo e Silvia vanno a vedere si chiama *Nuovo Cinema Paradiso*.
5. Il regista di questo film è Giuseppe Tornatore.
6. *Mediterraneo* si svolge nel 1951 e parla di alcune donne sull'isola di Creta.
7. Tutti i soldati ritornano in Italia con gli inglesi.

C. Quali film preferite? In pairs, look at the illustrations on page 224 and ask your partner what kinds of films he/she prefers and why. Then explain your partner's preferences to the class.

> MODELLO: i film d'avventura
> S1: **Ti piacciono i film d'avventura?**
> S2: **Sì, mi piacciono i film d'avventura perchè li trovo divertenti.**
> S1: (alla classe): **A Monica piacciono i film d'avventura perchè li trova divertenti.**

D. Sei libero(a)? In pairs, ask each other if you are free Saturday night and if you feel like doing something. Answer affirmatively or negatively, using the expressions in the **Nota bene** box.

> MODELLO: S1: **Sei libero(a) sabato sera?**
> S2: **Sì. Perchè?**
> S1: **Ti va di andare a teatro?**
> S2: **D'accordo./Veramente non mi va.**

E. Un invito al cinema. In pairs, role-play a telephone conversation in which you invite your partner to go see a film with you. Choose a film and outline the plot, tell where it is being shown, and decide at what time you will go by your partner's house to pick him/her up.

Nota culturale

❖ *Il cinema italiano*

La regista Francesca Archibugi.

si... *establishes itself*
seconda... *World War II*

only

survives

masterpieces

La cinematografia italiana si afferma° artisticamente dopo la seconda guerra mondiale°. Con la fondazione del Centro Sperimentale di Cinematografia (1935), nasce una nuova mentalità e un nuovo stile: il **neorealismo**. Il cinema non è più visto soltanto° come divertimento, secondo il modello Hollywoodiano esistente. I film neorealisti sono una documentazione sociale e storica della realtà italiana della guerra, della miseria e della sofferenza. Due registi famosi del cinema neorealista sono Roberto Rossellini con *Roma città aperta*, girato nel 1945 (documento degli ultimi tragici eventi del fascismo) e Vittorio De Sica con *Ladri di biciclette* (1948), la storia di una famiglia che sopravvive° nella miseria, solitudine e indifferenza della massa.

Il film italiano prende una nuova direzione negli anni cinquanta con Federico Fellini, Michelangelo Antonioni e Luchino Visconti. Fellini, definito il genio del cinema italiano, crea dei veri capolavori°. I suoi film, in parte autobiografici, presentano una visione deformata della società, ma piena di umanità: *I vitelloni* (1953), *La strada* (1954), *La dolce vita* (1959), *Otto e mezzo* (1965), *Giulietta degli spiriti* (1965) e *Amarcord* (1973).

Negli anni cinquanta e sessanta emerge anche un altro genere di film, "la commedia all'italiana", con una serie di film comici e satirici. Un esempio di questo genere è *Divorzio all'italiana* (1962) di Pietro Germi.

Pier Paolo Pasolini si afferma nei primi anni del settanta con uno stile originale e con soggetti che trattano della° "diversità" sociale e sessuale: *Medea* (1970), *Il Decamerone* (1971), *I racconti di Canterbury* (1974). Durante lo stesso periodo Bernardo Bertolucci esplora la psicologia contemporanea con *Il conformista* (1970) e *Ultimo tango a Parigi* (1972).

deal with

Oggi il cinema italiano è all'avanguardia della produzione mondiale. Continua il lavoro di Bertolucci, che confronta° le tematiche universali dell'amore, della speranza e della morte in *L'ultimo imperatore* (1987), *Il tè nel deserto* (1990), e *Piccolo Budda* (1993), e si affermano Giuseppe Tornatore con *Nuovo Cinema Paradiso* (1990), Maurizio Nichetti con *Ladri di saponette* (1990), Gabriele Salvatores con *Mediterraneo* (1991) e Gianni Amelio con *Lamerica* (1996). Tra le registe, Lina Wertmüller ha raggiunto° fama internazionale. I suoi film — *Mimi metallurgico ferito nell'onore* (1971), *Travolti da un insolito destino nell'azzurro mare d'agosto* (1974) e *Ciao professore!* (1993) — rappresentano il problema geo-politico fra Nord e Sud Italia. Si affermano anche Cristina Comencini con *Va dove ti porta il* cuore (1995) e Francesca Archibugi, con *Il grande cocomero* (1993) e *Con gli occhi chiusi* (1995), Roberto Benigni con *La vita è bella* (1998) e *Pinocchio* (2002). Negli anni duemila ricordiamo anche *L'ora di religione* di Marco Bellocchi (2002), *Il piú bel giorno della mia vita* di Cristina Comencini (2002) *e Ricordati di me* di Gabriele Muccini (2003).

faces

ha... *has won*

Cosa ne pensate?

1. Che cos'è il neorealismo? Quando e perchè nasce? Quali film e quali registi rappresentano il neorealismo?
2. Chi sono alcuni registi famosi degli ultimi anni? Quali sono i soggetti dei loro film?
3. Avete visto dei film italiani? Quali? Sono simili o diversi dai film americani? Come?
4. Quali film americani ammirate? Perchè?

❖ Some of the movies mentioned in the *Nota culturale* were given English titles in the United States: *Open City* (Rossellini); *The Bicycle Thief* (De Sica); *8½*, *Juliet of the Spirits* (Fellini); *Divorce Italian Style* (Germi); *The Decameron*, *The Canterbury Tales* (Pasolini); *The Conformist*, *Last Tango in Paris*, *The Last Emperor*, *The Sheltering Sky*, *Little Buddah* (Bertolucci); *Icicle Thief* (Nichetti); *The True Life of Antonio H.* (Salvatores); *The Seduction of Mimi*, *Swept Away* (Wertmüller); *The End Is Known* (Comencini); *The Huge Pumpkin*, *Closing Eyes* (Archibugi).

Grammatica

SPEAKING SUCCINCTLY

I. PRONOMI INDIRETTI (*Indirect object pronouns*)

Mi presti la recensione sul film di Salvatores?
Chi **ti** ha invitato all'Umbria Jazz Festival?
Quando viene Mario, **gli** do un biglietto per il teatro.
Le regalo una scatola (*box*) di Baci Perugina.
Domando **loro** se hanno già visto l'ultimo film di Fellini.
Francis Ford Coppola **ci** offre di girare un film in Italia.

◆ Indirect object pronouns replace indirect object nouns. They are identical in form to direct object pronouns, except for **gli**, **le**, and **loro**. As you know, direct object nouns and pronouns answer the questions *what?* or *whom?* Indirect object nouns and pronouns usually answer the questions *to whom?* or *for whom?* In Italian, the preposition **a** or **per** is always used before an indirect object noun.[1]

> Telefono **a Simona** per invitarla al cinema.
> Scrivo una cartolina da Assisi **a mio fratello.**
> Ho comprato i fiori **per la nonna.**
> Chi può spiegare il soggetto del film **agli attori?**

• Study the forms of the indirect object pronouns in the following chart.

Singolare	Plurale
mi (*to/for*) *me*	**ci** (*to/for*) *us*
ti (*to/for*) *you*	**vi** (*to/for*) *you*
Le (*to/for*) *you* (*formal, m./f.*)	**Loro** (*to/for*) *you* (*formal, m./f.*)
gli (*to/for*) *him*	**loro** (*to/for*) *them*
le (*to/for*) *her*	

◆ The placement of indirect object pronouns in a sentence, like that of direct object pronouns, depends on the form of the verb. If the verb is conjugated, the indirect object pronouns —except **loro/Loro**— precede it. **Loro** follows the verb; however, in spoken Italian, **loro/Loro** is frequently replaced by **gli,** which goes in its usual position before the verb.

> —Quando ha telefonato Enzo **a Silvia?**
> —**Le** ha telefonato sabato pomeriggio.

> L'attore fa delle domande **al regista.**
> **Gli** fa delle domande.

> —Quando hai parlato **ai tuoi amici** dello spettacolo?
> —Ho parlato **loro** ieri. / **Gli** ho parlato ieri.

◆ If the verb is in the infinitive, drop the final **-e** and add the indirect object pronoun to create a verb-pronoun combination.

> Aldo può dar**ti** informazioni sul Festival dei Due Mondi a Spoleto.

◆ However, if the infinitive follows a conjugated form of **dovere, potere, sapere,** or **volere,** you may place the indirect object pronoun before the conjugated verb instead. The meaning is the same.

> —A chi vogliono offrire la parte drammatica? **A Sophia Loren?**
> —Sì, **le** vogliono offrire la parte drammatica. / Sì, vogliono offrir**le** la parte drammatica.

❖ The festival was founded by Giancarlo Menotti, a well-known American composer born in Italy. Each summer, people from around the world flock to the historical Umbrian city of Spoleto to enjoy music, opera, drama, dance, and fairs. The Spoleto Festival U.S.A., an American counterpart to the Italian Festival, has been held in Charleston, South Carolina, since 1977.

---

[1]In English, indirect objects often appear without prepositions; for example, *We gave Sandra a present.*

◆ Whereas in the **passato prossimo** the past participle agrees with a preceding *direct* object pronoun, it never agrees with a preceding *indirect* object pronoun.

> Silvia? **L'**ho invitat**a** al cinema ma non **le** ho dett**o** a che ora ci incontriamo.
> Gianni e Marco? **Li** ho chiamat**i** e **gli** ho spiegat**o** perchè non possono accompagnarmi al cinema.

◆ The singular indirect objects **mi** and **ti** may drop the vowel before verbs beginning with a vowel sound,[2] but **le** and **gli** never do.

> —Sai cosa **ti** offrono (**t'**offrono) i tuoi genitori come regalo di compleanno?
> —Sì, una videocamera.
> —E a tua sorella?
> —Non lo so. L'anno scorso **le** hanno regalato delle videocassette.

• The following verbs (many of which you have already learned) take an indirect object. New verbs are indicated by a circle.

— Mamma, tocca a me, vero, dirgli che non sei in casa?

chiedere° (chiesto) *to ask (for), request*	portare° *to bring*
comprare	preparare
consigliare° *to advise*	prestare° *to lend*
dare	regalare° *to give a present*
dire (*p.p.* detto)	rendere° (*p.p.* reso) *to return, give back*
domandare° *to ask*	scrivere (*p.p.* scritto)
insegnare° *to teach*	spedire
mandare	spiegare° *to explain*
mostrare	telefonare
offrire (*p.p.* offerto)	

> Luca dà una cassetta **a sua sorella** (ind. object).   *Luca gives his sister a videocassette.*

Attività

A. Sostituisci le parole in corsivo (*italics*) con la forma appropriata del pronome indiretto.

1. Perchè non scrivi *al tuo amico*?
2. Il regista dice *agli attori* di cominciare a recitare.
3. Mara telefona *a Grazia e Adriana* per dire che non ha impegni venerdì.
4. Lucia legge una poesia *alla nonna*.
5. Il professore spiega *a noi* il soggetto del film.
6. Chiedo *a Paolo* le recensioni su Wertmüller.

---

[2]That is, before verbs that begin with a vowel or before the forms of **avere** that begin with an **h** (**ho, hai, ha, hanno**).

—Mom, is it my turn to tell him you're not home?

Fitto = rent

❖ The Basilica di San Francesco contains the frescoes by Giotto (1266–1337), one of the world's masterpieces. These paintings, which highlight twenty-eight moments in the life of Saint Francis, were revolutionary for their time. Instead of depicting the saint with his eyes turned toward the heavens, Giotto presents a living man in a living picture filled with space and perspective.

❖ The Festa dei Ceri (*Festival of Candles*), which dates back to the Middle Ages, honors Saint Ubaldo. The **ceri** are three colossal "tower shrines" that athletic young men carry on their backs in a helter-skelter race around the streets of Gubbio, past cheering crowds, to the Basilica.

B. Rispondi affermativamente alle domande usando pronomi indiretti.

MODELLO: Telefoni alla signora dell'agenzia?
Sì, le telefono.

1. Hai mostrato gli affreschi di Giotto agli studenti?
2. Offri un biglietto a Luca per visitare la Galleria Nazionale dell'Umbria?
3. Chi ti ha invitato alla famosa Festa dei Ceri (*Festival of Candles*) di Gubbio?
4. Hai mandato la recensione al tuo amico?
5. Hai comprato una videocassetta di Spoleto per la mamma?
6. Oggi cosa mostri a Janet durante l'escursione di Todi?
7. Hai prestato la tua videocamera ai nostri amici?
8. Ti va l'idea di partecipare al torneo medievale di Gubbio?

C. Cambia le seguenti frasi dal presente al passato e sostituisci le parole in corsivo con la forma appropriata del pronome indiretto.

MODELLO: Diamo la recensione **al giornalista.**
Gli abbiamo dato la recensione.

1. Enzo porta *a Silvia* dei Baci Perugina.
2. Dici *a Carlo* che sei innamorata.
3. Luisa scrive *alle sue amiche americane*.
4. *A noi* Bruno raccomanda un film d'avventura.
5. Perchè non compri un regalo *per Marta e Beppe*?
6. *A te* regalano delle belle orchidee.

ANSWERING QUESTIONS ABOUT PLACES; EXPRESSING BELIEFS

II.   CI (*There*)

—Vai **a Hollywood** per la cerimonia degli Oscar?   —Sì, **ci** vado.
—Quando sono andati **allo spettacolo**?   —**Ci** sono andati ieri sera.
—Credi **nell'amore a prima vista**?   —Sì, **ci** credo.
—Pensi **alla pace** nel mondo?   —Sì, **ci** penso.

◆ The word **ci**, meaning *there*, may be used to replace a noun phrase beginning with **a, da, in,** or **su** when the phrase refers to a place. **Ci** also replaces **a** + *infinitive* (+ *noun* or *pronoun*), in which case **ci** is equivalent to the English *to do it*. Like an object pronoun, **ci** precedes a conjugated verb and is attached to an infinitive.

—Sandra e Marco vanno spesso **alla biblioteca**?   —Sì, **ci** vanno spesso.
—A che ora va Gianna **dal dentista**?   —**Ci** va alle undici.
—Siete mai stati **in Umbria**?   —No, non **ci** siamo mai stati.
—Quando andate **a comprare i biglietti**?   —**Ci** andiamo questo pomeriggio.
—Vuoi andare **al cinema**?   —Sì, voglio andar**ci**. / Sì **ci** voglio andare.

◆ In Italian, the word **ci** must be expressed, whereas in English, the word *there* or the phrase *to do it* is often not expressed.

—Quando sono andati alla palestra?	*When did they go to the gym?*
—**Ci** sono andati ieri.	*They went (there) yesterday.*
—Vai a fare le compere oggi?	*Are you going shopping today?*
—Sì, **ci** vado oggi.	*Yes, I'm going (to do it) today.*

◆ **Ci** may also replace a noun phrase when the verbs **pensare** and **credere** are followed by **a.** The construction **pensare a** + *noun* means *to think about someone/something,* and **credere a** + *noun* means *to believe in something.* **Ci** (which must be expressed) means *about it/them* or *about him/her/them* (after **pensare**) and *in it/them* (after **credere**).

—Pensi **alla giovane attrice italiana?**	—Sì, **ci** penso.
—Pensate **al soggetto del nuovo film?**	—Sì, **ci** pensiamo.
—Credete **ai miracoli di San Francesco?**	—Sì, **ci** crediamo.

❖ Formerly **vi** was used interchangeably with **ci**. In modern Italian, this use of **vi** is uncommon.

Attività

D. I posti preferiti. Chiedete a un compagno/una compagna quando va ai seguenti posti. Usate **ci** e espressioni come **spesso, sempre, raramente** (*seldom*), **una volta** (*once*), **all'anno** nelle vostre risposte.

MODELLO: al teatro
—**Quando vai a teatro?**
—**Ci vado sempre. / Non ci vado mai.**

1. a uno spettacolo
2. al cinema
3. ai ristoranti indiani
4. in discoteca
5. al bar
6. ai musei
7. in vacanza
8. a sciare

E. Sei già stato/a a...? In coppie, fate delle domande e rispondete secondo il modello. Usate i suggerimenti dopo il modello.

MODELLO: Perugia/l'anno scorso/due settimane
s1: **Sei già stato(a) a Perugia?**
s2: **Sì, ci sono andato(a) l'anno scorso.**
s1: **Quanto tempo ci sei restato(a)?**
s2: **Ci sono restato(a) due settimane.**

Dove	Quando	Quanto tempo
Assisi	il mese scorso	due settimane
Sardegna	l'estate scorsa	quattro giorni
Roma	in settembre	una settimana
Terni	due anni fa	un mese
Calabria	l'anno scorso	tutta l'estate
Palermo	nel 1996	tre giorni

F. **Credere o non credere.**   In coppie, intervistate il vostro compagno/la vostra compagna per sapere se crede o non crede alle seguenti cose.

MODELLO: l'astrologia
   —**Tu credi all'astrologia?**
   —**Sì, ci credo./No, non ci credo.**

1. l'oroscopo
2. la Befana
3. i sogni
4. l'amore
5. la magia

6. i miracoli
7. Babbo Natale
8. i vampiri
9. gli UFO
10. i fantasmi

TALKING ABOUT QUANTITY

III.   NE (*Of/about it, them*)

Parliamo **dei personaggi.**
—Quante **recensioni** hai letto sul film?
—Quanti **anni** ha Francesca Archibugi?
La Basilica di San Francesco ha molti **affreschi** di Giotto.

Ne parliamo.
—**Ne** ho lett**e** molte.
—**Ne** ha trentaquattro.
Ne ha molti.

◆ The pronoun **ne** (*of/about*) is used to replace a noun preceded by the preposition **di** or to replace a noun used in a partitive sense (*some, any*). The noun replaced can be a person or a thing, singular or plural.[3] **Ne** precedes a conjugated verb or is attached to an infinitive.

—Parlate **di cinematografia?**
—Presti spesso **delle videocassette?**
—Guardano **dei cartoni animati?**
—Il regista vuole discutere **delle parti?**

—Sì, **ne** parliamo.
—Certo, **ne** presto spesso.
—No, non **ne** guardano.[4]
—No, non vuole discuter**ne.**

◆ In the **passato prossimo,** the past participle agrees in gender and number with the noun replaced when that noun is a direct object. In all other cases, the past participle does not agree.

—Avete comprato **dei biglietti** al botteghino?
—Avete parlato **degli attori** americani?

—Sì, **ne** abbiamo comprat**i.**
—Sì, **ne** abbiamo parlat**o.**

◆ **Ne** is also used to replace a noun preceded by a number or an expression of quantity (**quanto, molto, troppo,** and the like).

—Antonioni ha girato dei **film** in America?
—Quanti **anni** hanno i personaggi di *Mediterraneo?*
—Hai visto troppi **film** gialli!

—È vero, **ne** ha girati alcuni.
—**Ne** hanno quasi quaranta.
—Sì! **Ne** ho visti troppi!

---

[3]**Ne** can therefore mean *of* (*about*) *it/them* or *of* (*about*) *him/her/them*.
[4]As a partitive, **non ne** means *none* or *not . . . any.*

Attività

G. **Chi e cosa conosci?** In coppie, fate le domande e rispondete.

> MODELLO: registi italiani
> —**Conosci dei registi italiani?**
> —**Sì, ne conosco tre/molti/alcuni/abbastanza.**
> **/No, non ne conosco.**

1. attori/attrici francesi
2. città dell'Umbria
3. prodotti italiani
4. interpreti del film *Gangs of New York*
5. film di Charlie Chaplin
6. cartoni animati di Disney

H. Sostituisci le parole in corsivo con **ne** e riscrivi le frasi facendo (*making*) tutti i cambiamenti necessari.

> MODELLO: Hanno parlato *del festival di Spoleto*.
> **Ne hanno parlato.**

1. Il professore ha parlato *dei film di Fellini*.
2. Carlo ha visitato molti *musei in Umbria*.
3. Ho incontrato *degli americani* al Festival Jazz di Perugia.
4. Avete comprato *dei Baci Perugina*?
5. Hanno visto alcuni *affreschi di Giotto*.
6. Abbiamo letto due *poesie di San Francesco*.

I. **Informazioni.** In coppie, chiedete a un compagno/una compagna le informazioni seguenti e rispondete usando **ne**.

> MODELLO: —Quante fotografie di Gubbio hai?
> —**Ne ho quattro.**

1. Quanti anni hai?
2. Quanti ne abbiamo oggi?
3. Quanti film hai visto questa settimana?
4. Quanti inviti hai mandato per la festa?
5. Quanti libri hai letto il mese scorso?
6. Quanti esami dai questo semestre?
7. Quanti regali hai comprato per Natale?
8. Quante lingue conosci?

Tocca a voi

A. **Domande sul cinema.** In coppie, fate le domande e rispondete.

1. Che tipo di film preferisci?
2. Quali film stranieri (*foreign*) ti piacciono e perchè?
3. Preferisci i film doppiati o la versione originale con i sottotitoli (*subtitles*)?
4. Qual è l'ultimo film che hai visto? Parla brevemente del soggetto.
5. Qual è il tuo regista e il tuo attore/la tua attrice preferito(a) e perchè?
6. Preferisci i film degli anni sessanta/settanta o i film contemporanei? Perchè?

B. Andiamo al cinema! In pairs, look at the posters below from a movie theater in Perugia and say what films are shown and the times shown. Choose a film and a time to see it.

I FILM PIÙ VISTI

1 **GET SHORTY,**
   con John Travolta
2 **UOMINI SENZA DONNE,**
   con G. Tognazzi
3 **RAGIONE E SENTIMENTO,**
   con Emma Thompson
4 **DRACULA, MORTO E CONTENTO,**
   con Mel Brooks
5 **JUMANJI,**
   con Robin Williams
6 **STRANGE DAYS,**
   con Ralph Fiennes
7 **CONDANNATO A MORTE,**
   con Susan Sarandon
8 **SILENZIO SI NASCE,**
   con Paolo Rossi
9 **TWO MUCH,**
   con Melanie Griffith
10 **VIA DA LAS VEGAS,**
   con Nicholas Cage
11 **SABRINA,**
   con Harrison Ford
12 **HEAT- LA SFIDA,**
   con Al Pacino
13 **LA DEA DELL'AMORE,**
   con Woody Allen
14 **OTHELLO,**
   con Kenneth Branagh
15 **PENSIERI PERICOLOSI,**
   con Michelle Pfeiffer

Orari: *Pensavo fosse amore, invece era un calesse* 2.00, 6.15, 9.00. *Perdiamoci di vista* 13.30, 19.00.

C. Film. To the left is a list of films that have had recent success in Italy. In groups of three or four, talk about the plot of some of these films if you know them. Then answer the following questions in Italian.

1. What made the film a success?
2. Which aspects of contemporary society are reflected in the film? In your opinion, are they positive or negative aspects?
3. Is the success of the film well deserved or not? Why?

❖ *Espansione grammaticale*

SPEAKING SUCCINCTLY

PRONOMI DOPPI (*Double object pronouns*)

Ti ha comprato **i biglietti**	**Te li** ha comprat**i.**
—**Ci** presti **la videocamera?**	—Sì, **ve la** presto.
Non **le** abbiamo detto **il nome del teatro.**	Non **glielo** abbiamo detto.

◆ In Italian, when a direct object pronoun and an indirect object pronoun are governed by the same verb, the word order is as follows:

(Mi)	(la videocamera.)	(dai)
ind. obj. pronoun	*dir. obj. pronoun*	*verb*
Me	**la**	**dai.**

◆ The indirect object pronoun precedes the direct object pronoun, except for **loro.** The following chart shows all combinations.

Pronomi indiretti	+ lo	+ la	+ li	+ le	ne
			Pronomi diretti		
mi	me lo	me la	me li	me le	me ne
ti	te lo	te la	te li	te le	te ne
gli le (Le)	glielo	gliela	glieli	gliele	gliene
ci	ce lo	ce la	ce li	ce le	ce ne
vi	ve lo	ve la	ve li	ve le	ve ne
loro (loro)	lo... loro	la... loro	li... loro	le... loro	ne... loro

- For phonetic reasons, **mi, ti, ci,** and **vi** change **-i** to **-e** before **lo, la, li, le,** and **ne.**

—Mi presti la tua cassetta?
—Me la presti?

—Sì, **te la** presto.

—Ci dai le recensioni?
—Ce le dai?

—Sì, **ve le** do.

- The indirect object pronouns **gli** and **le** become **glie** when they combine with the third-person direct object pronouns **lo, la, li,** and with **ne.** The indirect object pronoun **loro (Loro)** does *not* combine with direct object pronouns.

—Hai comprato le cartoline di Orvieto per Cristina?

—No, non **gliele** ho comprate.

—Porti dei vini del Ternano agli amici?

—Sì, **ne** porto **loro./Gliene** porto.

- Double object pronouns are attached to the infinitive (except for **loro**). When the verbs **dovere, potere, sapere,** and **volere** are followed by an infinitive, the pronouns may either be attached to the infinitive or precede the conjugated verb.

Spero di mandare una cartolina di Perugia a Fabio.

Spero di mandar**gliela.**

Preferisco comprare una ceramica di Gubbio ai miei genitori.

Preferisco comprar**la loro.**

Voglio mostrarti il lago Trasimeno.

Voglio mostrar**telo./Te lo** voglio mostrare.

❖ Note that **loro** is usually replaced in modern Italian by *gli*: **gliela, glieli, gliele, gliene.**

❖ Wines from the province of Terni are among the finest in the region.

❖ Lake Trasimeno is well known for its sandy beaches and relaxed atmosphere. Besides yachting, water skiing, and rowing, it is possible to canoe on the rapids of the Tiber near Città di Castello. The rivers Chiasco and Topino run through numerous historical villages.

Attività

A. Sostituisci le espressioni in corsivo con i pronomi doppi.

1. Mando *i fiori a Stefania* per il suo compleanno.
2. Presentiamo *gli attori al regista*.
3. Voglio parlare *del mio ragazzo ai miei genitori*.
4. Compro *i biglietti per la signora*.
5. Portiamo *dei dolci alla nonna*.
6. *Mi* puoi prestare *la tua radio*?

B. Rispondi alle seguenti domande usando dei pronomi doppi.

> MODELLO: —Mi mostri dov'è lo schermo?
> **—Sì, te lo mostro.**

1. —Mi spieghi il soggetto?
   —Sì, _____ volentieri.
2. —Mi dici che cosa pensi di Maria?
   —No, non _____.
3. —Quando mi dai le fotografie del Festival dei Due Mondi?
   _____ domani.
4. —Mi dici se vai alle terme di Sangemini?
   —No, non _____.
5. ——Le hai detto che sei stato al Festival dei Ragazzi di Terni?
   —Sì _____.
6. —Avete comprato i pizzi (*lace*) di Orvieto alla mamma?
   —No, non _____ ancora...
7. —Hai domandato a Massimo se è andato al Todi Festival?
   —No, non _____.
8. —Quando dai loro la videocamera?
   —Forse _____ domani.

❖ **Festival Teatro Ragazzi** (*The Children's Theater Festival*), which features master puppeteers and national and local theater groups, is held every August in Terni.

❖ During the last week in August, both promising and established artists from the worlds of drama, music, ballet, and cinema perform in Todi's theaters, cloisters, churches, and piazzas.

Lettura

Tre grandi attrici: Sophia Loren, Valeria Golino, e Valeria Marini

Preparazione alla lettura: Using headlines

1. Look at the headlines on page 239. What do they tell you about the texts? Do the headlines give you the gist of the articles? Check your responses by skimming the texts.
2. If you were the author of the articles, what headlines would you write? Consider what you would add or replace, then compare your responses with those of your classmates.
3. Look at the photos and determine how they relate to the headlines and to the texts. Are the photos appropriate? Why or why not?

CELEBRATA TRA LE NOSTRE ATTRICI. E RISPONDE A UNA DOMANDA

Sophia Loren I suoi primi sessant'anni

Fece perdere la testa° a Marlon Brando. Piangere° Frank Sinatra. Innamorare De Sica e Mastroianni. E, soprattutto, fin quasi a ieri, fu il simbolo più amato dell'Italia. Ancor oggi, che sta per° compiere° 60 anni, è bellissima. Eppure° nei nostri confronti è diventata distante, quasi gelida. Colpa° sua o nostra? Vediamo.

Fece... *She made . . . lose his head / Cry*

sta... *is about to be / And yet / fault*

Le tappe di un mito

BELLA DI MAMMA Sophia a 6 anni con la madre Romilda Villani. Il padre si chiamava Riccardo Scicolone.

AL DEBUTTO Sophia a 16 anni, nel 1950. In quell'anno interpreta il suo primo film: «Cuori del mare».

FATALE Con Stephen Boyd nella «Caduta dell'Impero romano».

STAR DI HOLLYWOOD Con Cary Grant in «Un marito per Cinzia».

VALERIA L'AMERICANA— STAR INTERNAZIONALE

Valeria Golino è nata a Napoli da padre italiano e madre greca. Ha debuttato nel 1984 in *Sotto sotto...* di Lina Wertmüller e, dopo aver lavorato con Citto Maselli (*Storia d'amore*), è arrivata negli States. Diventa famosa con Dustin Hoffman e Tom Cruise nell'interpretazione di *Rain Man*, premio Oscar 1988. Il suo successo è stato poi consacrato con le apparizioni in *Hot Shot*, prima e seconda parte, che ha trionfato ai botteghini di tutto il mondo.

Valeria Marini—Nuovo Sex-Symbol e Desiderata Dal Maschio Latino

Valeria Marini è l'attrice più desiderata dagli italiani. Con le sue curve sinuose, bionda, il suo sorriso° di vamp, sembra uscita da una fabbrica° di bambole°, costruite apposta per alimentare i sogni proibiti° del maschio latino.

smile

factory / dolls

forbidden

Attività

A. Rispondi alle seguenti domande.

1. Com'è descritta Sophia Loren dall'autore dell'articolo?
2. Perchè secondo te Sophia Loren è il simbolo più amato dell'Italia?
3. Quando interpreta Sophia il suo primo film?
4. Hai visto dei film interpretati da Sophia Loren? Quali?
5. Perchè Valeria Golino è considerata una star internazionale?
6. Quali sono le origini di Valeria Golino?
7. Con quale film è diventata famosa Valeria Golino e perchè?
8. Com'è descritta Valeria Marini? Perchè è desiderata dal maschio latino?

B. **Intervista con un'attrice famosa.**   Imagine that you are an Italian journalist who has arranged a short interview with Valeria Golino. In pairs, draw up a list of questions focusing on her career and her qualities as an actress. Share your questions with the class.

C. **Creiamo dei titoli** (*headlines*)**!**   Bring to class some short articles from Italian magazines, especially articles with accompanying photos. Then, in pairs, create headlines that best summarize and deliver the message of the texts. Be imaginative!

Eccoci!

A. **Qual è il film?**   In groups of three or four, create skits in which you are coming out of a movie theater and discussing the film you've just seen. Don't mention the title. Then present the skit to your classmates, who try to guess the title of the film.

B. **L'ultimo film che ho visto.**   Each student names the last film he/she has seen and explains to the class why they should or should not see that film. Be convincing!

C. **Quale attore/attrice vorresti essere?**   Tell the class which actor or actress would you choose to be and why. (Use **Vorrei essere... perchè...**) What do you have in common with him/her? What do you find interesting or attractive about his/her personality? What do you think of the roles he/she plays? In what kinds of films would you choose to act and why? (**Vorrei recitare in... perchè....**)

D. **Qual è il titolo?**   In small groups of three or four, read and discuss the following plot summaries. Then rate each film according to the chart, say what kind of film it is (**giallo, drammatico,** etc.), and find the title. Compare your titles with those of the other groups. (If you are not sure about a title, check with your instructor.)

■■■

1. Di Ivan Reitman
Con Arnold Schwarzenegger, Penelope Ann Miller, Pamela Reed
Un poliziotto per arrestare un pericoloso criminale italo-americano deve spacciarsi per maestro elementare. Scoprirà il mondo dell'infanzia e, dopo qualche momento traumatico, si guadagnerà il rispetto della sua classe.

2. Di Oliver Stone
Con Tom Cruise, Willem Dafoe
La drammatica e reale storia di un giovane che andato volontario in guerra nel Vietnam per difendere il sogno americano, tornerà paralizzato dalla vita in giù e senza più nessuna illusione.

3. Di Robert Aldrich
Con Lee Marvin, Ernest Borgnine, Charles Bronson
Un maggiore dell'esercito americano offre una possibilità di salvezza a un gruppo di militari condannati a morte. Chi di loro sopravviverà a una missione suicida in territorio tedesco sarà libero.

A. NATO IL QUATTRO LUGLIO

B. UN POLIZIOTTO ALLE ELEMENTARI

C. QUELLA SPORCA DOZZINA

Le Nostre Indicazioni
↺ *ratings*
ottimo°
buono
discreto°
per tutti
adulti
sentimentale
avventura
giallo
drammatico

Soluzioni: 1B, 2A, 3C

ottimo *excellent*

discreto *fair*

❖ *Vocabolario attivo*

NOMI

l'allegria *fun, cheerfulness*
l'amore (*m.*) *love*
il botteghino *box office*
il cartone animato *cartoon*
la colonna sonora *soundtrack*
l'impegno *engagement*
l'interprete (*m./f.*) *actor*
la malinconia *melancholy*
il matrimonio *wedding*
il mondo *world*
il pallone *soccer ball*
la parte *role*
la patria *homeland*
la partita *game*
il personaggio *character*
la radio *radio*
la recensione *review*
il/la regista *movie director*
lo schermo *screen*
il soggetto *topic/plot*
la speranza *hope*
lo spettacolo *performance, show*
la videocamera *camcorder*

VERBI

chiedere (p.p. chiesto) *to ask (for),
  request*
consigliare *to advise*
domandare *to ask*
doppiare *to dub*
girare *to shoot (a film)*
insegnare *to teach*
interpretare *to act (in)*
portare *to bring*
prestare *to lend*
recitare *to play (a role)*
regalare *to give a present*
rendere (p.p. reso) *to return, give
  back*
rifiutare *to refuse, decline*
sembrare *to seem*
spiegare *to explain*
svolgersi (p.p. svolto) *to take place*

AGGETTIVI

comico *comic*
drammatico *drama*
libero *free*
prossimo *next*

ALTRE PAROLE E ESPRESSIONI

a prima vista *at first sight*
con piacere *gladly*
d'accordo *agreed, okay*
da solo/a *alone*
da vedere *a must-see*
film di avventura *adventure movie*
film di fantascienza *science fiction
  movie*
film giallo *spy movie, mystery*
film dell'orrore *horror movie*
più a lungo *at greater length*
regia di *directed by*
ti va di (+ infinitive)? *do you feel
  like (+ gerund)?*
non mi va *I don't feel like*
veramente *really*

AVVERBI

certo/certamente *certainly*
già *already*

PREPOSIZIONI

intorno *around*

PRONOMI INDIRETTI

mi *to me*
ti *to you*
gli *to him, to them*
le *to her*
Le *to you (formal)*
ci *to us*
vi *to you (pl.)*
loro *to them (m./f.)*
Loro *to you (m./f., formal)*

ne *some/of it, of them/about it, them*
ci *there*

LA LIGURIA

Capoluogo Genova
Area 5.420 chilometri
   quadrati
Popolazione 1.720.000
   abitanti
Province e città importanti
   Imperia, La Spezia,
   Savona
**Prodotti agricoli e
   alimentari** focaccia,
   frutta, olio d'oliva, pesce,
   verdura (asparagi,
   carciofi, pomodori), vino
   (delle Cinque Terre)
Prodotti artigianali
   ceramiche, pizzi, scialli di
   seta ricamati (*embroidered
   silk shawls*)
Personaggi famosi
   Cristoforo Colombo
   (esploratore, 1451–1516),
   Giuseppe Garibaldi
   (capitano, 1807–1882),
   Italo Calvino (scrittore,
   1923–1985)

Vernazza, una delle Cinque Terre sulla Riviera di Genova.

Capitolo 11

Il cibo e i ristoranti

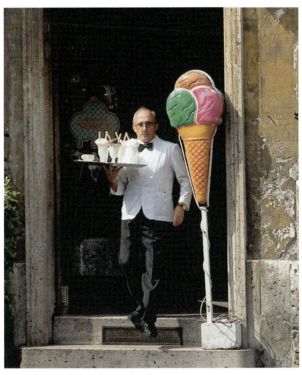

Il gelato italiano è famoso in tutto il mondo.

◆◆◆❖◆◆◆◆◆◆◆◆◆◆◆◆◆◆◆◆◆◆◆◆◆◆◆◆◆◆◆

OBIETTIVI COMUNICATIVI
Identifying and clarifying
Expressing likes and dislikes
Expressing needs, interests, aches, and pains

CULTURA
Food and meals in Italy: what and where Italians eat

GRAMMATICA
Stressed pronouns
The verb **piacere** in the present
The verb **piacere** in the present perfect

ESPANSIONE GRAMMATICALE
Verbs like **piacere: bastare, fare male, importare, interessare, mancare, occorrere, servire**

Per cominciare

Il cibo e i pasti italiani

A reminder: Active vocabulary is underlined

La prima colazione 7.00–8.00 della mattina

sandwich
croissant
butter
jam

L'italiano tipico adulto beve un caffè e mangia un panino° a casa, o va al bar dove prende un espresso o un cappuccino con un cornetto°. I bambini bevono caffelatte e mangiano cereali, pane fresco o tostato con burro° e marmellata°.

La colazione/il pranzo 12.30–2.00 del pomeriggio

meal

courses / **Per...** *As a first course*

La colazione nell'Italia del Nord (il pranzo nell'Italia del Sud) è il pasto° principale. Gli italiani fanno la colazione a casa, al ristorante o in mensa. Mangiano tre piatti°. Per primo°, prendono pasta o riso, per secondo carne o pesce con verdura o insalata, per terzo formaggio. Finiscono il pasto con frutta o dolce. Durante i pasti gli italiani adulti bevono acqua minerale e/o vino. I bambini bevono acqua o bibite.

La merenda/Lo spuntino° 4.00–5.00 del pomeriggio
I bambini fanno la merenda con pane e Nutella, biscotti° o yogurt. Questo spuntino interrompe il lungo intervallo fra la colazione e la cena. Gli adulti prendono una tazza di tè o un caffè.

°snack
°cookies

La cena 8.00–10.00 di sera
La cena tipica, soprattutto per gli adulti, è leggera e consiste di tre piatti: minestra°, uova° con verdura o formaggio, e frutta. Quando ci sono ospiti, la cena è più formale—comincia con un antipasto e finisce con un dolce: torta o gelato.

°soup / eggs

Cucina regionale: piatti tipici della Liguria.

❖ An Italian **bar** serves alcoholic drinks as well as coffee, tea, pastries, sandwiches, and the like. For a description of the Italian bar, see the marginal note on page 40, *Capitolo 1*.

❖ Generally, Italians in the north eat **la colazione** around 1:00 P.M., and **la cena** around 8:00 P.M., whereas Italians from Rome and the south eat **il pranzo** around 2:00 P.M. and **la cena** around 9:00 P.M. Restaurants in Rome and in the southern cities are open late. Nowadays, with the **orario unico** or **continuato**, many Italians simply eat **un panino** for lunch and have their main meal in the evening.

Parole e espressioni utili

Il cibo e la sua preparazione

I CONDIMENTI	le penne	i calamari *squid*
l'aceto *vinegar*	gli spaghetti	i frutti di mare
l'aglio *garlic*	gli ziti	*seafood*
l'olio	**LE OPERAZIONI**	gli scampi *prawns,*
il pepe *pepper*	**CULINARIE**	*shrimp*
il sale *salt*	arrostire *to roast*	**LA CARNE**
LE SALSE *Sauces*	bollire/lessare *to*	l'arrosto *roast*
il pesto	*boil*	la bistecca *steak*
il sugo *meat sauce*	friggere *to fry*	il maiale *pork*
LA PASTA	mescolare *to stir*, *mix*	il manzo *beef*
le fettuccine	tagliare *to cut*	il pollo *chicken*
noodles	**IL PESCE**	il vitello *veal*
le lasagne	l'aragosta *lobster*	

Incontri

❖ When it's 6:00 A.M. in New York City, it's noon in Rome; when it's 6:00 A.M. in San Francisco, it's 9:00 A.M. in New York City and 3:00 P.M. in Italy. This is important when people travel and when they telephone from one country to the other.

All'aeroporto di Genova

to pick up

Paola va a prendere° la sua amica americana Carol all'aeroporto Cristoforo Colombo di Genova. È primavera e fa bel tempo.

Che... *What a pleasure . . .*
still

CAROL: Paola! Che gioia° rivederti! Che bella temperatura! A Boston fa ancora° freddo.

Per... *For you*
fuso... *time zone*
very well

PAOLA: Anch'io sono così eccitata. Devo dirti tante cose. Ma forse tu sei stanca. Per te° sono le sei di mattina e qui è già ora di colazione. Fra le ore di viaggio e il fuso orario°, hai perduto la notte.

CAROL: No, no. Sto benissimo°. Ho dormito in aereo. Ma ho fame e ho voglia di chiacchierare un po' con te.

cucina... *Genovese cuisine*
Da... *Like crazy; A lot!*
taste

PAOLA: Bene! Allora andiamo in un ristorante qui vicino. Conosci la cucina genovese°? Ti piace?

CAROL: Da matti!° Mia nonna era di Genova. Vorrei mangiare del pesce fresco e assaggiare° la famosa pasta con il pesto.

frozen
frozen foods
delicious

PAOLA: Hai buon gusto. Il pesto è la nostra specialità. Il pesce, purtroppo, qualche volta è congelato°.

CAROL: Peccato! Non mi piacciono i congelati°. I frutti di mare sono squisiti° quando sono freschi.

PAOLA: Hai ragione, è il mio piatto preferito.

CAROL: Andiamo! Sono molto contenta di essere qui. L'Italia è un paese fantastico e gli italiani mi piacciono moltissimo!

Attività

A. Scegli le parole (*words*) che completano in maniera logica le seguenti frasi.

1. Gli italiani mangiano
   a. un solo (*single*) piatto
   b. tre piatti
   c. soltanto carne

❖ **Il pesto** is a sauce made with olive oil, basil, parmesan cheese, and pinenuts mixed in a blender and served with any type of **pasta** or **gnocchi**. Garlic, salt, and pepper can be added to taste.

2. La prima colazione consiste generalmente di
   a. soltanto caffè
   b. caffelatte o tè con un cornetto
   c. uova e yogurt
3. I bambini per la prima colazione bevono
   a. caffè espresso
   b. tè freddo
   c. caffelatte
4. Gli italiani durante i pasti bevono generalmente
   a. vino
   b. Coca-Cola
   c. latte
5. Gli italiani generalmente cenano
   a. alle sei di sera
   b. alle undici di sera
   c. alle otto di sera
6. Per primo piatto gli italiani mangiano
   a. verdura o insalata
   b. formaggio o salumi
   c. pasta o riso
7. Il pasto principale per gli adulti è
   a. la cena
   b. la prima colazione
   c. il pranzo o la colazione
8. La merenda è
   a. un pasto abbondante
   b. uno spuntino a mezzanotte
   c. uno spuntino nel pomeriggio

❖ In Italy the tip and an indirect tax called **IVA** are included in the price of the meal, although it is still customary to give a small tip if one is satisfied with the service. As soon as patrons are seated, they order wine and mineral water, which are brought immediately along with bread; then they order their meal.

B. Combina i piatti della colonna A con gli ingredienti della colonna B, formando delle frasi complete. Varie combinazioni sono possibili.

MODELLO: l'arrosto di maiale
L'arrosto di maiale va con le patatine fritte (French fries).

A	B
1. la pasta	a. il cioccolato
2. la torta	b. l'olio e l'aceto
3. l'insalata	c. la salsa di pomodoro
4. il panino	d. la verdura
5. la minestra	e. il limone
6. il pesce	f. la marmellata
7. il pane tostato	g. il formaggio
8. il melone	h. il cono
9. il gelato	i. il pesto
10. gli gnocchi	j. il prosciutto

C. Le seguenti affermazioni sono false. Correggile secondo il dialogo e il vocabolario dei pasti.

1. Il primo piatto in Italia è carne o pesce con verdura.
2. Gli adulti amano una cena pesante.
3. Il manzo è un pesce del Mediterraneo.
4. Carol arriva all'aeroporto Cristoforo Colombo alle cinque del pomeriggio.
5. A Genova in primavera fa freddo.
6. Carol è stanca dopo il suo lungo viaggio.
7. Carol è di origine irlandese.
8. Carol ama molto i francesi.

D. Menù speciali. In piccoli gruppi, create dei menù per le seguenti occasioni e scambiateveli (*exchange them*).

MODELLO: una colazione prima di una partita di tennis
pane tostato con formaggio, frutta fresca, un succo d'arancio

❖ **Un'aranciata** is an orangeade and comes in a can or bottle; **il succo** (or **spremuta**) **d'arancio** is freshly squeezed orange juice.

1. una cena leggera per una persona convalescente
2. una colazione per due ragazzi giovani e affamati (*hungry*)
3. una colazione per una persona a dieta
4. una cena per uno zio con il colesterolo alto
5. una cena formale per dei colleghi di lavoro
6. un picnic in estate per un gruppo di amici
7. un pasto ideale per una donna incinta (*pregnant*)
8. uno spuntino prima di una partita di tennis

E. Arrivo a Genova. Imagine that you have just arrived at the airport in Genoa. Your friend picks you up and you both decide where and what you would like to eat. First prepare and then role-play the dialogue in front of the class.

— Scemo! Ti avevo detto di usare 6 o 7 chili di farina, non 607!...

chili = *kilograms (1 kilogram = 2.2 pounds)*

Nota culturale

❖ *La cucina italiana*

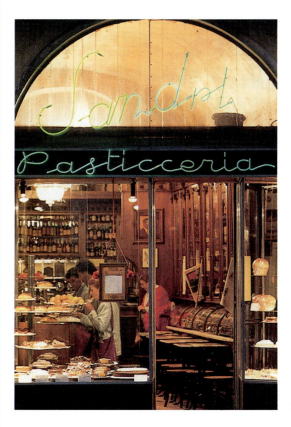

Sosta in un bar-pasticceria.

❖ Italian cuisine reached its peak during the Renaissance. During this period, the first cookbooks were printed in Italy, which resulted in the best Italian chefs being invited to the royal French court. Although French cuisine is more sophisticated than Italian cuisine, Italian cooking has remained popular because of its appeal to the more health-conscious and to those who have little time to cook.

❖ In addition to drinking red or white wine during a meal, Italians often have a glass of white wine as an aperitif. Special occasions are celebrated with **lo spumante** or champagne.

Termini utili

la trattoria   A simple, reasonably priced restaurant that offers good home cooking.

l'autogrill   A restaurant chain along the turnpike owned by the **Pavesi** or **Alemagna** companies. A small but well-stocked grocery store usually adjoins the restaurant.

la tavola calda   An affordable self-service buffet of hot dishes such as **lasagne**, **melanzane alla parmigiana** (*eggplant parmesan*), cooked meats, and vegetables.

la paninoteca   An establishment that sells a variety of sandwiches.

La cucina italiana è naturale, genuina, varia e saporita. La geografia dell'Italia, con le sue montagne e la sua lunga costa, e le condizioni sociali e economiche degli italiani hanno determinato il carattere della cucina italiana, che cambia da regione a regione e qualche volta da città a città. Il clima temperato e vario permette di produrre vari tipi di frutta e verdura e varie qualità di vini.

La varietà ha anche un'origine storica. Durante i secoli°, diversi popoli° stranieri hanno occupato le regioni d'Italia. Alcune città si sono costituite in stati indipendenti con i loro costumi e le loro tradizioni. Anche la cucina ha risentito dei vari influssi°: degli arabi e degli spagnoli nell'Italia meridionale° degli austriaci e dei francesi nell'Italia settentrionale°. Tipicamente, nel Nord si usa più il burro o la margarina, mentre nel Centro e nel Sud si usano più l'olio d'oliva e le salse di pomodoro o piccanti.

Alla base della cucina italiana c'è la pasta che si mangia dappertutto, e il riso, usato frequentemente in Lombardia e nel Veneto, con cui si prepara **il risotto**.

Il pane e il vino sono due accompagnamenti indispensabili a ogni pasto. Una tipica famiglia italiana mangia almeno° un piatto di pasta al giorno. La pasta, preparata in numerosi modi, generalmente costituisce solo il primo piatto. Tuttavia, per molti italiani, un piatto unico di pasta o riso preparati con vari tipi di verdura (funghi, broccoli, zucchine, asparagi) sostituisce i due piatti tradizionali, e ben si adatta alla vita moderna.

La dieta mediterranea, una volta criticata come pesante, ingrassante° e poco nutriente, è ora considerata sana perchè consiste di cibi naturali e freschi che contengono vitamine e sali minerali utili alla salute°. È anche una dieta economica che non richiede° ingredienti costosi, e si prepara semplicemente e rapidamente.

Nonostante la moda dei *fast food*, gli italiani preferiscono mangiare in una **trattoria** o a una **tavola calda**. Se viaggiano in macchina, si fermano in un **autogrill** sull'autostrada. I giovani preferiscono le **pizzerie**, le **paninoteche** e i **bar**. Gli adulti considerano ancora i pasti un'occasione per passare un po' di tempo a tavola con la famiglia e gli amici.

centuries
peoples

ha... *has been affected by various influences*
Italia... *Southern Italy*

Italia... *Northern Italy*

at least

fattening

health / requires

❖ **Il risotto** is made with the hard Arborio rice of the Po Valley. The rice is first sautéed in butter, with small quantities of broth gradually added until all the liquid is absorbed. For **il risotto giallo**, a Milanese specialty, a pinch of **zafferano** (*saffron*) is added at the end to give it a yellow color.

La pasta fatta in casa

Cosa ne pensate?
1. Quali sono le caratteristiche della cucina italiana?
2. Perchè la cucina italiana varia da regione a regione?
3. Cosa mangiano e cosa bevono gli italiani?
4. Com'è la dieta mediterranea?
5. Quali piatti italiani conosci? Quali preferisci? Quali non ti piacciono?

Grammatica

IDENTIFYING AND CLARIFYING

I.   PRONOMI TONICI (*Stressed pronouns*)

Io amo **te,** non **lei.**   Vieni da **noi** oggi?
Puoi uscire con **me** questa sera?   Andate in Italia! Beati **voi!**

❖ See **Capitolo 8** for the idiomatic use of **da** + *name of person* to express *to/at someone's place.*

◆ The stressed pronouns, which follow a verb or a preposition, have the same form as the subject pronouns, with the exception of **me** (*me*) and **te** (*you*).

Pronomi soggetto		Pronomi tonici	
Singolare		**Singolare**	
io	*I*	**me**	*me*
tu	*you*	**te**	*you*
Lei	*you (formal)*	**Lei**	*you (formal)*
lui/lei	*he/she*	**lui/lei**	*him/her*
Plurale		**Plurale**	
noi	*we*	**noi**	*us*
voi	*you*	**voi**	*you*
Loro	*you (formal)*	**Loro**	*you (formal)*
loro	*they*	**loro**	*them*

◆ Stressed pronouns are object pronouns placed after the verb for emphasis or contrast, or for clarification when there are two direct or indirect object pronouns.

  Carlo **mi** guarda. (*unstressed object pronoun*)
  Carlo guarda **me.** (*stressed object pronoun*)
  Vediamo **te** e **lui** ogni giorno. (*two object pronouns*)

◆ Stressed pronouns are most frequently used after a preposition, including **a, come** (*like*), **con, da, di, fra/tra, in, per, secondo, su,** and **tranne** (*except*).

  Luigi telefona **a lei** ogni sera.
  Tra me e **te** non ci sono segreti.
  Secondo loro, noi dobbiamo mangiare meno.

◆ After a preposition, a pronoun can convey a reflexive sense (*himself/herself/themselves*). In this case, the stressed pronoun **sè** is used.[1]

◆ The prepositions **dopo, senza, sopra, sotto,** and **su** require **di** before a stressed pronoun.

  Non posso cenare **senza di te.**
  Conto **su di lei** (*I count on her*) per pagare il conto (*check*).

---

[1]When **sè** refers to a thing, it means *itself*. In addition, **sè** can mean *himself/herself/themselves:* **Il cibo in sè non mi interessa, ma mi piace la preparazione. Chi fa da sè fa per tre** (*Too many cooks spoil the cake*).

◆ Stressed pronouns are sometimes used after an adjective in exclamations.

Povero(a) me!	*Poor me!*	**Beati(e) loro!**	*Lucky them!*

Attività

A. Completa le seguenti frasi con il pronome tonico appropriato.

1. Lui esce spesso con _____. (io)
2. Io ricevo molte lettere da _____. (Gianni)
3. Lei ama _____ non _____. (io, tu)
4. Preparo la cena per _____. (i miei genitori)
5. Franco non vuole andare al bar senza _____. (io e Angelo)
6. Tutti studiano tranne _____. (Bianca)
7. Parlo sempre di _____. (tu e tua sorella)
8. Mio marito ha cucinato per _____. (gli ospiti)
9. Possiamo contare su _____. (Giorgio)
10. Secondo _____, Parodi è un buon ristorante? (tu)

B.   Siamo curiosi!   In coppie, fate le seguenti domande e rispondete. Sostituite le parole in corsivo con un pronome tonico.

MODELLO: —Hai comprato un regalo per *tua sorella*?
   —Sì, ho comprato un regalo per lei.

1. Hai telefonato a *Silvio*?
2. Hai parlato con *la professoressa* ieri?
3. Sei uscito(a) con *il tuo fidanzato/la tua fidanzata* recentemente?
4. Secondo *l'avvocato*, chi ha ragione?
5. Carlotta lavora sempre per *l'ingegnere Masucci*?
6. Tutti (*everyone*) hanno fatto il compito tranne *Pietro e Sara*?
7. Hai parlato di *Teresa* ai tuoi genitori?
8. Hai comprato uno scialle di seta per *tua madre*?

C.   Non ci capiamo.   In coppie, contraddite il vostro compagno/la vostra compagna. Usate diversi pronomi tonici.

MODELLO: —Ami lei?
   —No, non amo lei, amo te!

1. Parli a me?
2. Telefoni a lui?
3. Esci con lei?

4. Vai al ristorante con loro?
5. Parli di noi?
6. Prepari la cena per loro?

EXPRESSING LIKES AND DISLIKES

II.   IL VERBO *PIACERE* AL *PRESENTE* (*The verb* to be pleasing *in the present*)

Mi piace la cucina genovese.
A Vincenzo piace la focaccia.

Ci piace Genova.
Ai miei amici piace mangiare all'aperto.

◆ The verb **piacere** (*to be pleasing*) is used to express the English *to like*. The thing liked, which is the direct object in English, becomes the subject in Italian, and the English subject becomes the Italian indirect object (indirect object pronoun or preposition **a** + noun). Because a verb agrees with its subject, **piace** is used when the subject is a singular noun or an infinitive, and **piacciono** is used when the subject is plural.

Soggetto	Verbo	Oggetto diretto
Paola	*likes*	*fish.*
Paola	*likes*	*eating (to eat).*
Paola	*likes*	*spaghetti.*

Oggetto indiretto	Verbo	Soggetto
A Paola/A lei/Le	piace	il pesce.
A Paola/A lei/Le	piace	mangiare.
A Paola/A lei/Le	piacciono	gli spaghetti.

❖ The verb **piacere** may also express a stronger feeling about something and mean *to love*: **Mi piace la pasta** (*I like/love pasta*); **Mi piace correre** (*I like/love to run*). The verb **amare** (*to love*) always conveys a strong personal emotion: **Ti amo; Amo l'Italia. Piacere** may be used to express personal affection—**Tu mi piaci** (*I like you*), **Io piaccio ai professori** (*Professors like me*)—but this use is rare.

◆ The negative of **piacere** is **non piacere (non mi piace...).** The expression **mi dispiace** means *I'm sorry*.

Attività

D. Ti piace o non ti piace? In coppie, fate le domande e rispondete.

> MODELLO: —Ti piace il pesto?
> —Sì, mi piace il pesto. / No, non mi piace il pesto.

1. Ti piace la frutta fresca?
2. Ti piace mangiare al ristorante?
3. Ti piace fare colazione alle due del pomeriggio?
4. Al tuo amico piacciono le spiagge italiane?
5. Ai tuoi genitori piacciono le fettuccine?
6. Ti piace visitare i mosaici di Albenga?
7. Ai tuoi compagni piace il professore di matematica?
8. Ti piacciono gli scampi?

E. Cosa ti piace fare? In groups of three or four, use the words in the columns to ask questions that a person in your group will answer. Each member of the group should ask at least five questions.

> MODELLO: S1: **Ti piace cucinare?**
> S2: **Sì, mi piace cucinare.**
> S3: **No, non mi piace cucinare; preferisco pulire la casa.**

a me/mi		i film
a te/ti		la TV
a lui/gli	piace	mangiare
a lei/le	piacciono	i ragazzi/le ragazze
a noi/ci		l'università
a voi/vi		il professore/la professoressa
a loro/gli		l'aragosta

F. **I vostri gusti.** In groups of three or four, have a five-minute conversation about what you like and do not like to do. Be creative! One student will take notes and then report to the class about the likes and dislikes of each member of his/her group.

G. **I gusti di Tonino e Grazia.** In coppie, guardate i disegni (*drawings*) e dite cosa piace/piacciono e cosa non piace/piacciono a Tonino e Grazia.

MODELLO: **A Tonino piace una Ferrari.**
A Tonino piacciono le belle donne.

EXPRESSING LIKES AND DISLIKES

III. **IL VERBO** *PIACERE* **AL PASSATO PROSSIMO** (*The verb* to be pleasing *in the present perfect*)

Ci sono piaciute le paste ieri sera.
Ci è piaciuto cenare dai Signorelli.
In Liguria **le è piaciuta** la focaccia.

◆ The verb **piacere** is conjugated with **essere** in the **passato prossimo**. The past participle agrees in gender and number with the subject.

Attività

H. Completa le seguenti frasi con le forme appropriate del passato prossimo di **piacere.** Ricorda di fare l'accordo (*agreement*) del participio passato con il soggetto.

1. Portofino mi _____ molto.
2. La cena da Parodi ti _____?
3. Vi _____ viaggiare in Italia?
4. Agli studenti _____ la conferenza su Cristoforo Colombo.
5. Ci _____ le pizze alla birreria.
6. All'autogrill non mi _____ le lasagne.
7. Ai miei amici _____ l'olio d'oliva della Liguria.
8. A me _____ molto la costa ligure.

I. Sei ritornato(a) da un viaggio in Europa. Per ogni paese elencato parla di cosa ti è piaciuto e cosa non ti è piaciuto. Esprimi la tua vera opinione, se hai viaggiato in Europa.

MODELLO: Italia: il cibo / il traffico
   In Italia mi è piaciuto il cibo, ma non mi è piaciuto il traffico.

1. Inghilterra: il teatro / il clima
2. Spagna: la corrida / il caldo
3. Francia: la cucina / i prezzi
4. Germania: la birra / i negozi
5. Svizzera: le montagne / i monumenti
6. Grecia: il Partenone / le automobili

J. **Un viaggio negli Stati Uniti.**   In coppie, immaginate di essere un turista italiano/una turista italiana che ha recentemente visitato gli Stati Uniti. Un amico/Un'amica domanda cosa ti è piaciuto e cosa non ti è piaciuto in vari stati. Rispondete alle domande.

MODELLO: in Alaska
   S1: **In Alaska cosa ti è piaciuto?**
   S2: **In Alaska mi sono piaciuti gli animali.**
   S1: **E cosa non ti è piaciuto?**
   S2: **Non mi è piaciuto il freddo.**

1. in Arizona
2. nelle isole Hawaii
3. in Florida
4. in California
5. nel Massachusetts
6. nel Vermont

Tocca a voi

COLAZIONE	CENA
Lasagne al forno	*Passato di verdura*
Tagliatelle alla Boscaiola	*Farfalline pomodoro fresco*
Pasta fredda con pomodoro olive	*e mozzarella*
e basilico	*Tagliolini in brodo*
❧	❧
Grigliata di carne	*Vitello tonnato*
Petto di pollo agli asparagi	*Sogliole ai ferri*
Carpaccio di manzo affumicato	*Scaloppina al vino bianco*
❧	❧
Buffet di verdure	*Buffet di verdure*
Frutta di stagione	*Dolce della casa*

 A. Creiamo un menù!   In gruppi di tre o quattro, considerate questo menù e create e decorate un menù diverso usando il vocabolario che conoscete e la vostra fantasia. Alla fine la classe sceglie il migliore.

 B. Ordiniamo un pasto!   Dividetevi in gruppi di tre o quattro e usando il menù che avete creato voi per l'Attività A, immaginate di essere in un ristorante italiano e ordinate un pasto completo. Preparate uno skit e presentatelo davanti alla classe.

 C. Un annuncio.   In gruppi di tre o quattro, immaginate di essere una famiglia italiana che apre un nuovo ristorante, trattoria o pizzeria. Create un annuncio per lanciare (*launch*) il vostro ristorante.

 D. Cosa sapete di ...?   Divide into two groups. One student will leave the room. Write answers to the following questions about this student's tastes, trying to answer as he/she would. When you are ready ask the student back, and ask him/her the same questions. Compare the answers with yours. The group that has guessed the most answers wins.

1. Quale sport gli/le piace?
2. Cosa gli/le piace bere?
3. Quali film gli/le piacciono?
4. Gli/Le piace la campagna o preferisce la città?
5. Gli/Le piace vivere sul campus o preferisce un appartamento?
6. Cosa gli/le piace fare con gli amici?
7. Quali ristoranti gli/le piacciono?
8. Cosa gli/le piace fare la domenica?
9. Quale tipo di musica gli/le piace?
10. Gli piacciono i ragazzi biondi/le ragazze bionde o preferisce i bruni/le brune?

E. **Ricreiamo il dialogo!**   A TV script was accidentally run through a paper shredder, nearly destroying a scene that takes place in a restaurant. In pairs, reconstruct the dialogue by putting the lines in order. Then read the dialogue. Your instructor will distribute the strips of dialogue to be put in order.

F. **La cucina regionale.**   Each Italian region, and sometimes each town, has its specialties. For instance, Genoa's specialties are **la focaccia, il pesce,** and **il pesto.** In pairs, find out what the specialties of **Roma (Lazio), Milano (Lombardia), Perugia (Umbria), Urbino (Marche), Napoli (Campania)** and **Palermo (Sicilia)** are.

❖ *Espansione grammaticale*

EXPRESSING NEEDS, INTERESTS, ACHES, AND PAINS

VERBI SIMILI A *PIACERE* (*Verbs like* **piacere**)

Mi fa male la gamba.
Vi occorre il menù?
Ci interessa il cinema italiano.
Mille dollari **non le bastano** per le vacanze.
Gli manca il basilico (*basil*) per il pesto.
Ti mancano i tuoi amici?
Non **importa loro** mangiare tardi.

◆ The following verbal expressions have the same construction as **piacere,** that is, they are used with an indirect object and the third-person (singular or plural) of the verb. The direct object in English becomes the subject in Italian.

bastare	*to be sufficient, enough*
fare male	*to hurt, to be painful*
importare	*to mind, to care*
interessare	*to interest, to be interested in*
mancare	*to miss, to be missing*
occorrere	*to need, to be needed*
servire	*to be necessary*

Mi servono tre spicchi d'aglio per la ricetta.
Gli fa male lo stomaco perchè ha mangiato troppo.

◆ Like **piacere,** these verbs are conjugated with **essere** in the **passato prossimo,** and their past participles agree with the subject in gender and number.

In vacanza **mi è mancata** la famiglia.
La conferenza **mi è interessata** molto.

Attività

A. Completa le seguenti frasi con le forme appropriate del presente dei verbi fra parentesi.

1. Da quando sei partita, tu mi _____ molto. (mancare)
2. Devo scrivere a Riccardo. Mi _____ il suo indirizzo. (occorrere)
3. Ieri sono caduto e oggi mi _____ il braccio. (fare male)
4. Non mi _____ a che ora arrivi. Io ti aspetto. (importare)
5. Noi ci amiamo e questo ci _____ per essere felici. (bastare)
6. La mia amica è scrittrice e le _____ molto la letteratura femminile. (interessare)

B. **Cosa porto in vacanza?**   Tell a friend who is going on vacation what items of clothing he or she will need **(occorrere),** what items are sufficient **(bastare),** and what items are unnecessary **(non servire).**

MODELLO: **Ti occorre un vestito elegante.**
Ti basta un costume da bagno.
Non ti servono le scarpe.

C. **I miei interessi.**   Think about what interests or doesn't interest you **(interessare/non interessare).** Make two lists and then compare them with the lists of your classmates.

MODELLO: **Mi interessa la cucina francese.**
Non mi interessa la tivù.

Lettura

La scelta di Mario Fratti

Preparazione alla lettura: *Scanning*

You are going to read an excerpt from *La scelta* (*The Choice*), a one-act play by Mario Fratti. In this play, two longtime friends, Franco (F) and Giorgio (G), are both in love with Grazia (GR).

1. As Franco and Giorgio discuss their beloved, they use many descriptive adjectives. Scan the text for these adjectives and try to form a picture of Grazia.
2. Consider the meaning of the following pairs of adjectives and the relationship between them: **nuovi ed uguali; vivi e costanti; sorprendenti e familiari; riconoscibili e imprevedibili.**
3. Note:
   a. **-issimo/a/i/e** at the end of an adjective (**-issimo** at the end of an adverb) conveys the sense of *very*: **serio** (*serious*) / **serissimo** (*very serious*); **dolce** (*sweet*) / **dolcissimo** (*very sweet*) **molto** (*much, a lot*) / **moltissimo** (*very much*).
   b. Adjectives can become adverbs by adding **-mente** to the *feminine* singular form. The resulting adverbs correspond to English adverbs in *-ly*: **infinita** (*infinite*); **infinitamente** (*infinitely*).

LA SCELTA

Atto unico di Mario Fratti. Tre personaggi: Franco, Giorgio, Grazia

F: Mi piace.

G: Anche a me.

F: Mi piace moltissimo.

G: Infinitamente.

F: Ideale.

G: Unica.

F: Incredibilmente speciale.

G: Straordinaria.

F: Deliziosamente seria.

G: Serissima.

F: Tenera.

G: Tenerissima.

F: Mi piacerebbe.°   **Mi...** *I would like . . .*

G: Ti piacerebbe, naturalmente . . . anche a me.

F: Dormire con un angelo.

G: Non dormire con un angelo

F: Carezzarla...

G: Baciarle la fronte°...   *forehead*

F: Divorarla.

G: Con occhi d'amore.

F: Stringerla° a me per ore.   *Hug her*

G: Giorni.

F: Mesi.

G: Anni.

F: La porterei° in viaggio.   **La...** *I would take her*

G: Lontano da qui.

F: In Sud-America.

G: In Europa.

F: A Venezia.

G: A Parigi.

F: In Africa.

G: In Australia.

F: Nell'Unione Sovietica.

G: Nel Congo.

F: Perchè nel Congo?

G: Non lo so. Suona bene.°   **Suona...** *It sounds good*

F: La mangerebbero le zanzare°.   **La...** *Mosquitos would eat her blood*

G: Sangue° dolce. Anche qui da noi.

F: Qui è più facile difenderla.

G: Difenderla, sì. Sono pronto° a morire per lei.   *ready*

F: A morire d'amore.

G: D'amore si vive°.   **si...** *one lives*

F: E si muore qualche volta.

G: Non le permetterei° di morire.   **Non...** *I wouldn't allow her*

F: Una donna come lei non può morire.

G: Non deve.

F: È troppo bella.

G: Troppo.

F: Speciale.

G: Unica.

F: L'hai già detto.

G: Mi ripeto, se amo.

non... *shouldn't*   F: Chi ama non dovrebbe° ripetersi.

G: Vivere la stessa sensazione—sempre nuova—cento volte, mille.

F: Sempre nuovi io e te, per non perderla.

G: Nuovi ed uguali. Vivi e costanti. Sorprendenti e familiari.

well known   F: "Familiari", noti°, riconoscibili...

unpredictable   G: Ed imprevedibili°.

F: Come tutte le donne.

G: Come molte.

F: Moltissime.

G: Lei non lo è.

F: Più bella di Beatrice.

G: Più vera.

F: Più ardente di Laura.

G: Più umana.

F: Più appassionata di Fiammetta.

flame   G: Fiamma° vera. (*un breve silenzio*)

F: Le hai parlato?

G: Ancora no.

stares   F: Io le ho parlato. (*Giorgio lo fissa° con gli occhi.*)

G: Anch'io. Mi conosce.

Mi... *She noticed me*   F: Conosce anche me. Mi ha notato°.

G: Guarda senza guardare. Osserva senza osservare.

F: Mi fermerei a fissarla per ore.

G: L'ho fatto, un giorno.

F: La amo.

G: Anch'io.

I shall love her   F: L'amerò° per sempre.

G: Per sempre.

F: La voglio.

G: La desidero.

F: La vorrei con me, qui, ora.

G: Vorrei carezzarla teneramente.

F: Appassionatamente

G: Dolcemente.

F: Qui.

G: Ora. (*Appare Grazia, bella, intensa, misteriosa; avanza timidamente; i*

scattano... jump to their feet   *due uomini scattano in piedi°*)

GR: Buongiorno.

F: Buongiorno.

G: Buon...

GR: Mi chiamo Grazia.

F: Franco.
G: Giorgio. (*un breve silenzio, si osservano*)
GR: Ero lì, sotto quell'albero°... il vento porta la voce. *tree*
F: Ha...?
GR: Tutto.
G: Ci scusi... Noi...
GR: Siete intimi amici.
F: Da molti anni....

Source: Mario Fratti, *Six One-Acts—A New Way to Teach Italian* (Vanni Bookshop, 30 West 12 Street, New York, NY 10011), 1978.

Attività

A. Facciamo una gara! In groups of three or four, make a list of the adjectives that refer to Grazia. Allow yourselves five minutes. Then compare your lists by reading out loud the adjectives found by your group.

B. Come immaginate Grazia? In groups of three or four, draw Grazia as you imagine her from Franco's and Giorgio's conversation. Label your picture with physical and personal characteristics. Then show and describe your picture to the other groups.

C. Recitiamo! Divide into pairs and one group of three. Your instructor will assign a section of the play to you. Memorize your lines. When you have learned your roles, perform the scene from *La scelta* by playing your section in front of the class. Use exaggerated gestures and expressions to make the play comical.

D. Qual è il finale (*ending*)? The play does not end at this point. How do you think it ends? Write your ending in Italian as a composition for homework or in class with a classmate. Be sure to tell what happens to each character.

Eccoci!

A. Proverbi e cibo

1. Consider the following proverbs. They all deal with a particular food. Which food is it? How much of this food should you eat, and how and when should you eat it?

- **Formaggio, pane e pere, pasto da cavaliere** (*knight*).
- **Ricotta secca** (*dry*) **e polenta dura, si cammina fino alla sepoltura** (*one walks until the grave*).

- **Il formaggio a merenda è d'oro** (*gold*)**, a pranzo d'argento** (*silver*)**, a cena di piombo** (*lead*).
- **Al contadino non far sapere** (*Don't tell the farmer*) **quanto è buono il formaggio con le pere.**
- **Formaggio bianco, pan bianco e vino puro rendono insieme il polso duro** (*make you strong*).

2. With a partner, discuss (in Italian or English) what you know about Italian, French, and American cheeses. Which states in this country produce cheese? What do you usually drink with cheese?

B. **Cosa abbiamo in comune?**

1. Discuss your eating habits with a partner and find out what you have in common. Use expressions such as **mi piace / non mi piace, preferisco, mangio, bevo,** and **sono a dieta,** and the nouns and adjectives for food that you have learned.

   MODELLO: **Mi piace la frutta, specialmente le mele. Mangio una mela dopo pranzo. Bevo succo di mela per merenda. Quando sono a dieta, mangio soltanto una mela per la prima colazione....**

2. When you have found out what you have in common with your partner, tell the class.

   MODELLO: **Ci piacciono gli spaghetti. Li preferiamo con la salsa di pomodoro e il parmigiano. Non ci piace il riso...**

C. **Prepariamo una ricetta!**   Ask an Italian or an Italian-American for a good recipe. Write the ingredients and the directions in Italian, using the vocabulary on page 245. Then present the recipe to the class.

D. **Un'occasione speciale.**   Look at the four ads. With your partner, imagine a special occasion and discuss at which restaurant you would choose to celebrate it. Consider the **specialità,** the **chiusura,** the **prezzo medio,** and whether wine is included in the price. Say why you would like to celebrate in a restaurant.

① Trattoria della Pace
Boves (Cuneo)
Telefono: 0171/380398

Specialità: Ravioli ripieni di patate e funghi, Porcini ai ferri in foglie di vite.
Chiusura: domenica sera e lunedì.
Prezzo medio: 40 euro vino escluso.

② La Baita
Borghetto d'Arroscia (Imperia)
Telefono: 0183/31083

Specialità: Porcini al pomodoro fresco, basilico e pinoli, Magro di vitello con porcini e ovuli crudi.
Chiusura: mercoledì.
Prezzo medio: 30 euro vino incluso.

③ La Foresta di Bard
Berceto (Parma)
Telefono: 0525/60248

Specialità: Fantasia di porcini, Lasagne ai porcini e Piccione farcito di porcini.
Chiusura: martedì.
Prezzo medio: 25 euro.

④ Waldruhe
Laion-Lajen (Bolzano)
Telefono: 0471/655882

Specialità: Pappardelle ai porcini, Terrina di gallinacci con filetto di coniglio, Strudel di albicocche.
Chiusura: mercoledì.
Prezzo medio: 20 euro vino escluso.

porcini = type of mushrooms

E. In un ristorante. In small groups, create a skit in a restaurant. Choose a setting **(birreria, mensa, pizzeria, tavola calda).** Draw up a menu, use props, and have a musician serenading you.

F. Un mercato all'aperto. As a class, organize an outdoor market using pictures of products. Set prices, but be ready to bargain **(contrattare).** Half the students sell at different stalls **(bancarelle),** shouting the names of products and their virtues, and the other half buy. Then discuss your purchases with several classmates.

❖ *Vocabolario attivo*

NOMI

l'aceto *vinegar*
l'aglio *garlic*
l'aragosta *lobster*
l'arrosto *roast*
il biscotto *cookie*
la bistecca *steak*
il burron *butter*
il caffelatte *coffee with hot milk*
i calamari *squid*
ill cappuccino *cappuccino*
la cena *dinner, supper*
i cereali *cereals*
il cibo *food*
la colazione *lunch*
il condimento *dressing*
i congelati *frozen food*
la cucina *cuisine*
l'espresso *espresso coffee*
le fettuccine *flat noodles*
i frutti di mare *seafood*
il gelato *ice cream*
l'insalata *salad*
le lasagne *lasagna*
il maiale *pork*
il manzo *beef*
la marmellata *jam*
la merenda *afternoon snack*
la minestra *soup*
l'olio *oil*
il pane tostato *toast*
il panino *sandwich*
il pasto *meal*
le penne *type of pasta*
il pepe *pepper*

il pesto *sauce made of basil and olive oil*
il piatto *course, dish*
il pollo *chicken*
il pranzo *lunch*
la prima colazione *breakfast*
il riso *rice*
il sale *salt*
la salsa *sauce*
gli scampi *shrimps*
gli spaghetti *spaghetti*
la specialità *specialty*
lo spuntino *sandwich, snack*
il sugo *tomato sauce*
la tazza *cup*
l'uovo (*pl.* le uova) *egg*
il viaggio *journey, trip*
il vino *wine*
il vitello *veal*
gli ziti *type of pasta*

AGGETTIVI

congelato *frozen*
eccitato *excited*
squisito *delicious*

VERBI

arrostire *to roast*
assaggiare *to taste*
bollire *to boil*
friggere (p.p. fritto) *to fry*
mescolare *to mix, stir*
piacere (p.p. piaciuto) *to like, to be pleasing*
prendere (p.p. preso) *to pick up, fetch*
tagliare *to cut*

PREPOSIZIONI

come *like*
dopo *after*
secondo (me, te, etc.) *according to (me, you, etc.)*
senza *without*
tranne *except*

EXPRESSIONI

ancora *still*
avere buon/cattivo gusto *to have good/bad taste*
benissimo *very well*
che gioia! *what a pleasure!*
da matti! *a lot! like crazy!*
fortunato(a) te (lui, ecc.)! *lucky you (him, etc.)!*
per primo/secondo/terzo *as a first/second/third course*
povero(a) me (te, ecc.)! *poor me (you, etc.)!*

PRONOMI TONICI

Lei *you (formal)*
loro *them*
Loro *you (pl.)*
lui/lei *him/her*
me *me*
noi *us*
sè *himself/herself/itself/themselves*
te *you*
voi *you*

LA CITTÀ DEL VATICANO

AREA 0,44 chilometro quadrato

POPOLAZIONE 1000 abitanti

LA CITTÀ DEL VATICANO la Basilica di San Pietro, Piazza San Pietro, il Palazzo Vaticano, i Musei Vaticani, gli Archivi, la Biblioteca Vaticana, Castel Gandolfo (residenza estiva del Papa), la Basilica di San Giovanni in Laterano, la Basilica di Santa Maria Maggiore, San Paolo Fuori le Mura, l'Università Gregoriana

FIUME il Tevere

PRODOTTI ARTIGIANALI Ricordi: quadri (*paintings*), riproduzioni, rosari, statuette, magliette (*T-shirts*)

PERSONAGGI FAMOSI Papa Giulio II (Pope from 1503–1513), Papa Giovanni XXIII (Pope from 1958–1963), Papa Giovanni Paolo II Wojtyla (1920–)

Città del Vaticano

Il Vaticano: La Basilica di San Pietro con la cupola di Michelangelo.

Capitolo 12

L'arte

Il Giudizio Universale,
Cappella Sistina.

OBIETTIVI COMUNICATIVI

Describing events, personal
characteristics, and states of
mind in the past

Talking about past actions

Talking about an action that
took place before another

Expressing intention

Speaking about the distant
past

CULTURA

Italy and the arts: a rich
heritage

GRAMMATICA

Imperfetto

The **imperfetto** and the
present perfect

Past perfect

ESPANSIONE GRAMMATICALE

Conoscere, **dovere**, **potere**,
sapere, and **volere** in the
past

Past absolute

Per cominciare

❖ **Chiaroscuro** is a technique that uses light and dark elements to give depth to drawings and paintings.

bright

preferred / shadows / lights

painting / corpi... naked and muscular bodies

covered

Oggi non tutti sono d'accordo sulla necessità e sul modo di pulire gli affreschi della Cappella Sistina. Molti non amano i nuovi colori chiari° e preferivano° il rilievo creato dalle ombre° e le luci°, elementi caratteristici della pittura° a chiaroscuro di Michelangelo. I corpi nudi e muscolosi° degli angeli e dei santi, che i contemporanei di Michelangelo coprivano° con scialli e mantelli, sono ritornati al loro stato originario.

war

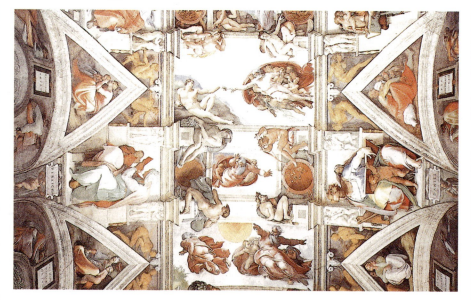

La guerra° della Sistina

sono... *have been cleaned*

Scompaiono... *shadows and depth / disappear /*
si... *are divided / to restore*

Gli affreschi michelangioleschi sono stati ripuliti°. Scompaiono ombre e profondità° e gli studiosi si dividono°. È giusto ripristinare° lo stato "originario"?

Incontri

Una visita alla Cappella Sistina

John, un ragazzo americano in vacanza a Roma, incontra la sua amica Laura. Insieme visitano i <u>musei</u> Vaticani. Nella Cappella Sistina <u>ammirano</u> l'affresco della creazione <u>sul</u> <u>soffitto°</u> e del *Giudizio universale°* <u>sulla</u> <u>parete°</u> dietro l'<u>altare</u>.

ceiling / **Giudizio...** *Last Judgment*

wall

JOHN: Che <u>meraviglia°</u>! È un <u>capolavoro°</u>! I colori sono belli, così chiari e vivaci. Sul mio libro di storia dell'arte erano più <u>scuri°</u>.

Che... *How fantastic!...*
masterpiece

darker

LAURA: È vero. Adesso il <u>cielo°</u> è <u>quasi°</u> bianco. Ma io preferisco lo <u>sfondo°</u> azzurro del *Giudizio Universale*. Sai che è fatto di lapislazzuli?[1]

sky
almost
background

JOHN: Certamente <u>valeva la pena°</u> usare <u>oro</u>, <u>argento e pietre</u> <u>preziose°</u> per opere d'arte come queste!

valeva... *it was worthwhile*

pietre... *precious stones*

LAURA: Sono d'accordo. Michelangelo <u>era°</u> un artista straordinario, un grande <u>pittore</u>, <u>scultore</u>, architetto e poeta. Ma la <u>scultura</u> era la sua passione, e soprattutto gli <u>piaceva°</u> <u>scolpire</u> il <u>marmo°</u>.

was

he liked
marble

JOHN: Secondo te, esistono ancora <u>geni°</u> come Michelangelo?

geniuses

LAURA: Non credo. L'uomo del Rinascimento, che <u>sapeva</u> e <u>faceva°</u> tutto non esiste oggi.

sapeva... *knew and did*

JOHN: È vero. Oggi <u>la gente°</u> si specializza e <u>desidera</u> eccellere in un solo campo!

people

❖ When the *Giudizio universale* behind the altar in the Sistine Chapel was restored, the colors that were uncovered were dark against the bright blue of the sky, and contrasted with the clear, nearly transparent color of the *Creazione* on the ceiling.

❖ **Il Rinascimento** (*the Renaissance*) began in the 14th century in Italy with Petrarch and Boccaccio and the concept of humanism, which placed the human being at the center of the universe.

[1]Lapislazzuli is a semiprecious blue gem.

❖ For basic colors see the **Capitolo preliminare**, page 10. Note that the colors **rosa** and **viola** are invariable: **il soffitto rosa, la parete rosa; i marmi viola, le pietre preziose viola** e **rosa.**

Parole e espressioni utili

Le belle arti *Fine arts*
l'acquarello *watercolor*
l'autoritratto *self-portrait*
il disegno *drawing*
la mostra *exhibition*
la natura morta *still life*
il paesaggio *landscape*
il quadro *picture, painting*

il ritratto *portrait*
la stampa *print*

COLORI
arancione *orange*
celeste *light blue*
rosa (*inv.*) *pink*
viola (*inv.*) *purple, violet*

ESPRESSIONI
Che bello! Com'è bello! *How beautiful (it is)!*
Non toccare! *Do not touch!*

Attività

A. Rileggi il dialogo e di' se le frasi seguenti sono vere o false. Se una frase è falsa, correggila.

1. Tutti approvano il restauro della Cappella Sistina.
2. Michelangelo copriva le sue figure di scialli e mantelli.
3. John studia arte a Roma.
4. A John non piace l'affresco ripulito.
5. Lo sfondo del *Giudizio Universale* è color viola.
6. Nel Rinascimento la gente non si specializzava come oggi.

B. Abbina i termini della colonna A con le descrizioni della colonna B.

A	B
1. il cielo	a. è l'arte di dipingere
2. la pittura	b. è una pietra preziosa
3. l'acquarello	c. può essere azzurro o grigio
4. il lapislazzulo	d. è un periodo famoso per le arti in Italia
5. l'affresco	e. è una pittura a base di acqua
6. il Rinascimento	f. è dipinto su una parete

C. Visitiamo Roma! You are a guide for a group of American tourists. Write a list of the Roman monuments you would include in your tour. (See also **Capitolo 4.**) Then, in pairs, compare your choices.

   MODELLO: —**Visitiamo la Basilica di San Pietro.**
   —**Sono d'accordo. È una chiesa** (*church*) **importantissima.**

D. Visita alla Cappella Sistina. You and a friend are visiting the Sistine Chapel and disagree about the merits of the ceiling restoration. Create a short conversation (four to six lines), using vocabulary and structures learned so far.

   MODELLO: —**Mi piacciono i colori chiari e vivaci della** *Creazione.* **Com'è bella!**
   —**Io invece preferisco i colori scuri del** *Giudizio Universale.*

Nota culturale

❖ *L'arte in Italia*

Termini utili

un tempio greco

un anfiteatro romano

un mosaico bizantino

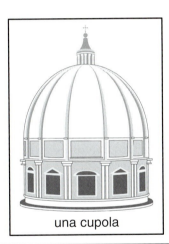

una cupola

---

l'arte greca   The main artistic contribution of the Greeks is the temple—dwelling of the Gods—surrounded by one or two rows of columns made of cut stone or marble. The best example is the Parthenon in Athens of the fifth century B.C. When the Greeks occupied Sicily, which became part of *Magna Graecia*, they built sophisticated temples and amphitheaters out of marble and stone that are well preserved to this day.

l'arte romana   The art of classical Rome—its sculpture and architecture—was greatly influenced by the Greeks. Roman art became more monumental through advances in masonry, as witness the many monuments, notably the Forum, the Pantheon, and the Colosseum.

l'arte bizantina   The art of Byzantium (modern Istanbul), whose architecture was characterized by rounded arches, massive domes, intricate spires and minarets, and the extensive use of mosaics, developed in the Eastern Roman Empire during the Middle Ages. The mosaic reached an unprecedented level of perfection in the churches of Ravenna, Palermo, and Venice.

una scalinata barocca

il Rinascimento   The renaissance of architecture, sculpture, and painting that occurred mainly in the cities of Florence and Rome in the fifteenth and sixteenth centuries is based on a renewed interest in the classics.

l'arte barocca   Originating in northern Europe, Baroque art emphasized movement through curving forms and exuberant decoration. In Italy, Giovanni Bernini (1598–1680) created monumental works in this style, among them **Piazza San Pietro** with the famous colonnade.

L'Italia è, per la sua geografia e la sua storia, il paese dove l'incontro di diverse civiltà e l'impato dell'antico sul moderno hanno dato origine a nuovi stili artistici. Dall'**arte greca** —vedi i templi e i teatri in Sicilia— all'**arte romana,** dall'**arte bizantina** al **Rinascimento,** dall'arte **barocca** all'arte moderna, in tutta Italia troviamo tracce di queste passate civiltà.

Ma l'Italia non è solamente un grande museo, perchè il suo passato e i suoi monumenti si integrano alla vita moderna e continuano a svolgere° una funzione importante. Le terme romane° di Caracalla e l'Arena di Verona in estate diventano teatri per opere e spettacoli di danza. Nelle antiche piazze gli italiani camminano sotto i portici° durante la passeggiata serale°, o si siedono ai tavolini dei bar o sui bordi° delle antiche fontane a godersi il fresco°. La domenica, per la messa°, la gente entra in chiese splendide con affreschi, quadri, sculture e altri tesori artistici.

Questa familiarità con il passato ha purtroppo uno svantaggio°: gli italiani hanno fatto l'abitudine° alle bellezze artistiche e non notano la loro decadenza. I musei sono spesso chiusi per mancanza di° personale°. Le facciate di palazzi, chiese e monumenti si deteriorano per l'inquinamento° causato dall'industria o dal traffico. I piccioni° e i frequenti allagamenti°, soprattutto a Venezia, causano grossi danni°.

Ora, finalmente, le autorità si risvegliano e incominciano a rendersi conto° dell'importanza storica dei monumenti e a proteggerli e restaurarli.

to perform / **terme...** *Roman baths*

arcades / **passeggiata...** *evening walk*
sides / **godersi...** *to enjoy the cool air*
Mass

disadvantage
hanno... *have become accustomed*

per... *for lack of* / *staff*
pollution
pigeons / *floods*
damage

rendersi... *to realize*

Cosa ne pensate?

1. Preferisci l'arte di quale periodo? Perchè?
2. Quali sono le caratteristiche dei vari stili dall'arte greca all'arte barocca?
3. Qual è la differenza fra una città-museo, per esempio Williamsburg (Virginia), Sturbridge Village (Massachusetts) o Greenfield Village (Michigan), e una città medievale o rinascimentale —Verona, Padova, Urbino?
4. Cosa faresti (*would you do*) per proteggere i monumenti artistici minacciati dal traffico e dall'inquinamento?

Il Foro Romano.

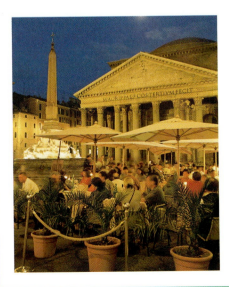

Roma città antica e moderna.

Grammatica

DESCRIBING EVENTS, PERSONAL CHARACTERISTICS, AND STATES OF MIND IN THE PAST

I.   **IMPERFETTO** (*Imperfect*)

Mio zio **abitava** a Roma.
Michelangelo **preferiva** la scultura.
Mia nonna **era** molto religiosa.
Ieri **ero** stanco e non **stavo** bene.

— Sarà anche vero, babbo, che gli antichi Greci erano grandi atleti, però, da quel che vedo, i loro sport erano molto pericolosi!

◆ The **imperfetto** is used to describe habitual actions and conditions in the past. It has four English equivalents:

Giocavo a pallavolo.
- *I used to play* volleyball.
- *I was playing* volleyball.
- *I played* volleyball.
- *I would play* volleyball. (where *would* indicates a past action)

◆ The **imperfetto** of regular verbs is formed by dropping the **-re** of the infinitive and adding the following endings to the stem: **-vo, -vi, -va, -vamo, -vate, -vano.**

comprare (compra-)	dipingere (dipinge-)	finire (fini-)
compra**vo**	dipinge**vo**	fini**vo**
compra**vi**	dipinge**vi**	fini**vi**
compra**va**	dipinge**va**	fini**va**
compra**vamo**	dipinge**vamo**	fini**vamo**
compra**vate**	dipinge**vate**	fini**vate**
compra**vano**	dipinge**vano**	fini**vano**

◆ In the **imperfetto,** nearly all verbs are regular. But **essere** is irregular, and **bere, dire,** and **fare** have irregular stems.

essere	bere (beve-)	dire (dice-)	fare (face-)
ero	bevevo	dicevo	facevo
eri	bevevi	dicevi	facevi
era	beveva	diceva	faceva
eravamo	bevevamo	dicevamo	facevamo
eravate	bevevate	dicevate	facevate
erano	bevevano	dicevano	facevano

◆ The **imperfetto** is used

• to describe persons or things in the past, when referring to appearance, age, mental and physical states, beliefs, and for the date, and the time of day.

Mia nonna **aveva** gli occhi verdi. (appearance)	*My grandmother had green eyes.*
Michelangelo **aveva** 63 anni quando dipinse il *Giudizio Universale.* (age)	*Michelangelo was 63 years old when he painted the* Last Judgment.
Ieri **ero** contento perchè faceva bel tempo. (mental state and weather)	*Yesterday I was happy because the weather was good.*
La festa **era** sabato 12 agosto. (date)	*The party was on Saturday, August 12.*
Erano le due quando ho finito di dipingere. (time of day)	*It was two o'clock when I finished painting.*

• to express a continuous action in the past, two simultaneous actions in the past, or an action that was in progress in the past when something else happened.

Luigi **scriveva.**	*Luigi was writing.*
Luigi **scriveva** mentre io **dipingevo.**	*Luigi was writing while I was painting.*
Luigi **dipingeva** quando Giulia gli ha telefonato.	*Luigi was painting when Giulia called him.*

• to express a repeated or habitual action in the past. In this case the **imperfetto** is usually accompanied by an expression of time. (See the following list.)

Luca **si chiudeva** in camera **ogni giorno.**	*Luca shut (used to shut, would shut) himself in his room every day.*
Noi **visitavamo spesso** i musei a Roma.	*We often visited the museums in Rome.*

Parole e espressioni utili

Espressioni di tempo al passato

da bambino/a (ragazzo/a, giovane) *as a child* (*boy/girl, young person*)	il lunedì/martedì... mentre *while* ogni giorno/ settimana/mese/ anno regolarmente *regularly*	sempre spesso tutti i giorni/ i mesi... *every day, month . . .* una volta *at one time, once*
di solito *usually* frequentemente *frequently* generalmente *generally*		

- To make the **imperfetto** of reflexive and reciprocal verbs, use the appropriate reflexive pronoun followed by the **imperfetto** of the verb.

  Marta **si divertiva** quando visitava le mostre.

Attività

A. Sostituisci il soggetto di ogni frase con i soggetti fra parentesi e fa' i cambiamenti necessari.

1. *Io* compravo molte cartoline. (mia moglie / tu? / i turisti / tu e Giovanna?)
2. *Mia nonna* dipingeva bene. (tuo zio? / io / gli studenti dell'accademia / Giorgio e io)
3. In vacanza *facevo* molto sport. (Margherita / mio padre / voi? / Alfredo e io)
4. Alle feste *bevevamo* Coca-Cola. (voi? / i miei amici / Carlo / io)

B. Di' cosa faceva John, e cosa faceva Laura e cosa John e Laura facevano insieme a Roma. Menziona le attività indicate. Poi continua con alcune frasi originali.

MODELLO: visitare la città
Mentre era a Roma, John visitava la città. Laura visitava la città. John e Laura visitavano la città.

1. mangiare in una trattoria ogni sera
2. bere un cappuccino al bar ogni mattina
3. dormire poco perchè andare alla discoteca ogni sera
4. fare una passeggiata dopo cena
5. scrivere cartoline agli amici
6. fare fotografie
7. dipingere all'aperto
8. comprare ricordi
9. visitare i musei
10. fare sport

C. **Da bambino(a).**   Dite al vostro compagno/alla vostra compagna quando e dove da bambini facevate le seguenti cose. Aggiungete particolari (*details*).

MODELLO: andare in vacanza
   Da bambino(a) andavo in vacanza d'estate al mare con i miei genitori.

leggere libri d'avventure	giocare a carte
andare al cinema	giocare a calcio/baseball
fare un picnic	guardare la televisione
fare ginnastica	stare in giardino (*yard*)
correre nel parco	usare il computer
celebrare il compleanno	viaggiare
dipingere	dormire dieci ore
divertirsi con gli amici	fare passeggiate

D. **Siamo curiosi!**   Preparate una lista di sei o sette attività. Poi circolate e chiedete ai vostri compagni quando, dove e con chi facevano queste attività. Quando avete finito, riferite le risposte alla classe.

MODELLO: andare a un concerto di musica rock
   S1: **Quando andavi a un concerto di musica rock?**
   S2: **Andavo quando ero in vacanza.**
   S1: **Chi veniva con te?**
   S2: **I miei amici/le mie amiche venivano con me.**

TALKING ABOUT PAST ACTIONS

II.   **L'IMPERFETTO E IL PASSATO PROSSIMO** (*The imperfetto and the present perfect*)

Passato prossimo	Imperfetto
Due anni fa siamo andati a Roma. (completed action in the past)	**Ogni anno andavamo** a Roma. (action repeated in the past for an indefinite number of times)
Ieri Paola **ha telefonato** a Carlo. (completed action in the past)	In vacanza, Paola **telefonava sempre** a Carlo. (habitual action in the past)
Mentre **studiavo** Giorgio **ha telefonato.** (ongoing action in the past interrupted by a definite, completed action)	Mentre **studiavo** Giorgio **telefonava.** (two ongoing actions in the past)

◆ Whereas the **passato prossimo** is used to express a completed past action that took place at a definite time, or was repeated for a specific number of times (or within a definite period) in the past, the **imperfetto** is used to express:

- an ongoing condition in the past

  Ieri **ero** stanca, perchè **faceva** molto caldo.

- a past action in progress

  Mia madre è arrivata mentre **io cucinavo.**
  Michelangelo è caduto mentre **dipingeva.**

- a past action repeated for an indefinite number of times. If the number of times or the period of time is specified, the **passato prossimo** is used. Compare:

A Roma **mangiavo spesso** al ristorante *La Capannina*.

Quando ero giovane, **vivevo** a Roma.

A Roma **ho mangiato tre volte** al ristorante *La Capannina*.

Ho vissuto a Roma **dal 1958 al 1962.**

◆ The **passato prossimo** relates specific actions or events. The **imperfetto** describes the background against which these events take place.

  Jessica e Silvia **si sono incontrate** mentre **visitavano** la mostra di Picasso. Allora **sono andate** a cena in un ristorante perchè **volevano** chiacchierare un po'.

Mentre il marito cucinava, la moglie è arrivata.

E. **Voglio sapere perchè.**   In coppie, fate le seguenti domande e rispondete seguendo i suggerimenti fra parentesi. Usate il passato prossimo e l'imperfetto.

MODELLO: —Perchè non sei uscito(a)? (non avere tempo)
            —**Non sono uscito(a) perchè non avevo tempo.**

1. Perchè non hai mangiato? (non avere fame)
2. Perchè non hai bevuto? (non avere sete)
3. Perchè sei andato(a) a letto presto? (avere sonno)
4. Perchè non sei andato(a) al cinema? (non avere voglia)
5. Perchè non hai lavorato? (stare male)
6. Perchè non sei andato(a) a Roma? (non avere denaro)
7. Perchè non hai cantato? (non conoscere la canzone)
8. Perchè non sei uscito(a) ieri? (fare brutto tempo)

F. Create altre frasi simili a quelle dell'Attività E.

MODELLO: —**Perchè non hai guardato la televisione ieri?**
—**Perchè non avevo tempo.**

G. Completa le seguenti frasi con l'espressione appropriata. Fa' attenzione al verbo!

1. Da bambino non
   a. mangiavo il pesce.   b. ho mangiato il pesce.
2. Mentre il mio amico
   a. faceva dello sci, è caduto.   b. ha fatto dello sci, è caduto.
3. Mentre noi
   a. eravamo a Parigi, visitavamo due volte il Museo d'Orsay.
   b. eravamo a Parigi, abbiamo visitato due volte il Museo d'Orsay.
4. Da piccola,
   a. tutto sembrava enorme a Gina.
   b. tutto è sembrato enorme a Gina.

H. Completa la storia di Pinocchio con il passato prossimo o l'imperfetto dei verbi fra parentesi.

C' _____ (essere) una volta un falegname (*carpenter*) che _____ (chiamarsi) Geppetto. Lui _____ (essere) molto triste perché non _____ (avere) figli. Un giorno _____ (comprare) un pezzo di legno (*piece of wood*) che _____ (piangere) e _____ (ridere) come un bambino, e ne _____ (fare) un bel burattino (*puppet*), che _____ (chiamare) Pinocchio. Questo burattino _____ (ballare) e _____ (saltare) sempre, ma _____ (essere) insolente e cattivo. _____ (dire) sempre bugie perché non _____ (volere) andare a scuola. Con ogni bugia, il naso di Pinocchio _____ (diventare) più lungo. Un giorno Pinocchio _____ (incontrare) dei cattivi compagni, una volpe (*fox*) e un gatto, che gli _____ (rubare *to steal*) il denaro e l'_____ (impiccare *to hang*). Una buona fata (*fairy*) l'_____ (salvare *to save*). E dopo molte avventure Pinocchio _____ (diventare) un bravo ragazzo e _____ (cominciare) a studiare, ma un giorno...

❖ The classic children's story of <u>Pinocchio</u> (*Pinocchio: The Story of a Puppet*) was written by Carlo Collodi in 1883. An animated film version was made by Walt Disney in 1940, 1996, and remade by Benigni in 2002.

TALKING ABOUT AN ACTION THAT TOOK PLACE BEFORE ANOTHER

III. TRAPASSATO (*Past perfect*)

Quando Dino è arrivato, io **avevo** già **mangiato**.
Sono andata a trovare Rosanna, ma lei **era** già **uscita**.
Io non lo conoscevo perchè non l'**avevo** mai **incontrato**.

◆ The **trapassato** expresses an action that occurred before another action or point in the past. It is equivalent to the English past perfect, *had + past participle* of the verb: *I had spoken, You had studied*, etc.

◆ Like the **passato prossimo**, the **trapassato** is a compound tense. It is formed with the **imperfetto** of the auxiliary verb (**avere** or **essere**) plus the past participle. When the auxiliary verb is **essere**, the past participle agrees with the subject.

◆ The **trapassato** is often used with the expressions **già** (*already*), **non ancora** (*not yet*), or **mai** (*never*).

ammirare		ritornare	
avevo ammirato	avevamo ammirato	ero ritornato(a)	eravamo ritornati(e)
avevi ammirato	avevate ammirato	eri ritornato(a)	eravate ritornati(e)
aveva ammirato	avevano ammirato	era ritornato(a)	erano ritornati(e)

Attività

I. Mariella e Simonetta hanno fatto le stesse cose, ma Simonetta le ha fatte per prima. Usa il trapassato per esprimere queste azioni.

MODELLO: visitare il museo
Mariella ha visitato il museo, ma Simonetta l'aveva già visitato.

1. affittare un appartamento
2. giocare a tennis
3. andare a Roma
4. comprare una riproduzione della Basilica di San Pietro
5. incontrare gli amici in piazza
6. mangiare al ristorante *Al Fresco*
7. vedere *Cinema Paradiso* di Tornatore
8. svegliarsi

J. Completa le seguenti frasi con la forma appropriata del trapassato del verbo fra parentesi.

1. Adele era stanca perchè _____ (studiare) tutta la notte.
2. Non ti ho scritto perchè non _____ (ricevere) ancora le informazioni necessarie.
3. Michelangelo _____ (dipingere) il *Giudizio Universale* già da molti anni quando ha cominciato la *Creazione*.

4. Quando mio marito ha telefonato, io _____ (uscire) da un'ora.
5. Siamo andati a un museo che non _____ (visitare) mai prima.
6. Quando gli ospiti sono arrivati, noi non _____ (finire) di mangiare.
7. Io _____ (essere) già in Italia una volta prima del 1996.
8. Quando i genitori sono ritornati a casa, i figli _____ (addormentarsi).

Tocca a voi

A. **Una volta e adesso.** Racconta la storia di Matilde: Come era prima e come è adesso. Parla di come la sua vita e i tempi (*the times*) sono cambiati.

   MODELLO: **Matilde aveva i capelli lunghi e biondi. Adesso ha i capelli corti e bianchi....**

B. **Prima e dopo il restauro.** In coppie, discutete gli affreschi della Cappella Sistina prima e dopo il restauro.

C. **Inventiamo una storia!** As a class, choose a topic for a story. Then divide into two groups—a narration (action) group and a description (background) group—and create sentences appropriate to your group. After each member has contributed a sentence, two students go to the board and, in separate columns, write all the actions and all the descriptions. Then the class tells the story combining the elements on the board.

   MODELLO: topic: **una notizia**
   action: **il mio amico è arrivato**
   description: **leggevo**
   Leggevo quando il mio amico è arrivato.

D. L'album di fotografie.   Bring a photo (or several) to class. Then, in groups of three or four, describe your photo: where and when it was taken, who was there, what they were doing and why, and so on.

> MODELLO: **Era l'estate del 1977. Io avevo solamente un anno e ero a Roma con i miei genitori. Eravamo in vacanza...**

E. Disegniamo un quadro!   Your partner has a picture of a painting, but you can't see it. You would like to draw it, so you ask your partner questions about the painting until you have the necessary details to draw it yourself. Afterward, compare your drawing with the original.

> MODELLO: S1: **È un ritratto?**
> S2: **No.**
> S1: **È una natura morta?**
> S2: **Sì.**
> S1: **C'è della frutta?**
> S2: **No...**

❖ *Espansione grammaticale*

EXPRESSING INTENTION

I.   IMPERFETTO E PASSATO PROSSIMO DI *CONOSCERE, DOVERE, POTERE, SAPERE,* **E** *VOLERE*

◆ The verbs **conoscere, dovere, potere, sapere,** and **volere** have a different meaning in the **imperfetto** and in the **passato prossimo**. The **passato prossimo** generally indicates that the action has taken place, whereas the **imperfetto** indicates only an intention.

Ieri **dovevo** studiare, ma è venuta la mia amica.	*Yesterday I was supposed to study, but my friend came.*
Ieri **ho dovuto** studiare tutto il giorno.	*Yesterday I had to study all day (and I did).*
Potevamo uscire, ma siamo rimasti a casa.	*We could have gone out, but we stayed at home.*
Abbiamo potuto finalmente vedere la Basilica di San Pietro.	*We were finally able to see Saint Peter's Basilica.*
Lunedì **volevo** andare al museo, ma non ho potuto.	*On Monday I wanted to go to the museum, but I couldn't.*
Lunedì scorso **ho voluto** vedere la mostra e ci sono andata con Marco.	*Last Monday I wanted to see the exhibition and went with Marco.*

◆ In the case of **conoscere** and **sapere,** the meaning changes depending on the tense.

Conoscevo Loretta quando ero bambina.	*I knew Loretta when I was a child.*
Ho conosciuto Loretta alla festa di Piero.	*I met Loretta at Piero's party.*
Sapevo che Carmine si era sposato.	*I knew that Carmine had gotten married.*
Ho saputo che Carmine si è sposato.	*I heard that Carmine got married.*

Attività

A. Completa le seguenti frasi con la forma appropriata dell'imperfetto o del passato prossimo dei verbi fra parentesi.

1. Ieri io _____ (sapere) che Valeria ha ricevuto un premio.
2. Sabato noi _____ (dovere) andare a Boston, ma l'aereo non è partito.
3. Sono contento perchè _____ (potere) finalmente fare una mostra dei miei disegni.
4. Sabato scorso Daniele _____ (volere) vedere un film e è andato al cinema con Sofia.
5. La pittrice _____ (volere) dipingere un affresco nella chiesa, ma non _____ (potere).

B. Da bambino(a). In gruppi di tre o quattro, parlate di cosa (non) dovevate, (non) potevate, (non) sapevate e (non) volevate fare da bambini.

MODELLO: **Da bambino(a) sapevo cantare, dovevo andare a letto presto, volevo diventare grande velocemente, potevo giocare con i miei amici...**

SPEAKING ABOUT THE DISTANT PAST

II. PASSATO REMOTO (*Past absolute*)

Venti anni fa **andai** in Italia e **visitai** i Musei Vaticani.
Cristoforo Colombo **scoprì** l'America nel 1492.
Artemisia Gentileschi **dipinse** nel diciassettesimo secolo.

◆ The **passato remoto,**[2] used mainly in formal speech or literature, describes events that took place in the distant past at a definite period of time. In conversational Italian, the **passato remoto** is often replaced by the **passato prossimo,** although in some regions of Italy, especially Tuscany and Sicily, the **passato remoto** is more common.[3]

❖ Artemisia Gentileschi, daughter of Orazio Gentileschi, was a woman painter of the 17th century, whose work is now recognized and fully appreciated.

---

[2]The **passato remoto** can be referred to as the *past absolute*, the *preterite*, or the *historical past*.
[3]Most verbs are irregular in the **passato remoto**. See **Verbi,** at the end of the book, for the most common ones.

◆ The **passato remoto** is formed by dropping the infinitive ending (**-are,** **-ere, -ire**) and adding the appropriate endings to the infinitive stem.

parlare	credere	capire
parl**ai**	cred**ei** (cred**etti**)	cap**ii**
parl**asti**	cred**esti**	cap**isti**
parl**ò**	cred**è** (cred**ette**)	cap**ì**
parl**ammo**	cred**emmo**	cap**immo**
parl**aste**	cred**este**	cap**iste**
parl**arono**	cred**erono** (cred**ettero**)	cap**irono**

◆ Except for the characteristic vowels (**a, e, i**), the endings are the same for the three conjugations.

Attività

C. Write the headings below on a piece of paper. Your instructor will read a short story. Each time you hear a verb in the **passato remoto** or in the **imperfetto,** check the appropriate column.

MODELLO: **Passato remoto** **Imperfetto**
√ √

D. Completa le frasi mettendo il verbo fra parentesi al passato remoto.

1. Noi _____ (potere) partire.
2. Io _____ (ricevere, irr.) una lettera da mia zia un anno fa.
3. John e Laura _____ (entrare) nella Cappella Sistina alle dieci.
4. Michele _____ (dovere, irr.) laurearsi prima di sposarsi.
5. Dove (tu) _____ (andare) in vacanza nel 1985?
6. Io e Cristina _____ (salutare) gli amici e _____ (partire).
7. Come (voi) _____ (trovare) i biglietti per il teatro?
8. Lina Wertmüller _____ (girare) molti bei film.
9. Napoleone _____ (morire) in esilio a Sant'Elena.
10. Alessandro Volta _____ (inventare) la prima pila elettrica.

◆◆◆ **Lettura**

Intervista con il Papa Giovanni Paolo II

Preparazione alla lettura: *Applying prior knowledge and using cognates*

1. You are going to read Pope John Paul II's views on some major issues. In pairs, discuss briefly what you believe are the pope's views on **il comunismo, il controllo delle nascite** (*birth control*)**, il capitalismo,** **l'aborto** (*abortion*)**, la guerra, il terzo mondo** (*the third world*), and **l'ex Jugoslavia.** Later you will compare your opinions with what the pope actually said.

2. Divide into seven groups. Each group finds the cognates in one of the boxes and tells the class what the cognates mean.

3. Try to guess the meaning of the following expressions:

era legittimo combattere	la pianificazione familiare
eticamente inaccettabili	manifestazioni degenerate
voce che suona nel deserto	la persona umana e la sua dignità

INTERVISTA CON IL PAPA GIOVANNI PAOLO II

In una lunga intervista Giovanni Paolo II definisce le sue idee. Ecco in sintesi il pensiero° del Papa sulle grandi questioni tra secondo e terzo millennio°, con particolare riferimento ai problemi dell'Europa, della pace°, della povertà. *opinion* / **tra...** *between the second and third millennia* / *peace*

COMUNISMO

"Il comunismo ha avuto successo in questo secolo come reazione a un capitalismo eccessivo. Era legittimo combattere° il sistema totalitario, ingiusto, che si definiva socialista o comunista. Ma è anche vero che ci sono dei "semi di verità"° anche nel programma socialista: la lotta° contro la disoccupazione°, la preoccupazione per i poveri...".

to fight / **semi...** *seeds of truth*
fight / *unemployment*

CONTROLLO DELLE NASCITE

"È inaccettabile incoraggiare l'uso di mezzi immorali, specialmente abortivi, per il controllo delle nascite. Siamo disposti° a spendere somme di denaro per mezzi contraccettivi eticamente inaccettabili, mentre rifiutiamo di sviluppare° il grande potenziale della pianificazione° familiare".

disposti... *prepared to*
to develop / *planning*

CAPITALISMO

"Secondo me, all'origine dei numerosi problemi sociali e umani che tormentano l'Europa e il mondo, ci sono anche le manifestazioni degenerate del capitalismo. Il capitalismo di oggi è diverso, è controllato dallo Stato e dai sindacati°.

unions

ABORTO

"Il Papa deve difendere la persona umana, la sua dignità e i suoi diritti fondamentali, tra cui il principale è il diritto alla vita°".

life

GUERRA

"Io ho sempre mantenuto la mia posizione contro la guerra, ma, secondo la dottrina della Chiesa, la guerra giusta è solamente quella di difesa. Ogni popolo deve avere il diritto di difendersi".

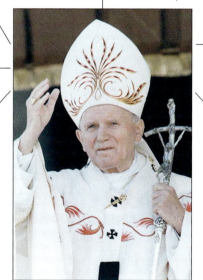

TERZO MONDO

"Avendo vissuto° in un paese cha ha dovuto lottare molto per la sua libertà, in un paese esposto alle aggressioni da parte dei vicini, sento una comprensione molto profonda per i paesi del terzo mondo, per quest'altro tipo di dipendenza, soprattutto economica. Ne ho parlato molte volte con i leader africani. Ho capito così lo sfruttamento° e ho difeso i poveri, gli oppressi, gli emarginati e gli indifesi°".

Avendo... *Having lived* / *exploitation* / *defenseless*

EX JUGOSLAVIA

"La posizione della Santa Sede° è sempre stata questa: evitare una guerra. Quando all'inizio° la Slovenia, poi la Croazia, poi la Bosnia hanno proposto dei referendum sull'indipendenza e hanno scelto questa strada, ne avevano tutto il diritto, ma allora era ancora possibile salvare la pace. Purtroppo le cose sono precipitate in un'altra direzione".

Santa Sede *Holy See* / *at the beginning*

Attività

A. Scegli la frase che meglio esprime l'opinione del Papa.

1. Il comunismo e il socialismo
   a. sono eccessivi
   b. abbandonano i poveri
   c. contengono elementi positivi

2. Il controllo delle nascite
   a. è accettabile in ogni caso
   b. costa forti somme di denaro
   c. deve basarsi sulla pianificazione familiare

3. Il capitalismo
   a. è causa di molti problemi sociali
   b. è una manifestazione esagerata
   c. non è cambiato

4. L'aborto
   a. difende la persona umana
   b. è un diritto fondamentale
   c. va contro (*against*) il diritto alla vita

B. **Siete d'accordo?**   In groups of three or four, restate some of the pope's ideas and say whether or not you agree with them. If you agree, repeat the topic sentence; if you don't agree, say why. Follow the model.

MODELLO: L'uso dei contraccettivi è immorale.
—**Sì, sono d'accordo che l'uso dei contraccettivi è immorale.**
—**No, non sono d'accordo. I contraccettivi sono efficaci e indispensabili.**

C. **Intervistiamo il Papa!**   Form small groups in which one student is the interviewer and asks the pope (a student) additional questions.

MODELLO: —**Perchè per Lei è importante viaggiare?**
—**Per portare un messaggio di pace a altri paesi.**

Eccoci!

A. Alcuni episodi. Descrivi al tuo compagno/alla tua compagna un episodio quando

- hai avuto paura
- hai ammirato un'opera d'arte
- ti sei arrabbiato(a)
- hai vinto molto denaro al lotto (*lottery*)
- hai perso il portafoglio
- ti hanno rubato qualcosa
- ti sei sentito(a) felice
- ti sei innamorato(a)

MODELLO: **Mi sono innamorato(a) quando avevo sedici anni...**

B. Una persona favolosa. You have both met a different celebrity. You each try to guess who it was and what he/she was like by asking questions about the person's sex, age, physical characteristics, personality, what he/she was wearing, and so on.

C. Investighiamo! In pairs, prepare a skit between a Vatican guard and a person found in the Sistine Chapel in the middle of the night. The guard asks many questions, and the person defends himself/herself by telling a story. (Look in the dictionary or ask your instructor for words that you don't know.) Then write your skit and perform it in front of the class.

D. Creiamo una storia! In small groups, cut out three magazine pictures showing (a) one or more persons; (b) a landscape; and (c) one or two objects. Then create a story in the past based on these pictures. Be imaginative! Finally, tell your story to the rest of the class, displaying the pictures.

E. Ricordi. Describe your childhood and adolescence to a partner or the rest of the class, using the **imperfetto**. Base your description on the outline below. Then write your story.

1. carattere e personalità da bambino(a) (tranquillo[a], vivace, obbediente, ribelle...)
2. genitori (severi/indulgenti), il loro lavoro
3. città, casa, giochi

4. carattere e personalità da adolescente
5. scuole che frequentavi, insegnanti, studi, ecc.
6. passatempi: hobby o sport
7. vacanze, gusti (cosa ti piaceva e cosa non ti piaceva)
8. amici

F. **Una mostra.** Using posters or reproductions, turn the classroom into an art museum or an exhibition by a well-known painter. As a class, prepare a leaflet with a brief description of each painting. Then, individually, circulate among your classmates and comment on the paintings. Use the following adjectives to describe the works of art: **astratto, bello, brutto, controverso, esotico, fantastico, impressionista, interessante, moderno, originale, pazzo** (*crazy*), **schifoso** (*disgusting*), **sessuale, sperimentale, tradizionale.**

❖ *Vocabolario attivo*

NOMI

l'acquarello *watercolor*
l'affresco *fresco*
l'altare (*m.*) *altar*
l'angelo *angel*
l'argento *silver*
l'autoritratto *self-portrait*
le belle arti *fine arts*
il capolavoro *masterpiece*
il cielo *sky*
il corpo *body*
il disegno *drawing*
la gente *people*
la guerra *war*
la luce *light*
il marmo *marble*
la mostra *exhibition*
il museo *museum*
la natura morta *still life*
l'ombra *shadow, shade, dark element*
l'opera d'arte *artwork*
l'oro *gold*
il paesaggio *landscape*
il Papa *pope*
la parete *wall*

la pietra preziosa *precious stone*
il pittore *painter*
la pittura *art of painting*
il quadro *picture, painting*
il ritratto *portrait*
il santo *saint*
lo scultore *sculptor*
la scultura *sculpture*
il soffitto *ceiling*
la stampa *print*

AGGETTIVI

arancione (*inv.*) *orange* (*color*)
azzurro *blue* (*azure*)
celeste *light* (*sky*) *blue*
chiaro *light* (*in color*), *bright*
muscoloso *muscular*
nudo *naked*
ogni *every*
rosa (*inv.*) *pink*
scuro *dark*
straordinario *extraordinary*
viola (*inv.*) *violet* (*color*)

VERBI

ammirare *to admire*
coprire (p.p. coperto) *to cover*

scolpire *to sculpt*
valere la pena (p.p. valso) *to be worthwhile*

ESPRESSIONI

che bello!/Com'è bello! *how beautiful it is!*
da bambino(a), (ragazzo(a), giovane) *as a child (boy/girl, young person)*
di solito *usually*
frequentemente *frequently*
generalmente *generally*
già *already*
mai *never*
mentre *while*
molti(e) *many* (*pron.*)
non toccare! *do not touch!*
non... ancora *not yet*
quasi *almost*
regolarmente *regularly*
tutti(e) *all, everybody* (*pron.*)
tutti i giorni/mesi/anni *every day/month/year*
una volta *once* (*upon a time*)

Ora scriviamo!

Writing strategy: **SUMMARIZING, GIVING YOUR OPINION, AND JUSTIFYING IT**

Writing activity: **WRITING A MOVIE REVIEW**

Before going to a movie, we often like to read or listen to a review. The review can tell us something about the plot, the characters, the setting, and other aspects of the film. A review can also persuade us to see or not to see a film.

In this **Ora scriviamo!** you will write a one-paragraph movie review, incorporating all the suggestions below. You may wish to reread the review of *Mediterraneo* on p. 226. Choose a recent film, a favorite film, or a classic, and follow these steps in preparing your review.

1. **Develop your vocabulary.** Use these terms and other vocabulary from the **Per cominciare** and **Incontri** sections of **Capitolo 10** to help you write your review.

la colonna sonora	interpretare	il regista
da vedere	l'interprete	il soggetto/la trama
essere basato su...	produrre	svolgersi
girare il film	raccomandare	vincere un Oscar

2. **Summarize the plot.** Identify the genre of the movie. Mention where and when the action takes place and outline the important scenes.

3. **Describe the characters and the actors.** Give a portrait of the main characters and their traits. Discuss the actors and evaluate their performances. If appropriate, mention other roles played by the actors and compare them.

4. **Discuss other aspects of the movie.** Consider the direction, the script, the cinematography, the soundtrack, and any other significant aspects of the movie. Discuss any of these, as appropriate.

5. **State your opinion.** Say whether you liked or didn't like the movie and why. Try to influence your reader to see or not to see the movie.

6. **Share your review with a classmate.** Ask a classmate to critique your review for content, organization, clarity, interest, and style. Have the classmate check your language for accuracy.

7. **Revise your review.** Look over your classmate's comments and revise your review. Also consider length: shorten your review if it's wordy, expand it if it's too brief. Finally, be sure that all the elements of your review are coherent and cohesive.

8. **Share your review with the class.** Present your review to the class, either orally or in writing. (You can photocopy your review and distribute it, or your instructor can make a booklet of all the reviews and hand it out to the class.)

LA TOSCANA

Firenze

Capoluogo Firenze

Area 23.000 chilometri quadrati

Popolazione 3.600.000 abitanti

Province e città importanti Arezzo, Fiesole, Grosseto, Livorno, Lucca, Massa Carrara, Pisa, Pistoia, Siena

Prodotti agricoli e alimentari olio, vino (Chianti)

Prodotti artigianali abbigliamento, calzature (*footwear*), ceramiche, gioielleria, ricami e tessuti

Personaggi famosi Dante Alighieri (poeta, 1265–1321), Michelangelo Buonarroti (scultore, pittore, architetto e poeta 1475–1564), Giacomo Puccini (compositore, 1858–1924)

Un suggestivo panorama toscano al tramonto.

Capitolo 13

La moda

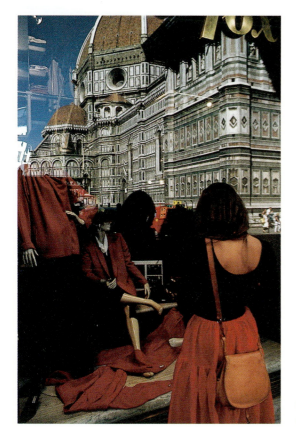

Firenze, riflessi del Duono in un
negozio di abbigliamento.

OBIETTIVI COMUNICATIVI
   Talking about future events
   and actions
   Expressing probability in
   the present

CULTURA
   Italian fashion: famous
   designers and their creations

GRAMMATICA
   Future tense
   Future of irregular verbs

ESPANSIONE GRAMMATICALE
   Future of probability
   Future perfect

Per cominciare

LA MODA

wool / checked / in... leather

a. Giacca in pura lana° vergine a piccoli quadri°, collo in pelle°. Euro. 220 La gonna marrone chiaro. Euro. 180. Camicia in seta pura. Euro. 98.

suit
expose
ankles

b. Maschile con brio il tailleur° più informale, in tweed. La giacca ha un solo bottone e i pantaloni scoprono° le caviglie° (500 euro e 200 euro. Tutto di Per Te by Krizia). Pull a dolcevita (Stefanel, 120 euro). Ombrello di Etro. Mocassini di Fratelli Rossetti. Orologio di De Wan.

suede

Necklace / pendant

Stockings / knee

c. Vestito in camoscio° (Conbipel, 140 euro). Blusa in cotone (Nara Camicie, 130 euro). Collana° con ciondolo° (Donna). Calze° sopra il ginocchio° (Ibici).

short / double-breasted

Glasses

d. Giacca corta° a doppiopetto° e minigonna in pelle (823 euro e 284 euro. Tutto di Versus, anche la T-shirt in seta, 201 euro). Occhiali° di C.P. Company. Scarpe di Duccio Del Duca.

e.

e. Giubbotto° Comodo°, pratico e caldissimo, il giubbotto in "cuoio-spugna"° è ricco di stravaganti etichette° in tessuto° pelle e gomma° che riprendono° cavalli in corsa. Costa 800 euro circa. Per informazioni rivolgersi allo show-room La Matta a Milano, 02 76003053.

Jacket / Comfortable

cuoio... *sponge-leather / labels / fabric*
rubber / recapture

f. Lo zoo di carta. Ancora scuola. Winchester propone gli allegri coordinati safari: lo zaino sella° o normale, la cartella° (da 150 euro) i quaderni, e l'indispensabile diario° con storia di avventure (10 euro). In vendita a Roma da Cartograf e nelle migliori cartolerie°.

saddle
briefcase
diary
stationery stores

Incontri

In un negozio di Firenze

È venerdì pomeriggio. Il signor e la signora Biagini, che abitano a Fiesole, decidono di andare a via Calzaioli a Firenze per fare delle compere. Entrano nella boutique Piergè per comprare un vestito.

❖ Fiesole, an Etruscan city in the hills of Florence, is famous for its picturesque villas and vineyards.

❖ One of the most elegant streets in Florence, Via Calzaioli is known for its fashionable clothing boutiques.

COMMESSA:	Buon giorno, signori. Desiderano?
SIGNOR BIAGINI:	La settimana prossima accompagnerò° mia moglie in un viaggio d'affari° e dovrò indossare° un abito° elegante.
COMMESSA:	Preferisce una tinta unita°?
SIGNOR BIAGINI:	Non ho idea. Cosa ne pensa Lei?
COMMESSA:	Un attimo, per favore: le faccio vedere dei vestiti firmati° e veramente belli, che abbiamo selezionato all'ultima sfilata di moda°.
SIGNORA BIAGINI:	Spero che non vorrai° provarli tutti!
SIGNOR BIAGINI:	Ti prego°, cara, non confondermi le idee°!
COMMESSA:	Ecco, la taglia cinquanta dovrebbe andarle bene°.
SIGNOR BIAGINI:	Provo prima questo verde chiaro.
COMMESSA:	Va bene. È un modello in seta, di Valentino. Ne ho venduto° uno simile mezz'ora fa.
SIGNOR BIAGINI:	Allora? Come mi sta°? Non è troppo vivace?
COMMESSA:	Ma no! Le sta molto bene.
SIGNOR BIAGINI:	Che ne pensi, Carlotta?
SIGNORA BIAGINI:	Mi sembra stretto° e poi non sei più un ragazzino. Questo vestito è per una persona giovane e alta.
SIGNOR BIAGINI:	Beh, dopo la reazione di mia moglie, proverò quello verde scuro in vetrina.
COMMESSA:	Come va?
SIGNOR BIAGINI:	Mi va bene. Che dici Carlotta, lo prendo?
SIGNORA BIAGINI:	Sì, questo ti sta bene.
SIGNOR BIAGINI:	Che tipo di cravatta potrò abbinarci°?
COMMESSA:	Le consiglio questa cravatta a fantasia° di Ferrè.
SIGNOR BIAGINI:	Grazie. Prendo il vestito e la cravatta.
COMMESSA:	Buonasera e buon viaggio!

I'll accompany

viaggio... *business trip* / **dovrò**
I'll have to wear / *suit*
tinta... *solid color*

vestiti... *designer suits*

sfilata... *fashion show*
non... *you won't want to*
Ti... *Please* / **non...** *don't confuse me*
andarle... *fit you well*

sold

Come... *How does it look on me?*

tight

potrò... *will I be able to match with it?*
a... *print*

❖ Note that the suffix **-ino** in ragazzino is a diminutive and means *little/small*.

Altre parole e espressioni utili

Il mondo della moda

di moda *fashionable /in style*	in saldo/in vendita *on sale*	sportivo *casual*
il cappello *hat*	maniche corte *short sleeves*	lo/la stilista
il cappotto *coat*		il disegnatore/la disegnatrice *fashion designer*
cucire *to sew*	maniche lunghe *long sleeves*	
fuori moda *out of style*	il/la sarto/a *tailor*	i sandali *sandals*
i guanti *gloves*	le scarpette da ginnastica/da tennis *sneakers*	gli stivali *boots*
in acrilico/ poliestere *in acrylic, polyester*		la tasca *pocket*
		vestirsi alla moda *to dress fashionably*

è donna
a firenze

LA MODA FEMMINILE
È
A FIRENZE

COLLEZIONI PRIMAVERA/ESTATE 1993

P A L A Z Z O   D E G L I   A F F A R I
1 8 - 2 1   S E T T E M B R E   1 9 9 2

PROMOSSA DAL CONSORZIO MODA DONNA
ORGANIZZAZIONE: EXPOTRADE SRL
BORGO OGNISSANTI, 49 - 50123 FIRENZE
TEL. 055/2381058-2381973 - FAX 055/2381059

CASSA
DI RISPARMIO
DI FIRENZE

Attività

A. Descrizioni. In coppie, descrivete i vestiti e gli accessori presentati nella pubblicità alle pagine 290–291.

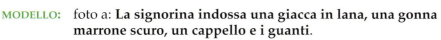

> MODELLO: foto a: **La signorina indossa una giacca in lana, una gonna marrone scuro, un cappello e i guanti**.

B. La pubblicità sulla moda. In gruppi di tre o quattro, rispondete alle seguenti domande.

1. Chi è il pubblico di queste pubblicità? Che tipo di donne sono rappresentate?
2. Quali vestiti sono più eleganti? E quali sono più pratici? Spiega la tua scelta. Quali vestiti preferisci? Perchè?
3. Cosa pensi dei prezzi? Sono giusti se consideriamo la qualità e lo stile?
4. Come giudichi questa pubblicità? La trovi convincente o ti lascia indifferente?

C. Rileggi il dialogo alle pagine 291–292 e rispondi alle seguenti domande.

1. Dove abitano i signori Biagini? E dove vanno a fare le compere?
2. Perchè il signor Biagini ha bisogno di un abito elegante?
3. Cosa vedono i signori Biagini nella vetrina della boutique?
4. Quanti vestiti mostra la commessa al signor Biagini?
5. Quale abito non piace alla signora Biagini e perchè?
6. Quale vestito finalmente compra il signor Biagini?
7. Secondo la moglie, come gli sta quest'abito?
8. Cosa gli consiglia la commessa di abbinare al vestito?

D. Le seguenti affermazioni sono false. Correggile secondo il dialogo.

1. I signori Biagini fanno una passeggiata al Duomo.
2. Il signor Biagini dice che la settimana prossima va a un matrimonio.
3. Il signor Biagini sa esattamente cosa vuole.
4. La commessa non è gentile e non dà consigli al signore.
5. La signora Biagini dice che il vestito stretto sta bene al marito perchè è giovane.
6. Secondo la commessa, il vestito di Valentino è troppo vivace.
7. Il signor Biagini compra il vestito rosso firmato.
8. I signori Biagini comprano due cravatte in tinta unita.

E. **Compriamo dei nuovi vestiti!** In coppie, immaginate di essere in un centro commerciale per comprare dei vestiti. Create dei dialoghi con un commesso/una commessa per ognuno dei seguenti abbigliamenti. Parlate dei colori, prezzi, misure e tessuti.

MODELLO: una gonna / 50 euro
S1: Ho bisogno di una gonna.
S2: Di che colore? O la preferisce a fantasia?
S1: Gialla... e in cotone.
S2: Che taglia porta?
S1: La 44.
S2: Questo modello Le piace?
S1: Sì, è veramente bello! La provo...
S2: Le sta molto bene il giallo!
S1: Quanto costa?
S2: 50 euro.
S1: Bene, la prendo, grazie.

Abbigliamento da donna		Abbigliamento da uomo	
1. un vestito elegante	€ 700	5. una camicia	€ 45
2. un pantalone	€ 90	6. una cravatta	€ 38
3. un tailleur	€ 320	7. un giubbotto	€ 400
4. un paio di scarpe	€ 130	8. un cappotto	€ 620

Nota culturale

❖ *La moda Italiana*

Una sfilata di moda.

Termini utili

la bella figura (*keeping up appearances*)   Always an integral part of Italian life, fashion is taken seriously by Italians, the largest consumers of high-quality apparel. Nearly two-thirds of the designer clothing produced in Italy is bought by Italians.

l'Università Internazionale della Moda   In Florence, a mecca for people in the designer industry. Classes are given by such masters of Italian fashion design as Valentino, Armani, Ferrè, Gucci and Dolce & Gabbana.

la Camera Nazionale della Moda Italiana (*The Fashion Designer's Guild*)   A leading design center with its headquarters in Rome.

Ancora oggi **la bella figura** continua a essere parte integrale della vita italiana. Inoltre°, **la moda** è diventata uno dei settori più importanti dell'economia italiana. Il "Made in Italy" o "The Italian Look" è famoso in tutto il mondo. Molti stilisti stranieri hanno studiato **all'Università Internazionale della Moda** e hanno iniziato la loro carriera alla **Camera Nazionale della Moda Italiana.**

L'Italia ha sempre avuto dei grandi sarti e mercati di tessuto. Già nel XIV secolo la città di Prato, in Toscana, era conosciuta per l'esportazione di "cenci"° ai tessitori° di Londra e Bruges. Si dice che la famiglia Benetton abbia° iniziato la sua produzione di abbigliamenti, proprio con "i cenci" di Prato, che trasformava in bellissimi golf dai colori molto vivaci ed originali che poi vendeva a basso costo. Lo sviluppo° della moda italiana come industria risale

Moreover

rags / weavers
has

development

press

agli anni cinquanta. È un fiorentino, il Marchese Gian Battista Giorgini, che nei primi anni del dopoguerra organizza a Firenze la prima sfilata di moda presentata alla stampa° e ai compratori americani. La sfilata con i modelli di Roberto Capucci ha molto successo.

Gli stilisti italiani, grazie alla loro creatività, si sono affermati al livello internazionale. Valentino, per esempio, il grande creatore di moda italiana da più di trent'anni, ha negozi da Tokyo a Beverly Hills con una gamma° di stili, colori e prezzi superiore a qualsiasi altro stilista. Benetton ha seimila negozi in ottanta paesi e una vendita° di 1,8 miliardi di dollari all'anno. Giorgio Armani, un altro stilista molto conosciuto all'estero, disegna con precisione e eleganza. È stato il primo stilista a eliminare la differenza fra i classici tailleur di lavoro e i vestiti meno impegnativi° e più sportivi. Armani crea cinquecento vestiti all'anno per ventidue collezioni, e disegna anche per Valentino e per Mani (conosciuta in America come Giorgio Armani USA), la sua linea° meno costosa.

range
sales

meno... *less formal*

line

Sotto la guida di Armani è nata una nuova generazione di stilisti italiani: il gruppo milanese che include Versace, Gianfranco Ferrè, Krizia, Laura Biagiotti e Lucio Basile. Questo gruppo viene affermandosi° sul piano internazionale per la moda sportiva e il prêt-à-porter°.

viene... *is making a name for itself*
ready-to-wear

Cosa ne pensate?

1. Perchè l'eleganza e la bella figura sono importanti nella vita degli italiani?
2. Perchè, secondo te, la moda italiana è così conosciuta e apprezzata (*appreciated*)?
3. Quali sono le similarità e le differenze tra la moda italiana e quella americana?
4. Scegli uno/una stilista italiano(a) e spiega perchè ti piacciono o non ti piacciono i suoi modelli.
5. È importante per te seguire la moda e comprare dei vestiti firmati? Spiega perchè sì o perchè no.

Grammatica

❖ Siena boasts many art treasures and a magnificent cathedral built between the 12th and 14th centuries. Every slummer tourists flock to Siena to view the Corsa del Palio, the famous horse races of medieval origin that are held on the Piazza del Campo.

TALKING ABOUT FUTURE EVENTS AND ACTIONS

I. FUTURO SEMPLICE (*Future tense*)

La signora Biagini **comprerà** un vestito da sera.
Alla cerimonia, io **indosserò** un abito lungo di Armani.
Noi **parteciperemo** alla sfilata di moda a Firenze.
Quando **metterai** il tuo nuovo giubbotto?
Domani Marco e Stefano **partiranno** per Siena.

◆ In Italian, the future is a simple tense (consisting of one word). It corresponds to the English *will/shall + verb* and *to be going to + verb.*

Per l'estate, **comprerò** un paio di mocassini.

For the summer, I will buy a pair of moccasins.

Quanto tempo **resterai** agli Uffizi?

How long are you going to stay at the Uffizi?

◆ The future of regular verbs in all three conjugations is formed by dropping the final **-e** of the infinitive and adding the characteristic endings. In first-conjugation **(-are)** verbs, the **-a** of the infinitive ending changes to **-e.** Note that there is only one set of endings for all verbs.

comprare	vendere	finire
compr**erò**	vend**erò**	fin**irò**
compr**erai**	vend**erai**	fin**irai**
compr**erà**	vend**erà**	fin**irà**
compr**eremo**	vend**eremo**	fin**iremo**
compr**erete**	vend**erete**	fin**irete**
compr**eranno**	vend**eranno**	fin**iranno**

◆ Verbs ending in **-care** and **-gare** add **h** to the future tense stem after the **c** or **g** to keep the hard sound. Verbs ending in **-ciare** and **-giare** drop the **i** because it is not needed to keep the soft sound.

Dove cer**ch**erai le informazioni sull'Università di Firenze?
Chi pa**gh**erà i vestiti?
La sfilata comin**c**erà alle quattro.
A Siena man**g**eremo il famoso panforte.[1]

◆ The future tense is used after **quando** (*when*), **appena** (*as soon as*), and **se** (*if*) when the action of the main verb is in the future. In the examples below, note that English uses the present where Italian uses the future.

Quando **visiteremo** Arezzo, **compreremo** delle cartoline.

When we visit Arezzo, we'll buy some postcards.

Appena **arriverò** a Firenze, **mangerò** delle pappardelle alla lepre.

As soon as I arrive in Florence, I'll eat pappardelle (wide noodles) with hare sauce.

Se lei **proverà** la giacca di Armani, le **piacerà.**

If she tries the Armani jacket, she will like it.

TALKING ABOUT FUTURE EVENTS AND ACTIONS

II. FUTURO DEI VERBI IRREGOLARI (*Future of irregular verbs*)

Farai un'escursione a Pisa?
Verrà anche Valentina a Santa Maria del Fiore.
Berranno del vino Chianti.
Avremo tempo di fare delle compere sul Ponte Vecchio?

[1] A flat, rich cake containing nuts, honey, candied fruit, and spices.

❖ The Uffizi gallery, designed by Giorgio Vasari, is Italy's best known art museum. The Mannerist wings house the world's finest collection of Italian Renaissance paintings, as well as French, Dutch, Flemish, and German art masterpieces.

❖ Università degli studi di Firenze was founded in 1321. Through the activities of the writer Giovanni Boccaccio, it became a center of Renaissance humanism.

❖ Il Ponte Vecchio, which crosses the Arno river, is the oldest bridge in Florence. It has been traced back to the Etruscans. Since the 16th century the bridge has been famous for its silver and gold jewelry shops.

- The following verbs have irregular stems in the future. The endings, however, are regular.

Infinito	Futuro
andare (andr-)	andrò, andrai, andrà...
avere (avr-)	avrò, avrai, avrà...
bere (berr-)	berrò, berrai, berrà...
dare (dar-)	darò, darai, darà...
dovere (dovr-)	dovrò, dovrai, dovrà...
essere (sar-)	sarò, sarai, sarà...
fare (far-)	farò, farai, farà...
potere (potr-)	potrò, potrai, potrà...
sapere (sapr-)	saprò, saprai, saprà...
stare (star-)	starò, starai, starà...
vedere (vedr-)	vedrò, vedrai, vedrà...
venire (verr-)	verrò, verrai, verrà...
volere (vorr-)	vorrò, vorrai, vorrà...

Attività

A. Completa le seguenti frasi mettendo i verbi fra parentesi al futuro semplice.

1. Oggi Cinzia _____ (comprare) una nuova cartella.
2. Domani io _____ (restare) a casa; Marco e Roberta _____ (cercare) un appartamento a Fiesole.
3. Quando _____ (pagare) il vestito il signor Biagi?
4. Patrizia, _____ (mettere) un abito elegante per la cerimonia?
5. Appena (noi) _____ (arrivare) all'albergo, _____ (telefonare) ai nostri amici italiani.
6. Loro _____ (partire) alla fine del mese.

B. Completa le seguenti frasi mettendo i verbi fra parentesi al futuro irregolare.

1. Alla sfilata di moda ci _____ (essere) dei modelli di Versace.
2. Io _____ (venire) a prenderti all'una e poi (noi) _____ (andare) dai nostri amici a Arezzo.
3. Quando (loro) _____ (vedere) Firenze, non _____ (volere) più partire.
4. Domani (noi) _____ (dovere) comprare dei regali per Mara.
5. Cosa (tu) _____ (fare) quando _____ (avere) la laurea?
6. Quando (noi) _____ (andare) a Pisa, _____ (volere) vedere la Torre Pendente.

❖ An important Etruscan city southeast of Florence, Arezzo is known for its many monuments and old churches, including San Francesco, which contains a famous series of frescoes, *La leggenda della Croce (The Legend of the True Cross)*, by Piero della Francesca. Arezzo is the birthplace of the writer Petrarch, and the painter, architect, and writer Giorgio Vasari.

C. Un fine-settimana a Firenze. Trascrivi il seguente brano cambiando i verbi in corsivo dal presente al futuro.

Io e Paolo *passiamo* il fine-settimana a Firenze. Io *resto* all'albergo Duomo in Piazza del Duomo e Paolo *è* a casa di un amico. Mi *alzo* presto ed *esco*. Alle dieci Paolo e il suo amico *vengono* a prendermi per fare colazione al famoso bar Giubbe Rosse, e poi, *facciamo* una passeggiata sull'Arno. Il pomeriggio *noleggiamo* una macchina e *andiamo* a trovare un nostro amico stilista che abita a Pisa. *Siamo* ospiti del nostro amico e quasi certamente lo *accompagniamo* a un concorso di moda, organizzato dalla Regione Toscana. Al concorso *partecipano* molti studenti di accademie di moda private e ci *sono* molti stilisti di successo. La sera *mangiamo* tutti insieme in una trattoria e se *abbiamo* tempo, *vogliamo* vedere la famosa Regata. *Ritorniamo* a Firenze sabato notte. Domenica mattina, io *mi alzo* tardi e *faccio* colazione da sola perchè Paolo *deve* partire molto presto per l'aeroporto. Io, invece *parto* la sera. Dopo colazione, *vado* al Mercato Nuovo e *compro* qualche cosa di bello per i miei amici americani.

D. Domande personali. In coppie, inventate dieci brevi domande personali con il futuro e fate le domande a un compagno/una compagna. Poi l'insegnante estrae (*draws*) il nome di uno studente/una studentessa e la persona scelta si siede davanti alla classe. Gli altri studenti gli/le fanno alcune delle dieci domande inventate.

MODELLO: —**Cosa farai quando finirai i tuoi studi?**
—**Farai il modello/la modella?**

E. Parlate di voi! Dite al vostro compagno/alla vostra compagna le seguenti cose:

- tre cose che farai questa settimana
- tre posti che visiterai la settimana prossima
- tre sport che praticherai quest'anno
- tre cose che farai l'estate prossima
- tre cose che comprerai alla Rinascente

F. Una conversazione sul futuro. In groups of three or four, imagine what the world will be like in 3000. What kinds of changes can we expect in the following areas? Be creative!

MODELLO: i computer
Tutti avranno un computer a casa, uno in ufficio e uno portatile (*portable*). I computer saranno degli strumenti indispensabili alla nostra vita. Con i computer comunicheremo con il resto del mondo velocemente.

1. la moda
2. il ruolo delle donne
3. la pace nel mondo
4. i mezzi di trasporto
5. i mezzi di comunicazione
6. le scuole
7. gli Stati Uniti
8. la medicina
9. i viaggi spaziali
10. i robot

❖ La Regata delle Repubbliche Marine (Regatta of the Great Maritime Republics) takes place each year. The four former maritime republics of Italy (Amalfi, Genoa, Pisa, and Venice) meet to "fight" for supremacy of the sea. The friendly contest takes the form of a historical regatta in which longboats, representing each of the republics, race for a prize.

❖ La Rinascente is a well-known and expensive clothing store chain in Italy. La Standa, Upim, or Coin known for inexpensive prices for clothing and shoes, are also found in every Italian city.

Tocca a voi

Attività

A. Cosa indossare? In small groups, imagine that several foreign students have just arrived on your campus. They aren't sure what clothes to wear on various occasions and ask your advice. Suggest to them what to wear, using the vocabulary you have learned.

MODELLO: —**Cosa indosso (metto) per andare a un concerto di rock?**
—**Ti consiglio di indossare (mettere) dei jeans e una blusa.**

1. a una festa di compleanno
2. a un concerto di jazz
3. a lezione
4. a una partita di football
5. al cinema
6. in discoteca
7. in un ristorante elegante
8. a un picnic

B. Proverbi sulla moda. In piccoli gruppi, leggete e commentate i seguenti proverbi. Siete d'accordo con il loro significato? Ci sono dei proverbi simili in inglese? Quali? Inventate dei proverbi sulla moda.

L'abito non fa il monaco (*monk*).
La moda va e viene.
Roba buona non resta in bottega (*store*).
Ogni anno porta nuove vesti.

C. Un/Una cliente difficile! Imagine you're in a clothing store trying on a jacket, but it's not exactly what you want. In pairs, use the expressions below to create a conversation between you (the client) and the salesperson (your partner). First write your script, then act it out.

È troppo grande/lunga/corta/stretta.

È troppo cara!

Sono indeciso(a).

Dovrò andare a una festa.

Voglio qualcosa di più elegante/classico/moderno/sportivo.

Non mi piace il colore/il modello.

Ci penso!

Il colore/il modello le sta bene.

A questo prezzo non lo trova in un altro negozio!

È proprio la Sua taglia.

Quest'anno è di moda così.

Come vuole signore/signora/signorina!

Che colore preferisce?

D. Che tipo di vestito sceglierete? In coppie, specificate e elaborate sui generi di vestiti, tessuti, colori e stili che sceglierete di indossare durante le seguenti occasioni:

1. il giorno del vostro fidanzamento
2. il giorno del vostro matrimonio
3. quando andrete in viaggio di nozze
4. il giorno della vostra laurea
5. il giorno che incontrerete i genitori del vostro ragazzo/della vostra ragazza
6. quando andrete all'opera
7. quando farete un viaggio in Italia
8. il primo giorno di lavoro

> MODELLO: —Cosa indosserai (metterai) il giorno del tuo fidanzamento?
> —Indosserò un abito elegante e firmato. Sarà di tinta unita con le maniche lunghe e in lana. Metterò anche un cappotto perchè la festa sarà in inverno.

❖ *Espansione grammaticale*

EXPRESSING PROBABILITY IN THE PRESENT

I. FUTURO DI PROBABILITÀ (*Future of probability*)

Mi piacciono da matti queste scarpe, ma **costeranno** troppo.	*I'm crazy about these shoes, but they probably cost too much.*
—Dove **sarà** il commesso?	—*I wonder where the salesperson is.*
—**Sarà** con un altro cliente.	—*He must be with another customer.*

◆ In Italian, the future tense may be used to express a conjecture or hypothesis about something in the present. In English, the future tense is seldom used in this way; instead, probability is expressed with words and phrases such as *I wonder, chances are, probably, can (could),* and *must.*[2]

Attività

A. Indovinello (*Guessing game*). In coppie, rispondete alle seguenti domande usando il futuro di probabilità.

> MODELLO: —Cosa c'è nella cartella del professore?
> —Ci saranno i compiti e gli esami.

1. Quanto guadagna (*earn*) uno/una stilista?
2. Quanto costa affittare una villa a Fiesole?
3. Dove fa le compere Cindy Crawford?
4. Cosa fanno i turisti agli Uffizi?
5. Quanti studenti studiano a Firenze quest'estate?
6. Di chi è quella borsa?

---

[2] *I wonder where my gloves are? / Where can (could) my gloves be? They must be/They're probably/Chances are they're in the car.*

❖ Piazza della Repubblica is a popular tourist attraction in Florence. It has many outdoor cafés and is near many famous stores where tourists shop.

B. In Piazza della Repubblica.   Your instructor will show you pictures of various **piazze**. In pairs, imagine that you are looking at some of the most well known **piazze** in Florence. One partner will identify the people in the photos by following the cues. The other will make conjectures about them, using the future of probability and offering at least three sentences for each person, couple, or group.

MODELLO: un amico che ho incontrato in Piazza della Repubblica
—**Questo è un amico che ho incontrato in Piazza della Repubblica.**
—**Sarà uno studente italiano di Arezzo. Lavorerà in un negozio di abbigliamento durante l'estate. L'anno prossimo farà un viaggio negli Stati Uniti.**

Cues:
1. un'amica che ho incontrato a Pisa
2. una guida turistica a Firenze
3. una coppia giapponese
4. un prete (*priest*)
5. un gruppo di ciclisti
6. un cameriere in un bar

II.   FUTURO ANTERIORE (*Future perfect*)

Dopo che **avranno visto** la casa di Dante, **visiteranno** il Duomo.
Alle otto **avrò** già **finito** di fare le compere.
Andremo al cinema quando **avremo finito** i compiti.
—A che ora **sarà arrivata** Mara da Arezzo?
—**Sarà arrivata** verso le undici.

◆ To form the future perfect, a compound tense, use the future of **avere** or **essere** and the past participle of the verb.

Futuro anteriore		
con **avere**		con **essere**
avrò		sarò
avrai		sarai ⎱ arrivato(a)
avrà		sarà
avremo	comprato	saremo
avrete		sarete ⎱ arrivati(e)
avranno		saranno

◆ The future perfect—in English and in Italian—expresses an action that will have taken place before a specific future time (*I will have done, he will have been, they will have arrived*). In Italian, the future perfect also expresses an action that will be completed before another future action begins.

Dopo che **avranno visitato** gli Uffizi, **torneranno** in albergo.   *After they've visited the Uffizi, they'll go back to the hotel.*

◆ Just as the future can express probability in the present, the future perfect can express probability in the past.

Il negozio è chiuso. Gianna e Guido **saranno andati** a casa.   *The store is closed. Gianna and Guido have probably gone home.*

Attività

C. Completa le seguenti frasi con la forma appropriata del futuro anteriore dei verbi fra parentesi.

1. Anselmo _____ (finire) i compiti alle dieci.
2. Ci incontreremo in Piazza della Repubblica dopo che _____ (spedire) le cartoline.
3. Dopo che _____ (vedere) la Torre Pendente a Pisa, andremo a Fiesole.
4. Quanto _____ (pagare) Antonia per il giubotto in cuoio? Duecento dollari?
5. (Voi) _____ già _____ (fare) le compere quando arriverà la nonna?
6. Comprerò dei vestiti firmati appena _____ (trovare) un buon lavoro.
7. I signori Rossi indosseranno i loro nuovi vestiti appena _____ (tornare) dal negozio di abbigliamento.
8. Visiterò tutte le città importanti della Toscana dopo che _____ (laurearsi).

D. Progetti di matrimonio (*Wedding plans*). You're getting married next month and a friend is inquiring about your wedding plans. In pairs, ask and answer the following questions using the **futuro anteriore** and the cues provided.

S1: Quando comprerai il vestito da sposa (*wedding dress*)?
S2: Lo comprerò appena...
S1: E quando prenoterai il locale per il ricevimento (*reception hall*)?
S2: Lo prenoterò quando...
S1: Abiterai in Europa dopo che ti sarai sposato(a)?
S2: Sì. Dopo che... abiterò con mio marito/mia moglie...
S1: Che bello! E quando tornerete negli Stati Uniti?
S2: Torneremo dopo che...
S1: Cercherete tutti e due un lavoro?
S2: Certo! Cercheremo un lavoro a Washington D.C. quando...

Lettura

La moda

Preparazione alla lettura: *Guessing meaning from context and identifying important information*

1. Before reading the text, look at the headings, photo, and boldfaced letters of the alphabet that stand for categories. How much can you learn from this information? Can you anticipate the topic of this article?
2. While reading, list the points that you find most interesting or most important. Then compare your list with those of your classmates. Do you agree with their assessment of the major points?

DALLA A ALLA Z LA MODA PER L'AUTUNNO: MITI, RITI E TRASGRESSIONI

Donne "tigri" contro ragazze di plastica

Gli abiti maculati° da una parte, le giacche trasparenti, tipo carta da regalo, dall'altra. Ma quest'inverno la donna made in Italy dovrà anche lasciare scoperte° le gambe per coprirle ogni tanto con pantaloni da cavallerizza°.

Roberto **B**ata

Che cosa mi metta oggi? Alzi la mano la donna che, anche davanti a un armadio fornitissimo, non è stata mai attanagliata° dal fatale interrogativo. Vestirsi, è ovvio, non equivale soltanto a coprirsi, ma è un canale° di comunicazione e seduzione. Gli italiani, in eterna lotta° con gli stilisti francesi, lo sanno bene e nelle ultime sfilate della collezione autunno-inverno hanno presentato una "donna-donna" pronta a° esprimersi con spacchi° e gonne micro. Ecco di seguito, dalla **a** alla **zeta**, tutti i must della moda invernale regorosamente made in Italy.

A come Abitino: dopo le versioni estive torna a grande richiesta° il "minivestito", a vita° alta (Krizia).

B come "Baby": scarpe gonnelline, cappelli, tutto in versione "lolita"; e ancora maliziosi, tenerissimi° abitini (Blumarine, Sportmax) tipo bodydoll.

C come calze: gambe in vista° quest'inverno! Di calze ne vedremo quindi di tutti i tipi e colori: di pizzo (Valentino), con la riga° (Krizia), maculate (Versus), scozzesi° (Missoni), alla caviglia, al ginocchio alla coscia°.

D come Donna: la donna numero uno delle sfilate internazionali rimane sempre Claudia Schiffer: tutti la vogliono, la cercano, la corteggiano°. È un modello un po' freddo da imitare ma è bellissima e molto chic.

E come Effetto plastica: per le più anticonformiste vedremo giacche completamente trasparenti (Moschino), vestiti "plasticati" di tutti i colori (Gianni Versace), giacconi tipo "carta da regalo" (Prada).

F come Freddo: per coprisi quest'anno torna dopo anni il montone° naturale (Krizia), o in versione sportiva (Gucci).

G come due capi indispensabili: Gonna e Giacca; le prime non saranno più mini ma addirittura° micro! Le giacche quest'inverno sarranno molto più femminili che in passato: avvitate° (Dolce e Gabbana), lunghe sui fianchi° (Giorgio Armani).

H come Humour: non deve mancare mai, contraddite il vestire formale con spacchi vertiginosi° negli abiti più accollati°, indossate le scarpe da ginnastica sotto un tailleur da uomo.

I come Ispirazione sport: anche quelle che in palestra non vanno mai indosseranno cappucci° tipo jogging (Giancarlo Ferré), vestiti a righe rugby (Laura Biagiotti), pantaloni da cavallo (Fendi).

L come Lurex: scintille° d'oro sulle gonne (Romeo Gigli), d'argento sugli abiti (Trussardi), di cristallo sulle giacche (Genny).

M come Mocassini: tornano di gran moda e in tutte le versioni giorno o da "grande soirée" con il tacco alto (Gucci).

N come Non solo italiani: sono sexy i vestiti di Dana Karan, fimminili le minigonne di Calvin Klein, spiritosi° i tailleur di Ralph Lauren. [. . .]

Attività

A. Rispondi alle seguenti domande secondo l'articolo.

1. Come sarà la moda dell'autunno?
2. Che tipo di donna ha presentato la collezione autunno-inverno?
3. Quali sono "i must" della moda invernale?
4. Chi è e com'è la donna "numero uno" delle sfilate di moda?
5. Che tipo di calze andranno di moda?
6. Cos'è "l'effetto plastica"? Spiega.
7. Come saranno le gonne e le giacche?
8. Cosa troveremo sui vestiti da sera?

B. Facciamo finta *(Let's pretend)* **di essere stilisti!** In pairs, imagine that Fendi has asked you to create some clothes in the "new look" described in the article. The outfits will be worn at an Academy Awards dinner by Michelle Pfeiffer, Claudia Schiffer, Whitney Houston, Leonardo Di Caprio, Nicole Kidman, and Sylvester Stallone. Sketch your designs and discuss the fabrics, colors, accessories, and other details. Then share your creations with your classmates.

C. Conversazione. In piccoli gruppi, rispondete alle seguenti domande e confrontate punti di vista e opinioni con gli altri gruppi.

1. Siete d'accordo con Roberto Bata quando dice che la moda è un canale di comunicazione e seduzione?
2. Cosa pensate della nuova moda "baby" descritta nell'articolo?
3. Secondo voi, è importante seguire la moda? Spiegate le vostre opinioni.

◆ ◆ ❖ ◆

Eccoci!

A. Intervista con un/una stilista. A group of famous Italian fashion designers is coming to your campus, and you've been asked to interview one of them. In pairs, prepare a series of questions (in Italian) about the designer's background, clothes, tastes, aspirations, and other related topics. Then rehearse and present the interview to the class. (Choose from these designers: Armani, Biagiotti, Fendi, Ferrè, Krizia, Missoni, Valentino, Versace.)

B. Una sfilata di moda. In gruppi di tre o quattro, immaginate di organizzare una sfilata di moda. Dite di cosa avrete bisogno, dove avrà luogo la sfilata, quale collezione presenterete (estiva, invernale, ecc.), chi sceglierete come modello(a) e chi saranno i vostri ospiti.

C. I vestiti rivelano la nostra personalità? In small groups, look at the photos and notice the clothing and accessories that the people are wearing. Does their apparel reveal something about their personalities? Do you think their personalities are similar or different? Discuss what each person is wearing and describe his or her personality accordingly.

I creativi: fotografi, registi, vetrinisti, jazzisti...

...aspirano. Un popolo ansioso, narcisista, clamoroso

D. Come mi sta? In pairs, role-play the following scenarios. (For clothing and shoe sizes, see **Capitolo 4**, page 91.)

1. You and a friend are in a clothing store that sells casual clothes. As your friend tries on various items, he/she asks for your opinion. Comment on the clothes and say whether or not they suit your friend.

2. You're shopping for a pair of shoes. Describe the kind of shoes you're looking for (formal, casual, sports). The salesperson will ask you what your size is and what color you prefer. As you try on various models, ask the salesperson what he/she thinks, and exchange comments.

E. Una serata speciale. You and your friend have been invited to an elegant party. In pairs, decide what clothes, shoes, and accessories you're going to wear. Give each other advice about what looks good together. Agree or disagree with each other's opinions.

F. Domande da discutere/Parliamo della moda! In coppie, rispondete alle seguenti domande e esprimete le vostre opinioni.

1. Secondo te, chi segue di più la moda, gli uomini o le donne? Chi spende di più?
2. È importante la moda? Perchè sì o perchè no?
3. Segui la moda? È importante per te vestire all'ultima moda? Spiega perchè.
4. Preferisci i vestiti eleganti o la moda sportiva e pratica?
5. Ti piace spendere molto o poco per i vestiti? Dove fai le compere?
6. Passi volentieri molto tempo nei negozi di abbigliamento? Compri i vestiti solo quando ci sono i saldi? Perchè sì o perchè no?
7. Chi è il tuo stilista/la tua stilista preferito(a)? Perchè?
8. Che tipo di vestiti e accessori preferisci portare? Descrivili.

❖ *Vocabolario attivo*

NOMI
l'abito *dress; suit*
la blusa *blouse, shirt*
il bottone *button*
le calze *stockings; socks*
il cappello *hat*
il cappotto *coat*
la cartella *briefcase*
la cartoleria *stationery store*
la caviglia *ankle*
la collana *necklace*
il diario *diary*
il disegnatore/la disegnatrice *designer*
i guanti *gloves*
il ginocchio *knee*
il giubbotto *jacket*
la lana *wool*
la manica *sleeve*
la minigonna *miniskirt*
i mocassini *mocassins*
il/la modello(a) *model*
gli occhiali *glasses*
l'ombrello *umbrella*
i sandali *sandals*

il/la sarto(a) *tailor*
le scarpette da ginnastica/da tennis *sneakers*
la sfilata di moda *fashion show*
lo/la stilista *designer*
gli stivali *boots*
il tailleur *two-piece suit*
la tasca *pocket*
il tessuto *fabric*
il viaggio d'affari *business trip*

VERBI
abbinare *to match*
accompagnare *to accompany*
cucire *to sew*
indossare *to wear*
scoprire (p.p. scoperto) *to uncover, to expose*
vendere *to sell*

AVVERBI
veramente *really*

AGGETTIVI
comodo *comfortable*
corto *short*

pratico *practical*
sportivo *casual*
stretto *tight*

ESPRESSIONI
andare bene *to fit well*
a doppiopetto *double-breasted*
a fantasia *print*
a quadri *checked*
come... sta? *how does it fit?*
di moda *fashionable, in style*
fuori moda *out of style*
in acrilico *acrylic*
in camoscio *suede*
in cotone *cotton*
in pelle *leather*
in poliestere *polyester*
in saldo/in vendita *on sale*
in seta *silk*
tinta unita *solid color*
vestirsi alla moda *to dress fashionably*
vestiti firmati *designer clothes*

LA LOMBARDIA

CAPOLUOGO Milano

AREA 23.850 chilometri quadrati

POPOLAZIONE 8.940.000 abitanti

PROVINCE E CITTÀ IMPORTANTI Bergamo, Brescia, Como, Cremona, Lodi, Mantova, Pavia, Sondrio, Varese

PRODOTTI AGRICOLI E ALIMENTARI cereali, frumento (*wheat*), granoturco (*corn*), latte e latticini (*dairy products*), il panettone di Milano, riso (usato per il risotto alla milanese)

PRODOTTI ARTIGIANALI abbigliamento, articoli di lusso (*luxury items*), scarpe

PERSONAGGI FAMOSI Virgilio (poeta, 70 a.C.–19 a.C.), Caterina Sforza (governatrice, 1463–1509), Alessandro Manzoni (poeta e romanziere, 1785–1873), Gaetano Donizetti (compositore, 1797–1848)

Piazza del Duomo: Prendiamo un tassì o la metropolitana?

La città e i monumenti

Il motorino: sogno di ogni giovane italiano.

OBIETTIVI COMUNICATIVI

Finding your way around a city

Giving directions, orders, and advice

Expressing wishes and hypotheses and making polite requests

Expressing negation

Expressing an impossibility in the past

CULTURA

Italian cities: history, characteristics, and problems

GRAMMATICA

Prepositions of place

Imperative: affirmative and negative

Present conditional

Negative expressions

ESPANSIONE GRAMMATICALE

Conditional perfect

Per cominciare

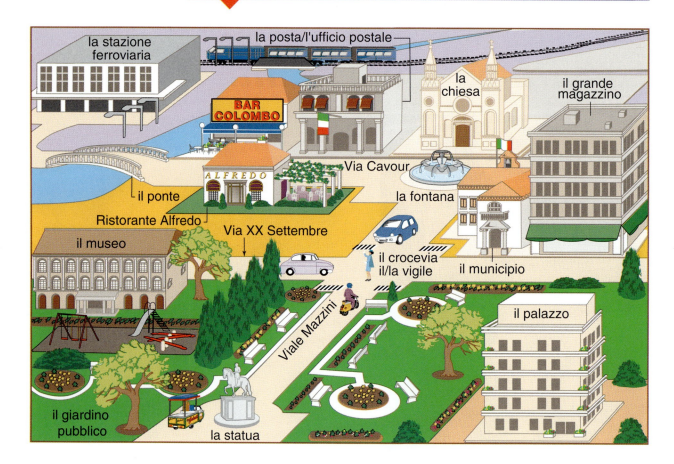

❖ Many European cities have well-defined downtown areas, where most public buildings are concentrated. Historically these cities developed in concentric circles around a citadel, which still constitutes the center of some Italian cities. The new residential, commercial, and industrial districts are located in the outskirts.

Note that streets in Italian cities are often named for historical figures or events.

Parole e espressioni utili

Indicazioni

a destra (di) *to the right (of)*
a due passi (da) *a short distance (from)*
a sinistra (di) *to the left (of)*
a fianco/a lato (di) *beside, next (to)*
all'angolo *at the corner*

di fronte (a) *opposite, facing*
diritto/dritto *straight ahead*
in fondo a *at the end of*
andare avanti *to go forward*
andare fino (al semaforo) *to go as far as (the traffic light)*

fare un giro *to go around*
girare *to turn*
il monumento
parcheggiare *to park*
il semaforo
tornare indietro *to go back*
traversare la strada *to cross the road*

Incontri

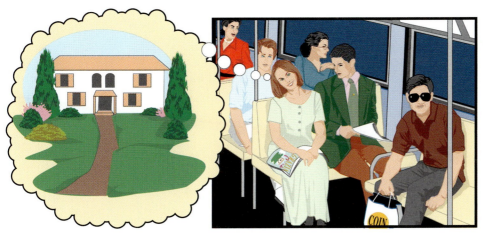

A reminder: Active vocabulary is underlined.

Un incontro in metropolitana

Un giovane uomo e una giovane donna viaggiano nella metropolitana° di Milano. — *subway*

LUI: Scusi se sono curioso, ma mi potrebbe° dire perchè legge la rivista Domus? Lavora per una casa di arredamento°? — *could you?* / **casa...** *furnishings firm*

LEI: No, sono avvocato, ma vorrei vivere in campagna° in una casa come questa. Guardi!°... Non è bella? Sogno il verde.° Detesto la folla°, il rumore°, la fretta... — **in...** *in the country* / *Look! / green areas* / *crowd(s) / noise*

LUI: Io, invece, adoro il centro città°: i negozi, i ristoranti, le strade° e la possibilità di andare al cinema, a teatro, a ballare.... Ma soprattutto mi piacciono gli incontri in metropolitana perchè sono un tipo socievole. Ma parliamo° di Lei! Dove abita? — *downtown / streets* / *let's talk*

LEI: Abito in un appartamento in periferia°. Per fortuna ho un terrazzo, da dove, però, non vedo che° camini° e tetti°. — *suburbs* / **non...** *I see nothing but / chimneys / roofs*

LUI: Io vivo in un quartiere° nuovo, nè in centro nè in periferia, vicino a un parco, non lontano da qui. — *district*

LEI: Mi dica!°, cosa fa Lei,[1] se non sono indiscreta? — *Tell me!*

LUI: Sono pittore e preferirei abitare in un attico con la vista° dei tetti e del Duomo. Intendiamoci!° Il traffico non mi piace affatto, ma, di notte, la città silenziosa con la luna mi ispira. Sono molto romantico. — *view* / *Let this be clear!*

LEI: Caspita!° Ora so che Lei è curioso, socievole e romantico. Se non scendessi°, chissà° cosa scoprirei° ancora su di Lei! — *Wow!* / **Se...** *if I weren't getting off / who knows / I'd discover*

LUI: Ecco un altro vantaggio della vita in città. In campagna, forse, non L'avrei mai conosciuta.

[1]In this context, **Cosa fa Lei?** means *What do you do for a living?*

Attività

A. **Indicazioni**   In coppie, guardate la cartina della città e dite al vostro compagno/alla vostra compagna dove sono i seguenti edifici (*buildings*) in rapporto a (*in relationship to*) altri tre edifici.

❖ To indicate on which street or square something is located, use the preposition **in: in via Vittorio Emanuele, in piazza Cadorna.**

> MODELLO: La posta
> **La posta è fra la chiesa e il bar. È in via Cavour, di fronte al ristorante Alfredo.**

1. la fontana
2. il giardino pubblico
3. il grande magazzino
4. il municipio
5. la stazione
6. il museo

B. Di' dove vai per fare le seguenti cose, usando le preposizioni appropriate.

> MODELLO: comprare una medicina
> **Per comprare una medicina, vado in farmacia.**

1. ascoltare la messa
2. bere un caffè
3. comprare un vestito
4. fare colazione
5. fare una passeggiata
6. spedire una lettera
7. prendere un treno
8. vedere una mostra di quadri

C. **Per venire a casa mia.**   In coppie, date al vostro compagno/alla vostra compagna le indicazioni per venire a casa vostra. Fate un disegno e usate le espressioni a pagina 310, precedute da **Devi....**

> MODELLO: **È qui vicino. Devi prendere la prima strada a destra, continuare fino al semaforo, e poi girare a sinistra...**

D. Rileggi attentamente il dialogo e completa le seguenti frasi.

> MODELLO: Lui è...
> **Lui è curioso, socievole e romantico.**

1. Lui legge un giornale e lei legge...
2. Lei fa... e lui...
3. Lei preferisce.... Lui, invece, ...
4. In città lei detesta...
5. In città lui ama...
6. Lei dal balcone vede...
7. Lui preferirebbe abitare...
8. A lui piace viaggiare in metropolitana perchè...

E. Domande personali. In gruppi di tre o quattro, fate le seguenti domande e rispondete. Poi dite all'insegnante cosa hanno detto i vostri compagni/le vostre compagne.

1. Dove vive la tua famiglia?
2. Che mezzi di trasporto prendi in genere? Come preferisci viaggiare?
3. Preferisci vivere in città o in campagna? Perchè?
4. Cosa ti piace fare in città? E in campagna?
5. Preferisci fare l'avvocato o il pittore? Perchè?
6. Preferisci vivere in un appartamento in città o in una casa in periferia?
7. Quando viaggi in autobus o in treno, parli con la gente? Perchè sì o perchè no?
8. Quando guidi, preferisci guardare la cartina o chiedere indicazioni alla gente?

F. La mia città. In coppie, descrivete la vostra città al vostro compagno/alla vostra compagna. Dite cosa c'è e cosa non c'è.

MODELLO: **Nella mia città c'è un cinema, ma non c'è un teatro.**

G. La vita in città. In coppie, guardate il disegno e dite cosa fanno, dove vanno le persone e perchè. Indovinate che ora è e in quale stagione siamo.

❖ Most Italians have always lived in an urban setting, a preference for city life that dates back to the Middle Ages, when workers gladly left the fields at the end of the day and returned to the social life of the village. This explains why feudalism, with its concentration in the countryside, never developed fully in Italy. Nevertheless, many Italians still feel a deep attachment to the land.

Nota culturale

❖ *Le città italiane*

Cambio della guardia: il lavoro del vigile non è facile.

Termini utili

demografia   The Italian population of 57 million is concentrated in the larger cities of more than 100,000 inhabitants. Cities like **Milano, Napoli, Roma,** and **Torino** have a population density of more than 1,000 per square kilometer.

storia   In the Middle Ages and in the Renaissance, many Italian cities—**Firenze, Milano, Urbino, Venezia, Genova,** among others—were autonomous city-states or republics governed by powerful families. Because of this, each city is still a world unto itself. Italians consider themselves as citizens of their city rather than of their region or country. This phenomenon is called **campanilismo,** from **campanile** (*belfry*).

Per antica tradizione e per ragioni culturali, la città è sempre stata il luogo° preferito dagli italiani. Per ragioni economiche, dalla fine della Seconda Guerra Mondiale, molti sono emigrati dal Sud al Nord o si sono spostati dalla campagna alla città per cercare lavoro. Questa migrazione ha cambiato l'aspetto° delle città industriali, che sono ora circondate° da grandi periferie.

Nelle grandi città il movimento dei pendolari°, che spesso usano la macchina per andare al lavoro, ha creato molti problemi di traffico, che in centro, all'ora di punta°, è caotico e pericoloso. Per questa

place

appearance
surrounded
commuters

ora... *rush hour*

ragione, è preferibile non usare la macchina, anche perchè è difficile parcheggiare. I trasporti pubblici (gli autobus, i tram, i treni e la metropolitana) sono in genere frequenti e a buon mercato. Alcuni autobus possono circolare nei centri storici. I tassì sono comodi ma cari.

Le grandi città italiane non sono divise in quartieri commerciali, industriali e residenziali, come quelle americane. Spesso, per esempio, i proprietari di un negozio vivono in un appartamento nello stesso edificio, e molti uffici si trovano nelle zone residenziali. Il centro, nonostante il traffico, rimane per la maggior parte degli italiani la zona più ricercata° per la prossimità del lavoro, dei negozi e dei divertimenti. Qui si trovano anche le più belle chiese, monumenti, biblioteche e ristoranti, e i negozi più eleganti.

desirable

Nelle piccole città c'è una piazza centrale, dove di giorno, ma soprattutto di sera e fino a tarda notte°, amici e turisti si incontrano per sedersi a un bar e chiacchierare°. In periferia, invece dei singoli negozi, esistono ora molti centri commerciali, supermercati, grandi magazzini e cinema. Per le giovani coppie la vita in periferia è spesso la migliore scelta a causa dell'alto costo e della scarsità di alloggi° in centro città.

fino... *until late in the night*
chiacchierare

lodgings

❖ In Milan you must buy your subway, streetcar, or bus ticket at either a newsstand or bar and validate it at the beginning of your trip.

Una vecchia abitudine: a Milano molti preferiscono prendere il tram.

Cosa ne pensate?
1. Perchè molte persone lasciano la campagna per vivere in città?
2. Quali differenze noti fra le città italiane e quelle americane?
3. In che senso in Italia il centro della città è diverso dalla periferia?
4. Preferisci vivere in una città italiana o in una città americana? Perchè?

Grammatica

GIVING DIRECTIONS, ORDERS, AND ADVICE

I. IMPERATIVO (*Imperative*)

Gira a destra e **continua** sempre diritto!
Prendete l'autobus invece della macchina!
Sono le otto. **Andiamo** a mangiare!
Signora, **guardi** il modello in vetrina!
Signori, **comprino** il biglietto al botteghino!

◆ The imperative is used for commands, requests, directions, and advice. The **tu** and **voi** forms (familiar) are used for addressing members of the family, friends, and children. The **Lei** and **Loro** forms (formal) are used for everyone else. The **noi** form is equivalent to the English *let's + verb*.[2] In the imperative, the subject pronouns are omitted, except for emphasis, in which case they follow the verb.

Dormi!
Dormi tu! Io voglio finire questo romanzo.

	guardare	prendere	partire	pulire
(tu)	guarda!	prendi!	parti!	pulisci!
(Lei)	guardi!	prenda!	parta!	pulisca!
(noi)	guardiamo!	prendiamo!	partiamo!	puliamo!
(voi)	guardate!	prendete!	partite!	pulite!
(Loro)	guardino!	prendano!	partano!	puliscano!

◆ The **tu, noi,** and **voi** forms are identical to the forms of the present indicative. The only exception is the **tu** form of **-are** verbs, which ends in **-a** instead of **-i.**

Guard**a** la cartina o segu**i** le indicazioni!

◆ The negative imperative is formed by placing **non** before the affirmative imperative, except for the **tu** form, which is formed by **non** + *infinitive*.

Non prenda viale Mazzini!
Non andiamo in centro, c'è troppo traffico!
Non guidate la macchina in centro città!
Non partano all'ora di punta!
Non girare a destra! Gira a sinistra!

---

[2]The **noi** form of the imperative may be used to plan future events or to make suggestions. **Andiamo al cinema stasera! Prendiamo la metropolitana domani!**

◆ Reflexive, direct object, and indirect object pronouns precede the **Lei** and **Loro** forms but follow and are attached to the **tu, noi,** and **voi** forms, with the exception of the pronoun **loro** (*to them*).

> Signora, prego, **si sieda!**
> Signorina, **mi ascolti** un momento!
> Cristina, **divertiti** stasera!
> Ecco la pizza! **mangiatela** mentre è calda!
> **Spiegate loro** come andare in Piazza del Duomo.

Attività

A. Da' i seguenti consigli alla signora Brambilla.

> MODELLO: prendere un tassì
> **Prenda un tassì!**

1. mangiare al ristorante Biffi Scala
2. traversare con il semaforo verde
3. aspettare il segnale del vigile
4. prendere il treno quando è possibile
5. seguire la cartina
6. ricordare il numero dell'autobus
7. non parcheggiare davanti alla chiesa
8. non partire da casa in ritardo

❖ Biffi Scala, the most elegant restaurant in Milan, was built in 1861 and still caters to the opera crowd that pours in around midnight.

B. Il tuo amico/La tua amica ha paura degli esami. Dagli/Dalle dei consigli, usando le espressioni suggerite, e aggiungi altre frasi.

1. restare calmo
2. rispondere a tutte le domande
3. arrivare in orario
4. dormire otto ore la notte prima dell'esame
5. non perdere tempo
6. studiare molto
7. ...

C. Completa le seguenti frasi con l'imperativo dei verbi + pronomi fra parentesi.

1. Signorina, _____ (permettermi) di accompagnarLa alla stazione.
2. Ragazzi, _____ (svegliarsi) presto per prendere il treno.
3. Riccardo, _____ (telefonarle) prima delle dieci.
4. Professoressa Rodriguez _____ (consigliarci) un buon dizionario.
5. _____ (noi/prepararsi) per il viaggio in Italia.
6. Ragazzi, la televisione _____ (non guardarla) prima delle sei.

D. Da' dei consigli alle seguenti persone con l'imperativo affermativo e negativo.

> MODELLO: bambini
> **Non giocate sulla strada! Camminate sul marciapiede** (*sidewalk*)!

1. professori
2. attori
3. genitori
4. sposi

5. studenti di università
6. turisti che vengono negli Stati Uniti
7. turisti americani che vanno in Italia
8. giocatori (*players*) di calcio

E. Progettiamo un viaggio!   In coppie, progettate un viaggio. Usate i seguenti verbi e la vostra immaginazione.

> ballare   prendere
> fare le valige   ritornare
> fermarsi   vedere
> mangiare   visitare

> MODELLO: andare
> **Andiamo a Pavia!**

Imperativi Irregolari (*Irregular imperatives*)

◆ Some verbs have irregular imperative forms.

> **Sta'** tranquillo!
> **Abbia** pazienza!
> **Dimmi** con chi vai, e ti dirò chi sei.

avere	abbi	abbia	abbiamo	abbiate	abbiano
essere	sii	sia	siamo	siate	siano
andare	va'	vada	andiamo	andate	vadano
dare	da'	dia	diamo	date	diano
dire	di'	dica	diciamo	dite	dicano
fare	fa'	faccia	facciamo	fate	facciano
stare	sta'	stia	stiamo	state	stiano

◆ The forms **fa'**, **da'**, **sta'**, and **va'** are abbreviations of the regular forms **fai**, **dai**, **stai**, and **vai**. Either form may be used.[3]

◆ When a pronoun is used with **da'**, **di'**, **fa'**, **sta'**, or **va'**, the initial consonant of the pronoun is doubled, except for **gli**.

> **Dimmi** cosa fai oggi!   —Vuoi la cartina?
> **Dacci** le ultime notizie!   —Sì, **dammela!**
> **Digli** di sì!

[3]However, "**dici**" cannot be used. Also, when these imperatives are used with pronouns, only the abbreviated form works: **dammi, facci, dagli,** etc.

Nota bene

Expressions with the formal imperative

The formal imperative is used in many common expressions.

Abbia pazienza!	*Be patient!*
Faccia pure!	*Help yourself!*
Mi dica!	*Tell me! May I help you?*
Scusi...	*Excuse me . . .*
Senta...	*Listen . . .*
Si accomodi!	*Make yourself comfortable!*
Sia gentile!	*Be kind!*
Stia zitto(a)!	*Be quiet!*

Attività

F. Di' a un bambino di fare le seguenti cose. Sostituisci le parole in corsivo con i pronomi appropriati. Poi di' a un signore di fare le stesse cose.

MODELLO: stare attento *al maestro*
Stagli attento!
Gli stia attento!

1. non traversare *la strada* con il semaforo rosso
2. aspettare *l'autobus* alla fermata
3. dare i fiori *alla signora*
4. fare un favore *a me*
5. non comprare *troppi dolci*
6. dire sempre *la verità*
7. fermar*si* allo stop
8. dare i biglietti *a me*

G. Completa il dialogo con le forme appropriate dell'imperativo dei verbi fra parentesi.

SILVIA: Sai come arrivare a casa mia?

ALDO: No, non ci sono mai venuto.

SILVIA: Allora, _____ (prendere) via Cavour fino al primo crocevia. _____ (girare) a destra in via Magenta e _____ (continuare) per circa un chilometro e mezzo. Al primo semaforo, _____ (girare) a sinistra. La strada è a senso unico (*one-way*), quindi (*therefore*) _____ (fare) un giro intorno all'isolato (*block*) e _____ (fermarsi) al numero 122 di via Fermi. Il mio appartamento è al quarto piano. _____ (non parcheggiare) davanti al palazzo, perchè è proibito, _____ (cercare) un altro posto.

H. Ordini. In pairs, give two orders using **Lei** to your partner, who will carry them out. Then switch roles. Afterward change partners and continue as before.

MODELLO: **Signorina, prenda la giacca della sua amica e la metta sulla sedia!**

**EXPRESSING WISHES AND HYPOTHESES
AND MAKING POLITE REQUESTS**

II. CONDIZIONALE PRESENTE (*Present conditional*)

> **Mangerei** volentieri, ma non ci sono ristoranti aperti il Ferragosto.
> Con un milione di dollari, cosa **compreresti?**
> Mi **potrebbe** dire dov'è il municipio?
> **Vorrei** fare una telefonata. **Potrei** usare il vostro telefono?

◆ The conditional tense expresses what *would, could,* or *should* happen.

◆ The conditional of regular verbs is formed using the future stems and adding the conditional endings.

abitare	prendere	partire
abit**erei**	prend**erei**	part**irei**
abit**eresti**	prend**eresti**	part**iresti**
abit**erebbe**	prend**erebbe**	part**irebbe**
abit**eremmo**	prend**eremmo**	part**iremmo**
abit**ereste**	prend**ereste**	past**ireste**
abit**erebbero**	prend**erebbero**	part**irebbero**

◆ Remember that in **-are** verbs, the **-a** of the infinitive changes to **-e,** and that verbs ending in **-care, -gare, -ciare,** and **-giare** undergo a spelling change.[4] Verbs with irregular stems in the future have the same stems in the conditional.[5]

◆ As the name "conditional" suggests, the action expressed by the verb ordinarily depends on a condition or circumstance (I *would buy* the townhouse, but *I don't have the money*).

> **Parcheggerei** qui, ma il vigile non lo permette.
> **Vivremmo** in centro, ma costa troppo.

◆ The conditional is also used to express a wish or to make a polite request.

> I turisti **preferirebbero** vedere i monumenti.
> Devo andare alla stazione subito! **Potresti** chiamare un tassì?

◆ In the present conditional, the verbs **dovere, potere,** and **volere** have special meanings. **Dovere** means *should* or *ought to,* **potere** means *could* or *might,* and **volere** means *would like.*

Dovresti passare per Cremona.	*You should (ought to) pass through Cremona.*
Potrei venire domani.	*I could (might) come tomorrow.*
Vorrebbe comprare una casa di campagna.	*He/She would like to buy a country house.*

---

[4]cercare → cercherei..., pagare → pagherei..., cominciare → comincerei..., viaggiare → viaggerei....
[5]For example: Domani io **andrò** in centro. Io **andrei** volentieri in centro.

Attività

I. Completa le seguenti frasi usando il condizionale presente dei verbi fra parentesi.

Lui _____ (preferire) vivere in città perchè _____ (essere) vicino a tutti i negozi, ai cinema e ai teatri. La mattina _____ (prendere) la metropolitana, e, in dieci minuti, _____ (arrivare) in ufficio. Verso le undici, lui e i colleghi _____ (scendere) per prendere un caffè al bar. La sera _____ (ritornare) a casa in tempo per cenare e poi _____ (uscire) con gli amici per vedere un film o ballare.

J. **Cosa faresti?**   You are dreaming of a trip to Italy, and a friend wants to know what you'd do. In pairs, transform each cue into a question, using the conditional tense. Keep track of your partner's answers (he/she can answer **sì, no,** or **forse**). Then relate your partner's answers to the class.

> MODELLO: fermarsi a Milano
> S1: **Ti fermeresti a Milano?**
> S2: **Sì, forse mi fermerei.**
> S1: (alla classe): **Forse (Carlo/Andreina) si fermerebbe a Milano.**

1. mangiare il panettone per Natale
2. visitare tutti i musei
3. provare i piatti locali
4. noleggiare una macchina
5. dormire in un ostello della gioventù
6. invitare un ragazzo/una ragazza incontrato(a) per caso
7. fare il bagno nel Ticino
8. comprare delle scarpe di Ferragamo e una sciarpa di Ferrè

❖ Il Ticino forms lake Maggiore and joins the Po river at Pavia.

K. **Cosa fareste?**   In coppie, dite cosa fareste nelle seguenti situazioni.

> MODELLO: La stazione è lontana.
> —**prenderei un tassì.**
> —**Aspetterei l'autobus.**

1. Oggi non ci sono lezioni.
2. Abbiamo bisogno di una nuova macchina.
3. Andiamo in Italia.
4. Vinciamo al lotto.
5. Siamo milionari.
6. Abitiamo in città.

L. Cambia il presente dei verbi in corsivo al condizionale.

> MODELLO: Tu *devi* guidare più piano.
> **Tu dovresti guidare più piano.**

1. *Puoi* dirmi dov'è Via Passione?
2. *Voglio* arrivare alla stazione in orario.
3. La mia amica *deve* telefonare oggi.
4. Noi non *dobbiamo* salire sull'autobus senza biglietto.
5. Cristina *vuole* vedere Milano.
6. Gli studenti *possono* fare più attenzione.

EXPRESSING NEGATION

III. ESPRESSIONI NEGATIVE (*Negative expressions*)

Non conosco **nessuno** in campagna.
Lei **non** ha **nessun** amico.
Non prendo **mai** un tassì perchè costa troppo.
Arturo **non** sa **niente** sui problemi delle città.
Noi **non** abbiamo **ancora** preso una multa (*fine*).

◆ In Italian, as you know, the word **non** before the verb makes a sentence negative: **Non voglio visitare il Duomo.** To express other negative ideas, such as *never, no longer,* and *not yet,* Italians use negative words together with **non.**

non... ancora *not yet*	**non... niente/nulla** *nothing, not . . . anything*
non... affatto *not at all*	
non... più *not anymore, no more, no longer*	**non... nessuno** *nobody, no one*
non... neanche *not even*	**non... nè... nè...** *neither . . . nor*

Non guido **ancora.** Sono troppo giovane.
I don't drive yet. I'm too young.
Non abitiamo **più** a Milano.
We no longer live in Milan.
Yaki ha fretta! **Non** ha **neanche** un minuto per parlarci.
Yaki is in a hurry! He hasn't even a minute to talk to us.
Dina **non** prende **nè** il treno **nè** l'autobus.
Dina takes neither the train nor the bus.

◆ Negative words follow a simple verb. In compound tenses, they follow the past participle, except for **ancora** and **mai,** which go between the auxiliary and the past participle.

Non conosciamo **nessuno.**
Non abbiamo conosciuto **nessuno.**
Guido **non** va **mai** al cinema.
Non è **mai** andato al cinema.

◆ Some negative words may precede the verb, in which case **non** is omitted.

Nessuno ha visitato il museo.
Nè Giulia **nè** Giacomo amano la campagna.

◆ As a pronoun **nessuno** is invariable. As an adjective, it has the same forms as the indefinite article.[6]

Oggi non ho ricevuto **nessuna** lettera.
I didn't receive a (any) letter today.

[6]Ness**un** palazzo, ness**un** edificio, ness**uno** studente, ness**una** statua, ness**un'**amica.

Attività

M. Completa le seguenti frasi con la parola negativa appropriata.

1. Non c'è _____ nel frigorifero. Andiamo al ristorante!
2. Al cinema non parlare con _____!
3. Non faccio _____ sport _____ ginnastica in città.
4. Se possibile, non guidate _____ in centro città!
5. Non ho _____ prenotato l'albergo. Non ci saranno _____ camere libere.
6. Non mi rimane _____ una lira per pagare il tram.

N. Lui e lei sono molto diversi. Lui è positivo e lei è negativa. Come risponde lei?

> MODELLO: LUI: **Io esco ogni sera.**
> LEI: **Io non esco mai.**

1. Io penso sempre a te.
2. Io ho mangiato tutto.
3. Io ho incontrato molti amici.
4. Mi piacciono moltissimo i musei.
5. Gioco ancora a tennis.
6. Ho già finito il compito.
7. Ho anche molte feste.
8. Sul mio terrazzo ci sono fiori e piante verdi.

Tocca a voi

A. Che temperamento!   Dovete intervistare un'attrice di forte temperamento, che vi risponde sempre negativamente. In coppie, fate le seguenti domande e rispondete.

> MODELLO: —**Lei vede spesso i Suoi film?**
> —**No, non li vedo mai.**

1. Le piace molto viaggiare?
2. Ha già visitato la città?
3. Conosce qualcuno in questa città?
4. Lei gira un nuovo film adesso?
5. Ha mangiato qualcosa al ristorante?
6. Lei ha una Lamborghini/Lancia o una Ferrari?
7. Lei recita ancora in molti film gialli?
8. Lei desidera ritornare un giorno in questa città?

B. In un ufficio di turismo (a... Milano).   In groups of three, look at the map on page 324 and role-play a conversation between two tourists and a tourist agent. The tourists, who have only a day to see the major sights, ask the agent for advice. The agent suggests the following sights and explains how to get there.

1 il Duomo   7 il Teatro alla Scala   21 l'Università Cattolica   i negozi di via Manzoni e di via
2 la Galleria   17 l'Università Statale   25 la Pinacoteca di Brera   Monte Napoleone

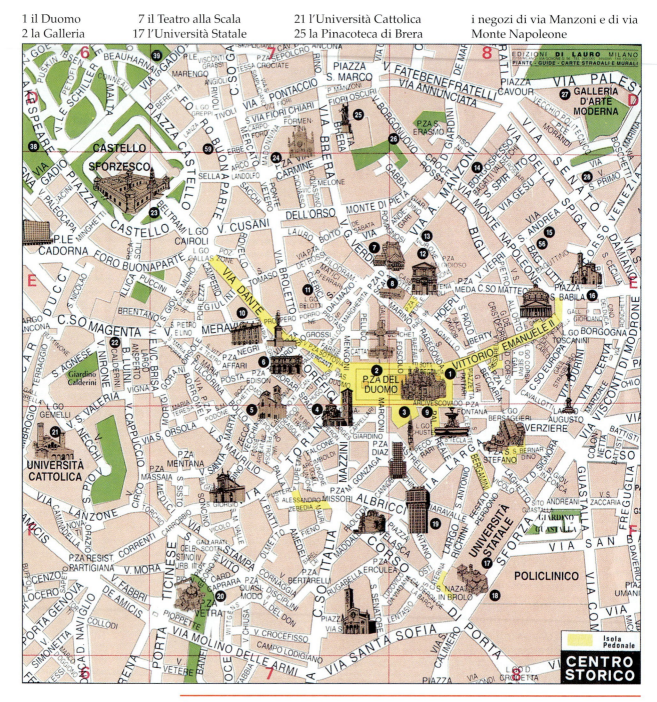

❖ Piazza Duomo, on which the cathedral stands, is Milan's main square. La Galleria is an elegant glass-roofed shopping center, where people stroll, window-shop, and sit outside at trendy cafés. Il teatro alla Scala is the world's most prestigious opera house. Milan's stores are among the most elegant in the world. La Pinacoteca di Brera, a museum and an art school, has paintings by Leonardo da Vinci, Raphael, and other masters. Next to Santa Maria delle Grazie, a fine Romanesque church, stands **il Cenacolo,** where one can see Leonardo's *L'ultima cena* (*The Last Supper*).

C. **Cosa facciamo sabato?** In groups of three or four, read about the events in Milan on the evening of **sabato, 18 gennaio,** and decide where to go. Choose among **un'opera, un concerto, un balletto, un film, una commedia, uno sport, una conferenza,** and **uno spettacolo per bambini.** When you've agreed on a choice, tell the class where you're going and say when and why.

SABATO
18
GENNAIO

IL SANTO
Santa Prisca

ACCADDE NEL...
1902: *la casa di riposo per artisti voluta da Verdi è al completo*
1813: *Carlo Porta cambia lavoro: dal Tesoro a cassiere del Monte Napoleone*

Scala Si apre alla biglietteria della Scala (Portici di via Filodrammatici, orario 12-19, tel. 72.00.37.44) la vendita dei biglietti per l'opera «Arabella» di Richard Strauss in scena dal 1° febbraio con la direzione di Wolfgang Sawallisch.

San Fedele I Corali di Bach, eseguiti dalla Corale Polifonica Sforzesca sotto la guida di Umberto Balestrini, accompagnano la «messa musicale» dalle 18.30 nella basilica di S. Fedele, con Francesco Catena all'organo.

Scacchi Al circolo scacchistico Judi Club (via De Amicis 17, tel. 83.21.282 - 42.36.679) appuntamento con il primo dei due weekend dedicati alle gare del IV Festival nazionale (dalle 9 in poi). Si gioca oggi e domani con replica il 25-26 gennaio.

Gnomo E' una riflessione sui linguaggi verbali e non verbali legati alla quotidianità «Istruzioni per l'uso», lo spettacolo che Quelli di Grock mettono in scena oggi e domani alle 16 al Teatro Gnomo (via Lanzone 30/a, tel. 53.98.126).

Compleanno Il teatro Officina, via Elembardo 2 (tel. 25.53.200, ingresso L. 12 mila), compie vent'anni e ripresenta i propri spettacoli. Stasera alle 21 va in scena «Maccheronea», una giullarata di e con Massimo De Vita.

Nuoto Nuotatori milanesi in vasca (ore 16) alle piscine Saini (via Corelli) e Lampugnano (via Lampugnano) per la seconda prova della coppa Olimpica (tel. 76.11.00.83).

«Fra' Diavolo» L'opera di Daniel Auber, che ha debuttato mercoledì, è in scena alla Scala oggi, domani e martedì 21 alle ore 20 (ingr. da 10 a 200 mila lire, tel. 72.00.37.44) con la direzione di Bruno Campanella. La regia è curata da Jerôme Savary; nei ruoli principali Giuseppe Sabbatini e Luciana Serra.

In meneghino «Il malato immaginario» di Molière, allestito in un'ardita trasposizione in dialetto milanese, va in scena stasera alle 21 al teatro Osoppo 2 (tel. 40.07.13.25, ingresso L. 12 mila).

Religione Alle 17, alla Libreria Claudiana di via Francesco Sforza 12/a, conferenza su «Forza e debolezza nella vita e nel pensiero di Paolo» curata dal professor Bruno Corsani.

Danzare Un weekend ricco di stage al «Laboratorio del movimento» L'Arcobaleno: danza indiana con M. Moglia (oggi e domani dalle 10), jazz dance con Bruce Taylor dell'Alvin Ailey american dance center (oggi dalle 16.30, domani dalle 13.30). Via delle Orchidee 4/a, tel. 41.22.691.

Pinocchio E' lo spettacolo allestito da Aquarius Teatro al Rosetum (ore 15, ingr. 10/8 mila lire; via Pisanello 1, tel. 40.09.13.23). La celebre favola di Collodi è proposta nella versione drammaturgica di Paolo Pivetti e si rivolge «ai ragazzi di tutte le età». Rappresentazioni mattutine per le scuole dal lunedì al giovedì.

D. Ricordi di viaggio. You've just returned from a trip to Italy, where you visited many cities. A friend is curious about the tickets and receipts **(ricevute)** you've saved. In pairs, ask and answer the following questions.

1. Qual è il biglietto per entrare in un museo? Quanto costa? Chi lo emette (*issues it*)?
2. Quante ricevute di bar hai conservato? Cosa hai preso nel Bar Centrale? Quanto hai pagato?
3. Quanti biglietti per mezzi di trasporto (treno, autobus, tram, metropolitana) hai conservato?
4. Quale monumento hai visitato?

❖ A BIT **(Biglietto Integrato a Tempo)** allows a passenger to take several streetcars or buses within a stated time limit.

❖ The prices are still in lire. Nowadays they would be in euro.

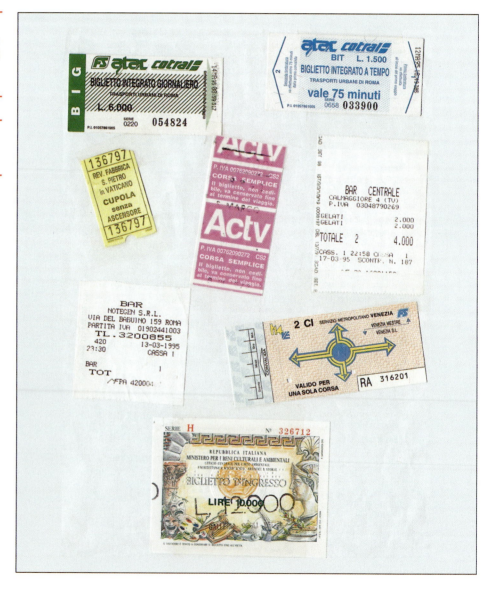

❖ *Espansione grammaticale*

EXPRESSING AN IMPOSSIBILITY IN THE PAST

I. CONDIZIONALE PASSATO (*Conditional perfect*)

Ti **avrei telefonato** dall'aeroporto, ma non ho avuto tempo.
Ieri sera **saremmo usciti** con te, ma non ci hai telefonato.

◆ The conditional perfect is a compound tense that expresses a past intention or desire that can no longer come true. It corresponds to the English *would have (arrived, spoken, done . . .)*. The conditional perfect is formed with the present conditional of **avere** or **essere** + *past participle*.

andare		bere		dormire	
sarei	andato/a	avrei		avrei	
saresti		avresti		avresti	
sarebbe		avrebbe	bevuto	avrebbe	dormito
saremmo	andati/e	avremmo		avremmo	
sareste		avreste		avreste	
sarebbero		avrebbero		avrebbero	

◆ The conditional perfect is also used in indirect discourse[7] after verbs such as **dire, rispondere, scrivere, spiegare,** and **telefonare** in the past to express a future action in relation to the verb in the main clause. In English the present conditional is used.

Mi **ha scritto** che **sarebbe venuto.**   *He wrote to me that he would come.*

Le **ho spiegato** che **saremmo arrivati** tardi.   *I explained to her that we would arrive late.*

◆ In the conditional perfect, the verbs **dovere** and **potere** have special meanings. **Dovere** means *should have* or *ought to have*, **potere** means *could have* or *might have* + *past participle*.

Avresti dovuto arrivare per le otto.   *You should (ought to) have arrived by eight.*

Avrei potuto accompagnarti.   *I could (might) have accompanied you.*

Attività

A. Completa le seguenti frasi usando il condizionale passato dei verbi fra parentesi.

1. Lui _____ (abitare) in città, ma non ha trovato un appartamento.
2. Io _____ (restare) di più, ma avevo fretta.

[7]Indirect discourse is when we quote what someone says: He says, "I am happy." (direct discourse); He says *that he is happy.* (indirect discourse).

❖ La Certosa, in Pavia, comprises a church and large cloister representing a mixture of Gothic and Renaissance architecture. It was founded in 1396 by Gian Galeazzo Visconti.

3. I turisti _____ (fermarsi) a Milano, ma l'aereo per Roma partiva immediatamente.
4. Il vigile mi ha dato una multa. _____ (dovere) fare più attenzione.
5. Noi _____ (arrivare) prima, ma il traffico era terribile.
6. Le ho detto che noi _____ (partire) alle sette in punto (*on the dot*).
7. Tullio mi ha scritto che lui _____ (sposarsi) in giugno.
8. Mio marito e io _____ (vedere) la Certosa di Pavia, ma non abbiamo avuto tempo.

B. Purtroppo è troppo tardi. In pairs, tell your partner one or two things you should have done yesterday, one or two you could have done yesterday, and one or two you would have liked to have done yesterday.

MODELLO: **Ieri avrei dovuto studiare per l'esame.**
Ieri avrei potuto finire tutti gli esercizi.
Ieri avrei voluto uscire con gli amici.

Lettura

Una filastrocca di Gianni Rodari

Preparazione alla lettura: *Applying prior knowledge*

❖ Nobel Prize winner Gianni Rodari (1920–1980) wrote more than twenty children's books. *Il libro delle filastrocche* (1950) was his first collection of nursery rhymes.

1. What nursery rhymes in English do you know? What characteristics do these rhymes share? In what way(s) is this nursery rhyme different? (You may want to consider this dictionary definition of a nursery rhyme: "A short rhyme for children that often tells a story."[8])
2. What does the title suggest to you? Do you think of **la passeggiata** as a particularly Italian pastime? Why or why not?
3. If you were in a large city on a Sunday afternoon, would you go for a stroll? If yes, explain why. If no, say what you would do instead.

[8]*Merriam Webster's Collegiate Dictionary,* Tenth Edition (Springfield, MA: Merriam-Webster, Inc., 1993): 799.

PASSEGGIATA DOMENICALE

Io vado a spasso° per la città,
senza una meta° vago° qua e là.
In piazza Navona mi fermo a guardare
quelli che stanno il gelato a leccare°.
In piazza Esedra resto incerto:
sentire gratis° il concerto
o sedermi, alla romana°,
sull'orlo° fresco della fontana?
Ma è zeppo° l'orlo di cemento:
ci siedono già persone duecento.
Si godono° il fresco le famiglie,
la mamma, la suocera con le figlie.
E il babbo° dov'è, per far pari°?
È a casa a fare gli straordinari°.
Ogni domenica, per la via,
si fa il passeggio° dell'economia.

a... *walking*
goal / *I wander*

stanno... *lick their ice cream*

free
alla... *Roman style*
side
crowded

Si... *They enjoy*

father / **per...** *to balance the family budget*
a... *working overtime*

walk

❖ This is called **passeggio dell'economia** because it doesn't cost anything to take a stroll.

Attività

A. Nota le rime (AA, BB, ecc.) e scrivi le parole che rimano indicandone il significato.

B. Domande e risposte. In coppie, fate le seguenti domande al narratore di questa poesia, che vi risponderà secondo il testo.

1. Cosa fa Lei la domenica?
2. Ha una meta precisa?
3. In piazza Navona compra un gelato?
4. Quanto costa il concerto in piazza Esedra?
6. Che persone vede passeggiare?
7. Cosa fa il babbo?
8. È un passatempo caro il passeggio della domenica?

C. La domenica da noi. In groups of three or four, describe how people spend Sunday in your city or region. Also tell how students spend Sunday on campus and discuss these activities.

Eccoci!

A. Scegliamo una città! Choose one of the four Italian cities whose names will be written on a board in the four corners of the room. Form four groups and in each discuss why you have chosen that particular city, and what you would do there. Then report your group's discussion to the class.

B. Dopo la laurea. In small groups, interview your classmates to find out what they would like to do after graduation. Express plans and wishes with the conditional.

MODELLO: —Cosa vorresti fare dopo la laurea?
—Viaggerei volentieri.

C. You've just received this letter from a friend in Italy. You do not need to understand every word, just the general sense of it. Answer the letter, describing your town or place where you live (your college or a town or place you are visiting).

Caro/a _____ ,

Ti scrivo da Como, dove sono arrivata una settimana fa. Como è situata su un lago bellissimo e pittoresco, circondato da alte montagne. La città non è grande, ma c'è sempre molta gente per le strade o seduta in piazza. Il traffico è caotico, soprattutto all'ora di punta. In centro, invece di supermercati e grandi magazzini, ci sono piccoli negozi e boutiques eleganti. Tutto costa caro tranne il gelato, la pizza e il caffè.

Domani prenderò il battello per andare a Bellagio, sulla punta del promontorio che divide il lago in due rami. Vorrei comprare degli oggetti in legno d'olivo, o dei ricami, per fare dei regali. Spero che non costeranno troppo.

La gente è molto simpatica, socievole e vivace. Mi piacerebbe rimanere qui per sempre, ma il corso finirà fra un mese. E tu, come stai? Cosa fai? Com'è la tua università? E la tua città? Hai molti amici? Una persona in particolare? Ti diverti? Rispondimi presto.

Un abbraccio
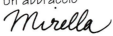

D. La città del futuro. In groups of three or four, imagine the city of the future: **Come sarebbe? Quali edifici avrebbe? Quali mezzi di trasporto? Quali negozi? La gente come sarebbe vestita? Cosa farebbe? Dove vivrebbe?** etc. In each group, designate one student to draw the city as the rest of you describe it using the conditional. When you've finished, present your city to the class.

E. Look at the map of Italy at the beginning of **Capitolo preliminare** and choose a city you'd like to visit. Then get information about it. Besides **la storia** and **i monumenti,** you might explore topics such as **le esperienze culturali, i divertimenti, il traffico, i mezzi di trasporto, l'inquinamento,** and **i rapporti umani.** Prepare an oral report or write a composition on one or two of these topics.

 ## Vocabolario attivo

NOMI
il camino *chimney*
la chiesa *church*
il crocevia *intersection*
il fiume *river*
la folla *crowd*
la fontana *fountain*
il giardino pubblico *public garden, park*
il grande magazzino *department store*
l'incontro *meeting*
l'indicazione *direction*
la metropolitana *subway*
il monumento *monument*
il municipio *town hall*
il palazzo di appartamenti *apartment complex*
la periferia *outskirts*
il ponte *bridge*
la posta/l'ufficio postale *post office*
il quartiere *district*
la rivista *magazine*
il rumore *noise*
il semaforo *traffic light*
la statua *statue*
la stazione ferroviaria *railway station*

il terrazzo *terrace*
la strada *street*
il tetto *roof*
il vantaggio *advantage*
il viale *avenue*
il vigile *traffic officer*
la vista *view, panorama*

AGGETTIVI
Socievole *sociable, friendly*

VERBI
girare *to turn*
parcheggiare *to park*
traversare *to cross*
vivere (p.p. vissuto) *to live*

ESPRESSIONI
a destra (di) *to the right (of)*
a due passi (da) *a short distance (from)*
a fianco/a lato (di) *beside, next to*
a sinistra (di) *to the left (of)*
abbia pazienza! *be patient!*
all'angolo *at the corner*
avanti *forward*

di fronte (a) *opposite, facing (in location)*
diritto/dritto *straight ahead*
faccia pure! *help yourself!*
fare un giro *to go around*
fino a *as far as, until*
in fondo a *at the end of*
il centro/in centro città *downtown*
in campagna *in the country*
indietro *backward, back*
mi dica! *tell me! May I help you?*
non... affatto *not at all*
non... ancora *not yet*
non... che *nothing but*
non... mai *never*
non... neanche *not even*
non... nè... nè... *neither . . . nor*
non... nessuno *nobody, no one*
non... niente/non... nulla *nothing*
non... più *no longer*
scusi *excuse me*
senta! *listen!*
si accomodi! *make yourself comfortable!*
sia gentile! *be kind!*
stia zitto (a)! *be quiet!*

L'ABRUZZO

CAPOLUOGO L'Aquila

AREA 10.794 chilometri quadrati

POPOLAZIONE 1.200.000 abitanti

PROVINCE E CITTÀ IMPORTANTI Chieti, Pescara, Pescina, Teramo

PRODOTTI AGRICOLI E ALIMENTARI confetti (*almond candies*), formaggio pecorino (*sheep-milk cheese*), liquori, olio, pasta, pasta di mandorle (*almond paste*), salsiciotti di fegato (*large liver sausages*), vini (il Cerasuolo, il Montepulciano e il Trebbiano d'Abruzzo)

PRODOTTI ARTIGIANALI ceramiche, confetti lavorati di Sulmona, pizzi, tappeti

PERSONAGGI FAMOSI Gabriele D'Annunzio (scrittore, 1863–1938), Ignazio Silone (scrittore, 1900–1978)

La Fontana di 99 cannelle.

L'ecologia e l'ambiente

Il Parco Nazionale d'Abruzzo.

❖

OBIETTIVI COMUNICATIVI
Making comparisons
Expressing opinions with superlatives
Describing how, when, and where something is done

CULTURA
Ecology and the environment in Italy: a national problem

GRAMMATICA
Comparatives
Superlatives
Irregular comparatives and superlatives
Adverbs

Per cominciare

L'ecologia

A reminder: Active vocabulary is underlined.

LEGAMBIENTE

CANDEGGINA ACE

Le nostre spiagge aspettano un mare di° volontari.

Parte con Ace la terza edizione dell'operazione estate pulita di legambiente.

Anche quest'anno l'Operazione Estate Pulita, promossa da° Legambiente in collaborazione con Ace, chiede il contributo di tutti per un ambiente migliore°. Dal 21 giugno al 14 agosto migliaia di persone sono impegnate° volontariamente nella raccolta di rifiuti° in 30 tra le più belle° località costiere d'Italia. Un impegno che si rinnova°: 25.000 volontari, 105 tonnellate di rifiuti raccolti, 32 tonnellate di plastica avviate° al riciclaggio° nelle precedenti edizioni. Un impegno che continua anche per Ace: milioni di bottiglie° sono prodotte ogni anno con almeno il 25% di plastica riciclata! Le nostre spiagge aspettano un mare di volontari. Partecipa anche tu con Ace all'Operazione Estate Pulita: troverai tutte le informazioni sul settimanale° **OGGI** oppure chiamando direttamente Legambiente al numero 06/8841552. Anche quest'anno in collaborazione con Ace.

Sidebar glosses

❖ **Legambiente** (*Environmental League*) is an environmental protection association. **ACE** sponsors **Legambiente**'s summer group, **Estate Pulita. ACE** is a brand name of a **candeggina** (*bleach*).

un... *a crowd (lit., sea) of*

promossa... *promoted by*

ambiente... *better environment*
committed, engaged / **raccolta...** *gathering trash, garbage*
le... *the most beautiful*
si... *repeats itself*
sent / recycling
bottles

weekly paper

 ## Incontri

Escursione al Parco Nazionale d'Abruzzo

Un gruppo di studenti del Liceo Gabriele D'Annunzio di Pescara fa un'escursione al Parco Nazionale d'Abruzzo. Sull'autobus l'insegnante parla brevemente° del parco: "Il parco ha origine nel 1862 come riserva di caccia° per gli orsi°, i camosci° e ottantanove specie di uccelli°. Dopo la visita al parco, gli studenti fanno delle domande all'ecologista Aldo Balestra, accompagnatore del gruppo e responsabile di un progetto del WWF (World Wildlife Fund).

briefly
hunting / bears / chamois / birds

❖ The original preserve, with abundant trees and waterfalls, became a national park in 1923.

PATRIZIA:	Signor Balestra, Lei cosa fa esattamente nel Parco Nazionale?
ALDO:	Lavoro su vari progetti. Uno importantissimo è quello di preservare dall'estinzione alcune specie di piante° e di animali.
GABRIELLA:	Anche la nostra insegnante ci ha spiegato che il parco è stato creato proprio per salvaguardare° la flora e la fauna di quest'area.
ALDO:	Sì, il parco, il più bello° d'Italia, secondo la legge° della sua istituzione, dovrebbe proteggere° l'ambiente. Purtroppo, molto spesso, le leggi non sono rispettate e la sopravvivenza° dei boschi° e degli animali è in pericolo°.
LUCA:	Cosa possiamo fare noi giovani per preservare l'ambiente?
ALDO:	Qui in Italia più che° in altri paesi c'è molto da fare. Bisogna diminuire° l'inquinamento° dell'acqua e dell'aria, riciclare le bottiglie, usare meno l'energia, gettare° i rifiuti nei cestini°, e usare più detersivi° biodegradabili.
GINO:	Ma come possiamo convincere tutti a rispettare l'ambiente? Io conosco molte persone che parlano dell'inquinamento ma non fanno molto.
ALDO:	Hai ragione. Spesso è l'ignoranza. Bisogna imparare che la natura è indispensabile per vivere, e che bisogna proteggerla.
NICOLE:	Recentemente ho sentito parlare di Estate Pulita organizzata da Legambiente. Vorrei partecipare anch'io e aiutare a pulire le spiagge dell'Abruzzo.
ALDO:	Brava! Complimenti! È una splendida idea!

plants

to save

il... *the most beautiful / law*
(to) protect

survival / woods / **in...** *in danger*

più... *more than*
to reduce / pollution
(to) throw away / trash cans
detergents

Parole e espressioni utili

L'ecologia e l'ambiente

ambientale *environmental*	l'energia nucleare/ solare *nuclear/ solar energy*	inquinare *to pollute*
aumentare *to augment, increase*	la fabbrica *factory, plant*	il pianeta *planet* proibire *to forbid*
danneggiare *to harm*	la fascia di ozono *ozone layer*	respirare *to breathe* la risorsa naturale
ecologico *ecological, safe (environmentally)*	i fumi di scarico *exhaust fumes*	*natural resource* lo smog *smog* uccidere (*p.p.* ucciso) *to kill*
l'effetto serra *greenhouse effect*	la fuoriuscita del greggio *oil spill*	usa e getta *disposable* il vetro *glass*

Attività

A. Rispondi alle seguenti domande. Cerca le informazioni nella pubblicità di Ace e nel dialogo alle pagine 334–335.

1. Cos'è l'Operazione Estate Pulita?
2. Cosa fanno le persone che collaborano volontariamente in questo progetto?
3. Chi sponsorizza questa operazione?
4. Qual è una funzione importante di Legambiente?
5. Perchè è stato creato il Parco Nazionale d'Abruzzo?
6. Chi è Aldo Balestra e cosa fa?
7. Cosa è necessario fare per preservare l'ambiente?
8. Secondo Aldo, cosa deve imparare la gente?

B. Le seguenti affermazioni sono false. Correggile secondo la pubblicità e il dialogo alle pagine 334–335.

1. Migliaia di persone sono impegnate nella raccolta di volontari.
2. L'Operazione Estate Pulita è sponsorizzata dalla Fiat e da Ace.
3. Le informazioni si trovano sul settimanale *L'Espresso*.
4. Il Parco Nazionale D'Abruzzo ha origine nel 1872 per la protezione di alcune specie di piante.
5. Il Parco Nazionale ha solo cinque specie di uccelli.
6. Aldo Balestra lavora su un progetto contro (*against*) la preservazione degli animali.
7. Gli italiani rispettano sempre le leggi che proteggono l'ambiente.
8. Nicole vuole aiutare a pulire le spiagge della Calabria.

C. Opinioni.   In coppie, scrivete le vostre opinioni sulle seguenti affermazioni usando le parole e espressioni imparate in **Per cominciare.** Poi presentate le vostre opinioni alla classe.

> MODELLO: L'inquinamento dell'aria è un grande problema.
> —**Sono d'accordo. Secondo me, bisogna diminuire il traffico.**
> —**Non sono d'accordo. L'aria è abbastanza pulita.**

1. L'inquinamento delle acque è molto serio.
2. Lo studio dell'effetto serra è importante.
3. Bisogna usare più prodotti biodegradabili.
4. Tutti devono imparare a rispettare la natura perchè è indispensabile per vivere.
5. È necessario trovare più volontari e creare più organizzazioni come Legambiente.
6. Solamente il governo deve essere responsabile per la protezione degli animali e delle piante.

Nota culturale

❖ *L'ambiente e l'ecologia*

Una campana per il riciclaggio. Tu credi e partecipi al riciclaggio?

Termini utili

il Partito dei Verdi   Formed in November 1986, this left-wing party is dedicated to protecting the environment.

treno verde   **Legambiente** sponsors a **treno verde** that travels from Turin to Rome. The team on the train measures the air and noise pollution in eighteen cities and gathers other environmental data.

università verdi   Since 1985, when the University of Venice became the first university in Europe to create a graduate program in environmental science, many other "green" universities in Italy have been set up to educate the public.

Assessorato all'Ambiente   This government agency, established to implement recent environmental laws, has overseen a tax on plastic bags, the installation of lead-free gas pumps and waste recycling plants, and the distribution of variously colored **campane** (bell-shaped disposal containers) —green for glass, blue for paper, yellow for plastic, and gray for aluminum.

In Italia c'è molto da fare per salvaguardare l'ambiente: pulire le spiagge, migliorare le tecniche di riciclaggio, usare di più l'energia solare e i mezzi di trasporto pubblici, produrre automobili ecologiche. Soprattutto è essenziale educare la gente. Questi compiti° spettano° all'**Assessorato all'Ambiente** creato a questo scopo. Malgrado organizzazioni quali —il **Partito dei Verdi, il treno verde, le università verdi**— molti italiani non si sono ancora resi conto° dell'importanza di proteggere il pianeta.

Un problema molto serio in Italia rimane l'inquinamento dell'acqua e dell'aria. Le città italiane, con strade piccole e strette, non

❖ Some other Italian associations are **LIPU: Lega italiana per la protezione degli uccelli; ENPA: Ente** (*Organization*) **nazionale per la protezione degli animali;** and **FAI: Fondo per l'ambiente italiano** (a private organization, which buys or is given land and properties that it restores and transforms into environmental areas open to the public).

tasks
are the concern of

non... *haven't realized*

over

possono contenere il traffico dei mezzi pubblici e privati. Inoltre, i fumi di scarico e i rumori dei motori causano danni alle persone e ai centri storici. Venezia, per esempio, è considerata una città in pericolo soprattutto in estate quando arrivano oltre° 10 milioni di turisti.

Un altro importante punto di discussione e di protesta sono le piante e gli animali in pericolo di estinzione. L'Italia ha il maggior numero di piante indigene d'Europa (5.600 specie) e il maggior

I Parchi Nazienalio

numero di uccelli (450 specie). Purtroppo, però, ha anche la maggior densità europea di cacciatori° per chilometro quadrato. Ogni anno, 100 milioni di animali, soprattutto uccelli, sono uccisi.

hunters

- **Il Parco Nazionale del Gran Paradiso** (1922), la più antica area protetta, si estende su una vasta regione alpina. La fauna include lo stambecco°, il camoscio e l'aquila reale.

ibex

- **Il Parco Nazionale d'Abruzzo** (1923), situato sull'Appennino abruzzese, protegge in particolare l'orso, il lupo° e il camoscio.

wolf

- **Il Parco Nazionale del Circeo** (1934). Lo scopo principale del parco è la protezione delle foreste e delle bellezze naturali della zona. Tra i problemi: l'impatto del turismo sulla costa, e l'espansione edilizia°.

building industry

- **Il Parco Nazionale dello Stelvio** (1935), sulle Alpi vicino alle città di Sondrio, Bolzano e Trento, protegge i lupi, l'aquila e l'orso.
- **Il Parco Nazionale della Calabria** (1968), il più recente, include straordinarie foreste di pini. Il parco è molto piccolo e necessita un ampliamento.

Per fortuna, in Italia aumenta sempre di più la sensibilità generale per l'ambiente. In un recente sondaggio 18 milioni di persone si sono espresse contro la caccia, e una nuova legge ha stanziato° 50 miliardi di lire e approvato 13 nuovi parchi nazionali.

ha... *has appropriated*

Cosa ne pensate?

1. Quali sono le similarità e differenze tra i problemi ecologici in Italia e negli Stati Uniti?
2. Come sono trattati i problemi ambientali dai legislatori negli Stati Uniti?
3. L'inquinamento dell'acqua e dell'aria è un problema serio anche in America? Se lo è, quali possono essere le soluzioni?
4. Quali associazioni conosci che proteggono l'ambiente? Sono simili o diverse da quelle italiane?
5. Parlate delle similarità e differenze tra i parchi nazionali italiani e americani.

Grammatica

MAKING COMPARISONS

I. COMPARATIVI (*Comparatives*)

Il Parco Nazionale d'Abruzzo è **(così)** bello **come** il Parco del Circeo.
Il Parco Nazionale d'Abruzzo è **(tanto)** bello **quanto** il Parco dello Stelvio.
Pescara è **più** bella **di** Teramo.
Il mar Tirreno è **più** pulito **del** mare Adriatico.
Il mare Adriatico è **meno** pulito **del** mar Tirreno.
Il problema dell'inquinamento è **più** serio in Italia **che** in America.

❖ Teramo is famous for its 13th-century cathedral and Roman theater.

— Scommetto che tuo papà prende voti più bassi del mio, nei compiti a casa!

There are two kinds of comparison: the comparison of equality and the comparison of inequality.

◆ The comparison of equality[1] (*as . . . as, as much/many as . . .*) is expressed in Italian by **(così)... come** or **(tanto)... quanto.**

Fabio è (così) alto come Donatello.

Fabio is as tall as Donatello.

Gina è (tanto) alta quanto Teresa.

Gina is as tall as Teresa.

• When **così** and **tanto** are used with adjectives (as in the preceding example), they are optional. With nouns, **tanto... quanto** is used, and both words agree with the noun they modify.

Gli italiani usano **tanta** energia nucleare **quanta** energia convenzionale?	*Do Italians use as much nuclear energy as conventional energy?*
In Legambiente ci sono **tante** ragazze **quanti** ragazzi.	*In Legambiente, there are as many girls as boys.*

◆ The comparison of inequality[2] (*more/less . . . than, -er than*), is expressed by **più** (*more*) or **meno** (*less*) before the adjective or noun. The English *than*[3] is expressed in the following ways:

• generally by **di** before nouns and pronouns, and usually when the comparison is made between a single aspect of two subjects.

Mia sorella è **meno** alta **di** me.
La vita a Chieti è **meno** stressante **della** vita a Milano.
L'Aquila ha **più** fontane **di** Pescara.
L'aereo è **più** comodo **del** treno.

❖ L'Aquila was founded by Federick the II in 1254, and built in the shape of an eagle **(aquila)**. According to popular tradition, l'Aquila is the city of the number 99: 99 churches, 99 fountains, and 99 piazzas. Today there are far fewer of these, but the famous fountain with 99 spouts is still there.

—————

—I bet your dad gets lower grades than mine, in doing homework!

[1] In Italian, **il comparativo d'uguaglianza**.

[2] In Italian, **il comparativo di disuguaglianza** consists of **il comparativo di maggioranza** (*superiority*) and **il comparativo di minoranza** (*inferiority*).

[3] The forms *more/less... than* when followed by a number are expressed in Italian by **più di/meno di** + *number*. Gina ha più di sette fratelli e sorelle. *Gina has more than seven brothers and sisters.* Andrea ha meno di 100 dollari in banca. *Andrea has less than 100 dollars in the bank.*

- by **che** when the comparison concerns the same subject and is between two nouns or pronouns preceded by a preposition, two adjectives, two adverbs, or two verbs in the infinitive.

L'acqua è **più** inquinata a Pescara **che** a Teramo.
Aldo ha spiegato **meno** problemi ecologici a me **che** a te.
La caccia è **più** pericolosa **che** divertente.
Legambiente cresce **più** geograficamente **che** velocemente.
Mi piace **più** lavorare per il WWF **che** andare a scuola.

Questo Parco Nazionale è più piccolo del nostro ranch.

Attività

A. Crea delle nuove frasi usando un'espressione di uguaglianza.

> MODELLO: Il Parco Nazionale d'Abruzzo è grande. Anche il Parco Nazionale dello Stelvio è grande.
> **Il Parco Nazionale d'Abruzzo è così (tanto) grande come (quanto) il Parco Nazionale dello Stelvio.**

1. L'acqua del mare Adriatico è inquinata. Anche l'acqua dell'Atlantico è inquinata.
2. L'uso dei prodotti biodegradabili è importante. Anche il riciclaggio è importante.
3. I parchi nazionali sono protetti in Italia. Anche in America i parchi nazionali sono protetti.
4. I problemi dell'ambiente sono seri. Anche i problemi sociali sono seri.
5. Gli ecologisti americani sono numerosi. Anche gli ecologisti italiani sono numerosi.
6. I pesticidi sono pericolosi. Anche le centrali nucleari sono pericolose.

B. Cosa ne pensate? In coppie, rifate Attività A, esprimendo le vostre opinioni con un comparativo di disuguaglianza, **più... di** o **meno... di.**

C. Crea delle nuove frasi con le parole fra parentesi facendo tutti i cambiamenti necessari.

> MODELLO: Filippo è giovane. (più, suo fratello)
> **Filippo è più giovane di suo fratello.**
>
> Donato visita parchi nazionali. (meno, Gino)
> **Gino visita meno parchi nazionali di Donato.**

1. Franca è bella. (più, Mariella / tanto, sua sorella / meno, Valeria Golino)
2. Ignazio Silone è conosciuto. (più, Grazia Deledda / meno, Dante / tanto, Gabriele D'Annunzio)
3. Il Trebbiano d'Abruzzo è caro. (così, il Montepulciano / meno, il Chianti / più, il Lambrusco)
4. Michelangelo ha dipinto affreschi. (meno, Leonardo / tanto, Giotto / più, Fra Angelico)

D. Opinioni personali. Using the expressions in the **Nota bene** box, write sentences comparing the things mentioned in the word pairs below.

Nota bene

Esprimere la propria opinione

Secondo me (te, lui...)	*According to me (you, him . . .)*
A mio avviso	*In my opinion*
Dal mio punto di vista	*From my point of view*

> MODELLO: il balletto / il teatro (interessante)
> **Secondo me, il balletto è più / meno (così) interessante del (come il) teatro.**

1. l'ecologia / l'economia (importante)
2. il cinema / la televisione (popolare)
3. lo sport / la letteratura (noioso)
4. il jazz / la musica classica (piacevole)
5. la rivista *Ecologia* / la rivista *Cosmopolitan* (informativo)
6. Legambiente / il Partito dei Verdi (serio)

MAKING COMPARISONS

II. SUPERLATIVI (*Superlatives*)

Sono **le foto meno** belle **di** Pescara.
La Fontana di 99 cannelle è **il monumento più famoso dell'**Aquila.
Pescara è fra **le città più inquinate d'**Italia.
I maccheroni alla chitarra sono **molto buoni/buonissimi.**
Ignazio Silone è uno scrittore **molto conosciuto/conosciutissimo.**

❖ **Maccheroni alla chitarra** is a typical dish of Abruzzo, dating back to the 1700s. It is prepared by laying a very fine sheet of pasta over a square or rectangular wooden frame fitted with wires (the **chitarra**, or *guitar*) and then pressing it down with a rolling pin, which cuts it into fettuccine-like strips. The **maccheroni** should be eaten with the popular Trebbiano wine.

In Italian, there are two kinds of superlatives: the relative superlative and the absolute superlative.

◆ The relative superlative (*the most / least, -est*) is formed by using a *definite article* (+ *noun*) + **più/meno** + *adjective* (+ **di**).[4]

> Quale regione d'Italia è **la meno inquinata?**
> Nei centri storici, i fumi di scarico sono **il problema più serio.**
> Il Montepulciano è **il vino più famoso d'**Abruzzo.
> Sulmona è fra **le città meno conosciute d'**Italia.

• The position of the relative superlative accompanying a noun varies according to the position of the adjective. If the adjective precedes the noun, the superlative is placed *before* the noun; if the adjective follows the noun, the superlative is placed *after* the noun.

> **Il più bel parco** del Sud è lo Stelvio.
> Club 83 è **il bar più popolare** di Pescara.

• In English, the superlative is usually followed by *in*. In Italian, it is followed by **di**, with the usual prepositional changes.

> Il camoscio è l'animale più   *The chamois is the most protected*
> protetto **del** parco.   *animal in the park.*

◆ The absolute superlative (*very, extremely, quite*) is formed with adverbs such as **molto, estremamente,** and **assai** + *adjective*, or by dropping the final vowel of the masculine form of the adjective and adding **-issimo, -issima, -issimi,** or **-issime.**

bravo ⟶	brav ⟶	+	issimo ⟶	**bravissimo(a, i, e)**	
verde ⟶	verd ⟶	+	issimo ⟶	**verdissimo(a, i, e)**	
simpatico ⟶	simpatic ⟶	+	issimo ⟶	**simpaticissimo(a, i, e)**	

> —È grande il Parco Nazionale del   —Sì, è **molto grande**/è
> Circeo?   **grandissimo.**
> —È importante creare altri parchi   —Sì è **estremamente (assai)**
> nazionali?   **importante**/è **importantissimo.**

Attività

E. You have strong opinions. Express them by forming superlative sentences using the elements below.

> MODELLO: Luciano Pavarotti / tenore / famoso / mondo
> **Luciano Pavarotti è il tenore più famoso del mondo.**

1. la Torre Pendente / monumento / famoso / Italia
2. Firenze / città / interessante / Europa

---

[4]Note the relative superlative of adverbs: **I tre fratelli Bianchi —Mario, Sandro e Silvio— vanno spesso al cinema, ma chi va** *il più spesso?* The three Bianchi brothers —Mario, Sandro, and Silvio— often go to the movies, but who goes most often (the most)?

3. Gabriele D'Annunzio / scrittore / conosciuto / Abruzzo
4. il Grand Canyon / bello / parco nazionale / Nord America
5. i McDonald / ristoranti / economici / Stati Uniti
6. le Ferrari / macchine / veloci / mondo
7. il pecorino / formaggio / delizioso / Sardegna
8. i Chicago Bulls / brava / squadra di pallacanestro / America

F. Persone famose.   Crea delle frasi al superlativo usando i seguenti nomi.

MODELLO: Michael Bolton
Michael Bolton è un cantante molto popolare/popolarissimo.

1. Nicole Kidman
2. Del Piero
3. Eddie Murphy
4. Silvio Berlusconi
5. Jay Leno
6. Donatella Versace
7. Madonna
8. Florence Griffith Joyner

G. Opinioni diverse.   You don't agree with what a friend has to say. In pairs, react to your friend's observations, using a relative and/or an absolute superlative.

MODELLO: Questo film è noioso. (Oscar)
—Questo è il film più noioso degli Oscar.
—Non è vero! È il film meno noioso. È divertentissimo!

1. Questo negozio è elegante. (Pescara)
2. Questa città è inquinata. (Europa)
3. Questo stilista è bravo. (Italia)
4. Queste fontane sono belle. (città)
5. Questa ragazza è dinamica. (classe)
6. Questo monumento è antico. (quartiere)
7. Questi palazzi sono alti. (Roma)
8. Queste strade sono trafficate (*heavy in traffic*). (L'Aquila)

MAKING COMPARISONS

III.   COMPARATIVI E SUPERLATIVI IRREGOLARI (*Irregular comparatives and superlatives*)

Francesca è la mia **migliore** amica.
L'inquinamento è il **peggiore** nemico del nostro pianeta.
Michelangelo è il **maggiore** scultore italiano.
I progetti di Legambiente sono **ottimi**.
Jim parla italiano **meglio** di me.
Questi studenti si interessano **più** di quelli a proteggere l'ambiente.

◆ Besides their regular comparative and relative superlative forms, the adjectives **buono, cattivo, grande,** and **piccolo** have irregular forms, which tend to be more common in everyday Italian.[5]

	Comparativo	Superlativo
buono	**migliore**	**il/la migliore**
good	*better*	*the best*
cattivo	**peggiore**	**il/la peggiore**
bad	*worse*	*the worst*
grande	**maggiore**	**il/la maggiore**
big, great	*bigger / larger*	*the biggest / the largest*
piccolo	**minore**	**il/la minore**
little	*smaller / littler*	*the smallest / the littlest*

L'acqua a Pescara è **migliore** di quella di Milano.
Roma ha il **peggiore** traffico d'Italia.
Il mio **migliore** amico si chiama Giorgio.
Secondo te, qual è la **maggiore** minaccia (*threat*) all'ambiente: l'inquinamento dell'acqua o dell'aria?

◆ The **-e** of **migliore, peggiore, maggiore,** and **minore** can be dropped before a noun (except for words beginning with **z**, or **s** + *consonant*).

Qual è stato il **miglior** film degli Oscar?
Dante è il **maggiore** scrittore italiano.

◆ When **maggiore** and **minore** refer to size, the meaning is usually figurative.

L'Italia ha il **minor** numero di parchi nazionali d'Europa.　　*Italy has the smallest number of (the fewest) national parks in Europe.*

◆ To express physical size, the regular forms **più grande, il/la più grande,** and **più piccolo, il/la più piccolo/a** are used.

Milena è **più grande** di Angela.
Qual è **la più** piccola macchina del mondo?

◆ **Maggiore** and **minore** are used to express age (*older / oldest, younger / youngest*).

Chi è **maggiore,** Aldo o Luca?
Emilia è **la minore** di tre sorelle.

◆ **Buono, cattivo, grande,** and **piccolo** also have irregular absolute superlative forms in addition to their regular forms.[6]

[5]The regular forms are **più buono/il più buono; più cattivo/il più cattivo; più grande/il più grande; più piccolo/il più piccolo.** Although these are sometimes interchangeable with the irregular forms, they are generally more restricted in their use. Some regular forms are rare.
[6]The regular forms are **buonissimo(a), cattivissimo(a), grandissimo(a), piccolissimo(a).**

Aggettivo	Superlativo assoluto	
buono	ottimo(a)	*very good*
cattivo	pessimo(a)	*very bad*
grande	massimo(a)	*very big, very great*
piccolo	minimo(a)	*very small*[7]

I maccheroni alla chitarra sono **ottimi!**
Il vino Cerasuolo è **pessimo!**

◆ The adverbs **bene, male, molto,** and **poco** have irregular comparative and superlative forms.

Avverbio	Comparativo/Superlativo
bene	**meglio / (il) meglio**
well	*better / best*
male	**peggio / (il) peggio**
badly	*worse / worst*
molto	**(di) più / (il) più**
much, a lot, very	*more / (the) most*
poco	**(di) meno / (il) meno**
little, not very	*less / (the) least*

Meglio tardi che mai.
Ada balla **meglio** di Gianna.
Chi gioca a tennis **peggio** di me?
Il Professore Giordano si interessa **di più** all'ecologia.
Silvia guarda poco la tivù, ma suo fratello Tonio la guarda **il meno** possibile.

◆ Be sure to distinguish between the adjective **(il/la) migliore** (*better / best*) and the adverb **meglio** (*better / best*), and, similarly, between **peggiore** and **peggio.**

—Chi è più sportiva, Sandra o Lucia?
—Sandra è la **miglior** tennista, ma Lucia gioca **meglio** a palla a volo.
—Sandra è la **peggior** nuotatrice, ma Lucia scia **peggio!**

—*Who's better at sports, Sandra or Lucia?*
—*Sandra is the better tennis player* (adjective), *but Lucia plays volleyball better* (adverb).
—*Sandra is the worst swimmer, but Lucia is worse at swimming!*

[7]When **massimo(a)** and **minimo(a)** refer to temperature, they mean *maximum* and *minimum:* **Oggi quale sarà la temperatura massima e minima?**

Attività

H. Completa le seguenti frasi usando la forma appropriata dei comparativi e superlativi irregolari secondo l'espressione data in inglese.

1. Qual è _____ (*the best*) giornale italiano?
2. Mia sorella è _____ (*older*) di me.
3. Il traffico in questa città è _____ (*worse*) di quello di Roma.
4. I prodotti organici sono decisamente _____ (*the best*) di tutti.
5. La frutta fresca è _____ (*better*) di quella surgelata.
6. Gianni è _____ (*the youngest*) dei nostri nipoti.
7. L'albergo Miramonti è _____ (*the oldest*) albergo di Teramo.
8. Secondo me, il Trebbiano d'Abruzzo è _____ (*the best*) vino della regione.

I. Completa le seguenti frasi con **migliore/peggiore** o con **meglio/peggio**.

1. Whitney Houston canta _____ di te.
2. A mio avviso, il Parco Nazionale d'Abruzzo è _____ del parco nazionale Yellowstone.
3. Il WWF (*World Wildlife Fund*) è la _____ organizzazione ecologica.
4. I vini abruzzesi sono _____ di quelli romani.
5. Mia madre cucina _____ di me.
6. I confetti di Sulmona sono _____ dei vostri.
7. Valeria Golino è la _____ interprete di film sentimentali.
8. Serena Williams gioca a tennis _____ di noi.

J. **Intervista.** In coppie, intervistate un vostro compagno/una vostra compagna facendo delle domande sulla loro famiglia e il loro compagno/la loro compagna di stanza. Usate la forma appropriata dei comparativi e superlativi irregolari. Considerate le seguenti domande come guida.

1. Hai fratelli o sorelle? Quanti/quante? Chi è il/la maggiore? Chi è il/la minore?
2. Chi parla delle lingue straniere nella tua famiglia? Quali lingue? Parli italiano meglio o peggio di lui/lei? Chi sa cantare? Chi sa giocare a scacchi (*chess*)? Canta/Gioca meglio o peggio di te?
3. Guardi molto la tivù nel tuo dormitorio/appartamento? E i tuoi compagni/compagne di stanza —chi guarda di più la tivù? Chi la guarda di meno?

DESCRIBING HOW, WHEN, AND WHERE SOMETHING IS DONE

IV. AVVERBI (*Adverbs*)

Parla **sempre** di ecologia.
Mangiate **troppo!**
Noi andiamo **raramente** al cinema.
La signora si veste **elegantemente.**

◆ Adverbs modify a verb, an adjective, or another adverb. They generally tell *when*, *where*, *how*, and *how often* something happens.

Il direttore di Legambiente è arrivato **ieri.**
I turisti sono già **qui.**
Gli ecologisti parlano **bene** dei parchi nazionali.
Gli studenti sono **sempre** venuti alla conferenza sull'effetto serra.

◆ In Italian, many adverbs are formed by adding **-mente** to the feminine singular form of an adjective. As a rule, these adverbs correspond to English adverbs ending in *-ly*.

Aggettivi		Avverbi
lento ⟶	lenta ⟶	**lentamente** *slowly*
raro ⟶	rara ⟶	**raramente** *rarely, seldom*
elegante ⟶		**elegantemente** *elegantly*
felice ⟶		**felicemente** *happily*

◆ If the adjective ends in **-ale/-ile** or **-are,** the **-e** is dropped before adding **-mente**.

speciale	special-	**specialmente**	*especially*
facile	facil-	**facilmente**	*easily*
regolare	regolar-	**regolarmente**	*regularly*

◆ Most adverbs immediately follow the verb.

Ci scriviamo **raramente.**
Lo incontravo **spesso** al cinema.
Il romanzo è finito **tristemente.**

◆ When used with a compound tense, the adverbs **ancora, già, mai, più,** and **sempre** are usually placed between the auxiliary verb and the past participle.

—Mara, ti sei **già** iscritta (*signed up*) a Legambiente?
—No, non mi sono **ancora** iscritta.

—Ragazzi, avete **mai** parlato di problemi ambientali?
—Sì, ne abbiamo **sempre**[8] parlato.

[8]Remember that most uses of **sempre** in the past call for a verb in the imperfect: **Quando abitavo in Abruzzo andavo sempre al parco**.

Attività

K. E tu?   Completa le seguenti domande con un avverbio che corrisponde all'aggettivo fra parentesi. Poi chiedi a un compagno/una compagna di rispondere alle domande.

> MODELLO: Tu ti alzi (facile) la mattina?
> —**Tu ti alzi facilmente la mattina?**
> —**Sì, mi alzo facilmente la mattina.**

1. A mezzogiorno, tu mangi (lento) o (rapido)?
2. Puoi studiare (tranquillo) a casa tua?
3. Parli (volontario) di problemi ecologici con i tuoi amici?
4. Quando il tuo amico/la tua amica parla dei suoi problemi, l'ascolti (paziente)?
5. Quale film hai visto (recente)?
6. (Generale) studi a casa o in biblioteca?
7. Sei uscito(a) (frequente) con il nuovo studente francese?
8. Per quali occasioni ti vesti (elegante)?

L. Descrivi le tue azioni e quelle delle persone nella tua vita. Combina gli elementi delle tre colonne.

> MODELLO: **Mia madre cucina male.**

io	cantare	bene
il mio amico	lavorare	male
la mia amica	ascoltare	molto
i miei amici	cucinare	poco
le mie amiche	ballare	lentamente
mia sorella	studiare	seriamente
mio fratello	mangiare	raramente
i miei genitori	vestirsi	elegantemente
il mio compagno di stanza	scrivere	spesso
la mia compagna di stanza	dormire	facilmente
i miei cugini/le mie cugine	proteggere	sempre
i miei zii/le mie zie	convincere	velocemente
		mai

M. Domande personali.   In coppie, fate le seguenti domande e rispondetele.

1. Sei mai stato(a) in un parco nazionale?
2. Ti sei già iscritto(a) per votare?
3. Hai mai collaborato con un'associazione ecologica?
4. Ti è sempre piaciuta la musica classica?
5. Ti è sempre piaciuto studiare le lingue straniere?
6. Hai mai sciato a Roccaraso?

❖ Roccaraso and Ovindolo are two well-known health and ski resorts in Abruzzo.

Tocca a voi

LEGAMBIENTE

LIBERIAMOCI DAL TRAFFICO

L'inquinamento atmosferico, e il traffico che ne è il principale responsabile, sono ormai divenute vere e proprie emergenze in tutte le città italiane. Emergenze ambientali, per i danni che lo smog causa alla vegetazione e ai monumenti; ed emergenze sanitarie: per chi abita in città e respira i veleni sprigionati dal traffico aumentano sensibilmente le probabilità di contrarre malattie anche molto gravi come l'enfisema polmonare e tumori all'apparato respiratorio.

A. Preoccupazioni! In small groups, discuss the concerns expressed in the above ad from Legambiente. Do you share these concerns? Are there others that you consider important? Explain. Suggest solutions to the problems using the structures you have learned in this chapter.

MODELLO: **Secondo me, il traffico è diventato un grandissimo problema ambientale. Dobbiamo creare delle leggi severe....**

B. L'ambiente e la tua regione. In small groups, discuss environmental problems in your region. Are some more serious than others? Which ones? Do any of the issues mentioned in the ad apply to your town or region? Use the following questions as a basis for your discussion.

1. C'è molto inquinamento dell'aria? dell'acqua?
2. Il rumore del traffico è un grande problema?
3. Lo smog danneggia la vegetazione e i monumenti?
4. Sono regolati i fumi di scarico delle auto?
5. Ci sono parchi (regionali, statali, nazionali) o delle zone protette?
6. Esistono delle leggi severe che controllano questi problemi d'inquinamento?

C. Sondaggio. What do your classmates think about the environment? Using the chart below, ask four or five classmates to rate the problems shown. Then report your findings to the class.

MODELLO: **Secondo l'opinione di tre compagni, l'effetto serra è meno serio dello smog.**
Secondo l'opinione di quattro compagni, la diminuzione della fascia di ozono è più seria delle fuoriuscite del greggio.
Secondo l'opinione di tutti, l'inquinamento dell'aria è il problema più serio.

	Poco serio	Abbastanza serio	Serio	Serissimo
La diminuzione della fascia di ozono				
L'effetto serra				
I fumi di scarico				
Le fuoriuscite del greggio				
L'inquinamento dell'aria				
L'inquinamento dell'acqua				
Lo smog				

Lettura

"Il Rondone" di Eugenio Montale

Preparazione alla lettura: *Predicting*

Reading often involves forming expectations and then confirming or revising them based on what you learn as you read. **Predicting** the content of a text in a foreign language makes it easier to grasp its meaning and message.

1. The poem you are about to read, "Il Rondone" (*The Swift*), was written by Eugenio Montale (1896–1981), one of the leading Italian poets of the twentieth century and winner of the Nobel Prize for Literature (1975). Do the title and subtitle of the poem help you to predict the topic? Do the opening verses confirm your prediction?
2. Unlike traditional Italian poetry, this poem does not rhyme, yet the verses have a distinct rhythm. Read the poem aloud paying attention only to the rhythm. What element (both visual and aural) contributes to this rhythm?
3. Read the first few verses with these questions in mind: What message do they convey? How does the poet get the reader's attention? For whom is this poem written?
4. Now read the poem for meaning but without expecting to understand every word. Simply try to grasp the sense of each verse.[9]

Il poeta Eugenio Montale.

[9]The poem contains verb forms you may not recognize. Some of these forms (in a past tense called the **passato remoto**) are glossed. Guess the meaning of the others, or ask your instructor.

IL RONDONE
(Vittima dell'inquinamento)

sidewalk	Un rondone raccolto sul marciapiede°
wings / **ingrommate...** *glued with tar*	aveva le ali° ingrommate di catrame°
	non poteva volare.
loosened / clots	Gina che lo curò sciolse° quei grumi°
wads of cotton	con batuffoli° d'olio e di profumi,
feathers / hid	gli pettinò le penne°, lo nascose°
little basket	in un cestino° appene sufficiente
	a farlo respirare.
grateful	Lui la guardava quasi riconoscente°
	da un occhio solo. L'altro non si apriva.
accepted	Poi gradì° mezza foglia di lattuga
grains	e due chicchi° di riso. Dormì a lungo.
	Il giorno dopo riprese il volo
	senza salutare.
saw	Lo vide° la cameriera del piano di sopra.
	Che fretta aveva fu il commento. E dire
	che l'abbiamo salvato dai gatti. Ma ora forse
	potrà cavarsela.

SOURCE: Eugenio Montale, *Diario del '71 e del '72*, in *Tutte le poesie*.
Milano: Arnoldo Mondadori Editore, 1984.

Attività

A. Rispondi alle seguenti domande.

1. Dove trova il rondone Gina?
2. Perchè non può volare?
3. Chi lo cura?
4. Dove lo mette Gina?
5. Perchè il rondone guarda con un occhio solo?
6. Cosa mangia il rondone a casa?
7. Quanto tempo ci resta?
8. Chi si accorge che è volato via?
9. Qual è il commento finale della cameriera?
10. Ora avrà delle difficoltà il rondone?

B. **Animali salvati.**   In small groups, discuss the poem and the comment at the end. Afterward tell about wounded animals, or animals in difficulty or danger, that you or others have saved.

C. **Vittime dell'inquinamento.**   In small groups, talk about animals as victims of pollution or of deliberate destruction by humans. In your discussion, consider the possible extinction of some species. If you believe in protecting animals, how do you envision saving them? You may use the following topics:

- la caccia
- gli elefanti uccisi per l'avorio
- animali uccisi per fare pellicce (*furs*) eleganti
- i tori (*bulls*) sacrificati al torero (*matador*)
- la distruzione dei delfini durante la pesca del tonno
- i cavalli che partecipano al Palio di Siena

D. Ricerca sugli animali. Choose an endangered **(in fase di estinzione)** animal (or species) and research its characteristics, habitat, and survival strategies. Then present a brief report in Italian to the class.

Eccoci!

A. Una manifestazione contro l'inquinamento. In small groups, imagine that you're helping to organize a demonstration to protect the environment. Prepare banners **(striscioni)** that alert people to ways of saving the environment. Be imaginative and draw inspiration from the following slogans prepared by Italian students for an organization called **CTS (Centro Turistico Studentesco).** Share your banners with the class and decide which are the best.

VOGLIAMO LEGGI PIÙ SEVERE PER LA PROTEZIONE DELL' AMBIENTE!

SALVARE L'AMBIENTE È NOSTRO COMPITO!

SÌ al riciclaggio! NO ai pesticidi! NO alla caccia!

TOCCA SOPRATTUTO A VOI POLITICI SALVARE L'HABITAT!

SE AMI LA NATURA, AMI TE STESSO!

L'Albero è come un amico. RISPETTALO!

B. Un sondaggio. Are you an ecologically minded consumer? In pairs, interview your partner to find out whether he/she contributes to reducing pollution and to safeguarding the environment.

MODELLO: S1: **Ti consideri un consumatore/una consumatrice ecologico(a)?**
S2: **Non veramente. Sono consumista e compro molti oggetti usa e getta.**
S1: **Generalmente usi l'auto? o prendi i mezzi di trasporto pubblico?**
S2: **Generalmente...**
S1: **Separi i rifiuti?**
S2: **Sì... /No...**
S1: **Come partecipi alla riduzione dell'inquinamento?**
S2: **...**

C. Modi di dire (*Sayings*) In pairs, read the following sayings. Can you think of their English equivalents? Interpret and discuss the sayings, and mention the context in which each one is used.

Avere una fame da lupi.   Essere forte come un toro.
Essere furbo come una volpe.   Essere come cane e gatto.
Essere la pecora (*sheep*) nera.   Fare una vita da cani.

❖ *Vocabolario attivo*

NOMI

l'acqua *water*
l'ambiente (*m.*) *environment*
l'animale (*m.*) *animal*
l'aria *air*
la bottiglia *bottle*
il bosco *wood*
la caccia *hunting*
il camoscio *chamois*
il cestino *trash cans*
il detersivo *detergent*
l'ecologia *ecology*
l'ecologista *ecologist*
l'effetto serra *greenhouse effect*
l'energia *energy*
l'estinzione (*f.*) *extinction*
la fabbrica *factory, plant*
la fascia di ozono *ozone layer*
la fauna *fauna*
la flora *flora*
il fumo di scarico *exhaust fumes*
l'inquinamento *pollution*
la legge *law*
la natura *nature*
l'orso *bear*
il pianeta *planet; Earth*
la pianta *plant, tree*
la plastica *plastic*
il progetto *project, plan*
la raccolta *gathering, collection*
il riciclaggio *recycling*
i rifiuti *waste*
la riserva *reserve*
la risorsa naturale *natural resource*
la specie *species*
l'uccello *bird*
il vetro *glass*
il volontario *volunteer*

VERBI

aumentare *to increase*
convincere (p.p. convinto) *to convince*
danneggiare *to harm*
diminuire *to reduce*
gettare *to throw away*
impegnarsi *to commit oneself*
in quinare *to pollute*
partecipare a *to participate, take part in*
preservare *to preserve*
proibire *to prohibit, forbid*
proteggere (p.p. protetto) *to protect*
respirare *to breathe*
rispettare *to respect*
salvaguardare *to safeguard*
uccidere (p.p. ucciso) *to kill*

ADJECTIVES

ambientale *environmental*
commerciale *commercial*
ecologico *ecological*
gentile *kind*
importante *important*
lento *slow*
maggiore *bigger, greater; older*
massimo *very big, very great; biggest, greatest*
migliore *better (adj.); def. art. +* **migliore** *best*
minimo *very small, smallest*
minore *lesser; smaller; younger; def. art. +* **minore** *least; smallest; youngest*
nucleare *nuclear*
ottimo *very good*
peggiore *worse (adj.); def. art. +* **peggiore** *worst*

pessimo *very bad*
regolare *regular*
solare *solar*
vero *true*

ADVERBS

assai *very*
brevemente *briefly*
commercialmente *commercially*
direttamente *directly*
elegantemente *elegantly*
esattamente *exactly*
estremamente *extremely*
felicemente *happily*
gentilmente *kindly*
lentamente *slowly*
meglio *better*
molto *much, a lot, very*
peggio *worse*
poco *little, not very, the least*
raramente *rarely, seldom*
recentemente *recently*
specialmente *specially*
volontariamente *voluntarily*

OTHER WORDS AND EXPRESSIONS

a mio avviso *in my opinion*
così... come *as much as*
meno *less; fewer; art. +* **meno** *least;* **meno di** *less than*
più *more; plus;* **più di** *more than;* **di più** *more; def. art. +* **più** *the most*
tanto... quanto *as much as*
dal mio punto di vista *from my point of view*
usa e getta *disposable*
in pericolo *in danger*

Ora scriviamo!

Writing strategy: OUTLINING; USING LANGUAGE TO PERSUADE

Writing activity: WRITING AN ADVERTISEMENT

Imagine that you're responsible for promoting an enterprise, a cause, or a product. Write an ad using adjectives, including comparatives or superlatives (to compare, distinguish and describe); the imperative (to give directions and advice); and the conditional (to make polite requests). Choose one of these topics or one of your own:

- advertise a fashion show or the opening of a boutique
- launch a campaign to protect an environment or endangered species
- advertise a commercial product

First, outline your ad according to the following steps. Then, write your ad, adapting the model below, which publicizes a city.

1. **Present your "product."** Emphasize its qualities using comparatives and/or superlatives and an accumulation of adjectives.

L'Aquila
Una città **tanto antica quanto nuova, tanto suggestiva quanto efficiente,** fra colline **più verdi dello** smeraldo, sotto un cielo **azzurro come** lo zaffiro, in una campagna **ondulata come** il corpo di una dea, **ricca e fertile come** il suo seno: L'Aquila, fra **le più prestigiose** gemme d'Italia...

❖ For words you don't know or can't guess, ask your instructor or look in the dictionary.

2. **Target your audience.** Address your audience individually (using **tu**) or as a whole (using **voi**), informally (using **tu** or **voi**) or formally (using **Lei** or **Loro**). To engage your audience, use the imperative.

Non sognate ma **vivete** il vostro sogno! **Non aspettate** un altro giorno! **Prenotate** il primo volo, e **gustate** il sapore e il profumo di un ambiente e di una cultura diversi!

3. **Give practical advice.** Tell your audience how to obtain a product or a service or participate in an event. Provide information about travel, place, time, cost, type of activity, advantages, and the like.

Volate da uno dei **maggiori** aeroporti degli Stati Uniti o del Canada. A Roma un autobus vi porterà comodamente all'Aquila, dove gli **ottimi** alberghi della città metteranno a vostra disposizione la tradizionale ospitalità di questa regione e uno squisito menù per una settimana di completo relax ...

❖ You can make drawings or cut out pictures from magazines. Be aware that the image can be as powerful as —and even more powerful than— the message.

4. **Win your audience over.** Conclude with more subtle, captivating suggestions, using the conditional.

Non **dovreste** rifiutare un'offerta unica. Un'occasione simile **potrebbe** non presentarsi mai più ...

5. **Revise your ad.** Pay attention to content, style, and linguistic accuracy. Next, exchange your ad with a classmate and ask him or her to critique it. Write your final draft and, if possible, illustrate your ad.

LA CAMPANIA

CAPOLUOGO Napoli
AREA 13.600 chilometri quadrati
POPOLAZIONE 5.000.000 abitanti
PROVINCE E CITTÀ IMPORTANTI Avellino, Benevento, Caserta, Salerno
PRODOTTI AGRICOLI E ALIMENTARI frutta (pesche, albicocche [*apricots*], ciliege), grano, olio, ortaggi (*vegetables*) (fagioli, piselli [*peas*], melanzane, peperoni [*peppers*], pomodori), vini (il Falerno, il Lacrima Christi)
PRODOTTI ARTIGIANALI ceramiche artistiche, lavorazione del corallo e della madreperla, oggetti in paglia e vimini (*straw and wicker*), porcellana di Capodimonte, tessuti
PERSONAGGI FAMOSI Giambattista Marino (poeta, 1569–1625), Gianlorenzo Bernini (architetto e scultore, 1598–1680), Domenico Scarlatti (compositore, 1685–1757)

Positano.

La musica e le canzoni

Ravello: un concerto sul mare.

OBIETTIVI COMUNICATIVI
Linking ideas
Expressing an indefinite quantity
Talking about what one is doing or what is happening

CULTURA
Italian music: opera and songs

GRAMMATICA
Relative pronouns
Indefinite adjectives
Indefinite pronouns

ESPANSIONE GRAMMATICALE
The gerund and the present progressive

357

Per cominciare

SANTA LUCIA (SUL MARE LUCCICA)

A reminder: Active vocabulary is underlined.

glitters	Sul mare luccica°
star	l'astro° d'argento
wave	placida è l'onda°
wind	prospero è il vento°
embankment	Venite all'argine°
small boat	barchetta° mia
	SANTA LUCIA,
	SANTA LUCIA. (bis)

breeze	Con questo zeffiro°
gentle	così soave°,
	Oh, come è bello
	star sulla nave.
Come on	Su° passeggeri
away	venite via°
	SANTA LUCIA,
	SANTA LUCIA. (bis)

	In fra le tende
prepare	bandir° la cena,
	in una sera
	così serena.
	Chi non domanda
wishes	chi non desia°?
	SANTA LUCIA,
	SANTA LUCIA. (bis)

Mare sì placido
vento sì caro
scordar fa i triboli
al marinaro°.
   E va gridando°
   con allegria:
   SANTA LUCIA,
   SANTA LUCIA. (bis)

scordar... makes the sailor forget his sufferings / shouting

O dolce Napoli
o suol beato°,
ove sorridere
volle il creato°.
   Tu sei l'impero
   dell'armonia.
   SANTA LUCIA
   SANTA LUCIA. (bis)

suol... blessed soil

ove... where creation chose to smile

Or che tardate?°
bella è la sera,
spira un'auretta°
fresca e leggera.
   Venite all'argine
   Venite all'argine
   SANTA LUCIA
   SANTA LUCIA. (bis)

Or... Why do you tarry?

spira... a breeze is blowing

Attività

A. Di cosa parla la canzone? In coppie, leggete il testo di "Santa Lucia" e fate una lista di tutte le parole che descrivono o sono associate al mondo naturale.

B. Analisi del testo. In gruppi di tre o quattro, analizzate e discutete

- i temi di "Santa Lucia"
- le emozioni che comunica la canzone
- quale sentimento esprime la prima strofa (*stanza*)
- come è rappresentata Napoli
- quali altre canzoni italiane conoscete e di cosa parlano

C. Una canzone originale. In gruppi di tre o quattro, preparate una lista di coppie di parole che rimano (per esempio: cuore/amore, libertà/felicità, allegria/armonia) e scrivete una breve canzone in italiano, usando la melodia di una canzone popolare. Ispiratevi alla canzone "Santa Lucia".

Incontri

❖ Situated on one of the world's most beautiful bays, **Napoli** (Naples) was originally a Greek city (first called Partenope and then Neapolis, *New City*). By the 1st century A.D., it was a thriving metropolis and a center of Hellenistic learning. Pompeii was the chief mercantile center in the area, and Pozzuoli was the chief port of Naples.

Un incontro al conservatorio

David e Rebecca, studenti della Manhattan School of Music, sono appena° arrivati a Napoli. Passeranno tutta° l'estate al conservatorio San Pietro alla Maiella di Napoli, grazie a un programma di gemellaggio°. Oggi incontrono alcuni studenti italiani.

just
the whole / **programma...** *exchange program*

ANNA: Ciao! Mi chiamo Anna. Sono una musicista classica. Qui al conservatorio studio violino e violoncello.

MARCO: Sono Marco e studio flauto. (*Guarda David e Rebecca.*) E voi, quale strumento suonate°?

do you play

DAVID: Io suono il sassofono e Rebecca suona il clarinetto. A noi piace molto il jazz moderno. Il nostro sogno è di diventare dei jazzisti famosi e suonare in tutto il mondo.

REBECCA: L'ambiente di New York in cui° viviamo, apprezza molto il jazz che diventa sempre più popolare.

in which

Furthermore

appassionato.... crazy about

hateful / any

country **a...** *which*

opera

everyone
old

MARCO: Anche in Italia c'è un grande interesse per il jazz. Inoltre°, ai giovani italiani piacciono i ritmi blues, il rap e soprattutto l'hard rock americano. Io, tuttavia, sono appassionato di° musica classica!

REBECCA: Io trovo il rock odioso°. Mi piace però qualunque° altra musica.

DAVID: Io ho sempre pensato all'Italia come al paese° dell'opera, a cui° mi interesso molto.

ANNA: Anche a me piace la lirica°. Quest'estate al Teatro San Carlo, si darà *Un ballo in maschera* di Verdi.

DAVID: Mi piacerebbe vedere quest'opera, dove tutti° sono mascherati e ballano sul palcoscenico con dei bellissimi costumi antichi°.

MARCO: Andiamo a comprare dei biglietti. Così andremo tutti insieme e ci divertiremo!

❖ Teatro San Carlo, built in 1737, seats 3,500 people and has excellent acoustics. It has hosted the premières of many operas composed by Italian musicians, among them *Lucia di Lammermoor* (1835) by Gaetano Donizetti (1797–1848). It boasts a tradition of performances of very high and refined quality.

Il Teatro San Carlo

❖ Operatic voices range from highest to lowest: **soprano, mezzosoprano, contralto** (female) and **tenore, baritono, basso** (male).

Parole e espressioni utili

Il mondo della musica e delle canzoni

l'aria *aria*	il disco *record*	la mezzosoprano
applaudire *to*	il/la dilettante	*mezzosoprano*
applaud	*amateur*	la musica dal vivo
il baritono *baritone*	di professione,	*live music*
il basso *bass*	professionista	la musica leggera
il/la cantante *singer*	*professional*	*pop music*
la cassetta *cassette*	fischiare *to boo*	la soprano *soprano*
il CD *compact disc*		il tenore *tenor*

Gli strumenti musicali

la batteria   la chitarra   il pianoforte

il tamburo   la fisarmonica   la tromba

Attività

D. Completa le seguenti frasi secondo il dialogo.

1. Mi chiamo Anna e studio...
2. Sono Marco e studio...
3. A noi (David e Rebecca) piace...
4. A New York il jazz...
5. Ai giovani italiani piacciono...
6. Rebecca trova che il rock è...
7. David pensa all'Italia...
8. Al Teatro San Carlo si dà...
9. In *Un ballo in maschera* tutti...
10. Andranno a comprare...

E. Rispondi alle seguenti domande secondo il dialogo e esprimi la tua opinione.

1. Fra quali due città esiste un programma di gemellaggio? Secondo te, i programmi di gemellaggio sono validi e importanti per gli studenti? Perchè sì o perchè no?

2. Qual è il sogno di David e Rebecca? A tuo avviso, diventerà realtà il loro sogno? Qual è il tuo sogno?

3. Com'è considerato il jazz a New York e in Italia? Qual è la tua opinione sul jazz?

4. Che genere di musica preferiscono i giovani italiani? E i giovani americani?

5. Qual è la passione di David? L'opera italiana è molto conosciuta negli Stati Uniti? Quali opere conosci?

F. Quali strumenti musicali suonano? In coppie, abbinate i musicisti del dialogo ai loro strumenti. Poi immaginate altri strumenti che vorrebbero suonare.

A	B
Anna	il flauto
Marco	il violino
David	il sassofono
Rebecca	il clarinetto

MODELLO: —**Anna suona il violino.**
—**Vorrebbe suonare anche il pianoforte.**

G. Domande e risposte. In coppie, fate le seguenti domande e rispondete.

1. Suoni uno strumento musicale? Quale?

2. Se non lo suoni, vuoi imparare a suonare uno strumento musicale? Quale? Perchè?

3. Fai parte di qualche gruppo che suona o canta? Conosci una persona che ne fa parte?

4. Hai un amico/una amica che fa il musicista di professione? Che strumento suona? Puoi descrivere il suo successo musicale?

5. Sei mai andato(a) a ascoltare un concerto di musica classica? Dove? Con chi?

6. Conosci qualche tenore o soprano famoso(a)? Quale?

7. Hai mai visto un'opera? Quale? Dove? Quali altre opere conosci?

8. Sei mai andato(a) a un'opera o a un concerto all'aperto? Quale? Dove?

❖ *La musica e le canzoni*

Una bandiera con il "Rockstar" Claudio Baglione.

Termini utili

i Conservatori   Most of Italy's musical talent comes from music schools called **conservatori.** Since the first one opened in Bologna in 1808, the **conservatori** have played a central role in shaping Italian musical tradition. Today renowned artists such as Cecilia Bartoli and Luciano Pavarotti (opera singers), Salvatore Accordo and Uto Ughi (violinists), Maurizio Pollini (pianist), Riccardo Muti, Claudio Abbado, and Giuseppe Sinopoli (conductors), and Luciano Berio (composer), attest to the continued preeminence and success of the **conservatori.**

i termini musicali   Most musical terms are of Italian origin. Terms such as **adagio** and **lento** (*slow*), **andante** (*moving along*), **allegro** (*fast*) and **allegretto** (*rather fast*), **vivace** (*lively*), **presto** (*very fast*), are used to indicate **tempo** (*speed*). **Piano** (*soft*) and **forte** (*loud*) —as well as **pianissimo** and **fortissimo**— indicate volume. (The instrument we know as the *piano* was originally called **fortepiano,** or **pianoforte,** because one could play louder or softer by striking the keys more or less vigorously).

❖ The majority of genre names also come from Italian, for example, **concerto, sonata, cantata, capriccio, notturno, trio.**

raggiunge... *reaches the height*

comic

❖ Italians from all levels of society go to the opera. An Italian audience is discriminating —even great artists like Maria Callas and Luciano Pavarotti have been booed at La Scala.

succeed

❖ One of Zucchero's well-known international successes has been the CD called *Miserere*, produced in collaboration with Pavarotti and Sting.

preserving

L'Italia ha sempre avuto e continua ad avere un ruolo importante nel mondo della musica, soprattutto per quella operistica e strumentale. Famosi **conservatori** e i **termini musicali** attestano l'influsso universale dei musicisti e della musica italiana. L'opera è un'invenzione musicale italiana. Una delle prime opere, *L'Orfeo* di Claudio Monteverdi (1567–1643), è presentata a Mantova nel 1607, e poi con molto successo in tutta Europa. L'opera italiana raggiunge l'apice° della popolarità nell'Ottocento con Gioacchino Rossini (1792–1868), che rinnova la tradizione operistica e crea nuovi schemi con l'opera buffa° (*L'italiana in Algeri*, *Il barbiere di Siviglia*, *La cenerentola*), e Giuseppe Verdi (1813–1901), il compositore più conosciuto di opere romantiche (*Rigoletto*, *Il trovatore*, *La traviata*, *Un ballo in maschera*, *La forza del destino*, *Aida*, *Otello*). Oggi in Italia la musica classica e l'opera sono state riscoperte anche dai giovani, che tornano ad apprezzarle e seguirle con passione.

Un'altra notevole tradizione musicale sono le canzoni e i **cantautori**, considerati i poeti della canzone italiana. Questi cantano la vita con diversi stili —dal filosofico al nostalgico, dall'umoristico al sentimentale, dal satirico al sociopolitico. Anche se la canzone— e in generale la musica leggera italiana —riflettono diversi influssi— da Dylan, al rock, dalla *chanson* francese, al jazz e ai blues i cantautori italiani riescono° sempre a trovare un'identità e un'espressione propria. Ai cantautori degli anni 70 —Lucio Battisti, Lucio Dalla, Umberto Tozzi, Francesco De Gregori, Claudio Baglioni, Eros Ramazzotti —che sono famosi per le loro canzoni di protesta ai valori tradizionali— bisogna aggiungere Rossana Casale (cantante jazzistica), Gianna Nannini (famosa cantante di rock), Jovannotti (conosciuto per le sue interpretazioni rap in tutta Europa) e Zucchero (cantante di blues e gospel, conosciuto al livello internazionale).

La canzone italiana è un fenomeno culturale in evoluzione, e varia da regione in regione, con l'uso di diversi dialetti e costumi locali, conservando° però uno spirito comune e delle melodie e tematiche uniche.

Cosa ne pensate?

1. Ti piace l'opera? Perchè sì o perchè no? Hai mai visto un'opera italiana? Quale?
2. Secondo te, l'opera è apprezzata dai giovani americani tanto quanto lo è dai giovani italiani? Se non lo è, puoi spiegare perchè?
3. Quali sono le similarità e differenze di stile e temi tra le canzoni contemporanee italiane e americane?
4. La canzone italiana ha spesso delle caratteristiche regionali e dialettali. Secondo te, questo è vero anche negli Stati Uniti? Discuti di come i generi musicali e la canzone possono variare da una parte all'altra degli Stati Uniti e perchè.

Grammatica

LINKING IDEAS

I. PRONOMI RELATIVI (*Relative pronouns*)

Il CD **che** è sulla tavola è di Franca.
Come si chiama la musicista **che** suona il violoncello?
Giorgia è la cantautrice **di cui/della quale** tutti parlano.
Kim e Carla sono le studentesse **a cui/alle quali** do lezioni di canto (*singing*).
Chi ascolta il professore impara.
Quello che dici è vero!

◆ In English, a sentence may consist of a main (independent) clause and a subordinate (dependent) clause.[1] When the dependent clause begins with a relative pronoun (*who, whom, which, that*), it is called a relative clause, since the pronoun refers (relates) to a noun (the antecedent) in the main clause.

Proposizione principale	Proposizione relativa
Come si chiama la ragazza *What's the name of the girl*	**che** studia al conservatorio di Napoli? *who's studying at the conservatory in Naples?*

In English direct object relative pronouns may be omitted, but in Italian they *must* be expressed (see examples below). The principal relative pronouns are **che, cui, chi,** and **quello che.**

◆ **Che,** by far the most common relative pronoun, refers both to people (*who, whom*) and to things (*that, which*). It can function as a subject or an object in the relative clause and is invariable. **Che** is never used after a preposition.

La soprano **che** recita in *Aida* è famosa.
Ecco gli studenti di musica **che** abbiamo conosciuto ieri.
Il Vesuvio è il vulcano **che** ha distrutto Pompei.
Il violino **che** ho comprato era carissimo.

The soprano who is performing in Aida is famous.
Here are the music students (whom) we met yesterday.
Vesuvius is the volcano that destroyed Pompeii.
The violin (that) I bought was very expensive.

❖ Before it was destroyed, Pompeii was a chief port and major agricultural center. Its exports included textiles, wine, and **garum,** the fish sauce that was a staple of the ancient Roman diet. Vestiges of Pompeiian civilization can be seen in the city forum, amphitheater, temples, public baths, villas, frescoes, and mosaics.

[1]In Italian, **la proposizione principale** and **la proposizione secondaria**, respectively.

◆ **Cui** is used after a preposition. Like **che,** it refers both to people and to things and is invariable. Its English equivalents are *whom* and *which*.

Il ragazzo **con cui** esce Fabiola è cantante operistico.	*The boy with whom Fabiola is going out (Fabiola is going out with) is an opera singer.*
Ti è piaciuto il ristorante **in cui** abbiamo mangiato ieri sera?	*Did you like the restaurant in which we ate (we ate in) last night?*
Vogliamo studiare musica. Questa è la ragione **per cui** siamo venuti in Italia.	*We want to study music. This is the reason (for which) we came to Italy.*

◆ **Chi,** which means *the one(s) who, he/she who, those who, who(m)ever,* refers only to people and, unlike **che** and **cui,** does not require an antecedent. **Chi** is invariable and can function as a subject or as the object of a preposition. The verb that follows **chi** is always singular.[2]

Chi non capisce l'italiano può leggere il libretto in inglese.	*Whoever doesn't understand Italian can read the libretto in English.*
Chi studia avrà dei buoni voti.	*Those who study will get good grades.*
Voto sempre per **chi** proteggerà l'ambiente.	*I always vote for the person who'll protect the environment.*

◆ **Chi** is commonly used in proverbs and sayings.

Chi dorme non piglia pesci.	*He who sleeps doesn't catch any fish. (The early bird catches the worm.)*
Dimmi con **chi** vai e ti dirò chi sei.	*Tell me with whom you are going and I'll tell you who you are. (You're known by the company you keep.)*

◆ **Quello che,** which means *what (that which), whatever,* refers only to things and, like **chi,** does not require an antecedent. **Quello che** functions as a subject or an object. The alternate forms **quel che** and **ciò che** may also be used.

Paolo ci ha raccontato **quello che (quel che, ciò che)** era successo.	*Paolo told us what had happened.*
Il bambino non sente **quello che** dico.	*The child doesn't hear what I'm saying.*

---

[2]Be sure to distinguish between the relative pronoun **chi** and the interrogative pronoun **chi** (*who?, whom?*). Compare: **Chi lavora, prospera.** *He/She who labors, prospers.* (relative pronoun); **Chi lavora a casa oggi?** *Who's working at home today?* (interrogative pronoun).

—Quale film vedremo questo
fine-settimana?
—Vedremo **quello che** vuoi.

—*What film will we see this
weekend?*
—*We'll see what (whatever) you
want.*

The following chart summarizes the relative pronouns.

Relative pronoun	Meaning	Reference	Function	Antecedent
che	*who, whom that, which*	people things	subject or object	yes
cui	*whom which*	people things	object of a preposition	yes
chi	*the one(s) who, he/she who, etc.*	people	subject or object of a preposition	no
quello che (**quel che, ciò che**)	*what (that which) whatever*	things	subject or object	no

Attività

A. Completa le seguenti frasi con il pronome relativo **che** o **cui**.

1. Come si chiama il pianista _____ ha vinto il premio?
2. Roberta è l'amica con _____ vado spesso ai concerti.
3. Questo è il ristorante in _____ servono un'ottima pizza.
4. È il cantautore _____ scrive canzoni sull'ecologia.
5. Sono i musicisti di _____ ti parlavo ieri.
6. È il teatro in _____ ha cantato Pavarotti.

B. Completa le frasi con la forma appropriata di **che, cui, quello che (quel/ciò che)** o **chi** secondo il contesto.

1. Questa è la famosa trattoria Da Umberto, in _____ servono la migliore pizza napoletana.
2. Al concerto ci sarà Jovanotti _____ è un cantante rap.
3. Non conosco il pianista Maurizio Pollini, di _____ hai parlato ieri.
4. Non è quella la violinista a _____ hanno dato il premio?
5. Non ho capito _____ che ha cercato di esprimere in questa canzone.
6. _____ cerca, trova.
7. La città _____ mi è piaciuta molto è stata Amalfi.
8. _____ arriverà al conservatorio in anticipo, aspetterà all'entrata.
9. Quello è il compositore a _____ ho fatto una fotografia.
10. _____ trova un amico, trova un tesoro.

❖ For many, the best and most authentic pizza is served in Naples, where it originated. **Pizza napoletana** is thin and topped with olive oil, tomatoes, and sometimes mozzarella. Today pizza is eaten throughout Italy in many varieties: for example, Roman pizza omits the tomatoes and adds onions and olives; Genoese pizza is like Roman pizza, but adds anchovies. The popularity of pizza in the U.S. began in 1905, when the first pizzeria appeared in New York City.

❖ The town of Amalfi, together with Positano, Ravello, and Sorrento, constitutes the famous Amalfi coast. Stretching for 30 miles along Italy's southwestern shoreline, the Amalfi coast boasts scenery that has made it one of the world's most popular vacation spots. Dominating Amalfi is its 10th-century Duomo, a blend of Moorish, Norman, romanesque, and baroque architecture.

❖ The **tarantella napoletana** is a lively, whirling folk dance characterized by light, quick steps. It was originally associated with the nearby town of Taranto, and with tarantulas (also named for taranto, where they are common). The tarantula bite was thought to cause tarantism, an uncontrollable urge to dance. Tarantism was believed to be cured by dancing the tarantella.

❖ **Capo Palinuro,** where Ulysses landed, is part of the coast of the Cilento, famous for its grottoes and beaches.

C. Un bel ricordo. Rebecca, che ha passato un'estate in Italia con un programma di gemellaggio, mostra una fotografia alle sue amiche americane. Completa il brano (*passage*) con i pronomi relativi appropriati. Aggiungi delle preposizioni, se è necessario.

Questo è l'appartamento _____ vivevo quando ero studentessa al conservatorio di Napoli. L'appartamento era in un palazzo _____ datava del diciottesimo secolo. Il ragazzo _____ vedete vicino al pianoforte è Daniele. La ragazza _____ servo lo spumante è Roberta. Sono i due studenti italiani _____ dividevo (*shared*) l'appartamento e _____ vi ho spesso parlato. La ragazza _____ parlo è Martina, un'amica di Roberta _____ suona il violino in un'orchestra. È una foto _____ hanno fatto prima della festa-sorpresa _____ è durata tutta la notte e _____ i miei amici avevano organizzato ogni genere di sorpresa musicale, incluso il ballo della tarantella e una serenata sotto la mia finestra! È stata un'estate _____ mi ha dato tante gioie e sorprese e _____ avrò sempre un bellissimo ricordo.

D. Completa le frasi con un pronome relativo, una preposizione quando necessaria e un'espressione appropriata al contesto.

MODELLO: Ecco il Teatro San Carlo...
   Ecco il Teatro San Carlo in cui si dà Rigoletto.

1. Ecco il conservatorio di musica...
2. Ecco il pianista...
3. Ecco la trattoria...
4. Ecco l'isola d'Ischia...
5. Ecco gli amici...
6. Ecco Capo Palinuro...

E. Indovinello. Descrivi una persona, un oggetto o un posto ai tuoi compagni di classe, utilizzando dei pronomi relativi. I tuoi compagni cercheranno di indovinare di chi o di cosa si tratta.

Categorie suggerite: un cantautore/una cantautrice, un/una cantante operistica, un/una musicista, un compositore, un teatro, un conservatorio, uno strumento musicale, un concerto, un'opera, un ballo napoletano.

MODELLO: S1: **Penso a un famoso tenore italiano a cui piace cucinare.**
   S2: **È Luciano Pavarotti?**
   S1: **Sì!**
   S1: **Penso a un film.**
   S2: **È un film che hai visto recentemente?**
   S1: **Sì.**
   S3: **È un film di cui tutti parlano?**
   S1: **Sì.**
   S4: **È un film che ha vinto un Oscar?**
   S1: **Sì.**
   S2: **È un film in cui Mel Gibson aveva un ruolo importante?**
   S1: **Sì.**
   S3: **È *Braveheart*?**
   S1: **Sì!**

EXPRESSING AN INDEFINITE QUANTITY

II. **AGGETTIVI INDEFINITI** (*Indefinite adjectives*)

Alcune canzoni di Lucio Dalla sono controverse.
Resteremo a Positano **tutto** il giorno.
Mi va bene **qualsiasi** ristorante.
Ogni estate andiamo a un concerto sul lungomare di Napoli.

❖ **Positano** is a wealthy resort town southeast of Naples, along the Amalfi coast.

◆ Indefinite adjectives express an indefinite quality or quantity (*some, any, each, every*) and can refer to people or things. You have already learned the indefinite adjectives **alcuni(e)** and **qualche** (*some, a few*).[3] Other common indefinite adjectives are

ogni	*every*
qualsiasi, qualunque	*any (at all), any sort of*
tutto(a)(i)(e)	*all, every*

◆ **Ogni, qualche,** and **qualunque** are followed by singular nouns and are invariable. Remember: **qualche** is *singular* in form but *plural* in meaning.

Ogni teatro ha un palcoscenico.	*Every theater has a stage.*
È ancora possibile comprare **qualche** biglietto per l'opera?	*Is it still possible to buy some tickets for the opera?*
Per Silvio va bene **qualunque** lavoro.	*Silvio will be happy with any job.*

◆ The forms of **tutto** are followed by the definite article. **Tutto il/Tutta la** (singular) means *all (of), the whole (of),* and **tutti i/tutte le** (plural) means *all (of) the, every.*

Mi è piaciuto **tutto il** concerto.	*I liked the whole concert.*
Vuoi vedere **tutta la** Campania?	*Do you want to see all of Campania?*
Abbiamo ascoltato dei CD **tutta la** sera.	*We listened to CDs all evening (long).*
Visitavano i musei **tutti i** giorni.	*They visited the museums every day.*
Al professore Bari piacciono **tutte le** opere di Puccini.	*Professor Bari likes all of Puccini's operas.*

— Incomincia a diventare difficile, vendere la vostra casa, con tutti questi ospiti in giro!

—It's becoming difficult to sell your house, with all the guests around!

[3]See **Capitolo 8**, page 187.

EXPRESSING AN INDEFINITE QUANTITY

III.   PRONOMI INDEFINITI (*Indefinite pronouns*)

—Chi lo sa?
—**Ognuno** lo sa.

—Ci sarà **qualcuno** in ufficio questa mattina?
—Sì, ci saremo **tutti.**

—Cosa regali a Laura per il suo compleanno?
—Le regalo **qualcosa** di elegante.

—Hai comparato tutte le decorazioni per la festa?
—No, ne ho comprato solo **alcune.**

◆ Italian indefinite pronouns, which do not refer to specific persons or things, are similar or identical in form to the indefinite adjectives. Study these common indefinite pronouns:

ognuno(a)	*everyone, everybody*
qualcuno(a)	*someone, anyone, anybody*
qualche cosa, qualcosa	*something, anything*
alcuni(e)	*some, a few*
tutti(e)	*everyone, everybody, all (of them)*
tutto	*everything*

◆ **Ognuno(a)**, **qualcuno(a)**, **alcuni(e)**, and **tutti(e)** refer to *people* and reflect gender. **Qualche cosa (qualcosa)** and **tutto** refer to *things* and are invariable.

—Ogni spettatore ha applaudito il baritono?
—Sì, **ognuno** ha applaudito.

—C'è **qualche** persona con te?
—Sì, c'è **qualcuno.**

—Alcune amiche ti hanno telefonato ieri?
—Sì, **alcune** hanno telefonato da Ischia.

—Tutte le cantanti sono state brave?
—Certo, **tutte.**

—Cosa ha detto la professoressa sulla musica classica?
—Ha detto **qualcosa** d'interessante.

—Cosa hai letto sulla carriera di Pavarotti?
—Ho letto **tutto!**

◆ **Di** is used after **qualcosa** before an adjective (masculine singular), and **da** is used before an infinitive:

C'è sempre **qualcosa di** stimolante **da fare.**

❖ **Ischia,** a thermal island, is noted for its luxurious spas, vineyards, picturesques villas, volcanic mountains, sandy beaches, and rocky outcroppings. Though less crowded than Capri, its sister island, Ischia, is a popular resort area.

F. Qualche o alcuni(e)? In coppie, domandate e rispondete usando l'aggettivo indefinito appropriato.

1. —Conosci qualche opera italiana?
   —Sì, conosco _____ opera di Verdi.
2. —Ti piacciono le canzoni italiane?
   —_____ canzoni mi piacciono, altre no.
3. —Andate spesso al teatro?
   —No, ci andiamo solo _____ volta.
4. —Ci sono concerti all'aperto a Napoli?
   —Sì, in estate c'è _____ concerto.
5. —Hai comprato dei CD napoletani?
   —No, però ho comprato _____ cassette.
6. —Avete mangiato delle pizze?
   —No, abbiamo mangiato _____ sfogliatella.

❖ **Sfogliatelle** are sweet pastries containing ricotta, sugar, eggs, and candied fruit. Until the 18th century, they were made exclusively at home.

G. A Napoli. You're speaking with a friend from Naples. In pairs, ask and answer these questions using the appropriate forms of **tutto.**

> MODELLO: **—Sei andato(a) ai mercati all'aperto?**
> **—Sì, sono andato(a) a tutti i mercati.**

1. Hai visto le rovine di Ercolano?
2. Hai fotografato i musei archeologici?
3. Hai letto la storia della distruzione di Pompei?
4. Hai visitato delle antiche ville?
5. Hai fatto il giro della costa amalfitana?
6. Hai visto le stanze della Reggia di Caserta?

H. Completa le frasi con la forma appropriata di un aggettivo indefinito.

> MODELLO: Conosci _____ cantautore italiano?
> **Conosci qualche cantautore italiano?**

❖ **La Reggia di Caserta** or Royal Palace, was built by Luigi Vanvitelli in 1751 for Charles III, king of Naples. With an unusual design, Vanvitelli created a functional structure in which classical and baroque motifs were combined in perfect harmony.

1. Hanno invitato _____ musicisti alla festa.
2. _____ giorno andiamo al conservatorio.
3. Avete incontrato _____ amico al concerto?
4. _____ sera va bene per noi.
5. Passeremo _____ il giorno agli scavi (*excavation*) di Pompei e _____ la sera a Napoli.
6. _____ biglietti sono ancora reperibili (*available*).
7. _____ i ragazzi e le ragazze suonano _____ strumento musicale.

I. Domande e risposte. In coppie, fate le seguenti domande e rispondete affermativamente usando **qualcuno** o **qualcosa.**

1. Hai incontrato _____ che conosci in discoteca?
2. C'è _____ d'interessante alla tivù?
3. Io preferisco vedere _____ di divertente. E tu?
4. Ha telefonato _____ oggi?
5. Avete _____ d'importante da fare domani?
6. Avete invitato _____ per cena?

J. Una festa sorpresa per David. Completa il seguente brano con l'espressione appropriata.

(Tutti/Ognuno) _____ sono arrivati alle otto. (Tutti/Ognuno) _____ aveva portato (qualcuno/qualcosa) _____ da mangiare e da bere. (Ognuno/Alcuni) _____ avevano portato i loro strumenti musicali per un concerto sorpresa. David è arrivato a casa verso le nove con (tutto/tutte) _____ le compere che aveva fatto l'ultimo giorno, prima di ripartire per gli Stati Uniti. Quando David è entrato, (ognuno/tutti) _____ hanno gridato "Sorpresa!" e _____ (alcuni/qualcuno) _____ amici hanno cominciato a suonare il suo jazz preferito.

K. Affermazioni. In coppie, completate le seguenti frasi in modo logico.

> MODELLO: Tutti(e) pensano a...
> **Tutti pensano a essere felici.**

1. Ognuno/a vuole...
2. Qualcuno/a desidera...
3. Alcuni/e sognano di avere...
4. Tutti/e parlano di...
5. Qualcosa di straordinario...
6. Tutto è...

Tocca a voi

A. Proverbi sulla musica. In gruppi di tre o quattro, leggete e commentate i seguenti proverbi. Siete d'accordo con il loro significato? Ci sono dei proverbi molto simili in inglese? Quali? Inventate dei proverbi sulla musica.

Canta che ti passa. (*and you'll get over it*)
Cambiano i suonatori (*players*), **ma la musica è sempre la stessa.**
Chi non ama la musica è duro di cuore (*cold-hearted*).
La musica per quanto bella non riempie la pancia (*stomach*).

B. Dibattito. Divide into two groups, one that favors classical music and one that favors contemporary music (pop, rock, rap, folk, house, country, jazz). Within your group, draw up a short list of reasons your music is the most preferable. After you've completed your list (5 minutes), a group member from each group will present the main points to the other side. Then both groups will debate and discuss the merits of their choice of music. To facilitate the debate, you may use such expressions as: **sono d'accordo/non sono d'accordo; hai ragione/hai torto; secondo me/te, a mio/tuo avviso, a mio/tuo parere** (*in my/your view*); **dal mio/tuo punto vista; cosa dici!; ma per carità!** (*for heaven's sake!*).

C. Classifiche. In groups of three or four, look over and discuss the top songs in Italy as shown on the **Classifiche.** Name "Top Ten" songs you're familiar with and compare these with songs popular in Italy. Compare both titles and content. Also talk about new songs you may have heard or read about prior to their release.

D. Un'inchiesta *(inquiry).*   Ask your partner about his/her musical preferences. Be sure he/she explains why. You want to know

- what kind of music he/she prefers
- his/her favorite singer
- his/her favorite song
- the most memorable **(memorabile)** concert he/she has attended
- when he/she listens to music and what he/she listens to (cassettes, records, CDs, Walkman, radio)
- which classical composer and piece he/she prefers
- which opera he/she knows and who the composer is
- if he/she had a choice between a pop music or a classical concert, which one would he/she choose

❖ *Espansione grammaticale*

TALKING ABOUT WHAT ONE IS DOING OR WHAT IS HAPPENING

I.   IL GERUNDIO E IL PRESENTE PROGRESSIVO (*The gerund and the present progressive*)

Uscendo dal concerto, ho incontrato il signor Berlusconi.
Camminando per la strada, Giorgio ha visto un incidente.
Con chi **sta ballando** Anna Maria?
Michele e Franco **stanno facendo** i compiti.

◆ In English, the gerund is a verbal noun ending in *-ing* (*Seeing is believing*). The Italian gerund **(il gerundio),** which corresponds to the *-ing* verb form, is used to convey an action occurring at the same time as that of the main verb.

Entrando in casa, ho sentito suonare il telefono.	*While entering the house, I heard the phone ring.*

◆ The gerund is formed by adding **-ando** to the infinitive stem of **-are** verbs and **-endo** to the stems of **-ere** and **-ire** verbs, respectively.

parlare	parl**ando**
leggere	legg**endo**
venire	ven**endo**

◆ The verbs **fare, bere,** and **dire** have irregular gerunds: **facendo, bevendo, dicendo.**

◆ The English equivalent of the gerund may be expressed in various ways: by the *-ing* form of the verb (*speaking*), by a prepositional phrase (*by working, from reading*), or by a clause (*while you think about it, if I study the lesson, because it's late*).

Sono arrivati **cantando.**	*They arrived singing. (They were singing when they arrived).*
In vacanza, Roberto e Diana passano molto tempo **scrivendosi.**	*On vacation, Roberto and Diana spend a lot of time writing to each other.*
Lavorando anche i weekend, guadagno molto.	*By working (Because I work) on weekends, I earn a lot.*
Volendo, lo potresti fare.	*If you wanted to, you could do it.*
Dormendo ho fatto un bellissimo sogno.	*While (I was) sleeping, I had a very beautiful dream.*

◆ Unlike English, where a gerund's position in a sentence can affect the meaning (sometimes resulting in ambiguous or even illogical statements), in Italian the subject of the gerund must be the same as that of the main clause, no matter where the gerund is positioned.

Ho visto tua sorella **tornando** dal teatro.	*I saw your sister (while I was) returning from the theater.*

◆ Progressive forms in English (*I'm reading the newspaper, they're eating dinner*) can be rendered in Italian using the gerund with the present-tense forms of **stare**. This construction, called the *present progressive* tense **(il presente progressivo),** is used to emphasize that an action is in progress.

—Teresa, cosa **stai facendo?**	—Aldo, sono quasi le otto. Sei pronto?
—**Sto scrivendo** una lettera.	
—A cosa **state pensando**, ragazzi?	—Non ancora. **Mi sto vestendo.**[4]
—**Stiamo pensando** alle nostre vacanze.	

[4]With reflexive verbs, the pronoun usually precedes the form of **stare**. Less frequently, it may be attached to the gerund: **sto vestendomi**. The same is true of object pronouns: **Il CD? Lo sto ascoltando./Sto ascoltandolo.**

Attività

A. Riformula le seguenti frasi cambiando le parole in corsivo con la forma appropriata del gerundio.

> MODELLO: *Mentre ascoltavo* il nuovo CD di Jovannotti, ho ricevuto una lettera dall'Italia.
> **Ascoltando il nuovo CD di Jovannotti, ho ricevuto una lettera dall'Italia.**

1. *Mentre camminavo* sul lungomare, ho incontrato Maria.
2. *Quando Cesare ha sentito* quella canzone, ha avuto nostalgia di Napoli.
3. *Dato che/Poichè (Because) ha vinto* la lotteria, il signor Ruggieri è partito per una lunga vacanza.
4. *Quando siamo arrivati*, abbiamo notato di non avere la macchina fotografica.
5. *Mentre uscivo* dal cinema, ho visto la signora Gottuso.
6. *Mentre Anna e Stefano facevano* le valigie, hanno scoperto di non avere i passaporti.

B. Cosa stanno facendo?   In coppie, dite cosa fanno spesso sei persone che conosci e cosa stanno facendo in questo momento.

> MODELLO: —**Vittorio suona spesso il violino.**
> —**Infatti** (*In fact*), **sta suonando il violino adesso.**

Lettura

Un mare d'amore

Preparazione alla lettura: *Skimming and guessing meaning from context*

1. On pages 376–377, you will read an interview with Massimo Modugno, a popular Italian singer. Before reading, look at the photo and the boldfaced headings and subheadings. What information can you gather from these alone? Of the headings and subheadings, which ones focus your attention on Modugno's career and personality and which deal with other issues?
2. Now skim through the text for the gist. As you read, list the information you find most interesting and most important. Then compare your list with that of a classmate. How do the lists agree or disagree?
3. Now read the interview carefully. This text is lightly glossed. Use context and cognates to guess the words you don't know.

❖ Massimo Modugno is the son of Domenico Modugno (1928–1994), a singer known worldwide for his 1950s hit "Volare" ("Nel blu dipinto di blu"), which redefined the traditional Italian **canzonetta.** During his career, Domenico Modugno sold over 60 million records and won the Sanremo Festival four times.

glance

Un
----
mare
----
d'amore

Sguardo° intense e grande tempermento, Massimo dopo varie esperienze artistiche ha realizzato il suo primo album, "Delfini", che parla dei sentimenti e dei problemi dei giovani con semplicità e passione

stages

piece
mirror

to overcome

MUSICA NEL CUORE
Quali sono le tappe° della tua carriera discografica?

"Nel '91 è uscito il mio primo singolo, **"Una notizia come tante",** mentre nel '92 ho partecipato al Festival di Sanremo presentando il brano° **"Uomo allo specchio°"**. Ed ora ho finalmente realizzato il mio primo album, **"Delfini",** ricco di arrangiamenti rockeggianti e moderni ma anche di momenti intimi e romantici. Il brano omonimo lo canto insieme a mio padre e rappresenta un tentativo di superare° tutte le difficoltà della vita".

Attività

A. Rispondi alle seguenti domande.

1. Come si chiama il primo singolo di Massimo Modugno?
2. Con quale canzone ha partecipato al Festival di Sanremo '92?
3. Di cosa parla il suo album *Delfini?*
4. Che genere di canzoni canta e che genere di musica preferisce?
5. Quali consigli gli ha dato suo padre?
6. Quali sono i suoi hobby?
7. Di cosa parla il film *Oasi?* Che ruolo interpreterà Massimo Modugno?
8. Cosa vorresti sapere di più sulla vita di Massimo Modugno?

B. Un'intervista. In pairs, write an imaginary interview with a famous musician or composer. First list what you know about this person, then prepare five questions about his or her career and life. Also ask one or two questions about the person's plans for the future, and invent the answers.

Che genere di musica preferisci?

"Amo un po' tutti i generi, ma soprattutto la musica anni '70 e quella da discoteca, tranne la techno che trovo priva di anima°. Gli artisti italiani che prediligo sono Pino Daniele, Lucio Dalla e gli Atricolo 31, mentre tra gli stranieri preferisco Prince e Sinead O'Connor".

priva... soulless

INNAMORATO DELLA VITA
È piè difficile per un figlio d'arte° intraprendere questo lavoro?

"Si, soprattutto agli inizi. Devi dimostrare subito il tuo valore. Prima di incidere° il 45 giri del mio esordio°, ho fatto parte di 3 gruppi, ma la svolta° è avvenuta grazie a un provino° con Franco Migliacci: ho fatto subito centro° e da allora lui è il mio produttore e coautore dei brani".

figlio... *actor/singer son of an actor/singer / recording beginning / turning point tryout /* **ho...** *I hit the mark*

Quali consigli ti ha dato tuo padre?

"Lui mi ha sempre detto di fare ciò che veramente desideravo, e non mi ha mai ostacolato. Era una persona critica e schietta°, e mi ha suggerito di capire bene ciò che voless° davvero".

frank
I wanted

Hai la ragazza?

"Si, è una mia ex: è stato proprio un ritorno di fiamma!"

I tuoi hobby?

"Mi piace correre, andare in palestra e una volta facevo la caccia subacqua, ora però mi sono pentito°.

mi... *I regret it*

Quali sono i tuoi prossimi impegni?

"Interpreterò il ruolo di uno spazzino° romano nel film di Cristiano Bortone **"Oasi"**, la storia di 5 "operatori ecologici" che simboleggiano l'insoddisfazione giovanile. Poi, tra circa sei mesi, realizzerò il mio prossimo album".

roadsweeper

Il tuo sogno nel cassetto°?

"Raggiungere la maturità artistica; comunque°, se gli impegni di lavoro me lo permettessero, desidererei tanto viaggiare intorno al mondo.

drawer
however

C. **Presentazione dell'intervista.** In pairs, present the interview you prepared in **Attività B.** One of you will ask the questions, and the other will answer them. As the class listens to the interview, students will think of additional questions to ask.

Eccoci!

A. **Un concerto estivo.** In groups of three or four, imagine that you're in charge of organizing a summer concert (classical music, rock, jazz, etc.) for your university. Decide where it will take place and what singers and musicians will perform and what must be done to prepare for it. In your discussion, use relative pronouns, indefinite adjectives, and indefinite pronouns whenever possible.

B. **Un annuncio per l'Internet.** In groups of three or four, pretend that you've just opened an ad agency, and that your first client is a singer or musician you want to promote over the Internet. Using the ad below as a model, create colorful art and write the copy. Before "transmitting" the ad, a representative from each group will present it to the class. After all the ads have been presented, the class will select the best one.

JAZZ NOTES

Venerdì 26 agosto

Galliano-Rava Duo *
Richard Galliano   *accordéon*
Enrico Rava   *tromba, flicorno*

(Ingresso lire 12.000)

Un duo di grande intensità costruito su due grandi musicisti accomunati dal medesimo lirismo interpretativo. Enrico Rava è senza dubbio il jazzista italiano più conosciuto e ricercato dal pubblico internazionale. Dotato di stile e poetica

immediatamente riconoscibili e di costante freschezza d'ispirazione Rava si è sempre caratterizzato come un musicista curioso, che si presta volentieri ad indagare nuovi sentieri stilistici. Ne è la riprova la lista delle sue innumerevoli collaborazioni che spaziano da Gato Barbieri a Joe Henderson, da Carla Bley a Steve Lacy, almeno quanto il suo ultimo successo che ha visto assegnarli il "Premio Arrigo Polillo" come miglior disco italiano del 1993 per il suo *Ravaloperava*, incisione che interpreta in maniera jazzistica famose arie d'opera.

Martedì 23 agosto

Ti Sha Man Nah
Fabio Petretti   *sax tenore, sax soprano*
Carlo Fabbri   *sax alto*
Gianluca Mattei   *sax alto*
Stefano Fariselli   *sax baritono*

(Ingresso lire 5.000)

Mercoledì 24 agosto

Mirko Mariani Trio
Mirko Mariani   *batteria*
Paolo Ghetti   *contrabbasso*
Luciano Titi   *fisarmonica*

(Ingresso lire 5.000)

Giovedì 25 agosto

Magritte Trio
Maurizio Minardi   *piano*
Massimo Merighi   *contrabbasso*
Claudio Bonora   *batteria*

(Ingresso lire 5.000)

Richard Galliano, compositore e musicista parigino di origine italiana, è uno degli esponenti di punta dell'accordéon francese e forse il più quotato sotto il profilo jazzistico. Nel suo stile confluiscono oltre alle dominanti influenze jazzistiche anche reminiscenze classiche e retaggi folklorici individuabili nel genere, tutto francese, della "musette", di cui Galliano è interprete sopraffino. La sua carriera è costellata di collaborazioni di rilievo con musicisti del calibro di Chet Baker, Michel Portal, Astor Piazzola, Marcel Azzola, Ron Carter, Trilok Gurtu e di riconoscimenti internazionali come la Coupe de France e la Coupe Mondiale fino alla recente vittoria dello scorso anno del prestigioso referendum "Top Jazz" in qualità di miglior nuovo talento internazionale del 1993.

Sabato 27 agosto

Kalenda do Sol
Teo Ciavarella   *tastiere*
Guido Guidoboni   *tromba, flicorno*
Flavio Piscopo   *percussioni, voce*
Felice Del Gaudio   *contrabbasso*

(Ingresso lire 5.000)

C. **Le canzoni italiane.** Bring to class a record, CD, or cassette of Italian songs. Exchange these songs with a classmate, listen to some of them, and choose one you would like to learn. Write down all the words you understand, ask your instructor to help you and then memorize part of the song. Alternatively, if you're musical, learn the song and present it to the class.

D. Consigli musicali. In pairs, imagine that a friend from Naples's Conservatorio San Pietro alla Maiella is coming to visit you for the summer. What musical events (operas, concerts, clubs, etc.) do you suggest that he/she attend? Where? Provide as much information as possible. Be sure to ask about your friend's musical tastes before you give your advice.

MODELLO: S1: **Che tipo di musica preferisci?**
           S2: **Adoro il jazz! Sai dove potrei ascoltare un ottimo concerto di jazz? Ci sono dei famosi club di jazz qui vicino?**
           S1: **Il posto ideale per il jazz è New Orleans, in Louisiana. C'è una famosa strada che si chiama Bourbon Street. È piena di club jazzisti e durante l'estate ci sono due festival di jazz...**

❖ *Vocabolario attivo*

NOMI

l'aria *aria*
l'armonia *harmony*
il baritono *baritone*
il basso *bass*
la batteria *drums*
il/la cantante *singer*
la cassetta *cassette*
il CD *compact disc*
la chitarra *guitar*
il clarinetto *clarinet*
il conservatorio *conservatory*
il/la dilettante *amateur*
il disco *record*
la fisarmonica *accordion*
il flauto *flute*
il rock *rock*
il jazz *jazz*
la lirica *opera*
la mezzosoprano *mezzosoprano*
la musica leggera *light music*
il/la musicista *musician*
l'onda *wave*
il palcoscenico *stage*
il/la passeggero(a) *passenger*
il pianoforte *piano*
il rap *rap*
i ritmi blues *blues*
il sassofono *saxophone*
il sogno *dream*

la soprano *soprano*
lo strumento *instrument*
il tamburo *drum*
il tenore *tenor*
la tromba *trumpet*
il vento *wind*
il violino *violin*
il violoncello *violoncello*

AGGETTIVI

alcuni(e) *some, a few*
antico *old, ancient*
classico *classical*
famoso *famous*
moderno *modern*
musicale *musical*
odioso *hateful*
ogni *every*
qualche *some, a few*
qualunque, qualsiasi *any*
sereno *calm*
soave *soft*
tutto(a)(i)(e) *all, every*

PRONOMI

alcuni(e) *some, a few*
che/cui/quale *who, whom, that, which*
chi *the one(s) who, he/she who, those who, who(m), who(m)ever*

ognuno(a) *everyone, everybody*
qualche cosa, qualcosa *something, anything*
qualcuno(a) *someone, anyone, anybody*
quello che *what (that which), whatever*
quel che, ciò che *whatever*
tutto *everything*
tutti(e) *everyone, everybody, all (of them)*

VERBI

applaudire *to applaud*
apprezzare *to appreciate*
gridare *to shout*
fischiare *to boo* (lit., *to whistle*)
sorridere (p.p. sorriso) *to smile*
suonare *to play* (a musical instrument)

ALTRE PAROLE E ESPRESSIONI

appassionato (di) *crazy about*
di professione/professionista *as a profession, professional*
la musica dal vivo *live music*

LA PUGLIA

CAPOLUOGO Bari

AREA 19.357 chilometri quadrati

POPOLAZIONE 3.600.000 abitanti

PROVINCE E CITTÀ IMPORTANTI Barletta, Brindisi, Foggia, Lecce, Taranto, Trani

PRODOTTI AGRICOLI fichi, frumento, mandorle (*almonds*), olio d'oliva, ostriche (*oysters*), sale, tabacco, vino

PRODOTTI ARTIGIANALI anfore antiche, pipe (*pipes*), tappeti, tessuti

GEOGRAFIA Pianura (*Plain*) del Tavoliere, Promontorio del Gargano, lo sperone (*spur*) d'Italia, Grotte (*grottoes*) di Castellana

PERSONAGGI FAMOSI Giovanni Paisiello (compositore, 1740–1816), Giuseppe De Nittis (pittore, 1846–1884), Rodolfo Valentino (attore, 1895–1926)

Trulli a Alberobello in Puglia.

Capitolo 17

I mezzi di comunicazione

Antenna Satellite: Valle di Fucino.

OBIETTIVI COMUNICATIVI

Expressing desire, disappointment, etc.

Expressing conditions, reservations, and goals

Expressing limitations

CULTURA

Means of communication: radio, television, and the press

GRAMMATICA

Present subjunctive

Past subjunctive

Subjunctive after conjunctions

ESPANSIONE GRAMMATICALE

Subjunctive in relative clauses

Subjunctive after indefinite expressions

Subjunctive after **prima che** and **senza che**

Per cominciare

RAIUNO — 001

6.45 Attualità: **Uno mattina.** Con Livia Azzariti, Luca Giurato; (7, 8, 9, 9.30) **Tg1 Mattina**; (7.30, 8.30) **Tg1 Flash**; (7.35) **Economia.** *53729597*
9.35 Film: «**Adamo ed Evelina**» (comm., G.B., 1949). Con Jean Simmons, Stewart Granger. *1042001*
11.10 Attualità: **Verdemattina.** Con Luca Sardella; (11.30) **Tg1** - Da Napoli. *6219952*
12.25 **Che tempo fa.** *6532865*
12.30 **Tg1 - Flash.** *77556*
12.35 Telefilm: «**La signora in giallo**». «Omicidio in chiave minore». Con Angela Lansbury. *3340469*
13.30 **Tg1 - Telegiornale.** *16310*
13.55 Attualità: **Cover.** Supplemento del Tg1. *4878198*
14.00 **Tg1 - Economia.** *24339*
14.05 Varietà: **Pronto? Sala giochi.** *5126778*
15.45 Varietà per ragazzi: **Solletico.** *6379049*
18.00 **Tg1 - Telegiornale.** *17914*
18.10 Attualità: **Italia sera.** *621933*
18.50 Varietà: **Luna Park.** Con Mara Venier; nel programma (19.35) **Che tempo fa.** *2089484*
20.00 **Tg1 - Telegiornale**; (20.30) **Tg1 - Sport.** *67117*
20.35 Varietà: **Luna park - La zingara.** *6126488*
20.45 Attualità: **Il fatto** di E. Biagi. *9359420*
20.50 Filmtv: «**Una gelata precoce**» (dr., Usa, 1985). Regia di John Erman. Con Gena Rowlands, Ben Gazzara. *75606488*
23.00 **Tg1 - Telegiornale.** *47117*
23.05 Attualità: **Cliché.** Conduce Carmen Lasorella. *7632865*
24.00 **Tg1 -** **Notte; Agenda; Zodiaco; Chiacchiere; Che tempo fa.** *5575*
0.30 Attualità: **Magico e nero.** *6182860*
0.40 Attualità: **MediaMente.** *7236082*
1.00 Attualità: **Sottovoce.** Con Gigi Marzullo. *4438060*
1.15 Film: «**Ecce bombo**». *6848605*

RAIDUE — 002

9.30 Attualità: **Ho bisogno di te.** *4720488*
9.40 Attualità: **Fuori dai denti.** *3320204*
9.45 Attualità: **Sereno variabile.** *6362827*
10.55 Attualità: **Ecologia domestica.** *11668285*
11.30 **Tg2 - Medicina Trentatré.** *9239020*
11.45 **Tg2 - Mattina.** *2937575*
12.00 Varietà: **I fatti vostri.** Con Giancarlo Magalli. (Prima parte). *78556*
13.00 **Tg2 Giorno**; (13.30) **Tribuna elettorale.** (13.50) **Meteo 2.** *87204*
14.00 Attualità: **Bravo chi legge.** *15681*
14.05 Per ragazzi: **Quante storie! Flash.** *6736223*
14.15 Varietà: **I fatti vostri.** Con Giancarlo Magalli (2ª parte). *1219001*
14.40 Teleromanzo: «**Quando si ama**». *284681*
15.10 Teleromanzo: «**Santa Barbara**». *2729556*
16.00 **Tg2 - Flash.** *84759*
16.05 Attualità: **L'Italia in diretta.** Con Alda D'Eusanio; nel programma (17.15) **Tg2 - Flash.** *6163020*
18.00 Attualità: **In viaggio con Sereno variabile.** *15556*
18.10 Attualità: **Bravo chi legge.** *3898223*
18.20 **Tg2 - Flash; TgS - Sportsera.** *3002925*
18.45 Telefilm: «**L'ispettore Tibbs**». *3150846*
19.35 **TgS - Lo sport**; (19.45) **Tg2 Flash.** *201372*
19.50 Varietà: **Go-Cart.** Con Maria Monsé. *2347846*
20.30 **Tg2 - Sera.** *91865*
20.50 Film: «**I due carabinieri**» (comm., It., 1984). Regia di Carlo Verdone. Con Enrico Montesano, Carlo Verdone. *75696001*
22.55 Attualità: **L'errore.** *1087488*
23.55 **Tg2 - Notte; Meteo 2.** *2863759*
0.35 Varietà: **Piazza Italia di notte.** *7295112*
0.45 Musica: **Tenera è la notte.** *3854686*
1.40 Teleromanzo: «**Destini**». *5187150*
2.25 Varietà: **Separé.** Con Gianni Morandi. *1704599*

RAITRE — 003

8.30 Film: «**Il massacro di Fort Apache**» (west., Usa, 1948). *5355372*
10.30 Attualità: **Videosapere.** *408049*
12.00 **Tg3 - Da Milano**; (12.20): **Telesogni.** (13.35): **VideoZorro.** *685136*
14.00 **Tg Regionali**; (14.20) **Tg3 - Pomeriggio. Meteo 3.** *6701049*
14.50 Attualità: **TgR - Eurozoom.** *6734865*
15.00 Musica: **Prima della prima.** *33049*
15.30 Sport: **Pomeriggio sportivo.** (15.50) **Calcio dilettanti**; (16.10): **Hockey su ghiaccio.** (16.45) **Kickboxing femminile.** *1684865*
17.00 Attualità: **Alle cinque della sera.** Con Marta Flavi. *39827*
17.55 Documenti: **Geo.** «I monti Cimini - La selva e il lago». *93914*
18.25 Attualità: **La testata.** *656038*
19.00 **Tg3**; (19.35) **TgR - Tg Regionali.** *5914*
19.55 **TSP-Tribuna elettorale**; (20.20) **Blob. Di tutto di più.** *827*
20.30 Attualità: **Mi manda Lubrano.** Con Antonio Lubrano. *71730*
22.30 **Tg3 - Ventidue e trenta**; (22.40) **Tg Regionali.** *28448*
22.45 **Tribuna elettorale.** *7628662*
23.50 Telefilm: «**Viaggiatori delle tenebre**». *2853372*

CANALE 5 — 005

8.45 Attualità: **Maurizio Costanzo Show.** Replica. *18782049*
11.30 Attualità: **Forum.** Con Rita Dalla Chiesa e Sante Licheri. *119643*
13.00 **Tg5 - Pomeriggio.** *73117*
13.25 Attualità: **Forum.** Con Rita Dalla Chiesa e Santi Licheri. *2910643*
13.40 Teleromanzo: «**Beautiful**». Con Ron Moss. *4358198*
14.15 Telefilm: «**I Robinson**». *173001*
14.45 Varietà: «**Casa Castagna**». Con Alberto Castagna. *6277914*
16.00 Varietà per ragazzi. *310310*
18.00 Gioco: **Ok, il prezzo è giusto!** Con Iva Zanicchi. *10020*
19.00 Gioco: **La ruota della fortuna.** Con Mike Bongiorno. *3204*
20.00 **Tg5 - Telegiornale.** *18020*

A reminder: Active vocabulary is underlined.

Trasmissioni° televisive/Programmi TV

TV programs

- Il Tg1, Tg2, Tg3 sono notiziari, chiamati anche telegiornale.
- *Attualità* sono notizie varie del momento.
- *Che tempo fa* è la meteo o le previsioni del tempo.
- *La signora in giallo* è un telefilm, un film creato per la televisione.
- *I due carabinieri* è un film comico italiano del 1984 dato° alla televisione.

shown

- *Quando si ama* e *Santa Barbara* sono teleromanzi o sceneggiati, cioè film televisivi a puntate°. Si chiamano anche telenovelas, con un termine spagnolo.

film... *serials*

- *Ok, Il prezzo è giusto* e *La ruota della fortuna* sono giochi. *Luna Park, Maurizio Costanzo Show* e *I fatti vostri*° sono spettacoli di varietà.

I... *Your Business*

- *Geo* è un documentario.
- Gli spot pubblicitari sono dappertutto e interrompono gli altri programmi come negli Stati Uniti. Un tempo° esisteva "Il Carosello" che concentrava la pubblicità in 10 minuti dopo il notiziario. Oltre agli spot pubblicitari, prima dei referendum e delle elezioni, ci sono spot politici.

Once

- *Pomeriggio sportivo, Hockey su ghiaccio* e *Calcio dilettanti* sono sport. I più frequenti programmi sportivi sono le partite di calcio trasmesse la domenica pomeriggio.
- *Tribuna elettorale* è un dibattito politico. Questi programmi, che sono simili ai "talk shows" americani, si chiamano tribune.
- Molti sono i programmi in diretta° di commedie°, concerti e opere.

live / plays

Parole e espressioni utili

La televisione

abbassare/alzare il volume *to lower/ raise the volume*	il piccolo schermo/ TV (tivù)	il televisore *television set*
abbonarsi *to subscribe*	il presentatore/la presentatrice *anchorperson*	il videoregistratore *VCR*
andare in onda *to go on the air*	la rete televisiva *network*	la TV privata/ pubblica *private/ public TV*
l'animatore/ l'animatrice *host*	la stella, la star *star, actor (m./f.)*	via cavo/satellite *by cable/satellite*
l'antenna *antenna, aerial*	il telecomando *remote control*	
il canale *channel*		
il canone *monthly fee for TV*		

❖ **Una stella** refers both to females and males. For example: **Roberto Benigni è una stella internazionale.**

Attività

A. Quali trasmissioni preferite? Usate la seguente scala per indicare quali tipi di trasmissioni vi piacciono più o meno. (Usate le categorie introdotte in *Per cominciare* e esempi di programmi che conoscete.)

MODELLO: **—Ti piacciono i giochi?**
—Sì, adoro i giochi, soprattutto *La ruota della fortuna.*

← ———————— meno / più ———————— →
odio/non mi piace/mi piace/mi piace moltissimo/adoro

B. **Le stelle della TV.**   In coppie discutete quali stelle della TV preferite? Dite in quali ruoli (*roles*) recitano, e in quali tipi di spettacolo. Spiegate perchè vi piacciono.

C. **Un programma speciale.**   Tu e un amico/un'amica avete deciso di guardare la televisione. Decidete quale programma scegliete se

- desiderate sapere cosa accade (*is happening*) nel mondo
- volete sentire della musica
- avete voglia di vedere un film
- volete rilassarvi con uno spettacolo leggero e divertente
- siete un appassionato/un'appassionata di tennis

D. **Sondaggio telefonico.**   Create a phone conversation. A TV pollster calls to ask how frequently and when you watch TV, what your favorite show is, and why you like it. Then role-play the conversation in front of the class and compile the results of your surveys.

> MODELLO: s1: **A che ora Lei guarda la televisione?**
> s2: **Generalmente dalle sette alle dieci di sera due o tre volte alla settimana.**
> s1: **Quale trasmissione Lei guarda più frequentemente?**
> s2: *Cheers.*
> s1: **Perchè preferisce *Cheers*?**
> s2: **Perchè è divertente.**

Incontri

Una telefonata

Giorgio, esperto in informatica, è immigrato negli Stati Uniti dove lavora in un'azienda di computer. Fa una telefonata al padre Vincenzo, che vive a Barletta in Puglia.

❖ **Barletta** is a town in Puglia on the coast, north of Bari.

VINCENZO: Pronto... pronto... chi parla?

GIORGIO: Ciao, papà. Ti telefono da... aspetta... New Jersey Turnpike uscita° numero tredici.

exit
non... *any longer*
Hai... *Did you move?*

VINCENZO: Non capisco. Non abiti più° in via Clarcheville 182? Cos'è questa Tornepaike tredici? Hai cambiato casa°?

GIORGIO: No, no! Ti telefono dalla macchina con il mio nuovo <u>cellulare</u>.

VINCENZO: Ah, il <u>telefonino</u>°! C'è anche qui a Barletta. Credi che <u>siamo</u>° ancora <u>all'età della pietra</u>°?

cellular phone / we are
all'età... *in the stone age*

GIORGIO: Naturalmente no! Ma qui è un'altra cosa. Io sono un telecommuter. È necessario che <u>abbia</u>° un computer, un fax, una <u>fotocopiatrice</u>° e anche la <u>posta elettronica</u>°. Spero che presto tu <u>venga</u>° a trovarmi e vedrai.

for me to have
*copy machine / **posta...** E-mail*
you'll come

VINCENZO: Ho paura che <u>sia</u>° troppo tardi per me. <u>Nonostante</u>° tu mi <u>abbia regalato</u>° il videoregistratore, io preferisco fare una <u>scopa</u>° al bar con gli amici. E poi, cosa farei con il computer?

it's / Although
mi... *gave me*
a kind of card game

GIORGIO: Invece di lavorare otto ore al giorno in negozio, con il computer potresti <u>dirigere</u>° una <u>catena</u>° di salumerie da casa. La chiameremmo "La disfida di Barletta".

manage / chain

VINCENZO: Ho paura che tu <u>sia impazzito</u>°.... A proposito di salumerie, vuoi che ti <u>mandi</u>° del buon salame?

tu... *you've gone crazy*
vuoi... *do you want me to send you*

GIORGIO: No, grazie, papà. Non è permesso spedire la carne negli Stati Uniti per posta normale, nè per fax, nè per posta elettronica.

VINCENZO: Ma allora, di che <u>progresso</u> parli? Evidentemente, nonostante tutta la vostra tecnologia, non sapete godere la vita!

Attività

❖ The **Disfida** *(Challenge)* **di Barletta** (1503), was an event in which thirteen Italians challenged thirteen French officers to combat. The Italians, led by Ettore Fieramosca, triumphed.

E. Rileggi attentamente il dialogo e completa le seguenti frasi.

1. Il padre di Giorgio abita...
2. Giorgio ha comprato...
3. Vincenzo dice che anche a Barletta...
4. In America, dice Giorgio, è normale avere...
5. Vincenzo ha il videoregistratore ma...
6. Giorgio propone (*suggests*) al padre di...
7. Il padre dice al figlio che...
8. Vincenzo pensa che in America...

F. Dite cosa ne pensate. In gruppi di tre o quattro, fate le seguenti domande e rispondete. Poi dite all'insegnante cosa hanno detto i vostri compagni/le vostre compagne.

1. Perchè Giorgio è andato a vivere negli Stati Uniti?
2. Che tipo di persona è Giorgio?
3. Che tipo di persona è il padre?
4. Quali sono per il padre le cose più importanti?
5. Perchè padre e figlio hanno idee così diverse?
6. Secondo te, iniziare una catena di salumerie in America è una buon'idea?
7. Pensi che sarebbe contento Vincenzo in America? Perchè sì o perchè no?
8. Conosci una persona come Giorgio? E una persona come Vincenzo?

G. Facciamo una telefonata. In coppie, immaginate una conversazione telefonica fra un padre/una madre e un figlio/una figlia adolescenti, che vivono lontano e si amano. Purtroppo non hanno nè le stesse idee nè gli stessi gusti. Presentate questa telefonata come uno skit.

Nota culturale

❖ La radio, la televisione e la stampa in Italia

Il cellulare: Una mania nazionale.

❖ The official body responsible for state-run radio and TV in Italy is the **Consiglio Amministrativo** of **RAI,** a government-appointed council. As a result, television is highly politicized, with a percentage of council members and of TV time allotted to each political party.

❖ Silvio Berlusconi, as head of a new party, **Forza Italia,** was elected prime minister in 1994. However, his rightist coalition collapsed a few months later. He was reelected in 2001. He is often criticized for monopolizing television and influencing the elections through his three national television networks. He also owns newspapers and publishing houses.

Termini utili

La stampa Each city has its own newspaper. Among the best known are the *Corriere della Sera* (Milan), *La Stampa* (Turin), *La Repubblica* and *Il Messaggero* (Rome). Weekly newsmagazines include l'*Epoca, L'Europeo, L'Espresso, Oggi, Grazia*, and *Gente*. Also published weekly for sport fans is *La Gazzetta dello Sport*.

Canali televisivi pubblici e privati The public (state-run) channels are **Raiuno, Raidue,** and **Raitre.** The private channels belonging to Fininvest (a financial group controlled by Berlusconi) are **Retequattro, Canale 5,** and **Italia 1.** Other channels are dedicated entirely to specific interests, such as music, sports, and pay TV. In a June 1995 referendum Italians voted in favor of an antitrust law regulating scheduling and advertising to promote healthy competition in both the public and private sectors.

Negli ultimi anni in Italia la tecnologia e i mezzi di comunicazione° hanno fatto grandi progressi, e creato una vera cultura di massa. Un vantaggio è stata la diffusione di una lingua e di una cultura nazionali attraverso° **la stampa, la radio** e **la televisione.** Uno svantaggio è il pericolo di una eccessiva uniformità e di un pubblico dominato dai mezzi di comunicazione. Gli italiani preferiscono guardare la televisione o sfogliare° una rivista che leggere un quotidiano°. Il numero dei lettori° di giornali varia secondo la regione e la categoria professionale.

Al giorno d'oggi quasi ogni famiglia in Italia ha almeno un

the media

through

to glance through
daily paper / readers

televisore, una o due radio, uno o due telefoni, un computer e vari cellulari. Un tempo, per esempio, gli italiani invidiavano° gli americani per le molte reti televisive, ma ora, in Italia ci sono centinaia° di radio private e decine di **canali televisivi, pubblici e privati.** Gli ultimi prodotti della tecnologia sono le televisioni via satellite e via cavo. Un nuovo satellite, Europeo Hot Bird 1, è stato lanciato° nel 1995 e trasmetterà otto canali italiani su tutto il territorio nazionale.

envied
hundreds

launched

L'Italia ha la maggior densità radiotelevisiva d'Europa con più di 300.000 antenne paraboliche°. Le reti nazionali sono pagate in parte dai canoni dei telespettatori°, mentre le reti private e commerciali si basano, come in America, sulla pubblicità e fanno grossi guadagni°, a scapito° dei programmi continuamente interrotti.

antenne... *dish antennae*
viewers
fanno... *generate large profits /* **a...** *to the detriment*

Cosa ci porterà il futuro? Probabilmente la televisione a tre dimensioni, computer che parleranno e migliaia di satelliti che formeranno un cielo artificiale. Ma speriamo anche un uso più equilibrato e razionale dei prodotti della tecnologia. La cosa importante è che la televisione e gli altri media restino un mezzo° e non diventino un fine in se stesso°.

restino... *remain a means*
fine... *end in itself*

Cosa ne pensate?
1. Quanti reti statali e private esistono in Italia? E negli Stati Uniti?
2. Quali sono alcune differenze fra la televisione italiana e quella americana? (Considera l'organizzazione e i programmi.)
3. Quali sono gli aspetti positivi e negativi dei mezzi di comunicazione per la società?
4. Qual è l'atteggiamento (*attitude*) degli italiani verso (*toward*) la stampa, e come differisce dall'atteggiamento degli americani?

Grammatica

EXPRESSING DESIRE, DISAPPOINTMENT, ETC.

I. CONGIUNTIVO PRESENTE (*Present subjunctive*)

Ho paura che i bambini **guardino** troppo la TV.
I vostri genitori desiderano che voi **telefoniate** spesso.
Mi sembra che **passiamo** troppe ore davanti al computer.
Speriamo che la pubblicità **non interrompa** il film.
Penso che la televisione italiana **sia** troppo centralizzata.

◆ In Italian, as in English, verbs are classified according to mood **(il modo).** Both the *indicative* and the *imperative* are moods. In this section you will learn about the *subjunctive* mood. Within a mood, verbs have tenses (present, imperfect, past, etc.). The subjunctive mood has four tenses **(presente, passato, imperfetto, trapassato),** but no future. In this chapter you will learn **il congiuntivo presente** and **passato.**

Formazione del congiuntivo presente

◆ The present subjunctive is formed from the same stem as the present indicative (that is, the infinitive minus **-are, -ere, -ire**). To this stem, the subjunctive endings are added. Note that **-are** verbs have **i** as the characterstic vowel, while **-ere** and **-ire** verbs have **a.**

	tefon**are**	ripet**ere**	part**ire**/cap**ire**
che io	telefon**i**	ripet**a**	part**a**/cap**isca**
che tu	telefon**i**	ripet**a**	part**a**/cap**isca**
che lui/lei	telefon**i**	ripet**a**	part**a**/cap**isca**
che noi	telefon**iamo**	ripet**iamo**	part**iamo**/cap**iamo**
che voi	telefon**iate**	ripet**iate**	part**iate**/cap**iate**
che loro	telefon**ino**	ripet**ano**	part**ano**/cap**iscano**

❖ The subject pronouns (**io, tu, lui/lei,** etc.) are included in the chart to distinguish among the first three singular persons, which are the same.

◆ **-Ire** verbs that add **-isc-** in the present indicative retain it in the present subjunctive: **io fin*isc*o, che io fin*isc*a.**

◆ The first-, second-, and third-persons singular of each conjugation are identical. In these persons, subject pronouns may be used for clarification: **Enrico vuole che *io* gli telefoni.**

◆ The endings are the same for the **noi** and **voi** forms in all three conjugations.

◆ The same irregularities that apply to verbs ending in **-care, -gare, -ciare,** and **-giare** in the present indicative occur in the present subjunctive: **noi dimenti*ch*iamo, che noi dimenti*ch*iamo; voi dimenti*c*ate, che voi dimenti*ch*iate,** and so on.[1]

◆ Most verbs that are irregular in the present indicative have the same irregularities in the present subjunctive: **io bevo, che io beva; io esco, che io esca; io posso, che io possa; io vado, che io vada; io vengo, che io venga; io voglio, che io voglia,** and so on.

Usi del congiuntivo

◆ Whereas the indicative mood expresses certainty (a fact, a truth), the subjunctive mood expresses uncertainty (a doubt, a conjecture, an opinion). Compare the following sentences.

Indicative: fact	Subjunctive: opinion
Luigi **va** a scuola alle otto di mattina.	Credo che Luigi **vada** a scuola alle otto di mattina.
*Luigi **goes** to school at eight o'clock in the morning.*	*I believe that Luigi **goes** to school at eight in the morning.*

[1]In *all* persons, **h** is inserted between the stem and the present subjunctive endings of verbs that end in **-care** and **-gare.** In *all* persons, verbs that end in **-ciare** and **-giare** drop the **i** from the stem: **che io *mangi*, che voi *mangiate*,** etc.

◆ The subjunctive is generally found in a subordinate clause introduced by **che** when the subject of the verb is different from the subject of the verb in the main clause. If the two subjects are the same, the infinitive is used. Compare:

> (io) **Desidero guardare** la TV stasera. (same subject)
> (io) **Desidero che i bambini non guardino** la TV stasera. (different subject)

◆ The subjunctive follows verbs and verb phrases that express

- **volontà o desiderio** (*will or desire*): **desiderare, insistere, preferire, sperare, volere**

  Spero che tu mi compri un nuovo televisore.

- **emozione** (*emotion*): **avere paura, essere contento(a), felice, triste, sorpreso(a), temere** (*to fear*)

  I genitori **temono che il figlio non trovi** lavoro.

- **dubbio** (*doubt*): **dubitare, non credere, non essere sicuro(a)**

  Dubito che Alfredo arrivi domani.

- **opinione**: **credere, immaginare, pensare**

  Pensiamo che tu abbia ragione.

◆ The subjunctive follows impersonal expressions that convey necessity, opinion, possibility, emotion, etc. Following are some common impersonal expressions:

bisogna (*it is necessary*)	
è necessario	
è possibile	
è probabile	
mi (ti, gli...) piace	che
mi (ti, gli...) dispiace	
mi (ti, gli...) sembra	
può darsi (*it may be*)	
è ora	

Può darsi che l'Internet diventi un mezzo di comunicazione universale.
Mi sembra che i film alla TV **siano** troppo violenti.

The Internet may become a universal means of communication.
It seems to me that TV movies are too violent.

◆ Conversely, expressions that express certainty, such as **è certo** (*certain*) **(vero, chiaro, ovvio** [*obvious*]**, evidente)** and **sono sicuro(a),** are followed by the indicative in the subordinate clause.

> **Sono sicura che** il computer **è** utile.
> **È ovvio che** gli sceneggiati **piacciono** a molti.

Forme irregolari del congiuntivo presente

◆ The verbs **avere** and **essere** have irregular present subjunctive forms that (except for **abbiamo** and **siamo**) are unlike those of the present indicative.

	avere	essere
che io	abbia	sia
che tu	abbia	sia
che lui/lei	abbia	sia
che noi	abbiamo	siamo
che voi	abbiate	siate
che loro	abbiano	siano

◆ Other verbs with irregular subjunctives are

andare:	**vada,** andiamo, andiate, **vadano**
dare:	**dia,** diamo, diate, **diano**
dire:	**dica,** diciamo, **diciate, dicano**
dovere:	**debba,** dobbiamo, **dobbiate, debbano**
fare:	**faccia,** facciamo, **facciate, facciano**
sapere:	**sappia,** sappiamo, **sappiate, sappiano**
stare:	**stia,** stiamo, **stiate, stiano**

— Bugiardo!

—*Liar!*

Attività

A. Riscrivi le seguenti frasi, trasformando la proposizione principale in proposizione secondaria, e mettendo il verbo al congiuntivo.

> MODELLO: Io *passo* molto tempo al telefono. (Mia madre pensa)
> **Mia madre pensa che io passi molto tempo al telefono.**

1. Compriamo un nuovo televisore. (È necessario)
2. Dimentichi spesso di spegnere la TV. (Mi sembra)
3. Voi venite a Barletta quest'estate. (Sono contento[a])
4. Tu non hai un cellulare in macchina. (Sono sorpreso[a])
5. Ci sono troppi satelliti in orbita. (Può darsi)
6. Noi comunichiamo per posta elettronica. (Bisogna)
7. Mio padre preferisce giocare a scopa. (Credo)
8. Io faccio una passeggiata ogni giorno. (È necessario)

B. Completa le seguenti frasi con la forma appropriata del congiuntivo o dell'indicativo dei verbi tra parentesi.

1. Carlo ha paura che i film alla televisione _____ (essere) troppo violenti.
2. Mio fratello crede che tu _____ (avere) ragione.
3. È evidente che i teleromanzi _____ (piacere) più dei telefilm.
4. Bisogna che la televisione _____ (creare) dei programmi di alta qualità per i giovani.
5. Sono sicuro che pochi ragazzi _____ (vedere) il telegiornale.
6. È necessario che tu _____ (sapere) quali programmi guardano i tuoi figli.
7. Siamo contenti che il Canale 5 _____ (mostrare) ancora *Beautiful*.
8. Preferisci che i tuoi figli _____ (guardare) un programma di varietà o un cartone animato?
9. Voi desiderate che la televisione _____ (trasmettere) tanti film stranieri?
10. Ci sembra che tutti _____ (litigare) nelle tribune politiche.

C. Giulia e la sua amica americana Betty discutono dei programmi televisivi. Completa la loro conversazione con le forme appropriate del presente congiuntivo.

GIULIA: Penso che stasera noi _____ (dovere) guardare il telegiornale. Ho paura che gli italiani _____ (rispondere) "no" al referendum, nel qual caso (*in which case*) è probabile che la pubblicità _____ (invadere) tutti i programmi senza più controllo, e _____ (interrompere) continuamente i film.

BETTY: Mi sembra che tu _____ (avere) ragione, ma penso che noi stranieri _____ (trovare) la situazione della televisione in Italia troppo complicata. È impossibile che noi _____ (potere) capire gli intrighi di voi italiani. Io preferisco guardare *Luna Park*, perchè non ho mai visto uno spettacolo di varietà.

GIULIA: Va bene, ma bisogna anche che tu _____ (ascoltare) le previsioni del tempo perchè domani devi prendere l'aereo.

D. Intervista. Chiedete al vostro compagno/alla vostra compagna cosa pensa sui seguenti punti. Usate le seguenti espressioni: **credi che, pensi che, dubiti che, ti sembra che, hai paura che, è possibile che.**

MODELLO: Il cellulare è indispensabile.
S1: **Credi che il cellulare sia indispensabile?**
S2: **Sì, credo che sia indispensabile. / No, non credo che sia indispensabile.**

1. Il cinema soffre per la concorrenza (*competition*) della TV.
2. Il pubblico italiano adora le stelle della TV.
3. Domani fa bel tempo.
4. Il film *Lamerica* è interessante.
5. Lo spettacolo di Maurizio Costanzo ha molto successo.
6. Telemontecarlo ha troppi film americani.

E. Un padre autoritario. Un padre non è d'accordo con suo figlio. Dite cosa il figlio desidera fare e cosa il padre vuole che il figlio faccia.

MODELLO: guardare la TV / fare i compiti
FIGLIO: **Desidero guardare la TV stasera.**
PADRE: **No. Voglio che tu faccia i compiti.**

1. andare al mare / fare un viaggio
2. comprare una moto / comprare una macchina
3. fare il pittore / fare l'ingegnere
4. giocare a football / giocare a tennis
5. lavorare / andare all'università
6. sposarmi subito / aspettare fino alla laurea
7. uscire con gli amici / aiutare la mamma

F. Che disordine! Considerate attentamente il disegno e immaginate cosa la babysitter dica al bambino/alla bambina e cosa lui/lei risponda. In coppie, create almeno quattro frasi con **volere / desiderare che + il congiuntivo presente.**

MODELLO: —**Desidero che tu faccia i compiti.**
—**Non voglio fare i compiti! Preferisco giocare.**

G. Discussione tra amici. In coppie, discutete del prossimo referendum sulle reti televisive. Alle dichiarazioni (*statements*) di uno(a) di voi, l'altro(a) risponde con le seguenti espressioni: **mi sembra che, sono contento(a) che, ho paura che, mi dispiace che, è necessario che.**

MODELLO: S1: Il referendum costerà troppo al paese.
S2: **Ho paura che il referendum costi troppo.**

1. La televisione sarà più libera.
2. Ci sarà meno pubblicità.
3. Molti voteranno.
4. Faranno una legge anti-trust.
5. Non permetteranno troppi spot politici.
6. I partiti non controlleranno più la RAI.

EXPRESSING DESIRE, DISAPPOINTMENT, ETC.

II. CONGIUNTIVO PASSATO (*Past subjunctive*)

Sembra che la RAI **abbia cambiato** i programmi.
Penso che la pubblicità **sia stata migliore** nel passato.

◆ The past subjunctive is a compound tense. Like the **passato prossimo**, the past subjunctive is formed with the present subjunctive of **avere** or **essere** plus the past participle.

	guardare		uscire	
che io	abbia		sia	
che tu	abbia		sia	uscito(a)
che lui/lei	abbia	guardato	sia	
che noi	abbiamo		siamo	
che voi	abbiate		siate	usciti(e)
che loro	abbiano		siano	

◆ The past subjunctive **(il congiuntivo passato)** is used in a subordinate clause when the action in that clause takes place before that of the verb in the main clause usually expressed in the present. When the action of the verb in the subordinate clause takes place at the same time or later than that in the main clause, the present subjunctive is used. Compare:

Penso che mia cugina **arrivi** da Bari oggi.
I think my cousin arrives (is arriving, will arrive) from Bari today.

Penso che mia cugina **sia arrivata** da Bari ieri.
I think my cousin arrived from Bari yesterday.

Spero che lei **telefoni.**
I hope she'll phone.

Spero che lei **abbia telefonato.**
I hope she (has) phoned.

◆ When the subject of the main clause and the subordinate clause is the same, the past infinitive is used. It is formed with the infinitive of **avere** or **essere** + *the past participle of the verb.*

Ho paura che tu **abbia perso (perduto)** il tuo programma preferito.	**Ho paura di avere perso (perduto)** il mio programma preferito.
*I am afraid **you** missed your favorite program.*	*I am afraid **I** missed my favorite program.*
Credo che **Giorgio non abbia capito** suo padre.	**Giorgio crede di non aver capito** suo padre.
*I think **Giorgio** didn't understand his father.*	**Giorgio** *thinks **he** didn't understand his father.*

Attività

H. Pettegolezzi su Franco.   Due amici parlano di Franco. In coppie, dite cosa pensate e cosa temete che Franco abbia o non abbia fatto la settimana scorsa. Usate i verbi **credere, pensare** e **avere paura** nelle vostre risposte.

MODELLO: guardare la TV tutto il giorno
Penso che Franco non abbia guardato la TV tutto il giorno.

1. uscire con Teresa
2. telefonare ai genitori
3. usare il computer del padre
4. lavorare troppo
5. comprare un nuovo televisore
6. andare al Gargano in vacanza
7. mandare un fax all'albergo
8. scaricare (*discharge*) la batteria del cellulare
9. non rispondere alla lettera
10. diventare un maniaco dei computer

I.   Rifate l'Attività H con Franco e Renata come soggetto della proposizione subordinata.

MODELLO: guardare la TV tutto il giorno
Penso che Franco e Renata abbiano guardato la TV tutto il giorno.

J.   Completa la seguente lettera con l'indicativo presente o il congiuntivo presente o passato o l'infinito dei verbi tra parentesi.

Barletta, 15 giugno, 2003
Caro Giorgio,
Sono arrivato ieri a Barletta, la tua amata città. Non è possibile che io ti _____ (dire) cosa ne penso, perchè non l'ho ancora vista bene. Ho paura che _____ (fare) già molto caldo e spero di _____ (andare) presto al mare. Temo che non _____ (piovere) per mesi, perchè tutto è arido e secco. So che Barletta _____ (essere) una stazione balneare importante e quindi immagino che ci _____ (essere) molte belle spiagge. Mi dispiace che tu non _____ (venire) con me. È probabile che io _____ (dimenticare) alcune informazioni che mi hai dato, ma mi sembra che tu mi _____ (dire) che tuo padre _____ (vivere) qui vicino. Voglio

◆ **Il Gargano** is a mountainous promontory that offers a landscape of forests, flowering almond trees, and olive trees springing from the rocky slope. This area is famous for its white villages and golden beaches. The sea is clear and free from pollution, which makes **Gargano** a favorite vacation spot.

_____(trovare) il suo indirizzo e _____ (andare) a conoscerlo. Sono contentissimo che tu mi _____ (consigliare) questo posto. Penso che _____ (essere) un'ottima idea scegliere una città non troppo turistica dove credo che _____ (essere) più facile incontrare la gente. E tu sai che a me _____ (piacere) il caldo e la gente simpatica.

Un abbraccio,

Ryan

EXPRESSING CONDITIONS, RESERVATIONS, AND GOALS

III. CONGIUNTIVO DOPO LE CONGIUNZIONI (*Subjunctive after conjunctions*)

Guarderò il telegiornale **sebbene sia** stanca.
Compreremo l'antenna **a condizione che** non **costi** troppo.

◆ The subjunctive must be used after the following common conjunctions, even if the subject of the main clause and the subordinate clause is the same:

a meno che... non	*unless*
a condizione che	*provided (that), on condition that, as long*
purchè	*as*
benchè	
nonostante	*although, even though*
sebbene	

Sebbene io sia stanca voglio vedere la fine del film.

◆ The conjunctions **affinchè** and **perchè** (*so that, in order that*) require the subjunctive if the subject of the main clause and the subordinate clause is different. If the subject is the same, **per** + *infinitive* is used. Compare:

Ti telefono, **affinchè tu sappia** la notizia. (different subjects: **io** [main clause] and **tu** [subordinate clause]).
Ti telefono **per sapere** la notizia. (same subject: **io**)

Attività

K. Completa le seguenti frasi con il congiuntivo dei verbi fra parentesi.

1. Comprami il giornale ogni giorno affinchè io _____ (potere) leggere le ultime notizie.
2. Ti abbonerò a una rivista italiana perchè tu _____ (imparare) la lingua e la cultura.
3. Sebbene ci _____ (essere) molti canali in Italia, ci sono pochi programmi interessanti.
4. Non vogliono sposarsi in Puglia nonostante _____ (vivere) lì (*there*).
5. Quest'estate passerò le vacanze al Gargano, benchè non _____ (amare) le spiagge rocciose (*rocky*).
6. Imparerò l'informatica affinchè _____ (essere) possibile trovare lavoro.

L. Completa le seguenti frasi con la tua fantasia.

MODELLO: Parto domani sebbene...
Parto domani sebbene non abbia prenotato l'albergo.

1. Vado in Puglia sebbene...
2. Compro un cellulare affinchè...
3. Leggo il *Corriere della Sera* a condizione che...
4. Viaggerò in aereo a meno che...
5. Mio padre preferisce giocare a scopa purchè...
6. Mi piacciono gli spettacoli di varietà benchè...
7. Voglio partecipare all'Internet nonostante...
8. Uso la posta elettronica per...

Tocca a voi

Raffaella Carrà, una famosa presentatrice televisiva.

❖ **TV Sette** is a *Corriere della Sera* insert that gives the TV programs for the week.

A. **Una stella della TV.** In groups, look at the TV star in the photo and say what you think her life and her personality are like and what her activities, hobbies, and tastes are.

MODELLO: S1: **Credo che lei pensi di essere bellissima...**
S2: **Penso che passi le vacanze in Francia sulla Costa Azzurra...**
S3: **Sembra che sia fidanzata o che abbia un grande amore segreto...**
S4: **Sembra che le piacciano i vestiti di Ferrè...**

B. **Una storia d'amore.** In groups of three or four, pick two TV stars (a male and a female), describe them, and create a love story between them to be published in *TV Sette*. Don't hesitate to introduce other characters and an exotic background.

C. **Quali programmi guardiamo?** In groups of three or four, look again at the TV programs on page 382. Discuss which ones you would like to watch and why. Then talk to the class about your choices.

D. **Recitiamo una telenovela!** Divide into three groups. After your instructor assigns a **telenovela** to your group, do the following:

- read the plot summary, trying to understand as much as possible (ask your instructor for the meaning of unfamiliar words)
- choose roles for each character mentioned
- create a simple script in Italian, based on the storyline
- present a skit with lots of gestures and mime to make the action understandable to the class

BEAUTIFUL

da lunedì a venerdì
13.30
CANALE 5
venerdì 20.30

DOVE ERAVAMO... Ridge si reca a casa di Brooke per convincerla a ritornare sulla sua decisione e a non affidare a Sheila il nuovo incarico alla Forrester, ma non la trova in casa. Eric è distrutto per aver perso il controllo dell'azienda e inoltre teme che Sheila, a causa del suo nuovo incarico, sacrifichi la sua vita privata. Kevin e Macy non sono ancora tornati: Sly, Thorne e Keith sono sempre più preoccupati per la loro assenza. Connor accusa Brooke di aver commesso un grosso errore nell'assumere Sheila.

QUESTA SETTIMANA... Alla Forrester, Brooke mostra a Sheila il suo ufficio. La ragazza lavorerà come sua segretaria. Sally consiglia a Karen di stringere il legame d'amicizia con Brooke.

Darlene Conley, la perfida Sally Spectra

GUADALUPE

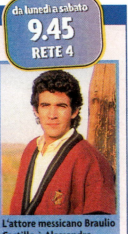

da lunedì a sabato
9.45
RETE 4

DOVE ERAVAMO... Luisa va su tutte le furie quando apprende di non poter impugnare il testamento di Ezechiele. Mariangela, con l'aiuto dei famigliari, cerca di scoprire l'identità del suo aggressore. Gino, che l'ha violentata, non si dà pace. Henry, dopo l'ennesima lite con Luisa, chiede ad Antonio di andarsene da casa Zambrano. Olivia comunica all'avvocato Arendo il suo piano per eliminare "lo sciacallo". Guadalupe trascorre un'incantevole luna di miele con Alfredo al quale manifesta il desiderio di avere un figlio.

QUESTA SETTIMANA... "Lo sciacallo" riconosce Olivia, fugge terrorizzato e muore in un incidente. Alfredo e Guadalupe trascorrono una felice luna di miele e ritardano il ritorno.

L'attore messicano Braulio Castillo è Alessandro

ANTONELLA

da lunedì a sabato
11.40
RETE 4

DOVE ERAVAMO... Antonella decide di lasciare la residenza dei Corsino d'Elia e si trasferisce, assieme a Federico, nell'appartamento di Nicola. Quest'ultimo, intanto, non soddisfatto del lavoro che Gastone svolge nell'azienda di famiglia, pensa di licenziarlo, ma Lucrezia si oppone. Arturo fa in modo che Nicola e Antonella vengano accusati di un omicidio da lui commesso. Gastone prende accordi con Rossetti affinché uccida Antonella. Rolando, cugino di Arturo, corteggia Paola allo scopo di entrare in possesso del suo ingente patrimonio.

QUESTA SETTIMANA... Rolando chiede a Paolo di sposarlo. Gastone propone a Carlo di aiutarlo a estromettere Nicola dall'azienda di famiglia. Cristoforo convince Antonella a farsi operare.

Andrea Del Boca, la protagonista Antonella

❖ *Espansione grammaticale*

EXPRESSING LIMITATIONS

I. CONGIUNTIVO IN PROPOSIZIONI RELATIVE (*Subjunctive in relative clauses*)

Solletico è **il** varietà **più divertente che io abbia visto**.
Il Gargano è **l'unico** posto **che sia** ancora tranquillo.
Giorgio è **il primo** della famiglia che **abbia lasciato** l'Italia.
  In Italia non c'è **niente che costi** poco.

❖ **Solletico** is a variety show.

◆ The subjunctive is used in relative clauses that follow

• the relative superlatives **il più/il meno** (+ *adjective*):

Wei è **il più bel** ragazzo **che io conosca.**	*Wei is the handsomest boy I know.*
La pensione Irene è **la meno costosa che ci sia** a Barletta.	*The pensione Irene is the least expensive that there is in Barletta.*

• the adjectives **solo, unico, primo,** and **ultimo:**

Maria è **la sola** amica **che io abbia.**	*Maria is the only friend I have.*
L'Internet è **l'unico** mezzo di ricerca **che io usi.**	*The Internet is the only method of research I use.*

• a negative pronoun

Non c'è **niente che cresca** facilmente in Puglia.	*There's nothing that grows easily in Puglia.*
Non conosco **nessuno che voglia** abitare in un trullo.	*I don't know anyone who wants to live in a trullo.*

II. CONGIUNTIVO DOPO ESPRESSIONI INDEFINITE (*Subjunctive after indefinite expressions*)

Sarò contenta **qualsiasi** notizia tu mi **dia.**
Non voterò per un membro di quel partito, **chiunque sia.**

◆ The subjunctive is used in subordinate clauses introduced by the following indefinite expressions:

chiunque	*no matter who, whoever*
comunque	*no matter how, however*
dovunque	*wherever*
qualsiasi	
qualunque	*any, whatever, whichever*

Chiunque voglia, può consultare l'Internet.	*Whoever wants (to) can consult the Internet.*
Comunque lei viaggi si divertirà.	*No matter how she travels, she will enjoy herself.*
Ti telefonerò, **dovunque tu vada.**	*I'll call you wherever you go.*
Troverete i programmi televisivi in **qualunque giornale leggiate.**	*You'll find the TV programs in whatever newspaper you read.*

III. CONGIUNTIVO DOPO *PRIMA CHE* AND *SENZA CHE*

Mangerò **prima che** tu **venga.**
È impossibile guardare un film **senza che tu ti addormenti.**

◆ The conjunctions **prima che** and **senza che** require the subjunctive if the subjects of the main clause and the subordinate clause are different. If the subjects are the same, the infinitive is used.

Different Subject	Same Subject
Io telefonerò **prima che tu parta.**	**Io** telefonerò **prima di partire.**
I'll call you before you leave.	*I'll call you before leaving.*
Lucia parte per l'Italia **senza che Silvio lo sappia.**	**Lucia** parte per l'Italia **senza sapere** cosa vedrà.
Lucia's leaving for Italy without Silvio's knowing.	*Lucia's leaving for Italy without knowing what she'll see.*

Attività

A. Metti il verbo delle frasi relative al congiuntivo presente.

1. Talia è la più bella ragazza che io _____ (conoscere).
2. La televisione è l'unico passatempo che mi _____ (piacere).
3. *La Gazzetta dello sport* è il solo giornale che _____ (dare) tutte le notizie sportive.
4. Secondo me, il *Corriere della Sera* è il migliore giornale che ci _____ (essere).
5. Guardare la TV è l'attività meno produttiva che lui _____ (fare).
6. Non trovo nessuno che _____ (riparare) il mio videoregistratore.
7. Ti telefonerò prima che il film _____ (cominciare).
8. Ugo mi fa molti favori senza che io glielo _____ (chiedere).

B. Due amici conversano. In coppie, completate la seguente conversazione con il congiuntivo.

MODELLO: —È uscita una videocassetta di *Nuovo Cinema Paradiso.*
—Sono contento(a). È il film più bello che. (esserci)
È il film più bello che ci sia.

1. —Ci sono molti tipi di cellulari convenienti nei negozi.
   —È vero. Sono i telefonini più convenienti che (esistere).
2. —Tutti possono comprare una radio per ascoltare le notizie.
   —Sono d'accordo. Chiunque (volere), può comprare una radiolina.
3. —I giornalisti devono far servizi (*file a report*) ogni giorno.
   —Hai ragione. Devono mandare il loro servizio dovunque (trovarsi).
4. —La pubblicità interrompe spesso le trasmissioni.
   —Qualunque rete privata voi (guardare), la pubblicità interromperà la trasmissione.
5. —Io preferisco le trasmissioni divertenti.
   —Anch'io scelgo solo le trasmissioni che (fare) ridere.
6. —Il varietà rilassa completamente.
   —Sono d'accordo. Il varietà è l'unico programma che mi (rilassare).
7. —I nostri amici non guardano mai il telegiornale.
   —È vero. Non conosco nessuno a cui (piacere).
8. —Io guardo il TG1 ogni sera.
   —Anch'io. Non passa giorno senza che io lo (guardare).

Lettura

Tele + 1 si fa in due

Preparazione alla lettura: Using cognates and scanning

1. Look at the title and subtitle of the article you're going to read on page 401. What do you think the article is about? Note that the phrase **si fa in due** means both (*it*) *splits into two* and (*it*) *works for two* (that is, [*it*] *bends over backward*).

2. The article contains many cognates. If necessary, use the context to help you understand these words and expressions: **dedicata, successo, ottenuto** (a compound of **tenuto,** from **tenere**), **prestigiosa, serie, fasi, leggenda, proporre, oscurato, privilegio, campionati, pubblicità, offre.**

3. The article describes a marketing device to sell pay TV **(la televisione a pagamento)**. Scan the article to locate this information. Then, when you return to this portion of the piece, read it carefully to find out what the device consists of.

❖ La **televisione** a pagamento (pay-TV), corresponds to cable TV in the U.S.

Attività

A. Rispondi alle seguenti domande sulla pubblicità a p. 401.

1. Quando e perchè nasce la seconda televisione in abbonamento Tele + 2?
2. Quali programmi trasmette Tele + 1? E Tele + 2?
3. Chi è Rino Tommasi?
4. Quale sarà la nuova trasmissione di Rino Tommasi?
5. Quali saranno le tre fasi progressive per la visione dei programmi di Tele + 2?
6. Qual è uno dei vantaggi di Tele + 1 e di Tele + 2?
7. Quanto costa l'abbonamento a Tele + 1 e Tele + 2?
8. Cosa offre "Sorrisi" ai suoi lettori?
9. Esiste negli Stati Uniti una televisione a pagamento? Com'è?
10. La televisione a pagamento ti sembra una buon'idea o no? Perchè?

B. Canali specializzati.   In groups of three or four, imagine that you are in charge of programming for a 24-hour movie, music, or sports channel. What kinds of movies, music, or sports events would you choose to televise? Draw up a list and explain your choices, then share this information with the other groups.

C. Scriviamo un annuncio!   In groups of three or four, write an advertisement aimed at potential subscribers of a new pay-TV channel (movies, music, or sports). Illustrate the advantages—low cost, quality, variety—of the programs. Use the subjunctive whenever possible.

MODELLO: **È ora che aggiungiate una nuova dimensione al vostro televisore!**

Dovunque cerchiate, non troverete programmi così vari!

DOPO IL GRANDE CINEMA ARRIVA
IL GRANDE SPORT

TELE + 1 SI FA IN DUE

*Nove mesi dopo il lancio° prima TV a pagamento tutta
di film nasce la pay-TV dedicata agli avvenimenti° sportivi*

Nove mesi dopo il successo ottenuto con la prima televisione a pagamento (pay-TV) (102.000 abbonati°), si prepara a diventare pay-TV anche Tele + 2: una rete tutta di sport, con una redazione diretta° da Rino Tommasi, firma prestigiosa del giornalismo sportivo.

Dal 30 marzo infatti inizierà° una programmazione che prevede° un numero sempre maggiore di avvenimenti sportivi in diretta, una serie di "speciali" sulle fasi più avvincenti° di un incontro o di una gara e sulla vita di atleti entrati nella leggenda. Lo stesso Tommasi condurrà° "Fair Play", una transmissione che intende parlare di sport con garbo,° senza risse.°

In una prima fase, questo canale portà essere visto da tutti, come finora. Poi, entro° la primavera, solo da chi avrà fatto l'abbonamento. Si comincerà con il proporre a pagamento sport meno popolari (wrestling, cricket and rugby).

Dopo, però tutto sarà progressivamente oscurato e soltanto gli abbonati avranno il privilegio alla trasmissione in diretta dei grandi avvenimenti sportivi, delle partite di calcio dei campionati e dei grandi match di pugliato°. Tutto questo mentre su Tele + 1 continua la programmazione del grande cinema (senza pubblicità), 24 ore su 24. Abbonarsi a Tele + (con possibilità di vedere oggi Tele + 1 e poi anche Tele + 2) costa 36.000 lire al mese, più una quota° di 150.000 lire da pagare "una tantum" al momento in cui si ritira° il decoder, l'apparecchio che permette di ricevere la TV in abbonamento. Dal prossimo numero,° poi, "Sorrisi" offre ai suoi lettori la possibilità di provare gratis e senza impegno Tele + per due mesi. Alla fine dei due mesi, il lettore potrà scegliere di abbonarsi oppure di rinunciare e restituire il decoder.

launching

events

subscribers

con... *edited*

will begin

anticipates

exciting

will host

*courtesy /
quarrels*

by

boxing

fee

si... *you collect*

issue

Eccoci!

A.   **Piccole tavole rotonde.**   Divide into three or four groups, then sit in a circle and discuss one or two of the following topics. Afterwards, report the result of your discussion to the class.

1. La scelta della musica sul canale specializzato (classica, opera, rock, jazz, tradizionale, etc.)
2. La pubblicità alla TV
3. I film violenti alla TV
4. I programmi educativi per bambini alla TV
5. I documentari sulla natura alla TV
6. I cartoni animati alla TV
7. I teleromanzi americani doppiati o gli sceneggiati italiani
8. Le tribune politiche o le tavole rotonde alla TV e alla radio
9. Il cellulare in macchina
10. I vantaggi dell'Internet o il World Wide Web

B.   **Telefonate di vario tipo!**   In pairs, create telephone conversations for the different situations portrayed in the pictures. Then role-play the conversations in front of the class.

C. **Due atteggiamenti diversi.** Create un dialogo fra una persona ottimista e una persona pessimista. La prima pensa che tutto vada sempre bene, mentre la seconda dubita e ha paura che le cose non vadano bene.

MODELLO: (ottimista) —**Credo che la macchina sia pronta domani e spero che faccia bel tempo. Così il nostro fine-settimana sarà un successo.**
(pessimista) —**Dubito che la macchina sia pronta domani e ho paura che piova. Così dovremo rinunciare alla nostra gita.**

D. **Una vacanza in Puglia.** In coppie, fate progetti per una vacanza in Puglia. Spiegate perchè avete scelto questa regione, come ci arriverete, quale sarà il clima, cosa farete, quanto tempo resterete, quali posti visiterete e chi sperate di incontrare. Parlate dei vostri progetti con le altre coppie.

❖ *Vocabolario attivo*

NOMI

l'animatore/l'animatrice *host*
l'antenna *antenna, aerial*
l'attualità (*f.*) *current events*
il canale *channel*
il canone *monthly fee* (for TV)
la catena *chain*
il cellulare, il telefonino *cellular phone*
la commedia *comedy, play*
il dibattito *debate*
il documentario *documentary*
la fotocopiatrice *copy machine*
il gioco *game show*
la meteo, le previsioni del tempo *weather forecast*
i mezzi di comunicazione *the media*
le notizie, il notiziario *news*
il piccolo schermo *TV (tivù)*
la posta elettronica *E-mail*
il presentatore/la presentatrice *anchor person*
il programma *program*
il progresso *progress*
la rete *network*
lo sceneggiato *serial*
lo spettacolo di varietà *variety show*
lo spot pubblicitario *TV ad*
la stella *star, famous actor/actress*
il telecomando *remote control*

il telefilm *TV movie*
il telefonino *cellular phone*
il telegiornale *TV news*
la telenovela *soap opera*
il teleromanzo *soap opera*
la televisione *TV*
il televisore *television set*
la trasmissione *TV broadcast*
la tribuna *talk show*
l'uscita *exit*
il videoregistratore *VCR*

AGGETTIVI

contento *glad*
impazzito *crazy, mad*
privato *private*
pubblico *public, state*
sicuro *certain, sure*
sorpreso *surprised*
televisivo *referring to TV*

CONGIUNZIONI

a condizione che *on condition that*
a meno che *unless*
affinchè, perchè *so that*
benchè, sebbene, nonostante *although*
purchè *provided that*

VERBI

abbassare (il volume) *to lower* (the volume)
abbonarsi *to subscribe*

abitare *to live*
alzare (il volume) *to raise* (the volume)
credere *to believe*
dirigere (*p.p.* diretto) *to manage*
dubitare *to doubt*
immaginare *to imagine*
insistere (*p.p.* insistito) *to insist*
pensare *to think*
sperare *to hope*
temere *to be afraid, to fear*

ESPRESSIONI

a puntate *in installments, serial*
andare in onda *to go on the air*
bisogna *it's necessary*
cambiare casa *to move* (house)
fare una telefonata *to make a call*
è certo *it's certain*
è chiaro *it's clear*
è evidente *it's obvious, evident*
è necessario *it's necessary*
è ora *it's time*
è ovvio *it's obvious*
è possibile *it's possible*
è probabile *it's probable*
(mi, ti, etc.) sembra *it seems* (to me, you, etc.)
è vero *it's true*
in diretta *live from*
può darsi *it may be*
via cavo/satellite *by cable/satellite*

LE PICCOLE ITALIE

LUOGHI Le piccole Italie (*Little Italies*) sono i quartieri nelle città principali dell'America del Nord—New York, Chicago, Boston, Filadelfia e altre—dove hanno vissuto e vivono ancora molti italiani.

POPOLAZIONE Secondo il censimento (*census*) del 1990, negli Stati Uniti, ci sono 12 milioni di persone di origine italiana di cui 226.289 sono cittadini italiani (con passaporto italiano).

EDIFICI dei quartieri italiani: palazzi di appartamenti, negozi tipici italiani, mercati italiani, ristoranti italiani, bar

PRODOTTI ARTIGIANALI E ALIMENTARI cioccolato, ricordi, salumi, torrone, torte, vini (Gallo, Mondavi, Rossi, Sebastiani)

PERSONAGGI FAMOSI Lorenzo da Ponte (librettista, 1749–1838), Santa Francesca Xavier Cabrini (prima cittadina americana canonizzata, 1850–1917), Enrico Caruso (tenore, 1873–1921), Gian Carlo Menotti (compositore, 1911–), Anna Moffo (soprano, 1935–)

La festa di San Gennaro in Mulberry Street, New York City.

Capitolo 18

Gli italiani in America

Il museo dell'immigrazione a Ellis Island.

OBIETTIVI COMUNICATIVI
Expressing opinions and emotions in the past
Formulating hypotheses
Establishing time relationships
Making general statements

CULTURA
Italian immigration to the United States: the Little Italies

GRAMMATICA
Imperfect subjunctive
Pluperfect subjunctive
If clauses
Sequence of tenses

ESPANSIONE GRAMMATICALE
Passive voice
Impersonal use of **si**

Per cominciare

Ecco tutti gli Yankee d'Italia

VENETO
Primo Carnera (pugile)°
Mario Andretti (pilota)
Gore Vidal (scrittore)

LOMBARDIA
Joe Venuti (musicista)

EMILIA ROMAGNA
Jon Bon Jovi (musicista)
Peter Kolosimo (scrittore)

LIGURIA
Bruce Springsteen (musicista)
Lawrence Ferlinghetti (poeta)

ABRUZZO
Madonna (cantante)
Quentin Tarantino (regista)
Rocky Marciano (pugile)

LAZIO
Camille Paglia (scrittrice)

MOLISE
Rocky Graziano (pugile)
Don Delillo (scrittore)
Henry Mancini (musicista)

CAMPANIA
Robert De Niro (attore)
Joe Petrosino (poliziotto)°
Lee Iacocca (manager)
Mario Cuomo (politico)
Geraldine Ferraro (politico)

PUGLIA
Sylvester Stallone (attore)
Rodolfo Valentino (attore)
Jennifer Capriati (tennista)

SICILIA
Frank Sinatra (cantante)
John Travolta (attore)
Bob Guccione (editore)°
Joe Di Maggio (sportivo)°
Mario Puzo (scrittore)
Francis F. Coppola (regista)

CALABRIA
Martin Scorsese (regista)
Vincent Minelli (regista)
Liza Minelli (attrice)
Gay Talese (scrittore)
Danny De Vito (attore)

pugile = *boxer*
editore = *publisher*
sportivo = *athlete*
poliziotto = *police officer*

A reminder: Active vocabulary is underlined.

❖ In songs and poems the final **e** of the infinitive is often dropped to reduce the number of syllables.

se... *otherwise*

ci... *leaves us*
si... *draws near*

ITALIA MIA
Canzone degli emigranti italiani alla fine dell'ottocento
Italia mia, mostrati gentile
e i tuoi figli non li abbandonare,
se no° vanno tutti in Brasile,
e non si ricordan più di ritornare.
Anche qui ci sarebbe da lavorar
senza star in America a emigrar.

Il secolo presente qui ci lascia°,
il millenovecento si avvicina°.
La fame han dipinta sulla faccia

e per guarirla° non c'è la <u>medicina</u>.
Ogni po'° noi sentiamo dire: io vo°
là dov'è la raccolta del caffè.

Non ci <u>rimangono</u>° più che <u>preti</u> e <u>frati</u>°,
<u>monache</u>° di convento e cappuccini°,
e certi commercianti disperati
di <u>tasse</u> non conoscono i confini°.
Verrà un dì° che anche loro dovran partir
là dov'è la raccolta del caffè.

per... *to cure it*
ogni... *from time to time /*
vo = vado

remain[1] / *friars*
nuns / order of friars

limits
day

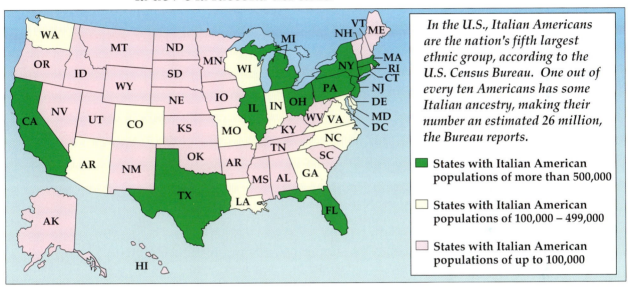

In the U.S., Italian Americans are the nation's fifth largest ethnic group, according to the U.S. Census Bureau. One out of every ten Americans has some Italian ancestry, making their number an estimated 26 million, the Bureau reports.

■ States with Italian American populations of more than 500,000

□ States with Italian American populations of 100,000 – 499,000

□ States with Italian American populations of up to 100,000

Map prepared for the National Italian American Foundation by the National Opinion Research Center at the University of Chicago, May 1996.

Parole e espressioni utili

L'immigrazione

allontanarsi da *to go far from*
l'antenato *ancestor*
arrangiarsi *to find a way*
l'artigiano *craftsperson, artisan*
il baule *trunk*
la cittadinanza *citizenship*
il confine *border, boundary*
la corda *rope*
il denaro, i soldi *money*
il documento *document*
emigrare *to emigrate*
il ferroviere *railroad worker*

immigrare *to immigrate*
l'impiego *employment*
il minatore *miner*
la nave a vapore *steamboat*
stabilirsi *to settle down*
la visita medica *physical exam, checkup*

SENTIMENTI DEGLI EMIGRANTI

la disperazione *despair*
l'incertezza *uncertainty*
la nostalgia *homesickness*
la tristezza *sadness*

❖ Some younger Italian Americans are: Mary Elizabeth Mastrantonio (actress), Tony Danza (popular TV actor), Rose Marie Bravo (President of Saks Fifth Avenue), Jennifer Rizzotti (basketball player), and Joanne Strollo (first female national president of the Order Sons of Italy in America).

[1]The present indicative of **rimanere** is irregular in the first-person singular and third-person plural: **rimango, rimangono.**

A. **Gli yankee d'Italia.**   In coppie, fate le seguenti domande basate sul grafico "Gli yankee d'Italia", e rispondete.

1. Cosa significa l'espressione "yankee d'Italia"? Qual è il termine corretto?
2. Da quali regioni viene la maggior parte degli antenati degli italo-americani?
3. Perchè credi che la maggior parte venga dal Sud dell'Italia?
4. Quali sono alcune regioni da cui nessun antenato degli yankee è emigrato?
5. Qual è la professione più comune degli yankee d'Italia? La maggior parte di questi italo-americani lavorano nel campo dell'arte o della scienza?
6. Hai un parente che è emigrato dall'Italia? Qual è la sua professione?
7. Chi fra questi italo-americani ammiri di più e perchè? Chi vorresti essere e perchè?

B. Mentre rileggi attentamente la canzone, trova la parola che non appartiene e spiega perchè.

1. preti / frati / monache / emigranti
2. millenovecento / anno / secolo / giorno
3. baule / valigia / zaino / corda
4. visita medica / guarire / caffè / medicina
5. documento / passaporto / confine / carta d'identità
6. minatore / scienziato / sarto / ferroviere

C. **Perchè emigrano?**   In coppie, dite quali dei seguenti temi, comuni ai canti degli emigranti, trovate in "Italia mia". Poi discutete questi temi (in italiano o in inglese).

- nostalgia per l'Italia
- nostalgia per la famiglia e gli amici lontani
- povertà e fame
- desiderio di cominciare una nuova vita
- sogno di ritornare un giorno ricchi in Italia
- difficoltà del viaggio in nave
- paura dell'ignoto (*unknown*)
- problema dei paesi vuoti (*empty*)
- desiderio d'avventura
- problema delle tasse troppo alte

D. **Cos'è più importante?**   In coppie, riconsiderate le ragioni per l'emigrazione nell'**Attività C**, e mettetele in ordine di importanza. Paragonate la vostra lista con quelle delle altre coppie.

E. **Analisi della canzone.** In gruppi di tre o quattro, esprimete la vostra opinione sui seguenti punti.

1. Quali sono le conseguenze dell'emigrazione menzionate nella prima e terza strofa?
2. Perchè e dove emigrano gli italiani?
3. Chi rimane al paese e perchè?
4. Quali sono gli svantaggi dell'emigrazione secondo la canzone? Esistono anche vantaggi? Quali?

Incontri

Un incontro in piazza

Tony e Mary Ann si incontrano a Urbino, dove seguono un corso estivo sul Rinascimento.

TONY:	In questa piazza mi sento a casa mia.	
MARY ANN:	Anch'io, forse perchè i vecchietti qui mi ricordano i miei nonni, che vengono da un piccolo paese°, Fossombrone.	*village*
TONY:	Non sapevo che tu fossi° di origine italiana. Non <u>hai l'aria</u>° italiana, così alta e bionda!	*were* / **Non...** *You don't look*
MARY ANN:	<u>Come se tutti gli italiani fossero</u>° scuri! È vero che tu, con quella barba° nera... <u>Se non sapessi</u>° che sei americano, ti prenderei per uno studente dell'università d'Urbino.	*were* / *beard* / **Se...** *If I didn't know*
TONY:	Beh! Io sono quasi italiano. I miei genitori sono emigrati negli Stati Uniti due anni prima che io <u>nascessi</u>°. Appartengono alla categoria dei nuovi emigranti professionisti. Mio padre è <u>scienziato</u>.	*was born*

mi... *told me*	
to feed	
hanno... *they tried their luck /* *bricklayer*	
labor	
support	
savings	
Se... *If I had lived*	
Let's toast / Let's hold	

MARY ANN: Invece io sono italo-americana di seconda generazione. I miei nonni mi hanno raccontato°² che negli anni venti non c'era abbastanza lavoro per sfamare° una famiglia numerosa. Così hanno tentato la fortuna°. Mio nonno faceva il muratore°.

TONY: È vero che in quegli anni c'era ancora bisogno di mano d'opera°, e alcuni facevano sacrifici per poter mandare soldi in Italia e mantenere° la famiglia.

MARY ANN: E coi loro risparmi° contribuivano all'economia nazionale. Ammiro il coraggio dei miei nonni. Se avessi vissuto° allora, non avrei lasciato tutto per un paese con una lingua e tradizioni così diverse.

TONY E MARY ANN: Brindiamo° alla nostra origine italiana e teniamoci° caro questo meraviglioso paese.

Attività

F. Rileggi attentamente il dialogo e completa le seguenti frasi.

1. Tony e Mary Ann sono a Urbino per...
2. Tony e Mary Ann si sentono...
3. Tony dice che Mary Ann...
4. Mary Ann dice che Tony...
5. I genitori di Tony appartengono...
6. Il nonno di Mary Ann è...
7. Negli anni venti molti emigravano in America perchè...
8. Coi loro risparmi gli emigranti...
9. Mary Ann ammira i nonni perchè...

G. Fa' le domande che corrispondono alle seguenti risposte.

MODELLO: Il padre di Tony fa lo scienziato.
Che lavoro fa il padre di Tony?

1. Tony e Mary Ann si incontrano in piazza.
2. Tony si sente a casa sua.
3. Tony è nato in America.
4. I nonni di Mary Ann sono venuti in America negli anni venti.
5. In America c'era bisogno di mano d'opera.
6. Mantenevano la famiglia e contribuivano all'economia nazionale.

H. Un'intervista. Immaginate di intervistare un italo-americano/un'italo-americana sulla sua origine. Fate delle domande su

- il paese d'origine
- l'occupazione della famiglia originaria
- le ragioni della partenza (*leaving*)
- l'anno della partenza
- la destinazione in America
- il lavoro in America
- la situazione attuale (*present*) di questa persona
- le diverse usanze e tradizioni

❖ Immigration slowed during World War I but picked up after the war, despite limitations imposed by the host countries and the Fascist policy that encouraged Italians to emigrate to the new African colonies of Ethiopia and Libya.

❖ The first immigrants felt uprooted and suffered alienation and psychological trauma; today Italian Americans are proud of their heritage and integrate the two cultures successfully.

²Although the verbs **dire, parlare,** and **raccontare** all mean *to tell,* they have a different connotation. **Dire** means *to say,* **parlare** means *to talk,* and **raccontare** means *to tell (a story).*

❖ *L'immigrazione italiana negli Stati Uniti*

Madre e figlia nel nuovo continente.

❖ These statistics were prepared for the National Italian American Foundation by the National Opinion Research Center at the University of Chicago. A total of 1,520 Italian Americans were surveyed from 1972 and 1994. In the same period a total of 30,153 non-Italian Americans were surveyed. 10,504 individuals from 14 ethnic groups were compared with Italian Americans.

Termini utili

Dati demografici

- Between 1881 and 1920, 4.1 million Italians emigrated to the United States, the largest immigrant group in that period.
- Italian Americans are the fifth-largest ethnic group in the United States after those of German, British (English, Scottish, and Welsh), African, and Irish origin.
- Italian American family income averaged $32,615 vs. $29,820 for non-Italians, ranking 6 out of 15.
- 52.4 percent of Italian Americans live in the northeast, in metropolitan areas and in the suburbs.
- Italian Americans have the second lowest birthrate among Americans (Asian Americans have the lowest one).

❖ Aboard the steamships, Italians were crammed together for the two-week journey. They ate little (mainly hard biscuits and sausage) and were subject to infectious diseases. Many did not survive.

Later on
underwent
out of

preserved

ground / development / loyalty

❖ Two important dates for Italian immigration are the 1965 Immigration Act, which allowed relatives to join their families in the U.S., and the 1974 oil crisis, which led to a world recession.

Come mostrano le statistiche, gli italo-americani rappresentano un gruppo importante per il numero e per la qualità del loro contributo alla storia e alla cultura americana.

I primi emigranti italiani sono stati i vari navigatori e esploratori, che, per spirito d'avventura, cercavano nuove terre. In seguito°, gli italiani arrivavano a Ellis Island dopo un lungo e difficile viaggio. Lì passavano° una visita medica e rispondevano a domande sull'età, destinazione, impiego, denaro.... Otto su° dieci erano accettati.

Attraverso degli agenti, spesso disonesti, trovavano il loro primo impiego e si stabilivano nei nuovi quartieri, le Piccole Italie, dove conservavano° i valori e le abitudini del paese d'origine e si distinguevano per il loro attaccamento alla famiglia.

In queste condizioni di povertà e sfruttamento, la Mafia ha trovato il terreno° favorevole al suo sviluppo°, giocando sulla lealtà° famigliare e sul bisogno di protezione e di autodifesa. Ancora oggi sussiste purtroppo lo stereotipo dell'italiano mafioso, nonostante la percentuale di italo-americani implicati nella Mafia sia minima.

L'immagine dell'Italia è cambiata recentemente con personaggi quali Mario Cuomo, Geraldine Ferraro, Rudolph Giuliani e Lee Iacocca nella politica e nell'industria, Gay Talese, Mario Fratti, Helen Barolini e Mario Puzo nella letteratura, e John Travolta, Robert de Niro, Francis Ford Coppola, Martin Scorsese, Al Pacino, Mira Sorvino e molti altri nel cinema.

Oggi il fenomeno dell'immigrazione è diverso. Gli italo-americani non sono più emigranti, ma americani di origine italiana, che cercano un rapporto culturale con il paese d'origine. Gli italo-americani hanno raggiunto un alto livello economico, e sono integrati alla società americana.

L'immigrazione dall'Italia oggi costituisce meno dell'uno per cento dell'immigrazione totale negli Stati Uniti. Ora gli italiani vengono in questo paese come studenti, come rappresentanti di aziende italiane o come professionisti, soltanto quando le loro qualifiche e il loro contributo lo giustificano.

Cosa ne pensate?

1. Quando e perchè i primi italiani sono venuti negli Stati Uniti?
2. Quali sono state le prime esperienze degli italiani quando sono arrivati a Ellis Island?
3. Cosa li ha aiutati a adattarsi al nuovo mondo?
4. Qual è stata l'origine della Mafia?
5. In che modo gli emigranti di oggi si distinguono da quelli delle generazioni precedenti?

Grammatica

EXPRESSING OPINIONS AND EMOTIONS IN THE PAST

I. IMPERFETTO DEL CONGIUNTIVO (*Imperfect subjunctive***)**

Credevo che lei **abitasse** in America nel 1940.
Vorrei che **facessero** delle nuove leggi sull'emigrazione.
Speravamo che ci **fosse** meno povertà nel mondo.
Pensavo che tu **pagassi** meno tasse.
Aveva paura che loro **bevessero** troppo!

◆ The imperfect subjunctive is used in the same circumstances as the present subjunctive—that is, in subordinate clauses following certain verbs, expressions, and conjunctions (see **Capitolo 17**). It expresses an action that is *simultaneous with* or *subsequent to* the action of the main clause, and is used when the verb in the main clause is in a past tense or in the conditional tense.

Io non **sapevo** che lui **lavorasse** all'ufficio immigrazione.	*I didn't know that he worked in the immigration office.*
Il dottore **insisteva** che noi **prendessimo** la medicina.	*The doctor insisted that we take the medicine.*
Era necessario che **facessero** una visita medica.	*It was necessary for them to do a physical exam.*
Vorrei che tu **conoscessi** mio cugino.[3]	*I'd like you to meet my cousin.*

◆ The imperfect subjunctive is formed by dropping **-re** from the infinitive and adding the endings **-ssi, -ssi, -sse, -ssimo, -ste, -ssero.** The endings are the same for all verbs, regular and irregular.

— Sai, Ennesto, pensavo che tu tardassi perché non trovavi parcheggio. Poi ho pensato di fare il giro degli ospedali...

parlare	scrivere	capire[4]
parla**ssi**	scrive**ssi**	capi**ssi**
parla**ssi**	scrive**ssi**	capi**ssi**
parla**sse**	scrive**sse**	capi**sse**
parla**ssimo**	scrive**ssimo**	capi**ssimo**
parla**ste**	scrive**ste**	capi**ste**
parla**ssero**	scrive**ssero**	capi**ssero**

[3]The conditional perfect tense may also appear in the main clause: **Avrei voluto** che [tu] **conoscessi** mio cugino. *I would have liked you to meet my cousin.*

[4]The endings are the same for **-ire** verbs that insert **-isc-** in the present tense (like **capire**) and verbs that do not insert **-isc** (like **dormire**).

◆ Six verbs have irregular stems in the imperfect subjunctive.

essere	fossi, fossi, fosse, fossimo, foste, fossero
stare	stessi, stessi, stesse, stessimo, steste, stessero
bere	bevessi, bevessi, bevesse, bevessimo, beveste, bevessero[5]
dare	dessi, dessi, desse, dessimo, deste, dessero
dire	dicessi, dicessi, dicesse, dicessimo, diceste, dicessero
fare	facessi, facessi, facesse, facessimo, faceste, facessero

Attività

A. Forma nuove frasi, sostituendo il soggetto della proposizione subordinata con quelli indicati.

1. Tutti speravano che *tu* mandassi soldi alla famiglia. (voi / zio Giorgio / i tuoi fratelli / noi)
2. Pensavano che *gli artigiani* seguissero un corso d'inglese. (il muratore / i medici / tu / noi)
3. Credevo che *l'emigrante* leggesse i giornali americani. (tutti / tu / gli italo-americani / voi)

B. Completa le frasi con la forma appropriata del verbo fra parentesi, all'imperfetto del congiuntivo.

1. Era importante che gli italiani _____ (imparare) a parlare inglese.
2. Temevano che nessuno _____ (potere) spiegare loro le leggi americane.
3. Vorrei che voi non _____ (venire) con la nave.
4. Il dottore voleva che noi _____ (vivere) in montagna per respirare aria pura.
5. Daniela desiderava che qualcuno l' _____ (aiutare) a trovare un impiego.
6. Mi sembrava che agli italiani _____ (piacere) molto l'America.
7. Non pensavo che voi _____ (capire) la loro lingua.
8. Gli emigranti dubitavano che la vita _____ (essere) facile all'estero.

C. Cambia le frasi al passato.

> MODELLO: Ho paura che Maria sia malata.
> **Avevo paura che Maria fosse malata.**

1. Sono contenta che i miei genitori vadano in Argentina.
2. È necessario che lei faccia rinnovare (*renew*) il passaporto.
3. Credo che loro non stiano bene.
4. Speriamo che le tasse universitarie (*tuition*) non aumentino.
5. Immagino che fare il muratore sia un lavoro pesante.
6. Dubito che il sarto finisca il vestito per domani sera.
7. È ora che tu trovi un impiego.

---

[5]The verbs **bere**, **dire**, and **fare** have the same irregular stems as in the imperfect indicative: **bev**evo, **bev**essi; **dic**evo, **dic**essi; **fac**evo, **fac**essi.

8. Dubita che gli impiegati delle ferrovie facciano uno sciopero (*strike*).
9. Insistiamo che tu viva con noi in America.
10. Può darsi che il confine francese non sia molto lontano.

D. Opinioni e desideri. In coppie, esprimete le vostre opinioni e desideri. Incominciate le frasi con **vorrei che, speravo che, ero contento(a) che, sarebbe ora che.**

MODELLO: —**Vorrei che la vita universitaria non finisse mai!**
—**Sarebbe ora che i giovani prendessero sul serio i problemi ecologici.**

EXPRESSING OPINIONS AND EMOTIONS IN THE PAST

II. TRAPASSATO DEL CONGIUNTIVO (*Pluperfect subjunctive*)

> **Credevo** che Paolo **avesse trovato** il baule.
> **Era impossibile** che lui **fosse stato** d'accordo con quella legge.

◆ Like the imperfect subjunctive, the pluperfect subjunctive is used when the verb in the main clause is in a past tense or in the conditional, but the pluperfect subjunctive expresses an action *previous to* the action of the main clause. Compare:

Subordinate-clause action *subsequent to* main-clause action	Subordinate-clause action *previous to* main-clause action
Pensavo che gli emigranti **partissero** domani. *I thought that the emigrants were leaving tomorrow.*	**Pensavo** che gli emigranti **fossero partiti** ieri. *I thought that the emigrants had left yesterday.*
Speravamo che il sarto **avesse cucito** il vestito. Non **ero** sicura che **avessero trovato** un lavoro. **Avrebbero preferito** che lo zio non **fosse andato** via dall'Italia.	*We hoped that the tailor had sewn the suit. I wasn't sure (that) they had found a job. They would have preferred that the uncle not leave Italy.*

◆ The pluperfect subjunctive is a compound tense, formed with the imperfect subjunctive of **avere** or **essere** plus the past participle of the verb.

con **avere**		con **essere**	
avessi		fossi	
avessi		fossi	andato(a)
avesse		fosse	
avessimo	mostrato	fossimo	
aveste		foste	andati(e)
avessero		fossero	

Attività

E. Cambia le seguenti frasi al trapassato del congiuntivo.

> MODELLO: Credevo che lo zio emigrasse.
> **Credevo che lo zio fosse emigrato.**

1. Mi sembrava che partissero dal porto di Napoli.
2. Speravamo che tu non dimenticassi il passaporto.
3. Era incredibile che voi foste a favore di questa legge.
4. Speravo che arrivassero al confine prima dell'alba (*dawn*).
5. Aveva paura che tu partecipassi allo sciopero.
6. Credevo che i muratori guadagnassero poco nel passato.

F. L'emigrazione. In coppie, create delle frasi che descrivono l'emigrazione degli italiani. Scegliete gli elementi appropriati dalle tre colonne e usate il trapassato del congiuntivo nella proposizione subordinata.

> MODELLO: **Eravamo contenti che tutti fossero arrivati sani e salvi.**

Era incredibile che	gli italiani	essere discriminati
Sembrava che	gli antenati	arrivare prima degli irlandesi
Ero contento(a)	i miei nonni	arrivare sani e salvi
Era importante che	tutti	imparare a parlare l'inglese
Era necessario che	Enrico Fermi	abbandonare l'Italia
Era probabile che	milioni di italiani	mantenere le tradizioni
Non sapevamo che	Maria Montessori	essere di origine italiana
Eravamo contenti che	Arturo Toscanini	emigrare in America
		diventare un direttore d'orchestra
		vincere il premio Nobel

FORMULATING HYPOTHESES

III. IL PERIODO IPOTETICO (*If clauses*)

Se oggi **ho** tempo, **visito** Ellis Island.
Se **andremo** a New York, **visiteremo** la statua della Libertà.
Se non l'**hai visitata, devi andarci** subito!
Se **avessi** tempo, **leggerei** tutti i romanzi di Talese.
Se **fossi stato** ricco, non **sarei emigrato.**

◆ Sentences that express a hypothesis (that is, a condition or contingency) are found in English and in Italian. These sentences consist of two clauses: a clause expressing a condition and a clause expressing the result of that condition.[6] In English, the clause expressing the condition is introduced by *if*; in Italian, the same clause is introduced by **se**.

> **Se** studio molto, ricevo buoni voti.　　*If I study hard, I get good grades.*

◆ The condition expressed in a hypothetical sentence may be real, possible, or likely, in which case the indicative is used in the **se** clause.

> Se mi **interessa** il soggetto, **leggo** molti libri.　　*If I like the subject, I'll read a lot of books (about it).*
>
> Se ti **interessa** l'emigrazione, **leggi** *Vita di un emigrante!*　　*If you're interested in emigration, read* Vita di un emigrante!
>
> Se non **l'hai** ancora **letto, hai perso** una buona occasione.　　*If you haven't read it yet, you've missed a good opportunity.*

◆ Note that the present, future, and past tenses may be used in the **se** clause, while these same tenses plus the imperative may be used in the main (or result) clause.

◆ When a hypothetical sentence expresses a situation that is unlikely, the *imperfect subjunctive* is used in the **se** clause, and the *conditional* is used in the main clause. When a situation is impossible, the pluperfect subjunctive is used in the **se** clause, with the *conditional perfect* in the main clause.

Unlikely Situation	Impossible Situation
Se **avesse** la scelta, **diventerebbe** prete.	Se **avesse avuto** la scelta, **sarebbe diventato** prete.
If he had the choice, he would become a priest.	*If he had had the choice, he would have become a priest.*
Se **ottenessimo** i documenti necessari, **potremmo** emigrare.	Se **avessimo ottenuto** i documenti necessari, **avremmo potuto** emigrare.
If we obtained the necessary papers, we would be able to emigrate.	*If we had obtained the necessary papers, we would have been able to emigrate.*

Se Clause	Main Clause
imperfect subjunctive	present conditional (conditional perfect)
pluperfect subjunctive	present conditional (conditional perfect)

[6]In English, the former is often called the *if clause*, and the latter is called the *result clause*.

Attività

G. Completa le seguenti frasi con la forma appropriata del verbo fra parentesi, all'indicativo o al congiuntivo secondo il caso.

1. Se Roberto _____ (conoscere) l'America, gli piacerebbe.
2. Potrei andare da mia nonna più spesso, se non _____ (vivere) così lontano.
3. Se tu _____ (andare) a San Francisco, mandami una cartolina di Alcatraz.
4. Se io _____ (essere) milionario, viaggerei sempre.
5. Se noi _____ (mangiare) troppo, ingrassiamo.
6. Se tu _____ (avere) un mese di vacanza, cosa faresti?
7. Se i miei genitori _____ (potere) comprare due biglietti, sarebbero andati a vedere *La Traviata.*
8. Se voi _____ (leggere) gli articoli di Toni Morrison, capirete meglio i problemi etnici.

H. Ipotesi. In coppie, completate le seguenti frasi in modo logico.

MODELLO: Se io _____ (potere) scegliere dove vivere, _____ (abitare) in Toscana.
Se io potessi scegliere dove vivere, abiterei in Toscana.

1. Se lei _____ (arrivare) un giorno prima della conferenza, _____ (uscire) con i suoi amici di Chicago.
2. Se io _____ (essere) in Italia d'inverno, _____ (fare) lo sci a Cortina.
3. Se Mara _____ (potere), _____ (vedere) tutti i film di Fellini.
4. Se loro _____ (ricevere) un aumento di stipendio, _____ (comprare) una Lamborghini.
5. Se noi _____ (avere) tempo, _____ (discutere) la storia dell'emigrazione.
6. Se tu _____ (potere) essere un attore/una attrice, chi _____ (volere) essere?

I. Che faresti...? In coppie, dite cosa fareste nelle seguenti circostanze. Nelle vostre risposte, esprimete i vostri desideri usando molta fantasia.

Cosa faresti...

1. se avessi un milione di dollari?
2. se fossi immigrato/a in America?
3. se avessi un talento musicale?
4. se fossi il presidente degli Stati Uniti?
5. se potessi rivivere un anno della tua vita?
6. se ti invitassero al ristorante SPQR alla Piccola Italia di New York?
7. se fossi un/una grande cantante?
8. se potessi risolvere un problema ecologico?

ESTABLISHING TIME RELATIONSHIPS

IV. CORRELAZIONE DEI TEMPI NEL CONGIUNTIVO (*Sequence of tenses in the subjunctive*)

◆ Use the following chart to review the sequences of tenses in the subjunctive.

PRESENT INDICATIVE → PRESENT SUBJUNCTIVE

Spero che tu **mantenga** le tradizioni italiane. — *I hope you (will) keep the Italian traditions.*

FUTURE → PRESENT SUBJUNCTIVE

Spererò che tu **mantenga** le tradizioni italiane. — *I'll hope you (will) keep the Italian traditions.*

PRESENT INDICATIVE → PAST SUBJUNCTIVE

Spero che tu **abbia mantenuto** le tradizioni italiane. — *I hope you have kept the Italian traditions.*

IMPERATIVE → PRESENT SUBJUNCTIVE

Insisti che lui **mantenga** le tradizioni italiane! — *Insist that he keep the Italian traditions!*

IMPERFECT INDICATIVE → IMPERFECT SUBJUNCTIVE

Credevo che tu **mantenessi** le tradizioni italiane. — *I thought you were keeping (would keep) the Italian traditions.*

PLUPERFECT INDICATIVE → IMPERFECT SUBJUNCTIVE

Avevo creduto che tu **mantenessi** le tradizioni italiane. — *I had thought you would keep the Italian traditions.*

IMPERFECT INDICATIVE → PLUPERFECT SUBJUNCTIVE

Credevo che tu **avessi mantenuto** le tradizioni italiane. — *I thought you had kept the Italian traditions.*

CONDITIONAL → IMPERFECT SUBJUNCTIVE

Vorrei che tu **mantenessi** le tradizioni italiane. — *I wish you kept the Italian traditions.*

Attività

J. Crea delle nuovi frasi, usando la forma appropriata dei verbi secondo la correlazione dei tempi.

> MODELLO: Voglio / gli invitati / arrivare alle sei
> **Voglio che gli invitati arrivino alle sei.**

1. Mi sembrava / gli italiani / partire prima degli altri
2. Sandra è contenta / io / prestarle dei soldi
3. Credeva / tu / esprimere la tua opinione sull'immigrazione
4. Avevano sperato / voi / partecipare alla manifestazione / ieri
5. Marta aveva paura / Giorgio / non capire i suoi sentimenti
6. Vorrei / loro / emigrare in Sud Africa
7. Sarà necessario / tuo padre / chiamare il medico
8. Sii contento / le zie / restare per molto tempo
9. Sarebbero felici / Michele / potere mantenere tutta la famiglia
10. Vorrei / loro / parlare sul soggetto della discriminazione
11. Erano contenti / il figlio / diventare frate
12. Peccato / lui / dimenticarsi di me

Tocca a voi

A. **Proverbi.** In gruppi di tre o quattro, leggete e commentate i seguenti proverbi. Siete d'accordo con il loro significato? Conoscete dei proverbi simili in inglese? Quali sono?

Se il giovane sapesse e il vecchio potesse, non c'è cosa che non si facesse (*we wouldn't do*).
Mogli e buoi (*oxen*) **dei paesi tuoi.**

B. **Un collage di cultura italo-americana.** In small groups, make an Italian-American collage that includes Italian products, food, famous people, traditional festivals, and characteristic places (**bar, trattorie, piazze**, etc.). Then present your collage to the class. A committee will judge the best one.

C. **Creiamo un manifesto!** Imagine you're living in the 1920s when conditions in the South of Italy were dismal (lack of jobs, unfavorable political situation, high taxes). In pairs, create a poster to induce Italians to emigrate to the United States. Emphasize job opportunities, standard of living, and other socioeconomic factors.

❖ Italian immigrants who visit their birthplace are often surprised to find that their once poor village has become a prosperous town, and that their relatives are often better off than they are.

D. **Parole italiane.** Because of immigration and the general influence of Italian culture in the U.S., many Italian words—especially in music, art, and food—have entered the English language. In pairs, list as many words as you can (for example, **ciao, al fresco, presto, mozzarella, chianti**), then compare your list with those of your classmates.

❖ *Espansione grammaticale*

I. LA FORMA PASSIVA (*The passive voice*)

Molti film italiani **sono visti dagli** americani.
Il ponte Verrazano **è stato costruito da** muratori italiani.
La prima fabbrica di spaghetti **è fondata da** Giovanni Sartori.
L'Oscar **sarà vinto da** Liza Minelli.
I Great Lakes **sono stati esplorati da** Enrico Tonti.
L'emigrazione italiana **è studiata** anche oggi.

◆ The subject of a verb may either perform the action or be acted upon. When the subject performs the action, the verb is in the *active voice;* when the subject is acted upon, the verb is in the *passive voice*. Compare:

Active	Passive
Carlo **prepara** la cena.	La cena **è preparata** da Carlo.
Carlo prepares (is preparing) dinner.	*Dinner is (being) prepared by Carlo.*

◆ The passive voice is expressed in Italian by **essere** (in any tense) plus the past participle of the verb. The past participle agrees in gender and number with the subject.[7] The preposition **da** (*by*) introduces the *agent*— the person who performs the action—if the agent is expressed.

sono stati comprati	*are bought*
I biglietti **sono comprati** da Sofia.	*The tickets were bought by Sofia.*
saranno comprati	*will be bought*

Attività

A. Un viaggio.   La famiglia Cardi viaggia in Italia. In coppie, raccontate le attività svolte dalla famiglia usando la forma passiva.

MODELLO: Tony scrive molte lettere.
Molte lettere sono scritte da Tony.

1. Eva visita dei monumenti famosi.
2. Rick fa molte fotografie.
3. Il signor Cardi compra un vestito di Armani.
4. La signora Cardi ammira gli affreschi di Michelangelo.
5. Tommy guarda una partita di calcio.
6. Gina cerca un bel ragazzo italiano.

---

[7]In the **passato prossimo** and other compound tenses, both participles agree with the subject.

B. Gli italiani e gli italo-americani. In coppie, rispondete alle seguenti domande nella forma passiva.

MODELLO: Chi ha diretto (*conducted*) l'orchestra della NBC? (Arturo Toscanini)
L'orchestra della NBC è stata diretta da Arturo Toscanini.

1. Chi ha visto il Nuovo Mondo nel 1492? (Cristoforo Colombo)
2. Chi ha fondato la prima fabbrica di spaghetti? (Giovanni Battista Sartori)
3. Chi ha esplorato i Great Lakes? (Enrico Tonti)
4. Chi ha scritto *Sexual Personae?* (Camille Paglia)
5. Chi ha riorganizzato l'azienda *Chrysler?* (Lee Iacocca)
6. Chi ha diretto i film *Il Padrino* e *The Outsiders?* (Francis Coppola)
7. Chi ha fondato la missione del Sacro Cuore? (Santa Francesca Cabrini)
8. Chi ha creato la scuola Montessori? (Maria Montessori)
9. Chi ha inventato il telegrafo? (Guglielmo Marconi)
10. Chi ha vinto il Premio Nobel di fisica? (Enrico Fermi)

MAKING GENERAL STATEMENTS

II. L'USO IMPERSONALE DI *SI* (*Impersonal use of si*)

Dove **si fa** la *Saturn?*
Qui **si parla** spagnolo.
Si serve della pasta deliziosa in questo ristorante.
Si vedono molte partite di calcio in America?

◆ The reflexive pronoun **si** plus a third-person verb is often used to express the English passive voice or a construction with an impersonal subject such as *one, you, we, they, people.*

La *Saturn* si fa **in America.**	*The Saturn is made in America.*
Come **si va** al museo di Ellis Island?	*How does one (do we) get to the Ellis Island museum?*
Quando **si è inaugurato?**	*When was it inaugurated? (When did they inaugurate it?)*
Si trovano lavori nelle grandi città?	*Can one (you, people) find work in the big cities?*

◆ When the **si** construction is followed by a singular noun, the verb is *singular.* When it is followed by a plural noun, the verb is *plural.*

Si parla italiano in questo negozio.	*Italian is spoken (They speak Italian) in this store.*
Qui **si parlano due lingue.**	*Two languages are spoken here. (They speak two languages here.)*

Attività

C. Domande e risposte. In coppie, fate le seguenti domande e rispondete usando la costruzione con **si**.

> MODELLO: —Cosa si parla in questo negozio? (l'italiano)
> —**Si parla l'italiano.**

1. Cosa si vende in questa panetteria? (il pane)
2. Cosa si compra in una salumeria? (il prosciutto)
3. Cosa si vede in questo cinema? (un film giallo)
4. Cosa si gioca in questo stadio? (il baseball)
5. Dove si va stasera? (all'opera)
6. Dove si comprano i biglietti? (al botteghino)
7. Dove si fanno le migliori pizze? (a Napoli)
8. Cosa si mangia spesso a casa tua? (la pasta)

D. Cosa si fa nelle comunità italiane? Cambiate le seguenti frasi usando la costruzione con **si**.

> MODELLO: Offriamo lezioni d'inglese.
> **Si offrono lezioni d'inglese.**

1. Importiamo prodotti italiani.
2. Celebriamo feste tradizionali.
3. Ascoltiamo la musica italiana.
4. Giochiamo a carte nei bar.
5. Sponsorizziamo gare sportive.
6. Parliamo di politica italiana.

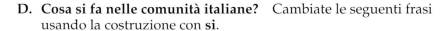

Lettura

Italiani negli States

Preparazione alla lettura: *Applying prior knowledge and scanning*

1. As you scan each paragraph, think of what you already know about the topic and glance at the photos, title, subtitle of the article, and at the opening lines of each paragraph. Do not try reading the article word for word, but look for cues to the major point made in each paragraph.
2. While you are reading, indicate whether each paragraph presents a general idea, a person, or an episode. Each paragraph may contain both a general idea and a person, a person and an episode, etc.

Un libro di Dario Salvatori, "Tu vuò fá l'americano"°, le vite degli italoamericani famosi. Artisti, cantanti, scrittori, politici che hanno cambiato il volto° del paese.

TRA rockstar mondiali e artigiani divenuti ingegneri, oggi i cittadini americani che "indossano" un cognome italiano sono circa venti milioni. Tutti figli di Cristoforo Colombo, non più suonatori di fisarmonica all'angolo della strata, non più benzinai° o minatori. Ora sono registi, attori, musicisti, artisti e perfino presidenti. E vengono da ogni parte del belpaese, dall'abruzzese Madonna al calabrese Martin Scorsese, al pugliese Rodolfo Valentino. Dario Salvatori li ha analizzati e raccontati.

Che musica e che voce quella di Frank Sinatra! A vent'anni Frank aveva due passioni: la boxe e le big band. Forse non sapeva suonare gli strumenti, ma possedeva un sound system, con altoparlante° e microfono, regalatogli dalla mamma Dolly. Un dono che Frank utilizzò come ricatto° per entrare in un gruppo. Cominiciò a cantare e un giorno fu ricevuto° perfino da Papa Pacelli.

Anche Liza Minelli, nata nel 1946 da padre regista calabrese, venne° molte volte in Italia, attirata dalle riprese° di un film, ma attratta soprattutto dal clima e dal paesaggio. "Gli italiani? Dire che li adoro è poco. In realtà io penso che prima o poi mi stabilirò in Italia perchè secondo me è il paese più bello del mondo. Credo che sia un fatto legato° al suono della lingua: quando vedo due tassisti discutere davanti a un semaforo su un problema di precedenza° mi colpiscono° l'enfasi, la musicalità, l'importanza che il tono delle voci dà alla conversazaione."

"L'Italia è un paese meraviglioso: in casa mia da piccolo ne sentivo parlare tutte le sere" dichiara Bon Jovi (1962) il cui vero nome è Giovanni Bongiovanni. Ama il cibo, l'architettura, la storia e la gente italiana, in mondo particolare la cucina emilana per non tradire° le origini paterne.

Infine Lawrence Ferlinghetti (1919), poeta, scrittore, libraio° ed editore creò negli anni cinquanta a San Francisco la prima libreria dedicata al libro tascabile°. Lawrence, che preferiva essere chiamato Lorenzo, aveva origini liguri...

Robert DeNiro.

Geraldine Ferraro.

(Glossa a margine:)

Tu... *You want to be American*

face

gas station attendants

loudspeaker

blackmail
fu... *was received*
came
shooting

tied
right of precedence / strike

betray
bookseller

libro... *pocket (paperback) book*

Attività

A. Rispondi alle seguenti domande.

1. Cosa ha scritto Dario Salvatori?
2. Che lavori facevano gli italo-americani nel passato? E che lavori fanno oggi?
3. Di cosa era appassionato Frank Sinatra da giovane?
4. Come è entrato in un gruppo musicale Frank Sinatra?
5. Cosa pensa dell'Italia Liza Minelli?
6. Cosa ammira in particolare Liza Minelli?
7. Cosa ama specialmente dell'Italia Bon Jovi?
8. Chi è Lawrence Ferlinghetti e cosa ha fondato?
9. Perchè gli italo-americani menzionati sono considerati dei miti?
10. Quali altri italo-americani famosi conosci nei campi dello sport, dell'arte e della musica?

B. Da dove vengono? In coppie, parlate dell'origine dei seguenti personaggi menzionati nel libro di Salvatori.

MODELLO: Madonna
S1: **Da quale regione vengono i parenti di Madonna?**
S2: **Vengono dall'Abruzzo.**
S3: **Allora Madonna è di origine abruzzese.**

Martin Scorsese   Bon Jovi
Rodolfo Valentino   Lawrence Ferlinghetti
Liza Minelli   Robert De Niro

❖ Madonna was born in 1958 as Madonna Louise Ciccone. She was trained as a dancer at the University of Michigan.

C. Ritratto d'un personaggio italo-americano. In gruppi di tre o quattro, scegliete un personaggio italo-americano che ammirate nel campo dello spettacolo, della musica o dello sport e che vi ha impressionato o influenzato in qualche modo. Fate una ricerca su lui/lei. Poi presentate il risultato della vostra ricerca alla classe.

Eccoci!

A. Una storia fortunata. In small groups, invent an immigrant family's success story. Say why the family left their homeland, how they traveled, and what they found in their new country. Relate various experiences—both positive and negative—but be sure your story has a happy ending. At the end, tell your story to the class.

B. La vita italo-americana. In small groups, research an aspect of Italian-American life: famous locales, food and drinks, the close-knit family, holidays, customs, traditions (courtship, weddings, births, funerals). Prepare a presentation with photos, magazine pictures, realia, and the like.

```
Broome St.
┌──────────┐ ┌─────────────┐        ┌──────────────┐
│          │ │ Caffè Roma  │        │  Eduardo     │
│  Generi  │ ├──────┬──────┤        │  Restaurant  │
│Alimentari│ │Prodotti│Salumeria│    └──────────────┘    Little
│          │ │Latticini│Piemonte│                        Italy
└──────────┘ └──────┴──────┘
             Grand St.                                   New York
┌────┐  ┌────────────────┐    ┌──────────────┐          City
│Rest│  │Ferrara Pastry Shop│  │ Fretta Bros. │
├────┤  │Società │        │   │ Importazione │
│Rest│  │S.Gennaro│Puglia │   │ Tessuti      │
└────┘  │Club    │Restaurant│  └──────────────┘
             Hester St.
┌──────────┐ ┌──────────┐
│Rossi & Co.│ │Foreano   │
│Abbigliamento││Imports  │
└──────────┘ ├──────────┤
             │Luna      │
             │Restaurant│
             Canal St.
```
Mulberry St. / Mott St.

C. **Visitiamo la Piccola Italia a New York.** You and a friend are visiting Little Italy in New York City. Look over the map and suggest places to visit. Invent a short story for some of the places.

MODELLO: —**Per pranzo andiamo al ristorante Luna, dove si mangiano deliziosi spaghetti al pesto. Conosco bene la proprietaria che è una parente di mia madre...**
—**D'accordo! E poi visitiamo...**

D. **Conversazione.** In a conversational setting, ask your Italian-American classmates to share their experiences and what their heritage means to them. Expand the conversation by sharing your own ethnic experiences and feelings.

❖ Vocabolario attivo

NOMI
l'antenato *ancestor*
l'artigiano *craftsperson, artisan*
il baule *trunk*
la cittadinanza *citizenship*
il confine *border*
la corda *rope*
il denaro, i soldi *money*
la disperazione *despair*
il documento *document*
l'editore/l'editrice *publisher*
l'emigrante *emigrant*
il ferroviere *railway worker*
il frate *friar*
l'immigrazione *immigration*
l'impiego *employment*
l'incertezza *uncertainty*
la mano d'opera *labor*
la medicina *medicine*

il minatore *miner*
la monaca/suora *nun*
il muratore *bricklayer*
la nave a vapore *steamboat*
la nostalgia *homesickness*
il paese *village; country*
il politico *politician*
il poliziotto/la poliziotta *police officer*
il prete *priest*
il pugile *boxer*
il risparmio *saving*
il secolo *century*
lo scienziato *scientist*
lo sportivo/la sportiva *athlete*
la tassa *tax*
il/la tennista *tennis player*
la tradizione *tradition*
la tristezza *sadness*
la visita medica *physical exam*

VERBI
abbandonare *to abandon*
allontanarsi da *to go far from*
arrangiarsi *to find a way*
avvicinarsi a *to approach*
brindare *to toast*
emigrare *to emigrate*
immigrare *to immigrate*
lasciare *to leave*
mantenere *to support*
raccontare *to tell, to recount*
rimanere (p.p. rimasto) *to remain*
stabilirsi *to settle down*
tenersi *to hold, keep*

AGGETTIVI
diverso *different*

ESPRESSIONI
avere l'aria + f. *adj.* to look + *adj.*
se *if*

Ora scriviamo!

Writing strategy: DESCRIBING AND HYPOTHESIZING

Writing activity: WRITING A MAGAZINE COLUMN

In this section, you'll write a magazine column about a show business celebrity. To prepare your column, follow these steps.

1. **Choose a celebrity.** Consider a person you'd like to know more about and whom your readers might want to know better. Your subject could be an established star (Whitney Houston, Tom Cruise), a controversial figure (Madonna, Michael Jackson), a veteran artist (Frank Sinatra, Sophia Loren), or an up-and-coming performer (Mira Sorvino, David Schwimmer).

2. **Gather information.** Use the library or a computer to gather data about your celebrity. Collect both factual information and evaluations of the person's talent and achievements.

3. **Write your first draft.** Prepare your first draft for homework. Include information about your subject that may be important but unknown to the public and speculate about this, using expressions such as

(non) credo/penso che	**immagino che**
(non) sono sicuro(a) che	**dubito che**
(non) è certo (possibile,	**mi sembra che**
probabile, necessario) che	**può darsi che**

MODELLO: **Dubito che** interpreti una parte drammatica...
Sono sicuro/a che il suo film vincerà il festival di Cannes...

4. **Consider your subject's future.** Make some hypotheses as to how your celebrity's career can be expected to develop. Predict what your subject may (or may not) be able to accomplish in the coming years.

MODELLO: Continuerà a attrarre nuovi ammiratori/nuove ammiratrici (*fans*) **a condizione che/purchè...**
 Nonostante che la sua popolarità sia recentemente in declino (*waned*), lui/lei avrà un ruolo importante nel prossimo film di Scorsese...

5. **Get your classmates' advice.** Bring your draft to class and have several classmates critique it. Ask them to focus on whether your column is clear and interesting.

6. **Revise your draft.** Evaluate your classmates' suggestions and incorporate the most important ones. As you revise the text, be sure to check your grammar, especially the subjunctive forms.

7. **Share your column.** Look over this draft and make any final revisions. Be prepared to share your column with the class.

427

About the Authors

Paola Blelloch, a native of Italy, obtained her Ph.D. from Rutgers University. She is an Associate Professor of Italian and French at The College of New Jersey, where she also teaches women's studies and liberal arts courses. She has taught at various institutions ranging from high schools, night schools, and community colleges, to both public and private universities. She developed the Italian minor program for The College of New Jersey. She is an active member of many modern language associations, where she presents papers on the subject of women's studies, focusing on contemporary Italian women writers. She writes essays for critical anthologies and encyclopedias and has written several articles for reference journals on women writers and feminist criticism. She has published *Quel mondo dei guanti e delli stoffe*, a book on Italian women writers. She also co-wrote *L'arte Di Comunicare* with Rosetta D'Angelo. She is very interested in innovative pedagogical methods and the development of group activities for use in foreign language teaching.

Rosetta D'Angelo, a native of Italy, obtained her Ph.D. from Rutgers University. She is Professor of Italian and Literature at Ramapo College and Chair of the Foreign Language Program, which she created and developed. She teaches many different levels of Italian language, culture, and literature and initiated the Italian business and cinema courses at Ramapo College. She is an active member of many modern language associations. She has organized workshops and presented scholarly papers in the United States and abroad. She contributes articles to reference journals on contemporary poetry, women writers, and literary criticism and has published three books: a book of her own poetry; *L'arte Di Comunicare*, which she co-wrote with Paola Blelloch; and a critical original work on the manuscript of "Il Poema de L'Intelligenza," for the first time brought to public attention. In addition, her poetry has appeared in many literary journals and in two anthologies: *Olimpolirico* and *Poeti Italo-Americani*. She is especially interested in innovative pedagogical methods and the applications of technology to the teaching of foreign languages.

Verbi

1. Auxiliary Verbs: aver and essere

	avere		essere	
INFINITIVE	avere		essere	
GERUND	avendo		essendo	
PAST PARTICIPLE	avuto		stato/a/i/e	

INDICATIVE

PRESENT	ho	abbiamo	sono	siamo
	hai	avete	sei	siete
	ha	hanno	è	sono
IMPERFECT	avevo	avevamo	ero	eravamo
	avevi	avevate	eri	eravate
	aveva	avevano	era	erano
FUTURE	avrò	avremo	sarò	saremo
	avrai	avrete	sarai	sarete
	avrà	avranno	sarà	saranno
CONDITIONAL	avrei	avremmo	sarei	saremmo
	avresti	avreste	saresti	sareste
	avrebbe	avrebbero	sarebbe	sarebbero
PAST ABSOLUTE	ebbi	avemmo	fui	fummo
	avesti	aveste	fosti	foste
	ebbe	ebbero	fu	furono
PRESENT PERFECT	ho ⎫ hai ⎬ avuto ha ⎭	abbiamo ⎫ avete ⎬ avuto hanno ⎭	sono ⎫ sei ⎬ stato/a è ⎭	siamo ⎫ siete ⎬ stati/e sono ⎭
PLUPERFECT	avevo ⎫ avevi ⎬ avuto aveva ⎭	avevamo ⎫ avevate ⎬ avuto avevano ⎭	ero ⎫ eri ⎬ stato/a era ⎭	eravamo ⎫ eravate ⎬ stati/e erano ⎭
FUTURE PERFECT	avrò ⎫ avrai ⎬ avuto avrà ⎭	avremo ⎫ avrete ⎬ avuto avranno ⎭	sarò ⎫ sarai ⎬ stato/a sarà ⎭	saremo ⎫ sarete ⎬ stati/e saranno ⎭
CONDITIONAL PERFECT	avrei ⎫ avresti ⎬ avuto avrebbe ⎭	avremmo ⎫ avreste ⎬ avuto avrebbero ⎭	sarei ⎫ saresti ⎬ stato/a sarebbe ⎭	saremmo ⎫ sareste ⎬ stati/e sarebbero ⎭

IMPERATIVE

	—	abbiamo	—	siamo
	abbi	abbiate	sii	siate
	abbia	abbiano	sia	siano

SUBJUNCTIVE

PRESENT	abbia	abbiamo	sia	siamo
	abbia	abbiate	sia	siate
	abbia	abbiano	sia	siano
IMPERFECT	avessi	avessimo	fossi	fossimo
	avessi	aveste	fossi	foste
	avesse	avessero	fosse	fossero

1. Auxiliary Verbs: **avere** and **essere** (continued)

INFINITIVE	avere		essere	
PRESENT PERFECT	abbia abbia } avuto abbia	abbiamo abbiate } avuto abbiano	sia sia } stato/a sia	siamo siate } stati/e siano
PAST PERFECT	avessi avessi } avuto avesse	avessimo aveste } avuto avessero	fossi fossi } stato/a fosse	fossimo foste } stati/e fossero

2. Regular Verbs

	FIRST CONJUGATION	SECOND CONJUGATION	THIRD CONJUGATION	
INFINITIVE	parlare	ripetere	dormire	capire (isc)
GERUND	parlando	ripetendo	dormendo	capendo
PAST PARTICIPLE	parlato	ripetuto	dormito	capito

INDICATIVE

PRESENT	parlo parli parla parliamo parlate parlano	ripeto ripeti ripete ripetiamo ripetete ripetono	dormo dormi dorme dormiamo dormite dormono	capisco capisci capisce capiamo capite capiscono
IMPERFECT	parlavo parlavi parlava parlavamo parlavate parlavano	ripetevo ripetevi ripeteva ripetevamo ripetevate ripetevano	dormivo dormivi dormiva dormivamo dormivate dormivano	capivo capivi capiva capivamo capivate capivano
FUTURE	parlerò parlerai parlerà parleremo parlerete parleranno	ripeterò ripeterai ripeterà ripeteremo ripeterete ripeteranno	dormirò dormirai dormirà dormiremo dormirete dormiranno	capirò capirai capirà capiremo capirete capiranno
CONDITIONAL	parlerei parleresti parlerebbe parleremmo parlereste parlerebbero	ripeterei ripeteresti ripeterebbe ripeteremmo ripetereste ripeterebbero	dormirei dormiresti dormirebbe dormiremmo dormireste dormirebbero	capirei capiresti capirebbe capiremmo capireste capirebbero
PAST ABSOLUTE	parlai parlasti parlò parlammo parlaste parlarono	ripetei ripetesti ripeté ripetemmo ripeteste ripeterono	dormii dormisti dormì dormimmo dormiste dormirono	capii capisti capì capimmo capiste capirono

2. Regular Verbs (continued)

	FIRST CONJUGATION	SECOND CONJUGATION	THIRD CONJUGATION	
PRESENT PERFECT	ho hai ha abbiamo avete hanno } parlato	ho hai ha abbiamo avete hanno } ripetuto	ho hai ha abbiamo avete hanno } dormito	ho hai ha abbiamo avete hanno } capito
PLUPERFECT	avevo avevi aveva avevamo avevate avevano } parlato	avevo avevi aveva avevamo avevate avevano } ripetuto	avevo avevi aveva avevamo avevate avevano } dormito	avevo avevi aveva avevamo avevate avevano } capito
FUTURE PERFECT	avrò avarai avrà avremo avrete avranno } parlato	avrò avarai avrà avremo avrete avranno } ripetuto	avrò avarai avrà avremo avrete avranno } dormito	avrò avarai avrà avremo avrete avranno } capito
CONDITIONAL PERFECT	avrei avresti avrebbe avremmo avreste avrebbero } parlato	avrei avresti avrebbe avremmo avreste avrebbero } ripetuto	avrei avresti avrebbe avremmo avreste avrebbero } dormito	avrei avresti avrebbe avremmo avreste avrebbero } capito

IMPERATIVE

	FIRST CONJUGATION	SECOND CONJUGATION	THIRD CONJUGATION	
	—	—	—	—
	parla	ripeti	dormi	capisci
	parli	ripeta	dorma	capisca
	parliamo	ripetiamo	dormiamo	capiamo
	parlate	ripetete	dormite	capite
	parlino	ripetano	dormano	capiscano

SUBJUNCTIVE

	FIRST CONJUGATION	SECOND CONJUGATION	THIRD CONJUGATION	
PRESENT	parli	ripeta	dorma	capisca
	parli	ripeta	dorma	capisca
	parli	ripeta	dorma	capisca
	parliamo	ripetiamo	dormiamo	capiamo
	parliate	ripetiate	dormiate	capiate
	parlino	ripetano	dormano	capiscano
IMPERFECT	parlassi	ripetessi	dormissi	capissi
	parlassi	ripetessi	dormissi	capissi
	parlasse	ripetesse	dormisse	capisse
	parlassimo	ripetessimo	dormissimo	capissimo
	parlaste	ripeteste	dormiste	capiste
	parlassero	ripetessero	dormissero	capissero

2. Regular Verbs (continued)

	FIRST CONJUGATION	SECOND CONJUGATION	THIRD CONJUGATION	
PRESENT PERFECT	abbia abbia abbia abbiamo } parlato abbiate abbiano	abbia abbia abbia abbiamo } ripetuto abbiate abbiano	abbia abbia abbia abbiamo } dormito abbiate abbiano	abbia abbia abbia abbiamo } capito abbiate abbiano
PAST PERFECT	avessi avessi avesse avessimo } parlato aveste avessero	avessi avessi avesse avessimo } ripetuto aveste avessero	avessi avessi avesse avessimo } dormito aveste avessero	avessi avessi avesse avessimo } capito aveste avessero

3. Verbs Conjugated with *essere*

accadere *to happen*
andare *to go*
arrivare *to arrive*
aumentare* *to increase*
bastare *to be sufficent,*
  to be enough
cadere *to fall*
cambiare* *to change*
cominciare* *to begin*
correre* *to run*
costare *to cost*
diminuire* *to diminish, reduce*
dispiacere *to be sorry*
diventare *to become*

durare *to last*
entrare *to enter, go in*
essere *to be*
immigrare *to immigrate*
mancare* *to lack*
morire *to die*
nascere *to be born*
occorrere *to need, be necessary*
partire *to depart, leave*
piacere *to like, to be pleasing*
restare *to remain, stay*
rimanere *to remain*
ritornare *to return, go/come back*
riuscire *to succeed*

salire* *to go up, to climb,* **(in/su)**
  to get on/in
saltare* *to jump, to skip*
scendere* *to go down, to get off*
sembrare *to seem*
sopravvivere* *to survive*
stare *to be, to stay*
succedere *to happen*
tornare *to return, go/come back*
uscire *to go out, leave*
valere *to be worth*
venire *to come*
vivere* *to live*
volare* *to fly*

*In addition to the verbs above, all reflexive verbs are conjugated with **essere**.

4. Verbs with Irregular Past Participles

accendere *to turn on*	acceso	**convincere** *to convince*	convinto
aggiungere *to add*	aggiunto	**coprire** *to cover*	coperto
apprendere *to learn*	appreso	**correggere** *to correct*	corretto
aprire *to open*	aperto	**correre** *to run*	corso
assumere *to hire*	assunto	**cuocere** *to cook*	cotto
bere *to drink*	bevuto	**decidere** *to decide*	deciso
chiedere *to ask*	chiesto	**dipingere** *to paint*	dipinto
chiudere *to close*	chiuso	**dire** *to say, tell*	detto
comprendere *to understand*	compreso	**dirigere** *to manage, direct*	diretto
concludere *to conclude*	concluso	**discutere** *to discuss*	discusso
condurre *to conduct, lead*	condotto	**dividere** *to divide*	diviso
conoscere *to know*	conosciuto	**esporre** *to expose, exhibit*	esposto

4. Verbs with Irregular Past Participles (continued)

esprimere *to express*	espresso	**rispondere** *to answer*	risposto
essere *to be*	stato	**rompere** *to break*	rotto
fare *to do, to make*	fatto	**scegliere** *to choose, select*	scelto
friggere *to fry*	fritto	**scendere** *to go down, to get off*	sceso
leggere *to read*	letto	**scoprire** *to discover*	scoperto
mettere *to put*	messo	**scrivere** *to write*	scritto
morire *to die*	morto	**soffrire** *to suffer*	sofferto
muovere *to move*	mosso	**sorridere** *to smile*	sorriso
nascere *to be born*	nato	**spegnere** *to turn off*	spento
nascondere *to hide*	nascosto	**stringere** *to hug, hold close*	stretto
offrire *to offer*	offerto	**succedere** *to happen*	successo
perdere *to lose*	perso (perduto)	**svolgersi** *to take place*	svolto
piacere *to like*	piaciuto	**togliere** *to remove*	tolto
piangere *to cry*	pianto	**uccidere** *to kill*	ucciso
prendere *to take*	preso	**valere** *to be worth*	valso
proteggere *to protect*	protetto	**vedere** *to see*	visto (veduto)
rendere *to return, give back*	reso	**venire** *to come*	venuto
ridere *to laugh*	riso	**vincere** *to win*	vinto
rimanere *to remain*	rimasto	**vivere** *to live*	vissuto
risolvere *to solve, resolve*	risolto		

5. Irregular Verbs

First conjugation: -are verbs

andare *to go*

PRESENT	**vado, vai, va,** andiamo, andate, **vanno**
FUTURE	**andrò, andrai, andrà, andremo, andrete, andranno**
CONDITIONAL	**andrei, andresti, andrebbe, andremmo, andreste, andrebbero**
IMPERATIVE	**va' (vai), vada,** andiamo, andate, **vadano**
PRESENT SUBJ.	**vada, vada, vada,** andiamo, andiate, **vadano**

dare *to give*

PRESENT	do, **dai, dà,** diamo, date, **danno**
FUTURE	**darò, darai, darà, daremo, darete, daranno**
CONDITIONAL	**darei, daresti, darebbe, daremmo, dareste, darebbero**
PAST ABSOLUTE	**diedi, desti, diede, demmo, deste, diedero**
IMPERATIVE	**da' (dai), dia,** diamo, date, **diano**
PRESENT SUBJ.	**dia, dia, dia,** diamo, diate, **diano**
IMPERFECT SUBJ.	**dessi, dessi, desse, dessimo, deste, dessero**

fare *to do, to make*

PRESENT	**faccio, fai,** fa, **facciamo,** fate, **fanno**
IMPERFECT	**facevo, facevi, faceva, facevamo, facevate, facevano**
FUTURE	**farò, farai, farà, faremo, farete, faranno**
CONDITIONAL	**farei, faresti, farebbe, faremmo, fareste, farebbero**
PAST ABSOLUTE	**feci, facesti, fece, facemmo, faceste, fecero**
IMPERATIVE	**fa' (fai), faccia, facciamo,** fate, **facciano**
PRESENT SUBJ.	**faccia, faccia, faccia, facciamo, facciate, facciano**
IMPERFECT SUBJ.	**facessi, facessi, facesse, facessimo, faceste, facessero**
GERUND	**facendo**
PAST PARTICIPLE	**fatto**

5. Irregular Verbs (continued)

First conjugation: -are verbs continued

stare *to be, to stay*

PRESENT	sto, **stai**, sta, stiamo, state, **stanno**
FUTURE	**starò, starai, starà, staremo, starete, staranno**
CONDITIONAL	**starei, staresti, starebbe, staremmo, stareste, starebbero**
PAST ABSOLUTE	**stetti, stesti, stette, stemmo, steste, stettero**
IMPERATIVE	**sta' (stai), stia,** stiamo, state, **stiano**
PRESENT SUBJ.	**stia, stia, stia, stiamo, stiate, stiano**
IMPERFECT SUBJ.	**stessi, stessi, stesse, stessimo, steste, stessero**

Second conjugation: -ere verbs

accendere *to light, turn on*

PAST ABSOLUTE	**accesi,** accendesti, **accese,** accendemmo, accendeste, **accesero**
PAST PARTICIPLE	**acceso**

aggiungere *to add*

PAST ABSOLUTE	**aggiunsi,** aggiungesti, **aggiunse,** aggiungemmo, aggiungeste, **aggiunsero**
PAST PARTICIPLE	**aggiunto**

Like AGGIUNGERE: **raggiungere** *to reach*

bere *to drink*

PRESENT	**bevo, bevi, beve, beviamo, bevete, bevono**
IMPERFECT	**bevevo, bevevi, beveva, bevevamo, bevevate, bevevano**
FUTURE	**berrò, berrai, berrà, berremo, berrete, berranno**
CONDITIONAL	**berrei, berresti, berrebbe, berremmo, berreste, berrebbero**
PAST ABSOLUTE	**bevvi, bevesti, bevve, bevemmo, beveste, bevvero**
IMPERATIVE	**bevi, beva, beviamo, bevete, bevano**
PRESENT SUBJ.	**beva, beva, beva, beviamo, beviate, bevano**
IMPERFECT SUBJ.	**bevessi, bevessi, bevesse, bevessimo, beveste, bevessero**
GERUND	**bevendo**
PAST PARTICIPLE	**bevuto**

cadere *to fall*

FUTURE	**cadrò, cadrai, cadrà, cadremo, cadrete, cadranno**
CONDITIONAL	**cadrei, cadresti, cadrebbe, cadremmo, cadreste, cadrebbero**
PAST ABSOLUTE	**caddi,** cadesti, **cadde,** cademmo, cadeste, **caddero**

Like CADERE: **accadere** *to happen*

chiedere *to ask (for)*

PAST ABSOLUTE	**chiesi,** chiedesti, **chiese,** chiedemmo, chiedeste, **chiesero**
PAST PARTICIPLE	**chiesto**

Like CHIEDERE: **richiedere** *to require*

chiudere *to close*

PAST ABSOLUTE	**chiusi,** chiudesti, **chiuse,** chiudemmo, chiudeste, **chiusero**
PAST PARTICIPLE	**chiuso**

conoscere *to know*

PAST ABSOLUTE	**conobbi,** conoscesti, **conobbe,** conoscemmo, conosceste, **conobbero**
PAST PARTICIPLE	**conosciuto**

Like **conoscere**: CONOSCERSI *to meet*, **riconoscere** *to recognize*

5. Irregular Verbs (continued)

Second conjugation: -ere verbs continued

correre *to run*
PAST ABSOLUTE   **corsi,** corresti, **corse,** corremmo, correste, **corsero**
PAST PARTICIPLE   **corso**
Like CORRERE: **occorrere** *to need, to be necessary*

decidere *to decide*
PAST ABSOLUTE   **decisi,** decidesti, **decise,** decidemmo, decideste, **decisero**
PAST PARTICIPLE   **deciso**

dipingere *to paint*
PAST ABSOLUTE   **dipinsi,** dipingesti, **dipinse,** dipingemmo, dipingeste, **dipinsero**
PAST PARTICIPLE   **dipinto**

dirigere *to manage, to conduct*
PAST ABSOLUTE   **diressi,** dirigesti, **diresse,** dirigemmo, dirigeste, **diressero**
PAST PARTICIPLE   **diretto**

discutere *to discuss*
PAST ABSOLUTE   **discussi,** discutesti, **discusse,** discutemmo, discuteste, **discussero**
PAST PARTICIPLE   **discusso**

dividere *to divide, share*
PAST ABSOLUTE   **divisi,** dividesti, **divise,** dividemmo, divideste, **divisero**
PAST PARTICIPLE   **diviso**

dovere *to have to, must, ought*
PRESENT   **devo (debbo), devi, deve, dobbiamo,** dovete, **devono (debbono)**
FUTURE   **dovrò, dovrai, dovrà, dovremo, dovrete, dovranno**
CONDITIONAL   **dovrei, dovresti, dovrebbe, dovremmo, dovreste, dovrebbero**
PRESENT SUBJ.   **deva (debba), deva (debba), deva (debba), dobbiamo, dobbiate, devano (debbano)**

friggere *to fry*
PAST ABSOLUTE   **frissi,** friggesti, **frisse,** friggemmo, friggeste, **frissero**
PAST PARTICIPLE   **fritto**

leggere *to read*
PAST ABSOLUTE   **lessi,** leggesti, **lesse,** leggemmo, leggeste, **lessero**
PAST PARTICIPLE   **letto**

mettere (mettersi) *to put (on)*
PAST ABSOLUTE   **misi,** mettesti, **mise,** mettemmo, metteste, **misero**
PAST PARTICIPLE   **messo**
Like METTERE: **emettere** *to issue,* **permettere** *to allow,* **smettere** *to stop*

nascere *to be born*
PAST ABSOLUTE   **nacqui,** nascesti, **nacque,** nascemmo, nasceste, **nacquero**
PAST PARTICIPLE   **nato**

nascondere *to hide*
PAST ABSOLUTE   **nascosi,** nascondesti, **nascose,** nascondemmo, nascondeste, **nascosero**
PAST PARTICIPLE   **nascosto**

perdere *to lose*
PAST ABSOLUTE   **persi,** perdesti, **perse,** perdemmo, perdeste, **persero**
PAST PARTICIPLE   **perso** (perduto)

5. Irregular Verbs (continued)

Second conjugation: -ere verbs continued

piacere *to like, to be pleasing*
PRESENT	**piaccio,** piaci, piace, **piacciamo,** piacete, **piacciono**
PAST ABSOLUTE	**piacqui,** piacesti, **piacque,** piacemmo, piaceste, **piacquero**
IMPERATIVE	piaci, **piaccia, piacciamo,** piacete, **piacciano**
PAST PARTICIPLE	**piaciuto**

Like PIACERE: **dispiacere** *to displease, to be sorry*

potere *to be able to, may, can*
PRESENT	**posso, puoi, può, possiamo,** potete, **possono**
FUTURE	**potrò, potrai, potrà, potremo, potrete, potranno**
CONDITIONAL	**potrei, potresti, potrebbe, potremmo, potreste, potrebbero**
PRESENT SUBJ.	**possa, possa, possa, possiamo, possiate, possano**

PRENDERE *to take*
PAST ABSOLUTE	**presi,** prendesti, **prese,** prendemmo, prendeste, **presero**
PAST PARTICIPLE	**preso**

proteggere *to protect*
PAST ABSOLUTE	**protessi,** proteggesti, **protesse,** proteggemmo, proteggeste, **protessero**
PAST PARTICIPLE	**protetto**

rendere *to return, give back*
PAST ABSOLUTE	**resi** (rendei, **rendetti**), rendesti, **rese** (rendè, **rendette**), rendemmo, rendeste, **resero** (renderono, **rendettero**)
PAST PARTICIPLE	**reso**

ridere *to laugh*
PAST ABSOLUTE	**risi,** ridesti, **rise,** ridemmo, rideste, **risero**
PAST PARTICIPLE	**riso**

Like RIDERE **sorridere** *to smile*

rimanere *to remain*
PRESENT	**rimango,** rimani, rimane, rimaniamo, rimanete, **rimangono**
FUTURE	**rimarrò, rimarrai, rimarrà, rimarremo, rimarrete, rimarranno**
CONDITIONAL	**rimarrei, rimarresti, rimarrebbe, rimarremmo, rimarreste, rimarrebbero**
PAST ABSOLUTE	**rimasi,** rimanesti, **rimase,** rimanemmo, rimaneste, **rimasero**
IMPERATIVE	rimani, **rimanga,** rimaniamo, rimanete, **rimangano**
PRESENT SUBJ.	**rimanga, rimanga, rimanga,** rimaniamo, rimaniate, **rimangano**
PAST PARTICIPLE	**rimasto**

rispondere *to answer, reply*
PAST ABSOLUTE	**risposi,** rispondesti, **rispose,** rispondemmo, rispondeste, **risposero**
PAST PARTICIPLE	**risposto**

sapere *to know*
PRESENT	**so, sai, sa, sappiamo,** sapete, **sanno**
FUTURE	**saprò, saprai, saprà, sapremo, saprete, sapranno**
CONDITIONAL	**saprei, sapresti, saprebbe, sapremmo, sapreste, saprebbero**
PAST ABSOLUTE	**seppi,** sapesti, **seppe,** sapemmo, sapeste, **seppero**
IMPERATIVE	**sappi, sappia, sappiamo, sappiate, sappiano**
PRESENT SUBJ.	**sappia, sappia, sappia, sappiamo, sappiate, sappiano**

scendere *to go down, to get off*
PAST ABSOLUTE	**scesi,** scendesti, **scese,** scendemmo, scendeste, **scesero**
PAST PARTICIPLE	**sceso**

5. Irregular Verbs (continued)

Second conjugation: -ere verbs continued

scrivere *to write*
PAST ABSOLUTE	**scrissi,** scrivesti, **scrisse,** scrivemmo, scriveste, **scrissero**
PAST PARTICIPLE	**scritto**

Like SCRIVERE: **iscrivere (iscriversi)** *to sign up, enroll*

sedere (sedersi) *to sit (down)*
PRESENT	**siedo (seggo), siedi, siede,** sediamo, sedete, **siedono (seggono)**
PAST ABSOLUTE	sedei **(sedetti),** sedesti, sedè **(sedette),** sedemmo, sedeste, sederono **(sedettero)**
IMPERATIVE	**siedi, sieda (segga),** sediamo, sedete, **siedano (seggano)**
PRESENT SUBJ.	**sieda (segga), sieda (segga), sieda (segga),** sediamo, sediate, **siedano (seggano)**

spegnere *to put out, shut off*
PRESENT	**spengo,** spegni, spegne, spegniamo, spegnete, **spengono**
PAST ABSOLUTE	**spensi,** spegnesti, **spense,** spegnemmo, spegneste, **spensero**
IMPERATIVE	spegni, **spenga,** spegniamo, spegnete, **spengano**
PRESENT SUBJ.	**spenga, spenga, spenga,** spegniamo, spegniate, **spengano**
PAST PARTICIPLE	**spento**

svolgere (svolgersi) *to perform (to take place)*
PAST ABSOLUTE	**svolsi,** svolgesti, **svolse,** svolgemmo, svolgeste, **svolsero**
PAST PARTICIPLE	**svolto**

Like SVOLGERE: **rivolgersi** *to address*

tenere (tenersi) *to keep, to hold*
PRESENT	**tengo, tieni, tiene,** teniamo, tenete, **tengono**
FUTURE	**terrò, terrai, terrà, terremo, terrete, terranno**
CONDITIONAL	**terrei, terresti, terrebbe, terremmo, terreste, terrebbero**
PAST ABSOLUTE	**tenni,** tenesti, **tenne,** tenemmo, teneste, **tennero**
IMPERATIVE	**tieni, tenga,** teniamo, tenete, **tengano**
PRESENT SUBJ.	**tenga, tenga, tenga,** teniamo, teniate, **tengano**

Like TENERE: **appartenere** *to belong,* **mantenere** *to maintain*

uccidere *to kill*
PAST ABSOLUTE	**uccisi,** uccidesti, **uccise,** uccidemmo, uccideste, **uccisero**
PAST PARTICIPLE	**ucciso**

vedere *to see*
FUTURE	**vedrò, vedrai, vedrà, vedremo, vedrete, vedranno**
CONDITIONAL	**vedrei, vedresti, vedrebbe, vedremmo, vedreste, vedrebbero**
PAST ABSOLUTE	**vidi,** vedesti, **vide,** vedemmo, vedeste, **videro**
PAST PARTICIPLE	**visto** (veduto)

Like VEDERE: **prevedere** *to anticipate*

vincere *to win*
PAST ABSOLUTE	**vinsi,** vincesti, **vinse,** vincemmo, vinceste, **vinsero**
PAST PARTICIPLE	**vinto**

Like VINCERE: **convincere** *to convince*

vivere *to live*
FUTURE	**vivrò, vivrai, vivrà, vivremo, vivrete, vivranno**
CONDITIONAL	**vivrei, vivresti, vivrebbe, vivremmo, vivreste, vivrebbero**
PAST ABSOLUTE	**vissi,** vivesti, **visse,** vivemmo, viveste, **vissero**
PAST PARTICIPLE	**vissuto**

Like VIVERE: **sopravvivere** *to survive*

5. Irregular Verbs (continued)

Second conjugation: -ere verbs continued

volere *to want*

PRESENT	**voglio, vuoi, vuole, vogliamo,** volete, **vogliono**
FUTURE	**vorrò, vorrai, vorrà, vorremo, vorrete, vorranno**
CONDITIONAL	**vorrei, vorresti, vorrebbe, vorremmo, vorreste, vorrebbero**
PAST ABSOLUTE	**volli,** volesti, **volle,** volemmo, voleste, **vollero**
IMPERATIVE	**voglia, vogliamo, vogliate, vogliano**
PRESENT SUBJ.	**voglia, voglia, voglia, vogliamo, vogliate, vogliano**

Third conjugation: -ire verbs

dire *to say, tell*

PRESENT	**dico, dici, dice, diciamo,** dite, **dicono**
IMPERFECT	**dicevo, dicevi, diceva, dicevamo, dicevate, dicevano**
PAST ABSOLUTE	**dissi, dicesti, disse, dicemmo, diceste, dissero**
IMPERATIVE	**di', dica, diciamo,** dite, **dicano**
PRESENT SUBJ.	**dica, dica, dica, diciamo, diciate, dicano**
IMPERFECT SUBJ.	**dicessi, dicessi, dicesse, dicessimo, diceste, dicessero**
GERUND	**dicendo**
PAST PARTICIPLE	**detto**

morire *to die*

PRESENT	**muoio, muori, muore,** moriamo, morite, **muoiono**
FUTURE	**morrò** (morirò), **morrai** (morirai), **morrà** (morirà), **morremo** (moriremo), **morrete** (morirete), **morranno** (moriranno)
CONDITIONAL	**morrei** (morirei), **morresti** (moriresti), **morrebbe** (morirebbe), **morremmo** (moriremmo), **morreste** (morireste), **morrebbero** (morirebbero)
IMPERATIVE	**muori, muoia,** moriamo, morite, **muoiano**
PRESENT SUBJ.	**muoia, muoia, muoia,** moriamo, moriate, **muoiano**
PAST PARTICIPLE	**morto**

salire *to go up, climb*

PRESENT	**salgo,** sali, sale, saliamo, salite, **salgono**
IMPERATIVE	sali, **salga,** saliamo, salite, **salgano**
PRESENT SUBJ.	**salga, salga, salga,** saliamo, saliate, **salgano**

uscire *to go out*

PRESENT	**esco, esci, esce,** usciamo, uscite, **escono**
IMPERATIVE	**esci, esca,** usciamo, uscite, **escano**
PRESENT SUBJ.	**esca, esca, esca,** usciamo, usciate, **escano**

Like USCIRE: **riuscire** *to succeed*

venire *to come*

PRESENT	**vengo, vieni, viene,** veniamo, venite, **vengono**
FUTURE	**verrò, verrai, verrà, verremo, verrete, verranno**
CONDITIONAL	**verrei, verresti, verrebbe, verremmo, verreste, verrebbero**
PAST ABSOLUTE	**venni,** venisti, **venne,** venimmo, veniste, **vennero**
IMPERATIVE	**vieni, venga,** veniamo, venite, **vengano**
PRESENT SUBJ.	**venga, venga, venga,** veniamo, veniate, **vengano**
PAST PARTICIPLE	**venuto**

Vocabolario italiano-inglese

The **Vocabolario** lists the active and the key passive words and expressions in *Eccoci!* Active vocabulary is followed by a number indicating the chapter in which the item first appears. Irregular stress is indicated by a dot under the vowel of the stressed syllable.

Nouns: Gender is indicated by the definite article or by the abbreviation *m.* or *f.* when the article does not show gender. Plural entries are indicated by the abbreviation *pl.*

Adjectives: Adjectives are listed in the masculine form.

Verbs: Verbs are generally listed in the infinitive form. Irregular verbs are indicated by an asterisk (*). The forms of the most important of these may be found in the Verbs section that precedes the **Vocabolario.** Irregular past participles are given in parentheses. Verbs conjugated with **essere** (or with either **essere** or **avere**) in the compound tenses are so designated. Third-conjugation verbs like **capire** are followed by **(isc).**

The following abbreviations are used:

adj.	adjective	*inv.*	invariable
adv.	adverb	*lit.*	literally
art.	article	*m.*	masculine
conj.	conjugated with	*n.*	noun
f.	feminine	*pl.*	plural
fam.	familiar	*prep.*	preposition
form.	formal	*pron.*	pronoun
ger.	gerund	*sing.*	singular
inf.	infinitive	*v.*	verb

A

a, ad (*sometimes before vowels*) at, to 8

abbandonare *to abandon*   18

abbassare (il volume) *to lower (the volume)*   17

abbastanza *inv.* rather, enough

l'abbazia *abbey*

l'abbigliamento *clothing*   4

abbinare *to match*   13

abbonarsi *to subscribe*

l'abbonato / l'abbonata *subscriber*

abbracciarsi *to hug each other*   7

abbronzato *tanned*

abitare *to live*   17

l'abito *dress, suit*   13

l'abitudine f. habit

l'aborto *abortion*

*accadere (*conj.* *essere) *to happen*

*accendere (acceso) *to light, turn on* 9

accettare *to accept*   10

accomodarsi: si accomodi! *make yourself comfortable!*   14

accompagnare *to accompany*   13

accontentarsi *to be satisfied*

l'accordo *agreement;* **d'accordo** *agreed, OK*   10; ***essere d'accordo** *to agree*

l'aceto *vinegar*   11

l'acqua *water*   15; **l'acqua minerale** *mineral water*

l'acquarello *watercolor*   12

acquistare *to acquire*

acrilico: in acrilico *in acrylic*   13

addormentarsi *to fall asleep*   7

adesso *now*

l'aereo *airplane;* ***andare in aereo** *to go by plane*   6

l'aeroporto *airport*   2

affamato *hungry*

l'affare m. *business, bargain;* ***fare un affare** *to make a deal*   4; **il viaggio d'affari** *business trip*   13

affatto: non...affatto *not at all*   14

affinchè *so that*   17

affittare (una casa...) *to rent (a house . . .)* 6

l'affresco (*pl.* **gli affreschi**) *fresco*   12

affrettarsi *to hurry*

l'agenda *appointment book*   1

l'agenzia di viaggi *travel agency*   6

*aggiungere (aggiunto) *to add*

l'aglio *garlic*   11

agosto *August*   CP

aiutare *to help*   5

l'aiuto *help*

l'alba *dawn*

l'albergo (*pl.* **gli alberghi**) *hotel*   1

l'albero *tree;* **l'albero di Natale** *Christmas tree*   9

l'albicocca *apricot*

alcuni / alcune *adj., pron.* some, a few 8, 16

algerino *Algerian*   1

l'allegria *fun*   10, *cheerfulness*

l'alloggio (*pl.* **gli alloggi**) *lodging* 14

allontanarsi da *to go far from*   18

allora *then*   3

almeno *at least*

l'alpinismo *mountain climbing*   7

l'altare m. *altar*   12

alto *tall*   1

l'altoparlante m. *loudspeaker*

439

altrimenti *otherwise*
altro *other*   1
alzare (il volume) *to raise (the volume)*
  17; **alzarsi** *to get up*   7
amare *to love*   5; **amarsi** *to love each
  other*   7
ambientale *environmental*   15
l'ambiente *m. environment*   15
americano *American*   1; **il football
  americano** *football*   7
l'amico (*pl.* **gli amici**) / **l'amica** *friend*
  3
ammirare *to admire*   12
l'amore *m. love*   10; **amore a prima
  vista** *love at first sight*   10
anche *also, too* 3; **anche se** *even if*
ancora *still* 11; **non...ancora** *not yet*
  12
andante *moving along, moderately slow
  (music)*
*andare (*conj.* ***essere**) *to go*   6;
  andare a spasso *to take a walk*;
  andare bene *to fit well*   13, *to go
  well*
andate! (*from* ***andare**) *go!*   CP
l'angelo *angel*   12
l'angolo *angle, (street) corner*;
  all'angolo *at the corner*   14
l'animale *m. animal*   15
l'animatore / **l'animatrice** *host/hostess*
  17
annegare, annegarsi *to drown*
anniversario: buon anniversario!
  Happy Anniversary!
l'anno *year*   CP; **gli anni sessanta**
  the sixties; **tutti gli anni** *every year*
  12
annoiarsi *to be bored*   7
l'antenato / **l'antenata** *ancestor*   18
l'antenna *antenna, aerial*   17
l'anteprima *preview*
anticipo: in anticipo *ahead of time*
  4
antico (*m. pl.* **antichi**) *ancient, old*
  16; **all'antica** *old style*
l'antipasto *appetizer*
antipatico (*m. pl.* **antipatici**)
  unpleasant   1
aperto: all'aperto *in the open air*
*appartenere (*conj.* ***essere**, ***avere**) *to
  belong*
appassionato (di) *crazy about*   16
appena *just*
appetito: buon appetito! *enjoy your
  meal!*   9
applaudire *to applaud*   16
apprezzare *to appreciate*   16
l'appuntamento *appointment*   2
aprile *m. April*   CP

*aprire (aperto) *to open*   4; **aprite!
  open!**   CP
l'aquila reale *royal eagle*
arabo *Arab*   1
l'aragosta *lobster*   11
l'arancia *orange*   4
arancione *orange (color)*   12
l'architetto *m. f. architect*   2
l'argento *silver*   12
l'aria *air*   16; ***avere l'aria
  (+ f. adj.)** *to look (+ adj.)*   18
Arlecchino *Harlequin*   8
l'armonia *harmony*   16
arrabbiarsi *to become angry*   7
arrangiarsi *to find a way*   18
l'arredamento *furnishings*
arrivare (*conj.* ***essere**) *to arrive*   5
arrivederci / **arrivederLa** *good-bye
  (fam./form.)*   1
arrostire (isc) *to roast*   11
l'arrosto (*also adj.*) *roast*   11
l'arte *f. art*   1; **le belle arti** *fine arts*
  12; **l'opera d'arte** *artwork*   12
l'articolo di lusso *luxury item*   14
l'artigiano / **l'artigiana** *craftsperson,
  artisan*   18
l'artista *m. f. artist*   1
l'ascensore *m. elevator*
ascoltare *to listen to*   3; **ascoltate!
  listen!**   CP
l'ascolto *hearing, listening*; **di facile
  ascolto** *easy to listen to*   16
aspettare *to wait for*   3
l'aspetto *appearance*
assaggiare *to taste*   1
assai *very*   5
l'assegno *check*; **assegno turistico/da
  viaggiatori** *traveler's check*   6
assicurare *to assure*
atletico *athletic*   5
l'atteggiamento *attitude*
attento *attentive*; ***stare attento** *to pay
  attention*   6
attirare *to attract*
attivo *active*   5
l'attore *m.* / **l'attrice** *f. actor*   2
attraente *attractive*   5
attraverso *through, across*
attrezzato *equipped*
l'attrezzatura *equipment*
attuale *present, current*
l'attualità *current events*   17
l'augurio (*pl.* **gli auguri**) *wish*; ***fare
  gli auguri** *to wish (someone) well*
  9; **tanti auguri** *lots of good wishes*
  9
l'aula *classroom*   CP
aumentare (*conj.* ***essere**, ***avere**) *to
  increase*   15

l'auto (*pl.* **le auto**) *automobile, car*;
  *andare in auto *to go by car*   6
l'autobus (*pl.* **gli autobus**) *m. bus*;
  *andare in autobus *to go by bus*
  6
l'autoritratto *self-portrait*   12
l'autostop: *andare con l'autostop *to
  hitchhike*   6
autosufficiente *self-sufficient*   5
l'autunno *fall*   CP
avanti *forward*   14
avaro *avaricious*   1
*avere *to have*   2; **avere bisogno di**
  to need, have need of   2; **avere
  buon/cattivo gusto** *to have good/bad
  taste*   11; **avere caldo** *to be warm*
  2; **avere fame** *to be hungry*   2;
  avere freddo *to be cold*   2; **avere
  fretta** *to be in a hurry*   2; **avere
  l'aria** (+ f. adj.) *to look (+ adj.)*
  18; **avere lezione** *to have a class*;
  avere paura *to be afraid*   2; **avere
  ragione** *to be right*   2; **avere sete**
  to be thirsty   2; **avere sonno** *to be
  sleepy*   2; **avere torto** *to be wrong*
  2; **avere voglia di** *to want, feel like*
  2
l'avvenimento *event*
l'avventura *adventure*; **il film di
  avventura** *adventure movie*   10
avvicinarsi (a) *to approach*   18
avviso: a mio avviso *in my opinion*
  15
l'avvocato *m. f. lawyer*   2
l'azienda *firm, company*   2
azzurro *azure, blue*   12

B

il Babbo Natale *Santa Claus*   9
baciarsi *to kiss each other*   7
il bagaglio (*pl.* **i bagagli**) *(piece of)
  baggage*   6
il bagnino / **la bagnina** *lifeguard*
il bagno *bathroom*   6, *bath, bathing*;
  il costume da bagno *swimsuit*   4;
  *fare il bagno *to take a bath*   6
il balcone *balcony*   6
ballare *to dance*   3
il ballo *dancing, dance*   7
il bambino / **la bambina** *child* 3; **da
  bambino/bambina** *as a child*
  12
la bambola *doll*
la banana *banana*   4
la banca *bank*   5
la bancarella *stall*
il banco (*pl.* **i banchi**) *student's desk*
  CP
la bandiera *flag*

il bar (*pl.* **i bar**) *bar* 1
la barba *beard*; **farsi la barba to shave* 7
la barbabiętola da zucchero *sugar beet*
la barca *boat* 6; **andare in barca to go by boat* 6
il barįtono *baritone* 16
il baseball *baseball* 7
il basįlico *basil*
basso *short* 1
il basso *bass (singer)* 16
bastare (*conj.* *ęssere) *to be sufficient*; **basta poco** *it takes little*
la batterįa *drums* 16
la battuta *remark*; **battuta spiritosa** *witty remark*
il baule *trunk* 18
beato *blessed, lucky*; **beato te/lui...!** *lucky you/him . . . !* 5
la Befana *kind old witch* 9
bel *see* **bello**
la bellezza *beauty*
bello *beautiful* 1, *handsome* 6; **le belle arti** *fine arts* 12; **che/com'è bello!** *how beautiful it is!* 12; **fare bel tempo to be nice (weather)* 6
benchè *although* 17
bene *well, fine* 1; **andare bene to fit well* 13; **benįssimo** *very well* 1, 11; **stare bene to be well* 6; **sto bene/benįssimo** *I'm well/very well* 1; **va bene** *OK* 3
bensì *on the contrary*
il benzinaio / la benzinaia *service-station attendant*
*bere (bevuto) *to drink* 9
bianco (*m. pl.* **bianchi**) *white* CP
la bįbita *soft drink* 2
la biblioteca *library* 1
il bicchiere *(drinking) glass*
la bicicletta *bicycle*; **andare in bicicletta to go by bicycle* 6
il biglietto *ticket* 6; **il biglietto da visita** *business card*
la biologia *biology* 1
biondo *blond, fair* 1
il biscotto *cookie* 11
bisognare (*conj.* *ęssere) *to be necessary*; **bisogna** *it's necessary* 17
il bisogno *need*; **avere bisogno di to need, have need of* 2
la bistecca *steak* 11
blu *inv. blue* CP
blues: i ritmi blues *blues* 16
la blusa *blouse, shirt* 13
la bocca *mouth* 7
la boccia (*pl.* **le bocce**) *bocce ball* 7

bollire *to boil* 11
bolognese *from Bologna* 2
il bordo *side*
la borsa (**borsetta**) *pocketbook, purse* 4
il bosco (*pl.* **i boschi**) *wood(s)* 15
la bottega *store*
il botteghino *box office* 10
la bottiglia *bottle* 15
il bottone *button* 13
il braccio (*pl.* **le braccia**) *arm* 7
il brano *passage, excerpt*
bravo *good (at something)* 1
brevemente *briefly* 15
brindare *to toast (drink in someone's honor)* 18
il brįndisi *toast (drink)*; **fare un brįndisi to drink a toast* 9
i brọccoli *pl. broccoli* 4
bruno *brown, dark-haired* 1
brutto *ugly* 1; **fare brutto tempo to be bad (weather)* 6
il bucato *laundry* 5
buffo *funny* 8
il bue (*pl.* **i buoi**) *ox*
il bugiardo *liar, adj. lying*
buono (**buon**) *good* 1, 6; **a buon mercato** *cheap* 4; **avere buon gusto to have good taste* 11; **buon anniversario!** *Happy Anniversary!* 9; **buon appetito!** *enjoy your meal!* 9; **buon Capodanno!** *Happy New Year!* 9; **buon compleanno!** *Happy Birthday!* 9; **buon giorno** *hello* 1; **buon gusto** *good taste* 2; **buon Natale!** *Merry Christmas!* 9; **buon pomeriggio** *good afternoon* 1; **buona notte** *good night* 1; **buona Pasqua!** *Happy Easter!* 9; **buona sera** *good evening* 1; **buone ferie/vacanze!** *have a good vacation!* 9; **buone feste!** *Happy Holidays!* 9
il burattino *puppet*
il burro *butter* 11

C

c'è / ci sono *there is/there are* 1; **non c'è male** *not too bad* 1
il CD (*pl.* **i CD**) *compact disc* 16
la caccia *hunting* 15
il cacciatore / la cacciatrice *hunter*
*cadere (*conj.* *ęssere) *to fall* 5
il caffè (*pl.* **i caffè**) *coffee (drink), bar, cafe* 1; **caffelatte** *coffee with hot milk* 11
i calamari *pl. squid* 11
il calcio *soccer* 7
la calcolatrice *calculator* 1

il caldo *heat*; **avere caldo to be warm* 2; **fare caldo to be hot (weather)* 6
calmarsi *to calm down* 7
calmo *quiet* 1
le calze *pl. stockings, socks* 13
cambiare (*conj.* *ęssere, *avere) *to change*; **cambiare casa** *to move (change one's residence)* 17
la camera *room*; **camera matrimoniale** *room with a double bed* 6
il cameriere / la cameriera *server, waitperson* 2
la camicetta *T-shirt*
la camicia *shirt* 4
il camino *chimney* 14
il camoscio (*pl.* **i camosci**) *chamois* 15; **in camoscio** *in leather* 13
la campagna *country(side)*; **andare in campagna to go to the countryside* 6; **in campagna** *in the country* 14
il campanile *belfry*
il campeggio *camping (out)*; **andare in campeggio to go camping* 6; **fare il campeggio to camp* 7
il campo *field*; **campo sportivo** *playing field* 1
il canale *channel* 17
la candeggina *bleach*
la candela *candle* 9; **al lume di candela** *by candlelight*
il cane *dog* 1
il canone *monthly fee (TV)* 17
il / la cantante *singer* 16
il cantautore / la cantautrice *singer-songwriter* 7
la canzone *song* 7
i capelli *pl. hair* 7
capire (isc) *to understand* 4
il Capodanno *New Year's Day* 9; **buon Capodanno!** *Happy New Year!* 9
il capolavoro *masterpiece* 12
il capoluogo (*pl.* **i capoluoghi**) *capital*
il cappello *hat* 13; **cappello da uomo** *men's hat*
il cappotto *coat* 13
il cappuccino *espresso with frothy milk* 11
il cappuccio (*pl.* **i cappucci**) *hood*
il carciofo *artichoke*
carino *cute, pretty* 1
la carne *meat* 4
il Carnevale *Carnival, Mardi Gras* 8
caro *expensive; dear* 4
la carota *carrot* 4
il carretto *cart*

la carta *paper, (playing) card;* carta d'identità *identity card*

la cartella *briefcase* 13

la cartina *map* 6

la cartoleria *stationery store* 13

la cartolina *greeting card* 1

il cartone animato *cartoon* 10

la casa *house* 2; cambiare casa *to move (change one's residence)* 17; a/in casa *at home* 2; *essere di casa *to feel at home*

il casalingo / la casalinga *homemaker; adj. domestic, for the home* 2

il caso *case, chance;* per caso *by chance* 8

caspita! *wow!*

la cassetta *cassette* 16

il cassetto *drawer*

castano *brown* CP, *chestnut color (hair)*

la catena *chain* 17

cattivo *naughty, bad* 1; *avere cattivo gusto *to have bad taste* 11

il cavallo *horse;* *andare a cavallo *to ride, go on horseback* 7

la caviglia *ankle* 13

il cavo *cable;* via cavo *by cable* 17

celebrare *to celebrate* 9

celeste *light/sky blue* 12

il cellulare *cellular phone* 17

la cena *dinner, supper* 11

cenare *to have dinner/supper* 5

il censimento *census*

il centimetro *centimeter*

centinaia *hundreds*

il centro *center, downtown area;* il/in centro città *downtown* 8, 14; centro commerciale *mall*

cercare *to look (for)* 3; cercare di *to try to*

i cereali *pl. cereals* 11

certamente, certo *adv. certainly* 3

certo *adj. certain* 10; è certo *it's certain* 17

il cestino *trash can* 15

che *who, whom, that, which* 16; che...! *how . . . !; what/what a . . . !;* che? / che cosa? *what?* CP

chi *the one(s)/those who, he/she who* 16; chi? *who?* CP; *whom (after prep.)*

chiacchierare *to chat* 7

chiamarsi *to call oneself, to be named/called* 7; mi chiamo *my name is* 1

chiaro *light (in color)* 12, *clear;* è chiaro *it's clear* 17

*chiedere (chiesto) *to ask (for), request* 10

la chiesa *church* 14; in chiesa *in/to church* 8

il chilo *kilo* 4

il chilometro *kilometer;* chilometro quadrato *square kilometer*

la chimica *chemistry* 1

chissà! *who knows!*

la chitarra *guitar* 16

*chiudere (chiuso) *to close;* chiudete! *close!* CP

chiunque *whoever*

ci *there* 10; ci sono *there are* 1

ciao *hi, bye (fam.)* 1

ciascuno *each one*

il cibo *food* 11

il ciclismo *bicycle racing, cycling* 7

il cielo *sky* 12

la ciliegia (*pl.* le ciliege) *cherry*

il cinema (*pl.* i cinema) *movie theater* 1, *cinema, movies* 10

cinese *Chinese* 1

la cintura *belt* 4

cioccolato: l'uovo di cioccolato *chocolate egg* 9

la cipolla *onion* 4

il circolo *club (group)* 7

circondare *to surround*

la città (*pl.* le città) *city* 1; il/in centro città *downtown* 8, 14

la cittadinanza *citizenship* 18

il clarinetto *clarinet* 16

classico (*m. pl.* classici) *classical* 16

il cocomero *watermelon*

il cognato /la cognata *brother-in-law/sister-in-law* 3

il cognome *last name*

la colazione *lunch* 11; *fare colazione *to have lunch* 6

la collana *necklace* 13

il collo *neck* 7

la colomba *pigeon, dove;* la colomba pasquale *dove-shaped Easter cake* 9

Colombina *Columbine* 8

la colonna *column;* la colonna sonora *sound track* 10

il colore *color* CP

colpire (isc) *to strike*

colto *well-educated* 5

combattere *to fight*

combinare *to arrange*

come *as, like* 11; come? *how?* CP; come ...! *how . . . !;* come si chiama? *what's your name? (form.)* 1; come sta? *how are you? (form.)* 1; *how does it fit?* 13; come stai? *how are you? (fam.)* 1; come ti chiami? *what's your name? (fam.)* 1; come va? *how's it going?* 5;

com'è? *how is it?* CP; com'è bello! *how beautiful it is!* 12; così...come *as . . . as* 15

comico (*m. pl.* comici) *comic* 10

cominciare (*conj.* *essere, *avere) *to begin, start* 3

la commedia *comedy, play* 17

il commediografo / la commediografa *playwright*

commerciale *commercial* 15; centro commerciale *mall*

commercialmente *commercially* 15

il/la commerciante *shopkeeper, tradesperson*

il commesso / la commessa *salesperson* 2

comodo *comfortable* 13

il compagno / la compagna di stanza *roommate*

la compera (compra) *purchase;* *fare le compere *to shop (in general)* 4

compiere *to accomplish, complete;* compiere gli anni... *to become . . . (years old)*

il compito *homework, assignment* 5; *task*

il compleanno *birthday* 3; buon compleanno! *Happy Birthday!* 9

comprare *to buy* 3

compreso: tutto compreso *all included* 6

comunque *however*

con *with* 8; con piacere *gladly* 10

il concorso *competition, contest*

il condimento *dressing, condiment* 11

condizione: a condizione che *on condition that* 17

la conferenza *lecture* 1

confinare (con) *to border*

il confine *border* 18

i congelati *pl. frozen food* 11

congelato *frozen* 11

coniugare *to conjugate*

la conoscenza *knowledge, acquaintance;* conoscenza passiva *reading knowledge*

*conoscere (conosciuto) *to know, to be acquainted with* 9; conoscersi *to meet (for the first time)*

conservare *to preserve*

il conservatorio *conservatory* 16

consigliare *to advise* 10

il consiglio (*pl.* i consigli) *(piece of) advice*

il/la contabile *accountant* 2

il contadino / la contadina *farmer*

contanti: in contanti *(in) cash*

contare *to count;* **contare su** *to count on*

contento *glad*   17

continuare *to continue*   3

il conto *check, bill*

contrattare *to bargain*   4

contro *against*

il controllo *control;* **controllo delle nascite** *birth control*

***convincere (convinto)** to convince*   15

la coperta *cover, blanket*

la coppia *couple, pair*   7

***coprire (coperto)** to cover*   12

coraggio! *be brave!*   5

la corda *rope*   18

il cornetto *croissant*

il corpo *body*   12

***correre (corso)** (conj. *essere, *avere) to run*   5

la corsa *race*   7; ***fare la corsa** to run, jog*   7

il corso *course*   1

corteggiare *to court*

corto *short*   13

la cosa *thing;* **che cosa? / cosa?** *what?* CP; **cosa fai di bello?** *what's up?;* **cos'è?** *what is it?*   CP; **qualche cosa (qualcosa)** *something, anything*   16

così *so, that way, like that;* **così...come** *as . . . as*   15; **sto così così** *I'm so-so*   1

costare *(conj. *essere) to cost*   4

il costume *costume*   8; **costume da bagno** *swimsuit*   4

il cotone *cotton;* **in cotone** *in cotton*   13

la cravatta *(neck)tie*   4

credere (di) *to believe*   17

il crocevia *intersection*   14

la crociera *cruise;* ***andare in crociera** to go on a cruise*

il cucchiaio *(pl. i cucchiai) tablespoon*

la cucina *kitchen*   5, *cuisine*   11

cucinare *to cook*   5

cucire *to sew*   13

il cugino / la cugina *cousin*   3

cui *who, whom, that, which*   16

il cuoco / la cuoca *cook*   9

il cuor(e) *heart*

la cupola *dome, cupola*

D

d'accordo *agreed, OK*   10

da *from, at/to*   8, *as a;* **da bambino/bambina (giovane)** *as a child*   12; **da *fare** to do; **da matti!** a lot! like crazy*   11; **da solo** *alone*   10; **da vedere** *a must-see (movie)*

10; **È da un pezzo che...** *it's been a while since . . .*   9; **le scarpette** *pl.* **da ginnastica** *gym shoes*   13

dai! *come on!*   8

danneggiare *to harm*   15

il danno *damage*

dappertutto *everywhere*   2

***dare** to give*   6; **dare la mano** *to shake hands*   6; **dare un esame** *to take an exam*   6; **dare una mano** *to give a hand*   6

la data *date*   4; **qualè la data?** *what's the date?*   4

davanti a *in front of*   8

davvero? *really?*

debole *weak*   1

***decidere (deciso)** (di) to decide (to)*

decorare *to decorate*   9

il denaro *money*   18

il dente *tooth*   7

il/la dentista *dentist*   2

desiderare *to wish, desire*   3

destra: a destra (di) *on/to the right (of)*   14

il detersivo *detergent*   15

di *of, from*   1; **di dov'è? / di dove sei?** *where are you from?*   1

il dì *day*

il diario *diary*   13

il dibattito *debate*   17

dica *(from *dire) say, tell;* **mi dica!** *tell me! may I help you?*   14

dicembre *December*   CP

dichiarare *to declare*

la dichiarazione *statement*

dietro *behind*   8

difficile *difficult*   1

il/la dilettante *amateur*   16

dimenticare *to forget*   3

diminuire *(conj. *essere, *avere) to reduce*   15

dinamico *dynamic*   5

il Dio *God*

***dipingere (dipinto)** to paint*   7

***dire (detto)** to say, tell*   8

direttamente *directly*   15

diretto *direct;* **in diretta** *live from*   17

il/la dirigente *manager*   2

***dirigere (diretto)** to manage*   17, *to conduct (music)*

diritto *straight ahead*   14; **il diritto** *right*

la discesa *descent, slope;* **lo sci di discesa** *downhill skiing*   7

il disco *(pl. i dischi) record*   16

la discoteca *discotheque*   1

***discutere (discusso)** to discuss*

disegnare *to draw*   7

il disegnatore / la disegnatrice *designer*   13

il disegno *drawing*   12

la disoccupazione *unemployment*

disonesto *dishonest*   1

disperato *desperate*

la disperazione *despair*   18

***dispiacere (dispiaciuto)** (conj. *essere) to displease, to be sorry;* **mi dispiace** *I'm sorry*   2

disponibile *available*

disposto a *prepared to*

diventare *(conj. *essere) to become*   5

diverso *different*   18

divertente *amusing, fun*   1

divertirsi *to enjoy oneself*   7

***dividere (diviso)** to share*

il divo / la diva *star (famous person)*

divorziato *divorced*   3

la doccia *shower;* ***fare la doccia** to take a shower*   6

il documentario *documentary*   17

il documento *document*   18

il dolce *dessert*   9

la domanda *question;* ***fare una domanda** to ask a question*   6

domandare *to ask*   10

domani *tomorrow*   CP; **a domani** *see you tomorrow*   1

la domenica *Sunday*   CP

la donna *woman*   5

dopo *after*   11

doppiare *to dub (film)*   10

doppio *double;* **il doppio lavoro** *two jobs*

doppiopetto: a doppioppetto *double-breasted*   13

dorato *golden*

dormire *to sleep*   4

il dormitorio *dormitory*   1

dove?/dov'è? *where?/where is it?* CP; **di dov'è/di dove sei?** *where are you from?*   1

il dovere *duty*

***dovere** to have to, must, ought*   7

dovunque *anywhere*

drammatico *dramatic*   10

dubitare *to doubt*   17

durante *during*

durare *(conj. *essere) to last*

duro *hard;* **duro di cuore** *cold-hearted*

E

e, ed *(sometimes before vowels) and*   1

eccitato *excited*   11

ecco *here (it is/they are)*   2

l'ecologia *ecology*   15

ecologico (*m. pl.* ecologici) *ecological*   15

l'ecologista *m. f.* (*m. pl.* gli ecologisti) *ecologist*   15

l'economia *economy*   1

l'edicola *newsstand*

l'edificio (*pl.* gli edifici) *building*

l'edilizia *building industry*

l'editore / l'editrice *publisher*   18

l'effetto serra *greenhouse effect*   15

elegante *elegant*   1

elegantemente *elegantly*   15

elencare *to list*

emancipato *emancipated*   5

l'emigrante *m. f. emigrant*   18

emigrare *to emigrate*   18

l'energia *energy*   15

entrambi *both*

entrare (a, in) (*conj.* *essere) *to enter, go in*   5

l'Epifania *Epiphany*   9

eppure *yet*

l'equitazione *f. horseback riding*   7

l'esame *m. exam;* *dare un esame *to take an exam*   6

esattamente *exactly*   15

l'esempio *example*

*esporre (esposto) *to exhibit*

l'espresso *espresso (coffee)*   11

*essere (stato) (*conj.* *essere) *to be*   1

l'estate *f. summer*   CP

estero: all'estero *abroad*   6

l'estinzione *f. extinction*   15

estremamente *extremely*   15

estroverso *extrovert*   8

l'età *age;* età della pietra *stone age*

l'etichetta *label*

l'etnia *ethnicity*

l'etto *100 grams*

evidente *obvious*   17

F

fa *ago*   5

la fabbrica *factory, plant*   15

faccia (*from* *fare) *do, make;* faccia pure! *help yourself!*   14

la faccia *face*   7

facile *easy;* di facile ascolto *easy to listen to*   16

facilmente *easily*   9

i fagiolini *pl. green beans*   4

il/la falegname *carpenter*

la fame *hunger;* *avere fame *to be hungry*   2

la famiglia *family*   3

famoso *famous*   16

la fantascienza *science fiction;* il film

di fantascienza *science-fiction movie*   10

fantasia: a fantasia *print (pattern, design)*   13

il fantasma (*pl.* i fantasmi) *ghost*

*fare (fatto) *to do, make*   5; fare bel/brutto tempo (caldo, freddo, fresco) *to be nice/bad (hot, cold, cool) (weather)*   6; fare centro *to hit the mark;* fare colazione *to have lunch*   6; fare delle commissioni *to go shopping;* fare due passi *to go for a short walk*   7; fare finta *to pretend;* fare gli auguri *to wish (someone) well*   9; fare i letti *to make the beds*   5; fare il bagno *to take a bath*   6; fare il campeggio *to camp*   7; fare il/la (+ professione) *to be a (+ profession)*   2; fare l'abitudine *to get accustomed;* fare la corsa *to run, jog*   7; fare la corte *to flirt with;* fare la doccia *to take a shower*   6; fare la fila *to wait in/on line*   6; fare la spesa *to shop for groceries*   4; fare le compere *to shop (in general)*   4; fare le valige *to pack (suitcases)*   6; fare lo sconto *to discount*   4; fare male *to hurt;* fare un affare *to make a deal*   4; fare un brindisi *to drink a toast*   9; fare un giro *to go around*   14; fare un lavoro *to have a job*   1; fare un viaggio *to take a trip*   6; fare una domanda *to ask a question*   6; fare una fotografia *to take a photo*   6; fare una passeggiata *to take a walk*   6; fare una telefonata *to make a call*   17; fare uno sport *to play a sport*   6; farsi la barba *to shave*   7; farsi male a *to harm (a part of the body)*

la farina *flour*

la farmacia *pharmacy*   2

il/la farmacista (*m. pl.* i farmacisti) *pharmacist*   2

farsi *see* *fare

la fascia (*pl.* le fasce) *wrapper, cover;* fascia di ozono *ozone layer*   15

il fascino *charm*

faticoso *tiring*   2

la fauna *fauna*   15

favoloso *fabulous*   4

il favore *favor;* per favore *please*   4

febbraio *February*   CP

fedele *faithful*   8

felice *happy*   9

felicemente *happily*   15

la felpa *sweatsuit, sweatshirt*   4

le ferie *holiday(s), vacation;* buone ferie! *have a good vacation!*   9

fermarsi *to come to a stop*   7

il ferro *iron;* il ferro battuto *wrought iron*

ferroviaria: la stazione ferroviaria *railway station*   14

il ferroviere /la ferroviera *railway worker*   18

la festa *party, feast*   3; buone feste! *Happy Holidays!*   9

le fettuccine *pl. flat noodles*   11

la fiamma *flame*

il fianco (*pl.* i fianchi) *hip, side;* a fianco (di) *beside, next (to)*   14

il fico (*pl.* i fichi) *fig*

fidanzarsi *to become engaged*   7

fidanzato *engaged*   3

il fidanzato / la fidanzata *fiance/fiancee*   3

fiero *proud*

il figlio (*pl.* i figli) / la figlia (*pl.* le figlie) *son/daughter*   3

figurarsi *to imagine, suppose;* figurati! *just imagine!*   9

la fila *line, row;* *fare la fila *to wait in/on line*   6

la filastrocca *nursery rhyme*

il film (*pl.* i film) *film, movie* 10; il film dell'orrore *horror movie*   10; il film di avventura *adventure movie*   10; il film di fantascienza *science-fiction movie*   10; il film giallo *spy movie, mystery*   10

la filosofia *philosophy*   1

il finale *ending*

finalmente *finally*   8

la fine *end*

il fine settimana *weekend*

la finestra *window*   CP

finire (isc) *to finish*   4

fino a *as far as, until*   14

il fiore *flower*   5

la firma *signature*

firmato *signed;* i vestiti firmati *designer clothes*   13

la fisarmonica *accordion*   16

fischiare *to boo (lit., to whistle)*   16

fissare *to stare*

fisso *fixed*   4

il fiume *river*   14

il flauto *flute*   16

la flora *flora*   15

la focaccia *bread with oil and salt*

la folla *crowd*   14

folle *crazy*

il fondo *bottom, end;* in fondo a *at the end of*   14; lo sci di fondo *cross-country skiing*   7

indossare *to wear*   13
indovinare *to guess*
infatti *in fact*
l'infermiere / l'infermiera *nurse*   2
l'influsso *influence*
l'informatica *computer science*   1
l'ingegnere *m. f. engineer*   2
l'ingegneria *engineering*   1
ingenuo *naive*
inglese *English*   1
ingrassante *fattening*
iniziare *to begin*
inizio: all'inizio *at the beginning*
innamorarsi *to fall in love*   7
inoltre *besides, furthermore*
l'inquinamento *pollution*   15
inquinare *to pollute*   15
l'insalata *salad*   11
l'insegnante *m. f. teacher*   1
insegnare *to teach*   10
insieme *together*   CP
insistere *to insist*   17
l'insuccesso *failure*
intellettuale *intellectual*   2
intelligente *intelligent, clever*   1
interessante *interesting*   1
l'interno *interior scene*
interpretare *to act (in)* 10;
    interpretato da *played by*   10
l'interprete *m. f. actor*   10
l'intervista *interview*
intimo *very close, intimate*
intorno *around*   10
invano *in vain*
invece *instead*   5, *on the other hand*
l'inverno *winter*   CP
invidiare *to envy*
invitare *to invite*   3
l'invito *invitation*   3
irlandese *Irish*   1
irresponsabile *irresponsible*   1
*iscriversi (iscritto) *to sign up, enroll*
l'isola *island*   6
l'isolato *block*
italiano *Italian*   CP

J

il jazz *jazz*   16

L

il lago (*pl.* **i laghi**) *lake*; ***andare al lago** *to go to the lake*   6
lamentarsi *to complain*
il lampadario *chandelier*
la lana *wool*   13
largo (*m. pl.* **larghi**) *wide*   8
le lasagne *pl. lasagna*   11
lasciare *to leave (something, someone)*   18

il lato *side*; **a lato (di)** *beside, next (to)*   14
il latte *milk*; **il caffè latte** *coffee with hot milk*   11
i latticini *pl. dairy products*
laurearsi *to graduate*   7
la lavagna *board (chalkboard)*   CP
lavare *to wash*   5; **lavarsi** *to wash oneself*   7
lavorare *to work*   3
il lavoro *work, job*   2; ***fare un lavoro** *to have a job*   1; **il lavoro nero** *under-the-table job*
legare *to tie*
la legge *law*   15
*leggere (letto) *to read*   3, 5; **leggete!** *read!*   CP
leggero *light (weight)*   2
il legno *wood*
lentamente *slowly*   15
lento *slow*   15; **i lenti (balli)** *slow dances*
la letteratura *literature*   1
il letto *bed*   6; ***fare i letti** *to make the beds*   5
il lettore /la lettrice *reader*
la lezione *lesson*   1
lì *there*
libero *free*   10; **il libero/la libera professionista** (*m. pl.* **professionisti**) *self-employed person*
il libraio / la libraia *bookseller*
la libreria *bookstore*   1
il libro *book*   CP; **libro tascabile** *pocket/paperback book*
licenziare *to fire*
la linea *line*; **la linea aerea** *airline*
la lingua *language, tongue*; **le lingue straniere** *foreign languages*   1
la lira *lira (Italian currency)*   4
la lirica *opera (genre)*   16
litigare *to quarrel*   3; **litigarsi** *to quarrel with someone*   7
il litro *liter*
il locale *place, premises*; **locale per ricevimento** *reception hall*
lontano (da) *far (from)*   6
la lotta *struggle, fight*
il lotto *lottery*
la luce *light*   12
luglio *July*   CP
la luna *moon*; **luna di miele** *honeymoon*
il lunedì *Monday*   CP
lungo (*m. pl.* **lunghi**) *long*   1; **più a lungo** *at greater length*   10
il luogo (*m. pl.* **i luoghi**) *place*
il lupo *wolf*

M

ma *but*   1
i maccheroni *pl. macaroni*   8
la macchina *car, machine*; ***andare in macchina** *to go by car*   6; **macchina da scrivere** *typewriter*; **macchina fotografica** *camera*   6; **noleggiare una macchina** *to rent a car*   6
la macelleria *butcher shop*   4
la madre *mother*   3
magari *perhaps*
il magazzino: il grande magazzino *department store*   14
maggio *May*   CP
maggiore *bigger, greater, elder*   15; **il maggiore** *the eldest*   15
la maglietta *T-shirt*   4
magro *thin*   1
mai *ever*; **non...mai** *never*   3, 14
il maiale *pork*   11
il male *harm, ill, evil*; **non c'è male** *not too bad*   1
male *adv. ill, bad, badly*; ***stare male** *to be ill*   6; **sto male** *I'm not well*   1
la mamma *mom*   3
la mancanza (di) *lack (of)*
mancare (*conj.* ***essere**) *to miss, to be missing*
mandare *to send*   3
la mandorla *almond*
mangiare *to eat*   3
la manica (*pl.* **maniche**) *sleeve*   13
la mano (*pl.* **le mani**) *hand*   7; ***dare la mano** *to shake hands*   6; ***dare una mano** *to give a hand*   6; **in mano** *in one's hand*   8; **la mano d'opera** *labor*   18
il mantello *cloak*
*mantenere *to support*   18
il manzo *beef*   11
il marciapiede *sidewalk*
il mare *sea, seashore, beach*; ***andare al mare** *to go to the beach*   6; **i frutti di mare** *seafood*   11
i marinaio (*pl.* **marinai**) *sailors*
il marito *husband*   3
la marmellata *jam*   11
il marmo *marble*   12
marrone *brown*   CP
il martedì *Tuesday*   CP
marzo *March*   CP
la maschera *mask, commedia dell'arte character*   8
mascherato *masked*
massimo *very big, very great, biggest*   15; **al massimo** *at the most*
la matematica *mathematics*   1
la materia *academic subject*   1

la matita *pencil* CP
il matrimonio *matrimony, wedding*
la mattina *morning;* **di mattina / la mattina** *in the morning* 3; **stamattina** *this morning* 5
la medicina *medicine* 18
il medico (*pl.* i medici) *doctor* 2
meglio *adv. better* 15
la mela *apple* 4
la melanzana *eggplant*
il melone *melon* 4
il membro *member* 3
meno *minus, less* 4, *fewer* 15; **a meno che** *unless* 17; **il meno... the least . . .** 15; **il meno possibile** *as little as possible*
la mensa *cafeteria* 1
mentre *while* 12
il mercato *market;* **a buon mercato** *cheap, inexpensive* 4
il mercoledì *Wednesday* CP
la merenda *afternoon snack* 11
meridionale *southern*
mescolare *to mix, stir,* 11
il mese *month* CP; **tutti i mesi** *every month* 12
la messa *mass (religious ceremony)*
messicano *Mexican* 1
la meta *aim, goal, final place*
la meteo *weather forecast* 17
il metro *meter*
la metropolitana *subway* 14
*mettersi (messo) *to put on (clothes)* 7; **mettersi d'accordo** *to come to an agreement*
mezzanotte *midnight* 4
il mezzo *means* 17; **i mezzi** *pl.* **di comunicazione** *media* 17
mezzo *half* 4; **la mezza pensione** *(room and) half board (two meals)* 6
mezzogiorno *noon* 4
la mezzosoprano *mezzosoprano* 16
mi: **mi chiamo** *my name is* 1; **mi dica!** *tell me! may I help you?* 14; **mi dispiace** *I'm sorry* 2; **mi interessa** *I'm interested in;* **mi sembra** *it seems to me* 17
migliore *adj. better* 15; **il migliore... *the best . . .* 15
la minaccia (*pl.* le minacce) *threat*
il minatore *m. f. miner* 18
la minestra *soup* 11
la minigonna *miniskirt* 13
minimo *very small, smallest* 15
minore *lesser, smaller, younger* 15; **il minore** *the youngest* 15
il miracolo *miracle*
il mobile *furniture*

i mocassini *pl. mocassins* 13
la moda *fashion* 13; ***andare di moda** *to be fashionable* 13; **di moda** *in style* 13; **la sfilata di moda** *fashion show* 13; **vestirsi alla moda** *to dress fashionably* 13
il modello / la modella *model* 13
moderno *modern* 16
il modo *way, manner, means;* **i modi di dire** *sayings*
modico (*m. pl.* modici) *reasonable* 4
la moglie (*pl.* le mogli) *wife* 3
molto *adj. much, a lot of* 1; *adv. very* 2, *a lot* 15; **non...molto spesso** *not too often* 3; **molti** *adj., pron. many* 1, 12
la monaca *nun* 13
il monaco (*pl.* i monaci) *monk, friar*
il mondo *world* 10
monotono *monotonous* 2
la montagna *mountain;* ***andare in montagna** *to go to the mountains* 6
il monumento *monument* 14
*morire (morto) (*conj.* *essere) *to die* 5; **la natura morta** *still life* 12
il mosaico (*pl.* mosaici) *mosaic*
la mostra *exhibition* 12; *show*
mostrare *to show* 4
la motocicletta *motorcycle;* ***andare in motocicletta** *to go by motorcycle,* 6
la mozzarella *mozzarella* 4
la multa *fine*
il municipio (*pl.* i municipi) *town hall* 14
il muratore *m. f. bricklayer* 18
muscoloso *muscular* 12
il museo *museum* 12
la musica *music* 16; **musica dal vivo** *live music* 16; **musica leggera** *light music*
musicale *musical* 16
il / la musicista (*m. pl.* i musicisti) *musician* 16

N

*nascere (nato) (*conj.* *essere) *to be born* 5
*nascondere (nascosto) *to hide*
il naso *nose* 7
il Natale *Christmas* 9; **l'albero di Natale** *Christmas tree* 9; **il Babbo Natale** *Santa Claus* 9; **buon Natale!** *Merry Christmas!* 9
la natura *nature* 15; **natura morta** *still life* 12
naturale: **la risorsa naturale** *natural resource* 15

nautico: **lo sci nautico** *waterskiing* 7
la nave *ship, boat;* **nave a vapore** *steamboat* 18
ne *some (of it/of them), about (it, them)* 10; **quanti ne abbiamo?** *what's the date?* 4
nè...nè *neither...nor* 14; **neanche, non...neanche** *not even* 14
necessario *necessary* 17
il negozio (*pl.* i negozi) *store* 2
il nemico (*pl.* i nemici) / la nemica *enemy*
neppure *neither, either*
nero *black* CP
nervoso *nervous* 1
nessuno: **non...nessuno** *nobody, no one* 14
la neve *snow*
niente: **non...niente** *nothing* 14
il/la nipote *nephew/niece, grandchild* 3
no *no*
la noia *boredom*
noioso *boring* 1
noleggiare (una macchina...) *to rent (a car . . .)* 6
il nome *name*
non *not* CP; **non c'è male** *not too bad* 1; **non importa** *it doesn't matter;* **non toccare!** *do not touch!* 12; **non vedo l'ora (di)** *I can't wait* 6; **non...affatto** *not at all* 14; **non...ancora** *not yet* 9; **non...che** *nothing but* 14; **non...mai** *never* 3, 14; **non...molto spesso** *not too often* 3; **non...neanche** *not even* 14; **non...nessuno** *nobody, no one* 14; **non...niente/nulla** *nothing* 14; **non...più** *no longer* 14
il nonno / la nonna *grandfather/grandmother* 3
nonostante *although* 17, *in spite of*
la nostalgia *homesickness* 18
notare *to notice, to remark*
la notizia *(piece of) news*
il notiziario / le notizie *news* 17
noto *well-known*
la notte *night;* **buona notte** *good night* 1; **la notte / di notte** *in the night* 3
novembre *November* CP
nubile *single*
nucleare *nuclear* 15
nudo *naked, nude* 12
nulla: **non...nulla** *nothing* 14
il numero *number* CP, *size* 4, *issue*

nuotare *to swim*   7
il nuoto *swimming*   7
nuovo *new*   1

O

gli occhiali *pl. (eye)glasses*   13
l'occhio (*pl.* **gli occhi**) *eye*   7
occidentale *western*
***occorrere (occorso)** (*conj.* ***essere**) *to need, to be necessary*
odioso *hateful*   16
l'offerta *offer*   6
***offrire (offerto)** *to offer*   4
l'oggetto *object*
oggi *today*   CP
ogni *inv. every*   12
ognuno *everyone, everybody*   16
l'olio (*pl.* **gli oli**) *oil*   11
l'omaggio (*pl.* **gli omaggi**) *free gift*   4
l'ombra *shadow, shade, dark element*   12
l'ombrello *umbrella*   13
l'ombrellone *beach umbrella*
l'onda *wave*   16; ***andare in onda** *to go on the air*   17
onesto *honest*   1
l'opera *opera*   1; **la mano d'opera** *labor*   18; **opera d'arte** *artwork*   12
l'opuscolo *brochure*   6
ora *now*
l'ora *hour, time*   4; **a che ora?** *at what time?*   4; **che ora è / che ore sono?** *what time is it?*   4; **è ora** *it's time*   17; **non vedo l'ora (di)** *I can't wait*   6; **ora di punta** *rush hour*
l'orario *timetable, schedule* 2; **in orario** *on time*   4
ordinare *to order*
l'orecchio (*pl.* **le orecchie**) *ear*   7
ormai *by now*
l'oro *gold*   12
l'orologio (*pl.* **gli orologi**) *clock, watch*   1
l'orrore *m. horror*; **il film dell'orrore** *horror movie*   10
l'orso *bear*   15
gli ortaggi *pl. vegetables*
l'ospedale *m. hospital*   2
l'ospite *m. f. guest*   9
l'ostello *hostel*   6
l'ostrica *oyster*
ottimo *very good*   15; **l'ottima conoscenza** *native fluency*
l'ottimista *m. f.* (*m. pl.* **gli ottimisti**) *optimist*

ottobre *October*   CP
ovvio *obvious*

P

la pace *peace*
il padre *father*   3
il paesaggio (*pl.* **i paesaggi**) *landscape*   12
il paese *village, country*   18
pagare *to pay*   3
il pagliaccio (*pl.* **i pagliacci**) *clown*
il paio (*pl.* **le paia**) *pair*
il palazzo *palace, mansion*; **palazzo di appartamenti** *apartment complex*   14
il palcoscenico (*pl.* **i palcoscenici**) *stage (theater)*   16
la palestra *gym*   1
la pallacanestro *basketball*   7
la pallavolo *volleyball*   7
il pallone *ball*   10
la pancia (*pl.* **le pance**) *stomach*
il pane *bread*   4; **pane tostato** *toast*   11
la panetteria *bakery (breads)*   4
il panettone *Christmas cake*   9
il panino *sandwich*   11
i pantaloncini *pl. shorts*   4
Pantalone *commedia dell'arte character*   8
i pantaloni *pl. pants*   4
le pantofole *pl. slippers*
il papa (*pl.* **i papi**) *pope*   12
il papà (*pl.* **i papà**) *dad*   3
paragonare *to compare*
parcheggiare *to park*   14
il parcheggio (*pl.* **i parcheggi**) *parking lot*   1
il parco (*pl.* **i parchi**) *park*   1
il/la parente *relative*   3
parere: a mio parere *in my opinion*   15
la parete *wall*   12
pari *even (number)*
parlare *to speak, talk*   3
la parola *word*
il parrucchiere / la parrucchiera *hairdresser*
la parte *role*   10
partecipare *to participate, take part*   15
la partenza *departure, leaving*
il particolare *detail*; **i particolari** *distinguishing marks*
partire (*conj.* ***essere**) *to leave (depart)*   4
la partita *game*   10
il partito *political party*

la Pasqua *Easter*   9; **buona Pasqua!** *Happy Easter*   9
pasquale: la colomba pasquale *dove-shaped Easter cake*   9
il passaporto *passport*   6
passare *to spend (time)*   5, *to undergo*
il passatempo *leisure activity, pastime*   7
il passeggero / la passeggera *passenger*   16
la passeggiata *walk, stroll*; ***fare una passeggiata** *to take a walk*   6
il passo *step*; **a due passi (da)** *a short distance (from)*   14; ***fare due passi** *to go for a short walk*   7
la pasta *pastry, pasta, paste*; **pasta di mandorle** *almond paste*; **le paste** *pastries*   4
la pasticceria *pastry shop*   4
il pasto *meal*   11
la patata *potato*   4
le patatine fritte *pl. French fries*
la patria *homeland*   10
il pattinaggio (su ghiaccio) *ice skating*   7
pattinare *to skate*   7
la paura *fear*; ***avere paura** *to be afraid*   2
la pazienza *patience*; **abbia pazienza!** *be patient!*   14
pazzo *crazy*
il peccato *sin, pity*; **peccato!** *what a pity!*   2
la pecora *sheep*
il Pecorino *sheep's-milk cheese*
peggio *adv. worse*   15
peggiore *adj. worse*   15
la pelle *skin, hide, leather*; **di/in pelle** *in leather*   13
la pelliccia (*pl.* **le pellicce**) *fur*
la pellicola *film*
la pena *trouble, pain*; **valere la pena** *to be worthwhile, worth it*   12
il/la pendolare *commuter*
il pendolino *high-speed train*
la penna *pen*   CP, *feather*; **le penne** *type of pasta*   11
pensare (a/di) *to think (about)*   17
il pensiero *thought, opinion*
la pensione *inn*   6; **mezza pensione** *(room and) half board (two meals)*   6; **pensione completa** *(room and) full board*   6
pentirsi *to regret*
il pepe *pepper*   11
i peperoni *pl. peppers*

per *for, in order to* 8; **per carità** *for heaven's sake;* **per caso** *by chance* 8; **per favore** *please* 4; **per fortuna** *fortunately;* **per primo (secondo, terzo...)** *as a first (second, third . . .) course* 11
la pera *pear* 4
perchè *because* 5, *so that* 7; **perchè?** *why?* CP
***perdere (perso)** *to lose* (5)
il pericolo *danger;* **in pericolo** *in danger* 15
pericoloso *dangerous* 2
la periferia *outskirts* 14
***permettere (permesso)** *to permit, allow;* **permetterei** *I would allow*
il personaggio *(pl.* **i personaggi)** *character* 10
il personale *staff, personnel*
pesante *heavy* 2
la pesca *peach; fishing*
il pesce *fish* 4
la pescheria *fish store* 4
pessimo *adv. very bad* 15
il pesto *sauce made of basil and olive oil* 11
il pettegolezzo *gossip*
pettinarsi *to comb one's hair* 7
il pezzo *piece*
***piacere (conj. *essere) *to like, to be pleasing* 11; **piacere** *pleased to meet you* 1
il pianeta *(pl.* **i pianeti)** *planet, Earth* 15
***piangere (pianto)** *to cry*
piano *soft (music)*
il piano *floor*
il pianoforte *piano* 16
la pianta *plant, tree* 15
la pianura *plain*
il piatto *dish, plate* 8, *course* 11
la piazza *town square* 1
piccolo *small, little* 1
il piede *foot* 7; **a piedi** *on foot*
pieno (di) *full (of)*
la pietra *stone;* **pietra preziosa** *precious stone* 12
pigro *lazy* 1
il pilota *m. f. (m. pl.* **i piloti)** *pilot* 2
la pipa *pipe*
la piscina *swimming pool* 6
i piselli *pl. peas*
il pittore / la pittrice *painter* 12
la pittura *painting (art form)* 12
più *more, plus* 4; **il più...** *the most . . .* 15; **non...più** *no longer* 14; **più a lungo** *at greater length* 10

il pizzo *lace*
la plastica *plastic* 15
po': **un po' di** *some, a little, a bit of* 8
poco *adj. or adv. little* 15
il podismo *fast walking* 7
il poeta *m. f. (pl.* **i poeti)** *poet* 2
poi *then*
poliestere: **di/in poliestere** *in polyester* 13
il politico *politician*
il poliziotto *m. f. police officer* 18
il pollo *chicken* 11
il pomeriggio *(pl.* **i pomeriggi)** *afternoon* 3; **buon pomeriggio** *good afternoon* 1; **di / il pomeriggio** *in the afternoon* 3
il pomodoro *tomato* 4
il ponte *bridge* 14
popolare *popular* 8, *v. to fill*
il popolo *people (of a nation), populace*
la porta *door* CP
il portafoglio *(pl.* **i portafogli)** *wallet* 8
portare *to bring* 10, *to wear* 4
il portico *(pl.* **i portici)** *arcade*
il porto *port* 6
possessivo *possessive* 5
possibile *possible* 17
la posta *post office* 14; *mail;* **posta elettronica** *E-mail* 17
postale: **l'ufficio postale** *post office* 14
il posto *place* 6
***potere** *to be able (to), may, can* 7
povero *poor* 8; **povero me!/te!...** *poor me!/you! . . .* 11
il pranzo *lunch* 11
praticare *to practice, engage (be active) in;* **praticare uno** *sport to play a sport* 7
pratico *practical* 13
la precedenza *right of precedence*
preferire (isc) *to prefer* 4
preferito *favorite*
prego *please, you're welcome* 2
il premio *prize*
***prendere (preso)** *to take* 3, *to pick up, fetch* 11; **prendere il sole** *to sunbathe, to tan* 6; **prendere in giro** *to tease;* **prendete!** *take* CP
prenotare *to make reservations* 6
preparare *to prepare* 3; **preparare la tavola** *to set the table* 5
il preparativo *preparation* 9
presentarsi *to introduce each other*
il presentatore / la presentatrice *anchorperson* 17

il presepio *(pl.* **i presepi)** *Nativity scene* 9
preservare *to preserve* 15
prestare *to lend* 10
prestigioso *prestigious* 2
presto *early* 4, *very fast (music);* **a presto** *see you soon* 1
il prete *priest* 18
***prevedere (previsto)** *to anticipate*
le previsioni *pl.* **del tempo** *weather forecast* 17
prezioso: **la pietra preziosa** *precious stone* 12
il prezzo *price* 4
primo *adj.,* **prima** *adv. first;* **per primo** *as a first course* 11; **la prima colazione** *breakfast* 11; **il primo piatto** *first course*
la primavera *spring* CP
privato *private* 17
privo (di) *deprived of, without;* **privo d'anima** *soulless*
probabile: **è probabile** *it's probable* 17
il problema *(pl.* **i problemi)** *problem* 1
il prodotto *product, goods* 4; **prodotto alimentare** *food product;* **prodotto artigianale** *craft*
la professione *profession* 2
professionista *(m. pl.* **professionisti)** *professional* 5
il professor(e) / la professoressa *professor* 1
il progetto *project, plan* 15
il programma *(pl.* **i programmi)** *program* 17
il progresso *progress* 17
proibire (isc) *to prohibit, forbid* 15
pronto (a) *ready (to);* **pronto, chi parla?** *hello, who's speaking?* 3
proposito: **a proposito** *by the way*
proprio *adv. just, really, exactly*
il prosciutto *ham* 4
prossimo *next* 10
***proteggere (protetto)** *to protect* 15
provare *to try (on)* 4
la psicologia *psychology* 1
lo psicologo / la psicologa *(m. pl.* **gli psicologi)** *psychologist* 2
la pubblicità *(pl.* **le pubblicità)** *advertisement*
pubblico *(m. pl.* **pubblici)** *public, state* 17
il pugilato *boxing*
il pugile *m. f. boxer* 18
Pulcinella *commedia dell'arte character* 8

pulire (isc) *to clean*   4
puntate: a puntate *in installments, serial*   17
il punto *point;* **dal mio/tuo...punto di vista** *from my/your...point of view* 15; **in punto** *at...sharp*   4
può darsi *it may be*   17
purchè *provided that*   17
pure: faccia pure! *help yourself!*   14
purtroppo *unfortunately*   2

Q

il quaderno *notebook*   CP
quadri: a quadri *checked (pattern, design)*   13
il quadro *picture, painting*   12
qualche *some*   8, 16 *a few*   16; **qualche cosa (qualcosa)** *something, anything*   16; **qualche volta** *sometimes*   3
qualcuno *someone, anyone, anybody* 16
quale *who, whom, that, which*   16; **quale?** *which?*   1; **qual è la data?** *what's the date?*   4
qualunque *any (at all), any sort of* 16
quando? *when?*   CP
quanto? *how much?*   CP; **quant'è?** *how much is it?*   4; **quanti?** *how many?*   CP; **quanti ne abbiamo?** *what's the date?*   4; **quanto dista?** *how far is it?;* **quanto fa...?** **quanto costa** *how much is . . . ?*   4; **quanto viene?** *how much does it cost/come to?;* **tanto...quanto** *as . . . as, as much as*   15
il quartiere *district*   14
il quarto *quarter*   4
quasi *almost, nearly*   12
quello *that, that one*   6; **quelli che** *those who;* **quello/quel che** *what (that which), whatever*   16
questo *this, this one*   6
quindi *therefore*
il quotidiano *daily paper*

R

la raccolta *gathering, collection*   15
raccontare *to tell, recount*   18
la radio *radio*   10
il ragazzo / la ragazza *boy/girl*   3
***raggiungere (raggiunto)** *to reach*
la ragione *reason;* ***avere ragione** *to be right*   2
il rame *copper*
il rap *rap (music)*   16
raramente *rarely, seldom*   15
la recensione *review*   10

recentemente *recently*   15
recitare *to play (a role)*   10, *to perform*
la redazione *editing, editorial staff*
regalare *to give (as a present)*   10
il regalo *present, gift*   3
la regia *direction, directing (movies, etc.);* **la regia di...** *directed by . . .*   10
il/la regista *movie director*   10
regolare *regular*   15
regolarmente *regularly*   12
***rendere (reso)** *to return, give back* 10; **rendersi conto** *to become aware*
la repubblica *republic*
la residenza *residence*
respirare *to breathe*   15
responsabile *responsible*   1
restare (conj. *essere) *to stay, remain* 5
restituire (isc) *to give back*   4
la rete *network*   17
ricamato *embroidered*
il ricamo *embroidery*
il ricatto *blackmail*
ricco *(m. pl. ricchi) rich*   8
ricercato *desirable*
la ricetta *recipe*   9
ricevere *to receive*   3
la ricevuta *receipt*
***richiedere (richiesto)** *to require*
il riciclaggio *recycling*   15
ricordare *to remember*   8
il ricordo *souvenir, memory*
***ridere (riso)** *to laugh*
riempire *to fill*
rifiutare *to refuse, decline*   10
i rifiuti *pl. waste*   15
la riga *line*   1, *seam*
rilassarsi *to relax*   7
***rimanere (rimasto)** *(conj. *essere) to remain*   18
rinnovare *to renew it*
ripetere *to repeat;* **ripetete!** *repeat!* CP
riposarsi *to rest*   7
la riserva *reserve*   15
il riso *rice*   11
la risorsa naturale *natural resource* 15
il risotto *rice cooked with broth*
risparmiare *to save*   4
il risparmio *savings*   18
rispettare *to respect*   15
***rispondere (risposto) (a)** *to respond, answer;* **rispondete!** *answer!*   CP
la risposta *answer*   CP
il ristorante *restaurant*   2
il ritardo *delay;* **in ritardo** *late*   4
i ritmi blues *blues*   16

ritornare *(conj. *essere) to return, go/come back*   5
il ritratto *portrait*   12
***riuscire** *(conj.*essere) to succeed*
la rivista *magazine*   14
***rivolgersi (rivolto)** *to address*
la roba *merchandise*
il rock *rock (music)*   10
romantico *(m. pl. romantici) romantic* 5
il romanzo *novel*
***rompersi (rotto)** *to break*
rosa *pink*   12
rosso *red*   CP
rubare *to steal*
il rumore *noise*   14
rumoroso *noisy*
il ruolo *role*
russo *Russian*   1

S

il sabato *Saturday*   CP
la sabbia *sand*
il sacco *(pl. i sacchi) bag;* **sacco a pelo** *sleeping bag*   6
il saldo *sale (discounted prices)*   4; **in saldo** *on sale*   13
il sale *salt*   11
***salire** *(conj. *essere, *avere) to go up, climb (up)*   5
il salotto *living room;* **in salotto** *in the living room*   8
la salsa *sauce*   11
saltare *(conj. *essere, *avere) to jump, to skip*
la salumeria *delicatessen*   4
i salumi *pl. cold cuts*   4
salutarsi *to greet each other*
la salute *health;* **alla salute!** *cheers!* 9
salvaguardare *to safeguard*   15
salvare *to save*
i sandali *pl. sandals*   13
il sangue *blood*
sano *healthy*
la Santa Sede *Holy See*
il santo / la santa *saint*   12
***sapere** *to know*   9; **saperla lunga** *to know a thing or two*
il sarto / la sarta *tailor/dressmaker* 13
il sassofono *saxophone*   16
satellite: via satellite *by satellite*   17
sbagliarsi *to be mistaken*
sbattere *to beat*
gli scacchi *pl. chess*
lo scaffale *shelf*
le scale *pl. stairs*
scambiarsi *to exchange*   9

la scampagnata *outing, picnic*
gli scampi *pl. shrimp (prawns)* 11
la scarpa *shoe* 4; le scarpe da tennis *sneakers* 13
le scarpette *pl.* da ginnastica *gym shoes* 13
la scatola *box*
lo scavo *excavation*
*scegliere (scelto) *to choose*
la scelta *choice*
scemo *idiot*
*scendere (sceso) (*conj.* *essere, *avere) *to go down, to get off* 5
lo sceneggiato *serial* 17
lo schermo *screen* 10; il piccolo schermo *small screen, TV* 17
scherzare *to joke, jest*; scherzi! *you must be kidding!*
schifoso *disgusting*
lo sci (*pl.* gli sci) *ski, skiing*; sci di discesa *downhill skiing* 7; sci di fondo *cross-country skiing* 7; sci nautico *waterskiing* 7
lo scialle *shawl*
sciare *to ski* 3
lo scienziato / la scienziata *scientist* 18
le scienze *pl.* politiche *political science* 1
lo sciopero *strike*
scolpire *to sculpt* 12
lo sconto *discount*; *fare lo sconto *to discount* 4
lo scontrino *receipt* 4
la scoperta *discovery*
lo scopo *purpose*
*scoprire (scoperto) *to uncover, expose* 13, *to discover*
scorso *last, past* 5
lo scrittore / la scrittrice *writer* 2
la scrivania *teacher's desk* CP
*scrivere (scritto) *to write* 3, 5; scrivete! *write!* CP
lo scultore/la scultrice *sculptor* 12
la scultura *sculpture* 12
la scuola *school* 2
scuro *dark* 12
la scusa *excuse*
scusi *excuse me* 2, 14
se *if* 18; se no *otherwise*
sebbene *although* 17
secco (*m. pl.* secchi) *dry*
il secolo *century* 18
secondo *second*; per secondo *as a second course* 11; la seconda guerra mondiale *Second World War*
secondo *prep. according to*; secondo me/te... *according to me/you . . .* 11, *in my opinion*

*sedersi *to sit down*
la sedia *chair* CP
segnare *to mark*
il segretario / la segretaria *secretary* 2
la segreteria *registrar's office*; segreteria telefonica *answering service*
seguente *following*
seguire *to follow* 4
il semaforo *traffic light* 14
sembrare (*conj.* *essere) *to seem* 10; mi/ti...sembra *it seems to me/you . . .* 17
il seme *seed*
la semiotica *semiotics* 1
sempre *always* 3
il senso unico *one way (street)*
senta! (*from* sentire) *listen!* 14
sentimentale *sentimental* 5
sentire *to hear, to feel* 4; sentirsi *to feel* 7
senza *without* 11
separarsi *to separate* 7
separato *separated* 3
la sera *evening*; buona sera *good evening* 1; di sera / la sera *in the evening* 3; stasera *this evening* 5
serale *evening adj.*
la serata *evening*
sereno *calm* 16
serio *serious* 5
la serra *greenhouse*; l'effetto serra *greenhouse effect* 15
servire *to serve* 4, *to be necessary*
il servizio (*m. pl.* i servizi) *reportage*
la seta *silk* 4; di/in seta *made of silk* 13
la sete *thirst*; *avere sete *to be thirsty* 2
il Settecento *the eighteenth century*
settembre *September* CP
settentrionale *northern*
la settimana *week* CP; alla settimana *per week*
il settimanale *weekly*
la sfilata *parade*; sfilata di moda *fashion show* 13
sfoggiare *to show off*
sfogliare *to glance through*
lo sfondo *background*
sfortunato *unlucky, unfortunate* 8
lo sfruttamento *exploitation*
lo sguardo *gaze*
sì *yes* 2
si accomodi! *make yourself comfortable!* 14
sia gentile! *be kind!* 14

sicuro *sure, certain* 17
il signor(e) / la signora *Mr./Mrs. (Ms.)* 3; la signorina *Miss (Ms.)* 1
simpatico (*m. pl.* simpatici) *nice, pleasant* 1
sincero *sincere* 1
il sindacato *trade union*
il sindaco *m. f.* (*pl.* i sindachi) *mayor*
sinistra: a sinistra (di) *on/to the left (of)* 14
*smettere (smesso) *to stop, quit (doing something)*; smetterla *to quit, cut it out*
snello *thin, slender* 1
soave *soft* 16
socievole *sociable, friendly* 14
il socio / la socia *member* 7
il soffitto *ceiling* 12
*soffrire (sofferto) *to suffer* 4
il soggetto *topic, plot* 10
il soggiorno *stay* 6
sognare *to dream*
il sogno *dream* 16
solare *solar* 15
i soldi *pl. money* 18
il sole *sun*; *prendere il sole *to sunbathe* 6
solito: di solito *usually* 12
solo *adj. only, single, adv. only*; da solo *alone* 10
soltanto *adv. only*
il sondaggio (*pl.* i sondaggi) *survey*
il sonno *sleep, sleepiness*; *avere sonno *to be sleepy* 2
sonora: la colonna sonora *sound track* 10
sopra *above, up* 8
il/la soprano *soprano* 16
*sopravvivere (sopravvissuto) (*conj.* *essere, *avere) *to survive*
la sorella *sister* 3
sorpassare *to pass, overtake*
la sorpresa *surprise* 8
sorpreso *surprised* 17
*sorridere (sorriso) *to smile* 16
il sorriso *smile*
sotto *under* 8
il sottotitolo *subtitle*
gli spaghetti *pl. spaghetti* 11; spaghetti-western *pl. spaghetti westerns (film)* 10
spagnolo *Spanish* 1
spaventare *to scare away*
lo spazzino / la spazzina *roadsweeper*
lo specchio (*pl.* gli specchi) *mirror*
speciale *special* 6
la specialità (*pl.* le specialità) *specialty* 11

specialmente *specially*   15
la specie *inv. species*   15
spedire (isc) *to send, mail*   4
***spegnere (spento)** *to put out (light), to shut off (TV)*   9
spendere *to spend (money)*
la speranza *hope*   10
sperare (di) *to hope*   17
sperimentale *experimental, strange*
la spesa *shopping;* ***fare la spesa** *to shop for groceries*   4
spesso *often*   3; **non...molto spesso** *not too often*   3
lo spettacolo *performance, show*   10; **spettacolo di luci e suoni** *light-and-sound show;* **spettacolo di varietà** *variety show*   17
la spiaggia *(pl.* **le spiagge)** *beach*   6
spiegare *to explain*   10
gli spinaci *pl. spinach*   4
spiritoso *amusing*
lo sport *sport;* ***fare/praticare uno sport** *to play a sport*   6/7
sportivo *active in sports*   1, *casual (clothes)*   13; **il campo sportivo** *playing field*   1
lo sportivo / la sportiva *athlete*   18
sposarsi *to get married*   7
sposato *married*   3
spostarsi *to move*
lo spot *(pl.* **gli spot)** **pubblicitario** *TV ad*   17
lo spumante *sparkling wine*   9
lo spuntino *sandwich, snack*   11
la squadra *team*
squisito *delicious*   11
stabilirsi *to settle down*   18
lo stadio *(pl.* **gli stadi)** *stadium*   1
la stagione *season*   CP; **stagione lirica** *opera season*
stamattina *this morning*   5
la stampa *print*   12, *press*
stancarsi *to get tired*
stanco *(m. pl.* **stanchi)** *tired*   5
stanotte *tonight*   5
***stare** *(conj.* ***essere)** *to stay, remain, to be*   6; **stare attento** *to pay attention*   6; **stare bene/male** *to be well/ill*   6; **stare zitto** *to keep quiet*   6
stasera *this evening*   5
lo stato civile *marital status*
la statua *statue*   14
la statura *height*
la stazione *station;* **stazione ferroviaria** *railway station*   14; **stazione sciistica** *ski resort*
la stella *star, famous actor*   17
stesso *same*   1

stia *(from* ***stare)** *be, stay;* **stia zitto!** *be quiet!*   14
lo/la stilista *(m. pl* **gli stilisti)** *designer*   13
lo stipendio *(pl.* **gli stipendi)** *stipend, salary*   2
stirare *to press, iron (clothes)*   5
gli stivali *pl. boots*   13
sto: sto bene/benissimo/così così/male *I'm well/very well/so-so/not well*   1
la storia *history*   1
la strada *street*   14
straniero *foreign;* **le lingue straniere** *foreign languages*
straordinario *(m. pl.* **straordinari)** *extraordinary*   12; **gli straordinari** *pl. overtime pay*
la strega *witch*
stressante *stressful*   2
stretto *tight, narrow*   13
***stringere (stretto)** *to hug, hold close*
la strofa *stanza*
lo strumento *musical instrument*   16
lo studente / la studentessa *student*   1
studiare *to study*   3
su *on, about*   8; **su!** *come on!*
il succo *(pl.* **i succhi)** **d'arancia** *orange juice*
suggerire (isc) *to suggest*   4
il sugo *(pl.* **i sughi)** *meat sauce*   11
il suocero / la suocera *father-in-law/mother-in-law*   3
il suolo *soil*
suonare *to play (music)*   16; **suonare bene** *to sound good*
il suonatore / la suonatrice *player*
superare *to overcome*
lo svantaggio *(pl.* **gli svantaggi)** *disadvantage*
svedese *Swedish*   1
la sveglia *alarm clock*
svegliarsi *to wake up*   7
sviluppare *to develop*
lo sviluppo *development*
***svolgere (svolto)** *to perform, play (a role);* ***svolgersi** *to take place*   10
la svolta *turning point*

T

il tacchino *turkey*   9
la taglia *size*   4
tagliare *to cut*   11; **tagliato fuori** *cut off*
il tailleur *(pl.* **i tailleur)** *two-piece suit*   13

il tamburo *drum*   16
tanto *adj. so much/many, adv. so much;* **tanti auguri** *lots of good wishes*   9; **tanto...quanto** *as . . . as, as much as*   15
il tappeto *carpet*
tardi *adv. late*   4
la tasca *pocket*   13
la tassa *tax*   18; **tassa universitaria** *tuition*
il/la tassista *taxi driver*   2
la tavola *table;* **preparare la tavola** *to set the table*   5; **tavola calda** *self-service*
la tazza *cup*   11
il teatro *theater*   1
tedesco *(m. pl.* **tedeschi)** *German*   1
il telecomando *remote control*   17
il telefilm *(pl.* **i telefilm)** *TV movie*   17
la telefonata *telephone call;* ***fare una telefonata** *to make a call*   17
il telefonino *cellular phone*   17
il telefono *telephone;* **al telefono** *on the telephone*   3
il telegiornale *TV news*   17
la telenovela, il teleromanzo *soap opera*   17
il telespettatore / la telespettatrice *TV viewer*
la televisione *TV*   17; **alla televisione** *on TV;* **televisione a pagamento** *pay-TV, cable TV*
televisivo *(referring to)* *TV*   17
il televisore *TV set*   17
il tema *(pl.* **i temi)** *theme, composition*
temere *to be afraid (of), to fear*   17
il tempo *time, weather, speed (music);* **che tempo fa?** *what's the weather like?*   6; **tempo libero** *free time*
la tenda *tent*   6
***tenere (tenersi)** *to hold, to keep*   18
tenero *tender, soft*
il tennis *tennis*   7; **le scarpe da tennis** *sneakers*   13
il/la tennista *tennis player*   18
il tenore *tenor*   16
tentare *to attempt, try;* **tentare la fortuna** *to try one's luck*
le terme romane *Roman baths;* ***andare alle terme** *to go to the spas*   6
la terra *land, soil*
il terrazzo *terrace*   14
il terreno *ground*

terzo *third;* **per terzo** *as a third course*
11; **il terzo millennio** *third
millennium, year 2000;* **il terzo
mondo** *third world*
la tesi *(pl. le tesi) thesis*
il tesoro *treasure*
il tessuto *fabric* 13
il tetto *roof* 14
ti: **ti prego** *I beg you;* **ti va di** *(+ inf.)?
do you feel like (+ ger.)?* 10
timido *shy, timid* 1
la tinta *tint, color;* **tinta unita** *solid
color* 13
il titolo *headline(s)*
la tivù *TV* 17
toccare *to touch;* **non toccare!** *do not
touch!* 12
togliere (tolto) to remove
il topo *mouse*
il torero *matador*
il toro *bull*
la torta *cake* 3
il torto *fault, wrong;* *avere torto *to be
wrong* 2
tostato, il pane tostato *toast* 11
il totocalcio *betting form (soccer)*
il torlo d'uovo *egg yolk*
la tovaglia *tablecloth*
tra *between* 8, *among, in/within*
tradire (isc) *to betray*
la tradizione *tradition* 18
il tramonto *sunset* 6
tranne *except* 11
tranquillo *quiet* 5
la trasmissione *TV broadcast* 17
trattare *to deal with;* **trattarsi** *to be
about*
la trattoria *restaurant serving simple
meals*
traversare *to cross* 14
il treno *train;* *andare in treno *to go by
train* 6
la tribuna *talk show* 17
il tribunale *court* 2
triste *sad* 9
la tristezza *sadness* 18
la tromba *trumpet* 16
troppo *adj. too much/many, adv. too, too
much*
trovare *to find* 5; **trovarsi** *to be
located*
tuttavia *nevertheless*
tutti *pron. all, everybody, everyone*
12, 16, **tutto** *(+ art.) adj. all, every*
16, **tutto** *pron. everything* 16;
tutti i giorni/i mesi/gli anni *every
day/month/year* 12; **tutto
compreso** *all included* 6; **tutto il
giorno** *all day long* 5

U

l'uccello *bird* 15
uccidere (ucciso) to kill 15
l'ufficio *(pl. gli uffici) office* 2;
l'ufficio postale *post office* 14;
l'ufficio turistico *tourist office*
ultimo *latest, last*
un: **un po' di** *some, a little, a bit of*
8; **un tempo** *once;* **una volta** *once
(upon a time)* 12
unico *(m. pl. unici) only one, only,
unique*
l'università *(pl. le università)
university* 1
l'uomo *(pl. gli uomini) man* 5
l'uovo *(pl. le uova) egg* 11;
uovo di cioccolato *chocolate
egg* 9
usa e getta *inv. disposable* 15
l'usanza *custom* 9
*uscire (di) (conj. *essere) to go out
(con, with), to leave* 8
l'uscita *exit* 17
utile *useful*
l'uva *grapes* 4

V

va: **va bene** *OK* 3
la vacanza *vacation* 6; **buone
vacanze!** *have a good vacation!*
9
vagare *to wander* 3
*valere (valso) (conj. *essere) to be
worth;* **valere la pena** *to be
worthwhile, worth it* 12
la valigia *suitcase* 6; *fare le
valige *to pack* 6
il vantaggio *(pl. i vantaggi) advantage*
14
il vapore *steam;* **la nave a vapore**
steamboat 18
la varietà *(pl. le varietà) variety;* **lo
spettacolo di varietà** *variety show*
17
vecchio *(m. pl. vecchi) old* 1
vedere (visto) to see 3; **da
vedere** *a must-see (movie)* 10;
non vedo l'ora (di)... *I can't wait
to . . .* 6
vedovo *adj. widowed* 3
il veglione *all-night ball* 9
velocemente *quickly, fast*
vendere *to sell* 13
la vendita *sale (discounted prices);* **in
vendita** *on sale* 13
il venerdì *Friday* CP
*venire (venuto) (conj. *essere) to
come* 5
il vento *wind* 16

veramente *really* 13; **veramente
non mi va...** *really, I don't feel like . . .*
10
verde *green* CP; **il verde** *green
areas*
la verdura *vegetables* 4
la verità *(pl. le verità) truth*
vero *true* 15; **vero e proprio** *real*
verso *around (time), toward*
vestirsi *to get dressed* 7; **vestirsi
alla moda** *to dress fashionably*
13
il vestito *dress, suit* 2, *pl. clothes;* **i
vestiti** *pl.* **firmati** *designer clothes*
13; **vestito da sposa** *wedding gown*
13
la vetrina *window* 4
il vetro *glass* 15; **vetro soffiato**
hand-blown glass
via *by way of, through;* **via cavo /
satellite** *by cable/satellite* 17
la via *street, road* 1
viaggiare *to travel* 3
il viaggio *(pl. i viaggi) journey, trip*
11; **l'agenzia di viaggi** *travel agency*
6; *fare un viaggio *to take a trip*
6; **viaggio d'affari** *business trip*
13
il viale *avenue* 14
vicino a *adv. close, near* 6; **vicino a**
near (to) 8
il vicino / la vicina di casa *neighbor*
la videocamera *camcorder* 10
il videoregistratore *VCR* 17
il/la vigile *traffic officer* 14
la vigilia *eve* 9
la villa *villa* 6
la villeggiatura *summer vacation away
from home*
vincere (vinto) to win
il vino *wine* 11
viola *inv. violet (color)* 12
il violino *violin* 16
il violoncello *cello* 16
la virtù *(pl. le virtù) virtue* 1
la visita medica *physical exam* 18
la vista *view, panorama* 14; **l'amore
a prima vista** *love at first sight*
10; **dal mio/tuo...punto di vista**
from my/your . . . point of view 15;
in vista *on display*
la vita *life; waist*
il vitello *veal* 11
vivace *lively, vivacious* 8; *lively
(music)*
*vivere (vissuto) (conj. *essere,
avere) to live 14
voglia: *avere voglia di *to want, feel
like* 2

il volante *steering wheel*
volare (*conj.* *****essere, *****avere) *to fly*
volentieri *with pleasure* 3
*****volere** *to want* 7
il volo *flight*
volontariamente *voluntarily* 15
il volontario / la volontaria *voluntary worker* 15
la volpe *fox*

la volta *time (occurrence);* **una volta** *once (upon a time)* 12
il volto *face*
vorrei (*from* *****volere) *I would like*
il voto *grade*
vuoto *empty*

W

western: spaghetti-western *pl.* *spaghetti westerns (film)* 10

Z

lo zaino *backpack* 1
la zanzara *mosquito*
lo zio (*pl.* **gli zii**) / **la zia** *uncle/aunt* 1
gli ziti *pl. type of pasta* 11
zitto *quiet, silent;* *****stare zitto** *to keep quiet* 6
lo zucchero *sugar*
gli zucchini *pl. zucchini* 4

The **Vocabulary** lists the active words and expressions in *Eccoci!* For guidelines and abbreviations, see page 439.

A

able: to be able (to) *potere   7
about (it, them) ne   10, su   8
above sopra   8
abroad all'estero   6
to accept accettare   10
to accompany accompagnare   13
accordion la fisarmonica   16
according: according to me/you . . .
    secondo me/te...   15
accountant il/la contabile   2
acquainted: to be acquainted with
    *conoscere (conosciuto)   9
acrylic: in acrylic di/in acrilico   13
to act (in) interpretare   10
active attivo   5; **active in sports**
    sportivo   1
actor l'attore / l'attrice   2,
    l'interprete *m. f.*   10; **famous**
    actor la stella   17
to admire ammirare   12
advantage il vantaggio (*pl.* i
    vantaggi)   14
to advise consigliare   10
aerial l'antenna   17
afraid: to be afraid (of) *avere paura
    2, **temere**   17
after dopo   11
afternoon il pomeriggio   3;
    afternoon snack la merenda   11;
    good afternoon buon pomeriggio
    3; **in the afternoon** di pomeriggio /
    il pomeriggio   3
ago fa   5
agreed d'accordo   10
ahead of time in anticipo   4
air l'aria   16
airport l'aeroporto   2
Algerian algerino   1
all tutti *pron.*   12, 16, tutto (+ *art.*)
    adj.   16; **all day long** tutto il
    giorno   5; **all included** tutto
    compreso   6
all-night ball il veglione   9
almost quasi   12
alone solo, da solo   10
already già   10
also anche   3
altar l'altare *m.*   12
although benchè, nonostante,
    sebbene   17

always sempre   3
amateur il/la dilettante   16
American americano   1
among fra/tra   8
amusing divertente   1
ancestor l'antenato / l'antenata   18
anchorperson (TV) il presentatore /
    la presentatrice   17
ancient antico (*m. pl.* antichi)   16
and e, ed (*sometimes before vowels*)
    1
angel l'angelo   12
animal l'animale *m.*   15
ankle la caviglia   13
anniversary: Happy Anniversary!
    buon anniversario!   9
answer la risposta   CP; **answer!**
    rispondete!   CP
antenna l'antenna   17
any: any (at all), any sort of
    qualunque   16
anybody/anyone qualcuno   16
anything qualche cosa (qualcosa)
    16
apartment complex il palazzo di
    appartamenti   14
to applaud applaudire   16
apple la mela   4
appointment l'appuntamento   2;
    appointment book l'agenda   1
appreciate apprezzare   16
approach avvicinarsi (a)   18
April aprile *m.*   CP
Arab arabo   1
architect l'architetto *m. f.*   2
arm il braccio (*pl.* le braccia)   7
around intorno   10
to arrive arrivare (*conj.* *essere)   5
art l'arte *f.*   1
artisan l'artigiano / l'artigiana
    18
artist l'artista *m. f.*   1
artwork l'opera d'arte   12
as come   1; **as far as** fino a   14;
    as . . . as così...come, tanto...quanto
    15; **as much as** tanto...quanto
    15
to ask domandare   10; **to ask (for)**
    *chiedere (chiesto)   10; **to ask a**
    question *fare una domanda   6
assignment il compito   5

at a (ad *sometimes before vowels*), da
    8
athlete lo sportivo / la sportiva
    18
athletic atletico   5
attractive attraente   5
August agosto   CP
aunt la zia   1
avaricious avaro   1
avenue il viale   14
azure azzurro   12

B

back, backward indietro   14
backpack lo zaino   1
bad cattivo   1; **to be bad** (*weather*)
    *fare brutto tempo   6; **very bad**
    pessimo   15
baggage (piece of) il bagaglio (*pl.* i
    bagagli)   6
bakery (*breads*) la panetteria   4
balcony il balcone   6
ball il pallone   10
banana la banana   4
bank la banca   5
bar il bar (*pl.* i bar), il caffè (*pl.* i caffè)
    1
bargain contrattare   4
baritone il baritono   16
baseball il baseball   7
basketball la pallacanestro   7
bass (*singer*) il basso   16
bath: to take a bath *fare il bagno
    6
bathroom il bagno   6
to be *essere (stato) (*conj.* *essere)
    1; **to be a** (+ *profession*) *fare il/la
    (+ *profession*)   2
beach la spiaggia   6; **to go to the**
    beach *andare al mare   6
bear l'orso   15
beautiful bello   1; **how beautiful**
    it is! che/com'è bello!   12
because perchè   5
to become diventare (*conj.* *essere)
    5; **to become angry** arrabbiarsi
    7; **to become engaged** fidanzarsi
    7
bed il letto   6; **to make the beds**
    *fare i letti   5
beef il manzo   11

to begin cominciare (*conj.* *essere, *avere)   3

behind dietro   8

to believe credere (di)   17

belt la cintura   4

beside a fianco/lato (di)   14

best: the best . . . il migliore...   15

better meglio *adv.*   15; migliore *adj.*   15

between fra/tra   8

bicycle: bicycle racing il ciclismo   7; **by bicycle** in bicicletta   6

big grande   1; **bigger** maggiore   15; **biggest, very big** massimo   15

biology la biologia   1

bird l'uccello   15

birthday il compleanno   3; **Happy Birthday!** buon compleanno!   9

bit: a bit of un po' di   8

black nero   CP

blanket la coperta

blouse la blusa   13

blue blu *inv.*   CP

blues i ritmi blues   16

board (*chalkboard*) la lavagna   CP; (*daily meals*) **full board** la pensione completa   6; **half board** (*two meals*) la mezza pensione   6

boat la barca   6

bocce ball la boccia (*pl.* le bocce)   7

body il corpo   12

to boil bollire   11

to boo (*lit.*, **to whistle**) fischiare   16

book il libro   CP

bookstore la libreria   1

boots gli stivali *pl.*   13

border il confine   18

bored: to be bored annoiarsi   7

boring noioso   1

born: to be born *nascere (nato) (*conj.* *essere)   5

bottle la bottiglia   15

box office il botteghino   10

boxer il pugile *m. f.*   18

boy il ragazzo   3

brave: be brave! coraggio!   5

bread il pane   4

breakfast la prima colazione   11; **to have breakfast** *fare la prima colazione   11

to breathe respirare   15

bricklayer il muratore *m. f.*   18

bridge il ponte   14

briefcase la cartella   13

briefly brevemente   15

to bring portare   10

broccoli i broccoli *pl.*   4

brochure l'opuscolo   6

brother il fratello   3

brother-in-law il cognato   3

brown bruno   1, castano/marrone   CP

bus autobus, **by bus** in autobus   6

but ma   1

butcher shop la macelleria   4

butter il burro   11

button il bottone   13

to buy comprare   3

bye ciao   1

C

cable: by cable via cavo   17

cafe il caffè (*pl.* i caffè)   1

cafeteria la mensa   1

cake la torta   3

calculator la calcolatrice   1

to call oneself, to be called chiamarsi   7

to calm down calmarsi   7

camcorder la videocamera   10

camera la macchina fotografica   6

to camp *fare il campeggio   7

camping: to go camping *andare in campeggio   6

can *potere   7

candle la candela   9

car macchina, automibile   6

cards: to play cards giocare a carte   7

Carnival il Carnevale   8

carrot la carota   4

cartoon il cartone animato   10

cassette la cassetta   16

casual (*clothes*) sportivo   13

cat il gatto   1

ceiling il soffitto   12

to celebrate celebrare   9

cello il violoncello   16

cellular phone il cellulare   17

century il secolo   18

cereals i cereali *pl.*   11

certain certo   10, sicuro   17

certainly certamente, certo   3

chain la catena   17

chair la sedia   CP

chalk il gesso   CP

chamois il camoscio (*pl.* i camosci)   15

chance: by chance per caso   8

channel il canale   17

character il personaggio (*pl.* i personaggi)   10

to chat chiacchierare   7

cheap a buon mercato   4

checked (*pattern, design*) a quadri   13

cheers! alla salute!   9

cheese il formaggio (*pl.* i formaggi)   4

chemistry la chimica   1

chicken il pollo   11

child il bambino / la bambina   3; **as a child** da bambino/bambina (giovane)   12

chimney il camino   14

Chinese cinese   1

Christmas il Natale   9; **Christmas cake** il panettone   9; **Christmas tree** l'albero di Natale   9; **Merry Christmas!** buon Natale!   9

church la chiesa   14; **in/to church** in chiesa   8

cinema il cinema   10

citizenship la cittadinanza   18

city la città (*pl.* le città)   1

clarinet il clarinetto   16

classical classico (*m. pl.* classici)   16

classroom l'aula   CP

to clean pulire (isc)   4

clear chiaro   17

clever furbo   1

to climb (up) *salire (*conj.* *avere)   5

clock l'orologio (*pl.* gli orologi)   1

close (*near*) vicino *adv.*   1

close! (*shut*) chiudete!   CP

clothing l'abbigliamento   4

club (*group*) il circolo   7

coat il cappotto   13

coffee (*drink*) il caffè (*pl.* i caffè)   1; *coffee with hot milk* caffelatte   11

cold: to be cold *avere freddo   2, (*weather*) *fare freddo   6

cold cuts i salumi *pl.*   4

collection la raccolta   15

color il colore   CP

Columbine (*commedia dell'arte*) Colombina   8

comb: to comb one's hair pettinarsi   7

to come *venire (venuto) (*conj.* *essere)   5; **come on!** dai!   8; **to come to a stop** fermarsi   7

comedy la commedia   17

comfortable comodo   13; **make yourself comfortable!** si accomodi!   14

comic comico (*m. pl.* comici)   10

commedia dell'arte characters la maschera, Pantalone, Pulcinella   8

commercial commerciale   15

commercially commercialmente   15

to commit oneself impegnarsi 15
compact disc il CD (*pl.* i CD) 16
company l'azienda 2
computer science l'informatica 1
condiment il condimento 11
condition: on condition that a
  condizione che 17
connection il collocamento 10
conservatory il conservatorio 16
to continue continuare 3
to convince *convincere (convinto)
  15
cook il cuoco / la cuoca 9; to cook
  cucinare 5
cookie il biscotto 11
cool: to be cool (*weather*) *fare fresco
  6
copy machine la fotocopiatrice 17
corner: at the corner all'angolo
  14
cost costare (*conj.* *essere) 4
cotton: in cotton in cotone 13
country il paese 18; in the
  country in campagna 14
couple la coppia 7
course il piatto 11; as a
  first/second course per
  primo/secondo 11
court il tribunale 2
cousin il cugino / la cugina 3
to cover *coprire (coperto) 12
craftsperson l'artigiano / l'artigiana
  18
crazy impazzito 17; crazy about
  appassionato (di) 16; like crazy
  da matti! 11
to cross traversare 14
crowd la folla 14
cuisine la cucina 11
cup la tazza 11
current events l'attualità 17
custom l'usanza 9
to cut tagliare 11
cute carino 1
cycling il ciclismo 7

D

dad il papà (*pl.* i papà) 3
dance, dancing il ballo 7; to dance
  ballare 3
danger : in danger in pericolo 15
dangerous pericoloso 2
dark scuro 12; dark element
  l'ombra 12; dark-haired bruno
  1
date la data 4; what's the date?
  qual è la data? / quanti ne
  abbiamo? 4
daughter la figlia 3

day il giorno CP, la giornata 5;
  all day long tutto il giorno 5;
  every day tutti i giorni 12; what
  day is (it) today? che giorno è oggi?
  CP
debate il dibattito 17
December dicembre CP
to decline rifiutare 10
to decorate decorare 9
delicatessen la salumeria 4
delicious squisito 11
dentist il/la dentista 2
department store il grande
  magazzino 14
designer il disegnatore / la
  disegnatrice, lo/la stilista (*m. pl.* gli
  stilisti) 13; designer clothes i
  vestiti *pl.* firmati 13
to desire desiderare 3
desk (*student's*) il banco (*pl.* i
  banchi) CP, (*teacher's*) la
  scrivania CP
despair la disperazione 18
dessert il dolce 9
detergent il detersivo 15
diary il diario 13
to die *morire (morto) (*conj.* *essere)
  5
different diverso 18
difficult difficile 1
dinner la cena 11; to have dinner
  cenare 5
directed by . . . la regia di... 10
direction l'indicazione *f.* 14
directly direttamente 15
discotheque la discoteca 1
discount *fare lo sconto 4
dish il piatto 8
dishonest disonesto 1
disposable usa e getta *inv.* 15
distance: a short distance (from) a
  due passi (da) 14
district il quartiere 14
divorced divorziato 3
to do *fare (fatto) 5
doctor il medico (*pl.* i medici) 2
document il documento 18
documentary il documentario 17
dog il cane 1
domestic casalingo 2
door la porta CP
dormitory il dormitorio 1
double-breasted a doppiopetto 13
to doubt dubitare 17
dove-shaped Easter cake la colomba
  pasquale 9
downtown *n.* il centro (città) 8, 14,
  adv. in centro (città) 8, 14
dramatic drammatico 10

to draw disegnare 7
drawing il disegno 12
dream il sogno 16
dress l'abito 13, il vestito 2; to
  dress fashionably vestirsi alla
  moda 13
dressed: to get dressed vestirsi 7
dressing il condimento 11
dressmaker la sarta 13
to drink *bere (bevuto) 9; to drink
  a toast *fare un brindisi 9
to drive guidare 3
drum il tamburo 16; drums la
  batteria 16
to dub (*film*) doppiare 10
dynamic dinamico 5

E

E-mail la posta elettronica 17
ear l'orecchio (*pl.* le orecchie) 7
early presto 4
Earth il pianeta 15
easy: easy to listen to di facile ascolto
  16
easily facilmente 9
Easter la Pasqua 9; Happy Easter!
  buona Pasqua! 9
to eat mangiare 3
ecological ecologico (*m. pl.* ecologici)
  15
ecologist l'ecologista (*m. pl.* ecologisti)
  15
ecology l'ecologia 15
economy l'economia 1
egg l'uovo (*pl.* le uova) 11;
  chocolate egg uovo di cioccolato
  9
elder/eldest maggiore/il maggiore
  15
elegant elegante 1
elegantly elegantemente 15
emancipated emancipato 5
emigrant l'emigrante *m. f.* 18
to emigrate emigrare 18
employment l'impiego 18
end: at the end of in fondo a 14
energy l'energia 15
engaged fidanzato 3; to become
  engaged fidanzarsi 7
engagement l'impegno 10
engineer l'ingegnere *m. f.* 2
engineering l'ingegneria 1
English inglese 1
enjoy: enjoy your meal! buon
  appetito! 9; to enjoy oneself
  divertirsi 7
to enter entrare (a, in) (*conj.* *essere)
  5
environment l'ambiente *m.* 15

environmental ambientale   15
Epiphany l'Epifania   9
espresso (*coffee*) l'espresso   11; *espresso with frothy milk* il cappuccino   11
eve la vigilia   9
evening la sera   3; **good evening** buona sera   1; **in the evening** di sera / la sera   3; **this evening** stasera   5
every ogni *inv.*   12, tutto (+ *art.*) *adj.*; **every day/month/year** tutti i giorni/i mesi/gli anni   12
everybody, everyone ognuno   16, **tutti**   12, 16
everything tutto *pron.*   16
everywhere dappertutto   2
exactly esattamente   15
exam: to take an exam *dare un esame   6
except tranne   11
to exchange scambiarsi   9
excited eccitato   11
excuse me scusi   2, 14
exhaust fumes il fumo di scarico   15
exhibition la mostra   12
exit l'uscita   17
expensive caro   4
to explain spiegare   10
to expose *scoprire (scoperto)   13
extinction l'estinzione *f.*   15
extraordinary straordinario (*m. pl.* straordinari)   12
extremely estremamente   15
extrovert estroverso   8
eye l'occhio (*pl.* gli occhi)   7

F

fabric il tessuto   13
fabulous favoloso   4
face la faccia   7
factory la fabbrica   15
fair biondo   1
fall (*autumn*) l'autunno   CP
to fall *cadere (*conj.* *essere)   5; **to fall asleep** addormentarsi   7; **to fall in love** innamorarsi   7
family la famiglia   3
famous famoso   16
far (from) lontano (da)   6
fashion la moda   13; **fashion show** la sfilata di moda   13
fashionable: to be fashionable *andare di moda   13
fast walking il podismo   7
fat grasso   1

father il padre   3
father-in-law il suocero   3
fauna la fauna   15
to fear temere   17
feast la festa   3
February febbraio   CP
faithful fedele   8
to feel sentire   4, sentirsi   7; **do you feel like** (+ *ger.*)? ti va di (+ *inf.*)?   10; **to feel like** *avere voglia di   2
to fetch *prendere (preso)   11
few: a few *adj.*, pron. alcuni / alcune, qualche   16; **fewer** meno   15
fiance/fiancee il fidanzato / la fidanzata   3
film il film (*pl.* i film)   10
finally finalmente   8
to find trovare   5; **to find a way** arrangiarsi   18
fine bene   1; **fine arts** le belle arti   12
to finish finire (isc) (*conj.* *essere or *avere)   4
firm l'azienda   2
fish il pesce   4; **fish market** la pescheria   4
fit: to fit well *andare bene   13
fixed fisso   4
flat noodles le fettuccine *pl.*   11
flora la flora   15
flower il fiore   5
flute il flauto   16
to follow seguire   4
food il cibo   11
foot il piede   7
football il football americano   7
for per   8; **as a first (second, third . . .) course** per primo (secondo, terzo...)   11
to forbid proibire (isc)   15
foreign languages le lingue straniere *pl.*   1
to forget dimenticare   3
fortunate fortunato   8
forward avanti   14
fountain la fontana   14
free libero   10
French francese   1
frequently frequentemente   12
fresco l'affresco (*pl.* gli affreschi)   12
fresh fresco (*m. pl.* freschi)   1
friar il frate   18
Friday il venerdì   CP
friend l'amico (*pl.* gli amici) / l'amica (*pl.* le amiche)   3
friendly socievole   14

from da, di   8; **from Bologna** bolognese   2
front: in front of davanti a   8
frozen congelato   11; **frozen food** i congelati *pl.*   11
fruit la frutta   4
to fry *friggere (fritto)   11
fun *n.* l'allegria   10, *adj.* divertente   1
funny buffo   8

G

game la partita   10
game show il gioco (*pl.* i giochi)   17
garden: public garden il giardino pubblico   14
garlic l'aglio   11
gathering la raccolta   15
generally generalmente   12
generation la generazione   3
generous generoso   1
German tedesco (*m. pl.* tedeschi)   1
get: to get off *scendere (sceso) (*conj.* *essere, *avere)   5; **to get up** alzarsi   7
gift il regalo   3; **free gift** l'omaggio (*pl.* gli omaggi)   4
girl la ragazza   3
to give *dare   6, (*as a present*) regalare   10; **to give back** rendere   10, restituire (isc)   4
glad contento   17
gladly con piacere   10
glass il vetro   15
glasses gli occhiali *pl.*   13
gloves i guanti *pl.*   13
to go *andare (*conj.* *essere)   6; **to go around** *fare un giro   14; **to go back** ritornare (*conj.* *essere)   5; **to go by car (bus, boat, bicycle, motorcycle, plane, train)** *andare in auto/macchina (autobus, barca, bicicletta, motocicletta, aereo, treno)   6; **to go camping** *andare in campeggio   6; **to go down** *scendere (sceso) (*conj.* *essere, *avere)   5; **to go far from** allontanarsi da   18; **to go in** entrare (in) (*conj.* *essere)   5; **to go on a cruise** *andare in crociera   6; **to go on horseback** *andare a cavallo   7; **to go on the air** *andare in onda   17; **to go out/out with** *uscire (di)/con (*conj.* *essere)   8; **to go to the beach/lake/spas** *andare al mare/al lago/alle terme   6; **to go to the**

country(side)/mountains *andare in campagna/montagna   6; **to go up** *salire (*conj.* *essere)   5

gold l'oro   12

good buono (buon)   1, 6; (*at something*) bravo   1; **very good** ottimo   1

good-bye arrivederci (*fam.*) / arrivederLa (*form.*)   1

goods il prodotto   4

gracious grazioso   8

to graduate laurearsi   7

grandchild il/la nipote   3

grandfather/grandmother il nonno / la nonna   3

grapes l'uva   4

gray grigio (*pl.* grigi)   CP

great: very great massimo   15; **greater** maggiore   15

Greek greco (*m. pl.* greci)   1

green verde   CP; **green beans** i fagiolini *pl.*   4

greengrocer (*retailer of fresh produce*) il fruttivendolo / la fruttivendola   4

greenhouse effect l'effetto serra   15

guest l'ospite *m. f.*   9

guide la guida   6

guitar la chitarra   16

gym la palestra   1; **gym shoes** le scarpette *pl.* da ginnastica   13

gymnastics la ginnastica   7

H

hair i capelli *pl.*   7

half mezzo   4

ham il prosciutto   4

hand la mano (*pl.* le mani)   7; **in one's hand** in mano   8; **to give a hand** *dare una mano   6; **to shake hands** *dare la mano   6

handsome bello   6

happily felicemente   15

happy felice   9

Harlequin (*commedia dell'arte*) Arlecchino   8

to harm danneggiare   15

harmony l'armonia   16

hat il cappello   13

hateful odioso   16

to have *avere   2; **to have to** *dovere   7

he: he who chi   16

to hear sentire   4

heavy pesante   2

hello buon giorno   1; **hello, who's speaking?** pronto, chi parla?   3

to help aiutare   5; **may I help you?** mi dica!   14

here (it is/they are) ecco   2

hi ciao   1

history la storia   1

to hitchhike *andare con l'autostop   6

to hold *tenere (tenersi)   18

holidays: Happy Holidays! buone feste!   9

home: at home a/in casa   2; **for the home** casalingo   2

homeland la patria   10

homemaker il casalingo / la casalinga   2

homesickness la nostalgia   18

homework il compito   5

honest onesto   1

hope la speranza   10; **to hope** sperare (di)   17

horseback riding l'equitazione *f.*   7

hospital l'ospedale *m.*   2

host l'animatore / l'animatrice   17

hostel l'ostello   6

hot: to be hot (*weather*) *fare caldo   6

hotel l'albergo (*pl.* gli alberghi)   1

hour l'ora   4

house la casa   2

how? come?   CP; **how are you?** (*form.*) come sta? / (*fam.*) come stai?   1; **how does it fit?** come sta?   13; **how's it going?** come va?   5; **how is it?** com'è?   CP; **how many?** quanti?   CP; **how much?** quanto?   CP; **how much is . . . ?** quanto fa...?   4; **how much is it?** quant'è? quanto costa?   4

to hug each other abbracciarsi   7

hungry: to be hungry *avere fame   2

hunting la caccia   15

hurry: to be in a hurry *avere fretta   2

husband il marito   3

I

ice cream il gelato   11

ice skating il pattinaggio (su ghiaccio)   7

ideal ideale   6

if se   18

ill male *adv.*; **to be ill** *stare male   6

to imagine immaginare   17; **just imagine!** figurati!   9

to immigrate immigrare (*conj.* *essere)   18

immigration l'immigrazione *f.*   18

important importante   15

in in   8, fra/tra   8

to increase aumentare (*conj.* *essere, *avere)   15

independent indipendente   5

inn la pensione   6

to insist insistere   17

installments: in installments a puntate   17

instead invece   5

instruction l'indicazione *f.*   14

intellectual intellettuale   2

intelligent intelligente   1

interesting interessante   1

intersection il crocevia   14

invitation l'invito   23

to invite invitare   3

Irish irlandese   1

to iron (*clothes*) stirare   5

irresponsible irresponsabile   1

island l'isola   6

Italian italiano   CP

J

jacket la giacca   4, il giubbotto   13

jam la marmellata   11

January gennaio   CP

Japanese giapponese   1

jazz il jazz   16

job il lavoro   2; **to have a job** *fare un lavoro   1

to jog *fare la corsa   7

journalist il/la giornalista (*m. pl.* i giornalisti)   2

journey il viaggio (*pl.* i viaggi)   11

July luglio   CP

June giugno   CP

K

to keep *tenere (tenersi)   18

kill *uccidere (ucciso)   15

kilo il chilo   4

kind gentile   15; **be kind!** sia gentile!   14

kindly gentilmente   15

to kiss each other baciarsi   7

kitchen la cucina   5

knee il ginocchio (*pl.* le ginnochia)   13

to know *conoscere (conosciuto)   9, *sapere   9

L

labor la mano d'opera   18

lake: to go to the lake *andare al lago   6

landscape il paesaggio (*pl.* i paesaggi) 12

lasagna le lasagne   11

last scorso   5

late in ritardo   4, tardi   4

laundry il bucato   5

law la legge   15

lawyer l'avvocato *m.f.*   2

lazy pigro   1

least: the least . . . il meno...   15

leather: in leather in camoscio/pelle 13

to leave (*depart*) partire (*conj.* *essere) 4, (*go out*) *uscire (di) (*conj.* *essere) 8, (*something, someone*) lasciare 18

lecture la conferenza   1

left: on/to the left (of) a sinistra (di) 14

leg la gamba   7

leisure activity il passatempo   7

to lend prestare   10

length: at greater length più a lungo 10

less meno   4; **lesser** minore   15

lesson la lezione   1

library la biblioteca   1

light *adj.* (*in color*) chiaro   12, (*weight*) leggero   2; **light blue** celeste   12

light *n.* la luce   12; **to light** *accendere (acceso)   9

like come   1

to like *piacere (*conj.* *essere)   11

line la riga   1

lira (*Italian currency*) la lira   4

to listen to ascoltare   3; **listen!** ascoltate!   CP, senta!   14

literature la letteratura   1

little *adj.* piccolo   1; *adj., adv.* poco 15; **a little** un po' di   15

to live abitare (*reside*)   17, *vivere (vissuto) (*conj.* *essere, *avere) 14

live: live from in diretta   17; **live music** la musica dal vivo   16

lively vivace   8

living room: in the living room in salotto   8

lobster l'aragosta   11

lodging l'alloggio (*pl.* gli alloggi) 14

long lungo (*m. pl.* lunghi)   1

longer: no longer non...più   14

to look: to look (+ *adj.*) *avere l'aria (+ *f. adj.*)   18; **to look (at)** guardare   3; **to look for** cercare 3

to lose *perdere (perso)   (5)

lot: a lot of molto *adj.*   1; **a lot** molto *adv.*   15; **lots of good wishes** tanti auguri   9

love: l'amore *m.*   10; **love at first sight** amore a prima vista   10; **to fall in love** innamorarsi   7; **to love** amare   5; **to love each other** amarsi   7

to lower (the volume) abbassare (il volume)   17

lucky fortunato 8; **lucky you/him . . . !** beato (fortunato) te/lui...!   5, 11

lunch la colazione/il pranzo   11; **to have lunch** *fare colazione   6

luxury item l'articolo di lusso   14

M

macaroni i maccheroni *pl.*   8

mad impazzito   17

magazine la rivista   14

mail spedire (isc)   4

to make *fare (fatto)   5; **make yourself comfortable!** si accomodi!   14; **to make a deal** *fare un affare   4; **to make a (phone) call** *fare una telefonata 17; **to make reservations** prenotare   6

man l'uomo (*pl.* gli uomini)   5

to manage *dirigere (diretto)   17

manager il/la dirigente   2

many *adj., pron.* molti   1, 12

map la cartina   6

marble il marmo   12

March marzo   CP

Mardi Gras il Carnevale   8

married sposato   3; **to get married** sposarsi   7

masterpiece il capolavoro   12

to match abbinare   13

May maggio   CP

may *potere   7; **it may be** può darsi   17; **may I help you?** mi dica!   14

maybe forse   6

meal il pasto   11

means il mezzo   17

meat la carne   4

meat sauce il sugo (*pl.* i sughi)   11

media i mezzi *pl.* di comunicazione 17

medicine la medicina   18

to meet incontrare   3; **to meet each other** incontrarsi   7

meeting l'incontro   14

melon il melone   4

member il membro   3; il socio / la socia   7

Mexican messicano   1

mezzosoprano la mezzosoprano   16

midnight la mezzanotte   4

miner il minatore *m. f.*   18

miniskirt la minigonna   13

minus meno   4

Miss (Ms.) la signorina   1

mocassins i mocassini *pl.*   13

model il modello / la modella   13

modern moderno   16

mom la mamma   3

Monday il lunedì   CP

money il denaro / i soldi *pl.*   18

monotonous monotono   2

month il mese   CP

monthly fee (*TV*) il canone   17

monument il monumento   14

more più   4, 15

morning la mattina   3; **in the morning** di mattina / la mattina 3; **this morning** stamattina   5

most: the most . . . il più...   15

mother la madre   3

mother-in-law la suocera   3

motorcycle la motocicletta   6

mountain climbing l'alpinismo   7

mouth la bocca   7

to move (*change one's residence*) cambiare casa   17

movie il film (*pl.* i film)   10; **adventure movie** il film di avventura   10; **horror movie** il film dell'orrore   10; **science-fiction movie** il film di fantascienza 10; **spy movie** il film giallo   10

movie director il/la regista   10

movie theater il cinema (*pl.* i cinema) 1

movies il cinema   10

mozzarella la mozzarella   4

Mr. il signor(e)   3

Mrs. (Ms.) la signora   3

much *adj.* molto   1

muscular muscoloso   12

museum il museo   12

music la musica   16; **light music** musica leggera   16; **live music** musica dal vivo   16

musical musicale   16; **musical instrument** lo strumento musicale 16

musician il / la musicista (*m. pl.* i musicisti)   16

must *dovere   7; **a must-see** (*movie*) da vedere   10

mystery (*movie*) il film giallo   10

N

naked nudo   12
name: my name is mi chiamo   1;
   what's your name? *(form.)* come si
   chiama? / *(fam.)* come ti chiami?   *1*
named: to be named chiamarsi   7
narrow stretto   13
Nativity scene il presepio *(pl.* i
   presepi)   9
natural resource la risorsa naturale
   15
nature la natura   15
naughty cattivo   1
near (to) vicino *adv.*   6, vicino(a)
   8
nearly quasi   12
necessary necessario   17; **it's
   necessary** bisogna   17
neck il collo   7
necklace la collana   13
need: to have need of *avere bisogno
   di   2
neither . . . nor nè...nè   14
nephew/niece il/la nipote   3
nervous nervoso   1
network la rete   17
never non...mai   3, 14
new nuovo   1; **New Year's Day** il
   Capodanno   9; **Happy New
   Year!** buon Capodanno!   9
news il notiziario / le notizie   17
newspaper il giornale   1
next prossimo   10; **next (to)** a
   fianco / lato (di)   14
nice simpatico *(m. pl.* simpatici)   1;
   to be nice *(weather)* *fare bel tempo
   6
night la notte   3; **good night**
   buona notte   1; **in the night** la
   notte / di notte   3; **tonight**
   stanotte   5
no no   2
nobody, no one non...nessuno   14
noise il rumore   14
noon mezzogiorno   4
nose il naso   7
not non   CP; **not at all** non...affatto
   14; **not even** non...neanche   14;
   not too bad non c'è male   1; **not
   yet** non...ancora   9
notebook il quaderno   CP
nothing non...niente/nulla   14;
   nothing but non...che   14
November novembre   CP
nuclear nucleare   15
number il numero   CP
nun la monaca   13
nurse l'infermiere / l'infermiera   2

O

obvious evidente, ovvio   17
October ottobre   CP
of di   1
offer l'offerta   6; **to offer** *offrire
   (offerto)   4
office l'ufficio *(pl.* gli uffici)   2
often spesso   3; **not too often**
   non...molto spesso   3
oil l'olio *(pl.* gli oli)   11
OK d'accordo   10, va bene   3
old antico *(m. pl.* antichi)   16,
   vecchio *(m. pl.* vecchi)   1
on su   8
once, once upon a time una volta
   12
one: the one(s) who chi   16
onion la cipolla   4
to open *aprire (aperto)   4; **open!**
   aprite!   CP
opera l'opera   1, *(genre)* la lirica
   16
opinion: in my opinion a mio
   avviso/parere   11
opposite *(location)* di fronte (a)   14
orange *(color)* arancione   12,
   (fruit) l'arancia   4
order: in order to per   8
other altro   1
ought *dovere   7
out of style fuori moda   13
outskirts la periferia   14
ozone layer la fascia di ozono   15

P

to pack *fare le valige   6
to paint *dipingere (dipinto)   7
painter il pittore / la pittrice   12
painting *(art form)* la pittura 12,
   (artwork) il quadro   12
pair la coppia   7
panorama la vista   14
pants i pantaloni *pl.*   4
parents i genitori *pl.*   3
park il parco *(pl.* i parchi)   1
to park parcheggiare 14
parking lot il parcheggio *(pl.* i
   parcheggi)   1
to participate, take part partecipare
   15
party la festa   3
passenger il passeggero / la
   passeggera   16
passport il passaporto   6
past scorso   5
pasta: *types of pasta* le penne *pl.*
   11, gli ziti *pl.*   11
pastime il passatempo   7

pastries le paste *pl.*   4
pastry shop la pasticceria   4
patient: be patient! abbia pazienza!
   14
to pay pagare   3; **to pay attention**
   *stare attento   6
pear la pera   4
pen la penna   CP
pencil la matita   CP
people la gente   12
pepper il pepe   11
performance lo spettacolo   10
perhaps forse   6
pharmacist il/la farmacista *(m. pl.* i
   farmacisti)   2
pharmacy la farmacia   2
philosophy la filosofia   1
phone: cellular phone il telefonino
   17
photograph (photo) la fotografia (la
   foto, *pl.* le foto)
photographer il fotografo / la
   fotografa   2
physical exam la visita medica   18
piano il pianoforte   16
to pick up *(fetch)* *prendere (preso)
   11
picture *(artwork)* il quadro   12
pilot il pilota *m. f. (m. pl.* i piloti)   2
pink rosa   12
place il posto   6
plan il progetto   15
plane aero   15
planet il pianeta *(pl.* i pianeti)   15
plant *(factory)* la fabbrica   15
plant la pianta   15
plastic la plastica   15
plate il piatto   8
play la commedia   17
to play giocare   3, *(a role)* recitare
   10, *(music)* suonare   16; **to play a
   sport** *fare/praticare uno sport
   6/7; **to play cards** giocare a carte
   7; **to play soccer** giocare a calcio/a
   pallone   7; **played by**
   interpretato da   10
playing field il campo sportivo   1
pleasant simpatico *(m. pl.* simpatici)
   1
please per favore   4, prego   2
pleased: pleased to meet you piacere
   1
pleasing: to be pleasing *piacere
   (conj. *essere)   11
pleasure: what a pleasure! che gioia!
   11; **with pleasure** volentieri   3
plot il soggetto   10
plus più   4, 15

pocket la tasca   13
pocketbook la borsa/borsetta   4
point: from my/your . . . point of view dal mio/tuo...punto di vista   15
police officer il poliziotto *m. f.*   18
political science le scienze *pl.* politiche   1
to pollute inquinare   15
pollution l'inquinamento   15
polyester: in polyester di/in poliestere   13
poor povero   8; **poor me!/you! . . .** povero me!/te!...   11
pope il papa (*pl.* i papi)   12
popular popolare   8
pork il maiale   11
port il porto   6
portrait il ritratto   12
possessive possessivo   5
possible possibile   17
post office la posta / l'ufficio (*pl.* gli uffici) postale   14
potato la patata   4; *potato or semolina dumplings* gli gnocchi *pl.*   2
practical pratico   13
to practice praticare   7
to prefer preferire (isc)   4
preparation il preparativo   9
to prepare preparare   3
present il regalo   3
to preserve preservare   15
to press (*clothes*) stirare   5
prestigious prestigioso   2
pretty carino   1, grazioso   8
price il prezzo   4
priest il prete   18
print (*pattern, design*) a fantasia   13
print la stampa   12
private privato   17
probable probabile   17
problem il problema (*pl.* i problemi)   1
product il prodotto   4
professional professionista (*m. pl. professionisti*)   5
professor il professor(e) / la professoressa   1
program il programma (*pl.* i programmi)   17
progress il progresso   17
to prohibit proibire (isc)   15
project il progetto   15
to protect *proteggere (protetto)   15
provided that purchè   17
psychologist lo psicologo / la psicologa (*m. pl.* i psicologi)   2

psychology la psicologia   1
public pubblico (*m. pl.* pubblici)   17
publisher l'editore / l'editrice   18
purse la borsa/borsetta   4
put: to put on (*clothes*) *mettersi (messo)   7
to put out (*light*) *spegnere (spento)   9

Q

to quarrel litigare   3; **to quarrel with someone** litigarsi   7
quarter il quarto   4
quiet calmo   1, tranquillo   5; **be quiet!** stia zitto!   14; **to keep quiet** *stare zitto   6

R

race la corsa   7
radio la radio   10
railway: railway station: la stazione ferroviaria   14; **railway worker** il ferroviere / la ferroviera   18
to raise (the volume) alzare (il volume)   17
rap (*music*) il rap   16
rarely raramente   15
to read *leggere (letto)   3, 5; **read!** leggete!   CP
really veramente   13; **really, I don't feel like . . .** veramente non mi va...   10
reasonable modico (*m. pl.* modici)   4
receipt lo scontrino   4
to receive ricevere   3
recently recentemente   15
recipe la ricetta   9
record il disco (*pl.* i dischi)   16
to recount (*narrate*) raccontare   18
recycling il riciclaggio   15
red rosso   CP
to reduce diminuire (*conj.* *essere, *avere)   15
to refuse rifiutare   10
regular regolare   15
regularly regolarmente   12
relative il/la parente   3
to relax rilassarsi   7
to remain restare (*conj.* *essere)   5, *rimanere (rimasto) (*conj.* *essere)   18, *stare (*conj.* *essere)   6
remote control il telecomando   17
to rent (a house) affittare (una casa...)   6, **(a car)** noleggiare (una macchina...)   6
to request *chiedere (chiesto)   10
reservations: to make reservations prenotare   6

reserve la riserva   15
respect rispettare   15
responsible responsabile   1
to rest riposarsi   7
restaurant il ristorante   2
to return (*give back*) *rendere (reso)   10, (*go/come back*) ritornare (*conj.* *essere)   5
review la recensione   10
rice il riso   11
rich ricco (*m. pl.* ricchi)   8
to ride *andare a cavallo   7
right: on/to the right (of) a destra (di)   14; **to be right** *avere ragione   2
river il fiume   14
road la via   1
roast *n. and adj.* arrosto   11; **to roast** arrostire (isc)   11
rock (*music*) il rock   10
role la parte   10
romantic romantico (*m. pl.* romantici)   5
roof il tetto   14
room stanza, camera
rope la corda   18
to run *correre (corso) (*conj.* *essere, *avere)   5, *fare la corsa   7
Russian russo   1

S

sad triste   9
sadness la tristezza   18
to safeguard salvaguardare   15
saint il santo / la santa   12
salad l'insalata   11
salary lo stipendio (*pl.* gli stipendi)   2
sale (*discounted prices*) il saldo   4; **on sale** in saldo/vendita   13
salesperson il commesso / la commessa   2
salt il sale   11
same stesso   1
sandals i sandali *pl.*   13
sandwich il panino / lo spuntino   11
Santa Claus Babbo Natale   9
satellite: by satellite via satellite   17
Saturday il sabato   CP
sauce la salsa   11; *sauce made of basil and olive oil* il pesto   11
to save risparmiare   4
savings il risparmio   18
saxophone il sassofono   16
to say *dire (detto)   8
schedule l'orario   2
school la scuola   2
science: political science le scienze *pl.* politiche   1

science-fiction movie il film di fantascienza   10

scientist lo scienziato / la scienziata   18

screen lo schermo   10; **small screen** il piccolo schermo   17

to sculpt scolpire (isc)   12

sculpture la scultura   12

seafood i frutti pl. di mare   11

season la stagione   CP

secretary il segretario / la segretaria   2

to see *vedere (visto)   3; **see you soon** a presto   1; **see you tomorrow** a domani   1

to seem sembrare (conj. *essere)   10; **it seems to me/you . . .** mi/ti...sembra   17

seldom raramente   15

self-portrait l'autoritratto   12

self-sufficient autosufficiente   5

to sell vendere   13

semiotics la semiotica   1

to send mandare   3, spedire (isc)   4

sentimental sentimentale   5

to separate separarsi   7

separated separato   3

September settembre   CP

serial adj. a puntate   17, n. lo sceneggiato   17

serious serio   5

server il cameriere / la cameriera   2

to serve servire   4

set: to set the table preparare la tavola   5

to settle down stabilirsi   18

sew cucire   15

shade, shadow l'ombra   12

shake: to shake hands *dare la mano   6

sharp: at . . . sharp in punto   4

to shave *farsi la barba   7

she: she who chi   16

shirt la camicia   4

shoe la scarpa   4

to shoot (film) girare   10

to shop (in general) *fare le compere   4; **to shop for groceries** *fare la spesa   4

short basso   1, corto   3

shorts i pantaloncini pl.   4

to shout gridare   16

to show mostrare   4

shower: to take a shower *fare la doccia   6

shrimp (prawns) gli scampi pl.   11

to shut off (TV) *spegnere (spento)   9

shy timido   1

signature la firma

silk la seta   4; **made of silk** di/in seta   13

silver l'argento   12

sincere sincero   1

singer il / la cantante   16

singer-songwriter il cantautore / la cantautrice   7

sister la sorella   3

sister-in-law la cognata   3

size il numero / la taglia   4

to skate pattinare   7

to ski sciare   3

skiing: cross-country skiing lo sci di fondo   7; **downhill skiing** lo sci di discesa   7

skirt la gonna   4

sky il cielo   12; **sky blue** celeste   12

to sleep dormire   4

sleeping bag il sacco (pl. i sacchi) a pelo   6

sleepy: to be sleepy *avere sonno   2

sleeves le maniche pl.   13

slender snello   1

slow lento   15

slowly lentamente   15

small piccolo   1; **smaller** minore   15; **smallest, very small** minimo   15

to smile *sorridere (sorriso)   16

snack lo spuntino   11

sneakers le scarpe pl. da tennis   13

so-so: I'm so-so sto così così   1

so that affinché   17, perchè   7

soap opera la telenovela / il teleromanzo   17

soccer il calcio   7; **to play soccer** giocare a calcio/al pallone   7

sociable socievole   14

socks le calze pl.   13

soft soave   16; **soft drink** la bibita   2

solar solare   15

some adj., pron. alcuni / alcune   16, (of it/of them) ne   10, qualche   8, 16, un po' di   8

someone qualcuno   16

something qualche cosa (qualcosa)   16

sometimes qualche volta   3

son il figlio (pl. i figli)   3

song la canzone   7

soprano il/la soprano   16

sorry: I'm sorry mi dispiace   2

sound track la colonna sonora   10

soup la minestra   11

spaghetti gli spaghetti pl.   11; **spaghetti westerns** (film) spaghetti-western pl.   10

Spanish spagnolo   1

sparkling wine lo spumante   9

to speak parlare   3

special speciale   6

specially specialmente   15

specialty la specialità (pl. le specialità)   11

species la specie (pl. le speci)   15

to spend (time) passare, spendere (money)   5

spinach gli spinaci pl.   4

spring la primavera   CP

spy movie il film giallo   10

squid i calamari pl.   11

stadium lo stadio (pl. gli stadi)   1

stage (theater) il palcoscenico (pl. i palcoscenici)   16

star la stella   17

to start cominciare (conj. *essere, *avere)   3

state pubblico (m. pl. pubblici)   17

stationery store la cartoleria   13

statue la statua   14

stay il soggiorno   6; **to stay** restare (conj. *essere)   5, *stare (conj. *essere)   6

steak la bistecca   11

steamboat la nave a vapore   18

still ancora   11

still life la natura morta   12

stockings le calze pl.   13

stone: precious stone la pietra preziosa   12

stop: to come to a stop fermarsi   7

store il negozio (pl. i negozi)   2

straight ahead diritto   14

strawberry la fragola   4

street la strada   14, la via   1

stressful stressante   2

strong forte   1

student lo studente / la studentessa   1; **student's desk** il banco (pl. i banchi)   CP

study studiare   3

style: in style di moda   13

subject: academic subject la materia   1

subway la metropolitana   14

to suffer *soffrire (sofferto)   4

to suggest suggerire (isc)   4

suit l'abito   13, il vestito   2

suitcase la valigia   6

summer l'estate f.   CP

to sunbathe *prendere il sole   6

Sunday la domenica   CP
sunset il tramonto   6
supper la cena   11; **to have supper** cenare   5
to support *mantenere   18
sure sicuro   17
surprise la sorpresa   8
surprised sorpreso   17
sweater il golf   4
sweatshirt, sweatsuit la felpa   4
Swedish svedese   1
to swim nuotare   7
swimming il nuoto   7; **swimming pool** la piscina   6
swimsuit il costume da bagno   4

T

T-shirt la maglietta   4
tailor il sarto   13
to take *prendere (preso)   3; **to take a bath** *fare il bagno   6; **to take a photo** *fare una fotografia   6; **to take a shower** *fare la doccia   6; **to take a trip** *fare un viaggio   6; **to take a walk** *fare una passeggiata   6; **to take an exam** *dare un esame   6; **to take place** *svolgersi   10
to talk parlare   3
talk show la tribuna   17
tall alto   1
to taste assaggiare   1; **good taste** il buon gusto   2; **to have good/bad taste** *avere buon/cattivo gusto   11
tax la tassa   18
taxi driver il/la tassista   2
to teach insegnare   10
teacher l'insegnante *m. f.*   1; **teacher's desk** la scrivania   CP
telephone: on the telephone al telefono   3
television *see* TV
tell *dire (detto)   8, (*recount*) raccontare   18; **tell me!** mi dica!   14
tennis il tennis   7; **tennis player** il/la tennista   18
tenor il tenore   16
tent la tenda   6
terrace il terrazzo   14
thank you grazie   1
that che, cui, quale   16, quello   6; **that one** quello   6; **that which** quello/quel che   16
theater il teatro   1
then allora   3
there ci   10; **there is/there are** c'è / ci sono   1

thin magro/snello   1
to think (about) pensare (a/di)   17
thirsty: to be thirsty *avere sete   2
this, this one questo   6
those: those who chi   16
to throw away gettare   15
Thursday il giovedì   CP
ticket il biglietto   14
tie la cravatta   4
tight stretto   13
time (*hour*) l'ora   4; **at what time?** a che ora?   4; **it's time** è ora   17; **on time** in orario   4; **what time is it?** che ora è? / che ore sono?   4
timetable l'orario   2
timid timido   1
tired stanco (*m. pl.* stanchi)   5
tiring faticoso   2
to a (**ad** *sometimes before vowels*), da   8
toast il pane tostato   11
to toast (*drink in someone's honor*) brindare   18
today oggi   CP
together insieme   CP
tomato il pomodoro   4
tomorrow domani   CP; **see you tomorrow** a domani   1
tonight stanotte   5
too anche   3
tooth il dente   7
topic il soggetto   10
touch: do not touch! non toccare!   12
town hall il municipio (*pl.* i municipi)   14
town square la piazza   1
toy il giocattolo   9
tradition la tradizione   18
traffic: traffic light il semaforo   14; **traffic officer** il/la vigile   14
train treno, **by train** in treno   6
trash can il cestino   15
to travel viaggiare   3; **travel agency** l'agenzia di viaggi   6
traveler's check l'assegno turistico/da viaggiatori   6
tree la pianta   15
trip il viaggio (*pl.* i viaggi)   11; **business trip** il viaggio d'affari   13; **to take a trip** *fare un viaggio   6
true vero   15
trumpet la tromba   16
trunk il baule   18
to try (*on*) provare   4
Tuesday il martedì   CP
turkey il tacchino   9

to turn girare   14; **to turn on** (*light, TV*) *accendere (acceso)   9
TV il piccolo schermo/la televisione (la tivù)   17, *adj.* televisivo   17; **TV ad** lo spot (*pl.* gli spot) pubblicitario   7; **TV anchorperson** il presentatore / la presentatrice   17; **TV broadcast** la trasmissione   17; **TV movie** il telefilm (*pl.* i telefilm)   17; **TV news** il telegiornale   17; **TV set** il televisore   17
two-piece suit il tailleur (*pl.* i tailleur)   13

U

ugly brutto   1
umbrella l'ombrello   13
uncertainty l'incertezza   18
uncle lo zio (*pl.* gli zii)   3
to uncover *scoprire (scoperto)   13
under sotto   8
to understand capire (isc)   4
underwater diving l'immersione *f.* subacquea   7
unfortunate sfortunato   8
unfortunately purtroppo   2
university l'università (*pl.* le università)   1
unless a meno che   17
unlucky sfortunato   8
unpleasant antipatico (*m. pl.* antipatici)   1
until fino a   14
up sopra   8
us, to us ci   9, 10
usually di solito   12

V

vacation la vacanza   6; **have a good vacation!** buone ferie/vacanze!   9
variety show lo spettacolo di varietà   17
VCR il videoregistratore   17
veal il vitello   11
vegetables la verdura   4
very assai   5, molto   2
view la vista   14
villa la villa   6
village il paese   18
vinegar l'aceto   11
violet (*color*) viola *inv.*   12
violin il violino   16
virtue la virtù (*pl.* le virtù)   1
vivacious vivace   8
volleyball la pallavolo   7
voluntarily volontariamente   15

voluntary worker il volontario / la volontaria   15

W

wait: I can't wait to . . . non vedo l'ora (di)   6; **to wait for** aspettare   3; **to wait in/line** *fare la fila   6
waitperson il cameriere / la cameriera   2
to wake up svegliarsi   7
walk: to go for a short walk *fare due passi   7; **to take a walk** *fare una passeggiata   6
wall la parete   12
wallet il portafoglio (*pl.* i portafogli)   8
to wander vagare   3
to want *avere voglia di   2, *volere   7
war la guerra   12
warm: to be warm *avere caldo   2
to wash lavare   5; **to wash oneself** lavarsi   7
waste i rifiuti *pl.*   15
watch l'orologio (*pl.* gli orologi)   1
to watch guardare   3
water l'acqua   15
watercolor l'acquarello   12
waterskiing lo sci nautico   7
weak debole   1
to wear indossare   13, portare   4
weather: weather forecast le previsioni *pl.* del tempo   17; **what's the weather like?** che tempo fa?   6
wedding gown il vestito da sposa   13

Wednesday il mercoledì   CP
week la settimana   CP
welcome: you're welcome prego   2
well bene   1; **I'm well/very well/not well** sto bene/benissimo/male   1; **to be well** *stare bene   6; **very well** benissimo   1, 11
well-educated colto   5
what quello/quel che   16; (*what?*) *at what time?* a che ora?   4; **what day is (it) today?** che giorno è oggi?   CP; **what's the date?** qual è la data? / quanti ne abbiamo?   4; **what's the weather like?** che tempo fa?   6; **what is it?** cos'è?   CP; **what time is it?** che ora è? / che ore sono?   4; (*what!*) **what a pity!** peccato!   2; **what a pleasure!** che gioia!   11
whatever quello/quel che   16
when? quando?   CP
where dove?   CP; **where are you from?** di dov'è? / di dove sei?   1; **where are you going?** dove vai?   5; **where is it?** dov'è?   CP
which che, cui, quale   16; **which?** quale?   1
while mentre   12; **it's been a while since . . .** è da un pezzo che...   9
white bianco (*m. pl.* bianchi)   CP
who, whom che, cui, quale   16; **who?** chi?   CP; **to whom?** a chi?   10
why? perchè?   CP
wide largo (*m. pl.* larghi)   8
widowed vedovo *adj.*   3
wife la moglie (*pl.* le mogli)   3

wind il vento   16
window la finestra   CP
wine il vino   11
winter l'inverno   CP
to wish desiderare   3; **lots of good wishes** tanti auguri   9; **to wish (someone) well** *fare gli auguri   9
witch: *kind old witch* la Befana   9
with con   8
within fra/tra   8
without senza   11
woman la donna   5
wood(s) il bosco (*pl.* i boschi)   15
wool la lana   13
work il lavoro   2; **to work** lavorare   3
world il mondo   10
worse peggio *adv.*   15, peggiore *adj.*   15
worst: the worst . . . il peggiore...   15
worthwhile: to be worthwhile/worth it *valere la pena   12
to write *scrivere (scritto)   3; **write!** scrivete!   CP
wrong: to be wrong *avere torto   2

Y

year l'anno   CP; **every year** tutti gli anni   12
yellow giallo   CP
yes sì   2
yesterday ieri   5
young giovane   1; **younger** minore   15; **the youngest . . .** il minore...   15

Z

zucchini gli zucchini *pl.*   4

Index

Photo credits

Preliminary
Page 1: Peter Poulides/Tony Stone Images/New York, Inc.

Chapter 1
Page 16: Joe Cornish/Tony Stone Images/New York, Inc. *Page 17:* Mike Mazzaschi/Stock, Boston/PNI. *Page 24:* Peter Menzel/Stock, Boston. *Page 40 (left):* Raphael—Self Portrait, Uffizi, Florence, Italy/Alinari/Art Resource, NY. *Page 40 (right):* "La Muta" by Raphael, Palazzo Ducale, Urbino, Italy/Scala/Art Resource.

Chapter 2
Page 42: Tibor Bognar/The Stock Market. *Page 43:* Joanna B. Pinneo/Aurora & Quanta Productions/PNI. *Page 49:* Julie Houck/Fotografia Productions/Stock, Boston.

Chapter 3
Page 62: Raga/The Stock Market. *Page 63:* William Albert Allard/National Geographic Society Image Collection. *Page 69:* George Steinmentz. *Page 80:* Courtesy Carmelo and Maria Angela Aprile.

Chapter 4
Page 86: Jeff Hunter/The Image Bank. *Page 87:* Chris Wahlberg/Gamma Liaison. *Page 91:* Evan Agostini/Gamma Liaison. *Page 94:* Courtesy Rosetta D'Angelo. *Page 99:* Derek Berwin/The Image Bank.

Chapter 5
Page 110: Marc Romanelli/Gamma Liaison. *Page 111:* Eduardo Fornaciari/Gamma Liaison. *Page 117:* Roberto Soncin Gerometta/Photo 20–20/PNI. *Page 124:* Rick Friedman/Black Star. *Page 127:* Courtesy Daniela Azimonti.

Chapter 6
Page 130: Dieter Heggemann/The Image Bank. *Page 131:* Herb Hartmann/The Image Bank. *Page 135:* Guido Alberto Rossi/The Image Bank. *Page 147:* Oddo & Sinibaldi/The Stock Market.

Chapter 7
Page 154: Gianfranco Zanon/The Image Bank. *Page 155:* George Steinmentz. *Page 160:* Marco Pesaresi/Contrasto/SABA. *Page 161:* Courtesy Paola Blelloch.

Chapter 8
Page 176: Doug Armand/Tony Stone Images/New York, Inc. *Page 177:* Will & Deni McIntyre/Photo Researchers. *Page 181:* Harvey Lloyd/The Stock Market. *Page 182:* Camera Photo/Gamma Liaison.

Chapter 9
Page 198: Andrea Pistolesi/The Image Bank. *Page 199:* Courtesy "Emigrazione" April–May 1994, La regione Calabria. *Page 204:* Claudia Dhimitri/Viesti Associates, Inc. *Page 217:* Eising/StockFood America.

Chapter 10
Page 222: Bill Wassman/The Stock Market. *Page 223:* ©IPA/Stills/Retna. *Page 226:* Jerry Ohlinger's Movie Material Store. *Page 228:* A. Cristofari/Agenzia Contrasto. *Page 236 (right):* Courtesy Rosetta D'Angelo.

Chapter 11
Page 242: Hans Wolf/The Image Bank. *Page 243:* Kevin Galvin/The Stock Market. *Page 245:* Walter Leonardi/Gamma Liaison. *Page 249:* Steven Rothfeld/Tony Stone Images/New York, Inc.

Chapter 12
Page 264: Grant Faint/The Image Bank. *Page 265:* Scala/Art Resource, NY. *Page 272:* Elliott Erwitt/Magnum Photos, Inc. *Page 272:* Alan Becker/The Image Bank. *Page 283:* Paolo Cocco/Reuters/Corbis-Bettmann.

Chapter 13
Page 288: Charlie Waite/Tony Stone Images/New York, Inc. *Page 289:* Bruno Barbey/Magnum Photos, Inc./PNI. *Page 295:* Olympia/Gamma Liaison.

Chapter 14
Page 308: Sylvain Grandadam/Tony Stone Images/New York, Inc. *Page 309:* Peter Turnley/Black Star/PNI. *Page 314:* Hugh Rogers/Monkmeyer Press Photo. *Page 315:* Bill Gallery/Stock, Boston.

Chapter 15
Page 332: Giuliano Colliva/The Image Bank. *Page 333:* Bryan and Cherry Alexander/© Natural Hi-story Photographic Agency. *Page 337:* Courtesy Rosetta D'Angelo. *Page 351:* AP/Wide World Photos.

Chapter 16
Page 356: Ulli Seer/Tony Stone Images/New York, Inc. *Page 357:* Massimo Mastrorillo/The Stock Market. *Page 360:* Courtesy Italian Government Tourist Board. *Page 363:* Rogers/Monkmeyer Press Photo.

Chapter 17
Page 380: Jose Fuste Raga/The Stock Market. *Page 381:* Oddo & Sinibaldi/The Stock Market. *Page 386:* M. Granitsas/The Image Works. *Page 396:* Cosima Scavolini/Agenzia Contrasto.

Chapter 18

Page 404: Ed Rooney/Tony Stone Images/New York, Inc. *Page 405:* Rafael Macia/Photo Researchers. *Page 411:* Lewis Wickes Hine/International Museum of Photography, George Eastman House, Rochester. *Page 424 (left):* Jill Furmanovsky/Retna. *Page 424 (right):* Jon Levy/Gamma Liaison.

Text and realia credits

Capitolo Preliminare
Page 7: Per gentile concessione de "La Settimana Enigmistica"-Italia-*Copyright riservato*. Page 11: Gianni Rodari, "Le Stagioni," *Filastrocche lunghe e corte,* Editori Riuniti, copyright © 1981. Reprinted by permission.

Capitolo 1
Page 39: Identity card reprinted by permission of Vanessa Riminucci.

Capitolo 2
Pages 53 and 54: Per gentile concessione de "La Settimana Enigmistica"-Italia-*Copyright riservato*. Page 57: Résumé reprinted by permission of Marisa Piacesi. Page 60: Business cards reprinted by permission of Sanzio Piacesi, Paolo Piergiovanni, and Cesarina Tamburini.

Capitolo 3
Page 70: Per gentile concessione de "La Settimana Enigmistica"-Italia-*Copyright riservato*. Pages 79 and 80: Reprinted by permission of Carmelo and Maria Angela Aprile. Page 81: Gianni Rodari, "Pro memoria," *Il secondo libro delle filastrocche,* Editori Riuniti, copyright © 1985. Reprinted by permission.

Capitolo 4
Page 105: Buitoni SpA; Reprinted by permission of Palmera SpA; Reprinted by permission of San Pellegrino US; Pepsi is a registered trademark. Reproduced with the permission of Pepsico, Inc.

Capitolo 5
Page 122: Per gentile concessione de "La Settimana Enigmistica"-Italia-*Copyright riservato*. Pages 126–127: Reprinted by permission of Daniela Azimouti Favey.

Capitolo 6
Page 136: Reprinted by permission of Comune di Urbania, Ufficio Cultura e Turismo. Page 149: Data from *Qui Touring* (aprile 1991), mensile del Touring Club Italiano. Pages 150 and 151: Reprinted by permission of Shangrila Vacanze di Top.

Capitolo 7
Page 171: Adapted from the ad "Immaginate," *Intinerari Piemonte* (Reprinted by permission of PROGET srl). Page 173: Reprinted by permission of The Big Club.

Capitolo 8
Page 194: Adapted from Manuela Binaghi, "La cena delle maschere," *Panorama*, Anno 32, N. 7, 18 febbraio 1994, Arnoldo Mondadori Editore spa. Reprinted by permission.

Capitolo 9
Page 210: Per gentile concessione de "La Settimana Enigmistica"-Italia-*Copyright riservato*.

Capitolo 10
Page 226: Adapted from "Mediterraneo," *CIAK*, 1992. Page 231: Per gentile concessione de "La Settimana Enigmistica"-Italia-*Copyright riservato*. Page 236: "I Film Più Visti," *Gente*, Rusconi Editore. Reprinted by permission of Rusconi Editore. Page 239: From Antonio D'Orrigo, "Sophia Loren," *Epoca*, 21/8/92. Reprinted by permission.; Adapted from "Valeria L'Americana-Star internazionale," "Valeria Marini: Nuovo sex-symbol e desiderata dal maschio latino," *Italiani*, luglio 1995, Euros srl. Reprinted by permission. Page 241: Adapted from "Le Nostre Indicazione," *CIAK*, 1992.

Capitolo 11
Page 248: Per gentile concessione de "La Settimana Enigmistica"-Italia-*Copyright riservato*. Page 259: From Mario Fratti, *Six One Acts: A New Way to Teach Italian,* copyright © 1978. Vanni Bookshop, 30 West 12th St., New York, New York, 10011. Page 262: Adapted from "Ristoranti: Specialità piatti coi funghi," *Epoca*, Anno XLV, N. 34, 28/8/94, Arnoldo Mondadori Editore. Reprinted by permission.

Capitolo 12
Page 266: From Ines Millesimi, "Restauri, la guerra della Sistina," *Italiani,* gennaio 1995. Reprinted by permission. Page 271: Per gentile concessione de "La Settimana Enigmistica"-Italia-*Copyright riservato*. Page 283: Adapted from Pier Francesco Borgia, "Il suo pensiero alle soglie del terzo millennio," *Italiani,* sett./ott. 1994. Reprinted by permission.

Capitolo 13
Page 290: COIN SpA; From *Donna Moderna*, Anno VII, N. 33, 15 agosto, 1994. Reprinted by permission. Page 291: *L'Espresso Più*, ottobre 1989. Page 293: Consorzio Moda Donna, Firenze. Page 304: Adapted from Roberto Bata, "Donne 'tigri' contro ragazze di plastica," *Italiani,* sett./ott. 1994. Reprinted by permission. Page 306: From *Moda 100*, n. 100, agosto 1992.

Capitolo 14
Page 325: From *Vivimilano*, 16 gennaio 1992, R.C.S. Editore, S.p.A. Reprinted by permission. Page 329: Gianni Rodari, "Passeggiata domenicale," *Filastrocche lunghe e corte,* Editori Riuniti, copyright © 1981. Reprinted by permission.